빅데이터와 텍스트네트워크 분석

BIG DATA AND TEXT NETWORK ANALYSIS

빅데이터와 텍스트네트워크 분석

초판 발행 2022년 2월 28일

지은이 이정락·정재훈·유호웅·이윤경·김지인

펴낸곳 영남대학교출판부

펴낸이 최외출

출판등록 1975년 9월 5일 경산 제16-1호

주소 경북 경산시 대학로280

전화 053)810-4722

홈페이지 book.yu.ac.kr

BIG DATA AND TEXT NETWORK ANALYSIS

이정락·정재훈·유호웅·이윤경·김지인 지음

빅데이터와 텍스트네트워크 분석

영남대학교 출판부

머리말

언어의 본질을 탐구한 철학자 비트겐슈타인(Ludwig Wittgenstein)은 '언어의 한계가 곧 세계의 한계'라는 명제를 제시함으로써 언어를 통해 세계를 이해하고자 하였다. 여기서 말하는 언어가 세계를 반영할 수 있는 근본적인 이유는 언어와 세계가 연결되어 있기 때문이다. 그는 여러 실재가 모여 세계가 만들어진다고 주장하였는데, 여기서 언어는 명제의 총체이고, 명제는 실재의 그림을 의미한다. 이로써 그는 언어와 세계가 형식적인 구조를 갖추고, 각각의 구조는 그 구성요소로 세분화될 수 있음을 논증하면서 구조적 분석을 통해 논리의 실재를 파악하고자 하였다.

언어와 문장의 분석은 사회적 담론을 과학적으로 분석하는 중요한 방법으로 제시되고 있다. 최근 빅데이터의 발전으로 연구의 방법론에도 논리적이고 과학적으로 언어를 분석하는 텍스트네트워크 분석기법이 많은 주목을 받으면서, 언어(문장)의 분석을 통해 현상(세계)에 대한 본질적인 탐구와 이해가 가능하게 되었다.

이러한 관점에서 이 책은 빅데이터와 텍스트네트워크 분석기법을 중심으로 목차를 구성하여 연구자에게 학위논문과 학술논문을 준비하고 작성하는 데 있어 실질적이고 절차적인 도움을 주고자 하였다. 이에 따라 책의 내용을 구성함에 있어 일반적으로 규격화된 방법론적 한계를 극복하고 과학적이고 효율적인 연구의 방법론을 제안·설명하고자 노력하였다.

이 책은 총 9장으로 구성되어 있다. 제1장은 빅데이터의 활용과 이해이다. 빅데이터의 개념과 특성을 이해하고 빅데이터 수집을 위한 방법과 빅데이터를 활용한 연구방법을 다루고 있다. 또한 빅데이터를 활용한 분석 프로그램을 간략히 설명하여 연구자의 이해를 돕고자 하였다. 제2장은 다양한 연구방법론의 설명이다. 연구방법론의 발전과정을 살펴보고 질적 연구와 양적 연구 그리고 혼합 연구에 대한 절차를 비교·설명하였다. 다양한 연구방법론의 실제적 절차를 설명하여 연구자가 논문을 설계할 때 유용한 절차적 과정을 제안하고 있다. 제3장은 논문작성에 필요한 기본용어와 분석기법의 설명이다. 이 장에서는 논문작성을 위해 연구자가 꼭 알아야 할 기본용어와 분석기법에 대한 설명을 제공한다. 특히, 통계분석과 텍스트네트워크 분석을 중심으로 주요한 개념적 설명을 하고 있다. 제4장은 근거이론 연구법에 대한 설명이다. 예제를 통해 근거이론의 연구절차, 분석과정, 연구사례 등을 분석 프로그램과 함께 설명하여 연구자가 쉽게 활용할 수 있게 하였다. 제5장에서는 인터뷰 연구법을 다루고 있다. 자료수집을 위해서 연구자가 가장 많이 사용하는 방법은 인터뷰와 질문지를 통한 것이다. 따라서 이 책에서는 텍스트네트워크 분석기법을 적용한 인터뷰 연구의 절차를 설명하고 있다. 텍스트네트워크 분석을 활용한 인터뷰 연구법은 다양한 학문분야에서 기존의 질적 분석의 한계를 극복한 과학적 방법론으로 의미가 있다. 제6장은 텍스트네트워크 분석에 대한 설명이다. 텍스트네트워크 분석을 적용하기 위하여 필요한 주요 분석기법을 중심으로 분석도구를 활용한 절차적 설명과 함께 연구사례를 다루고 있다. 텍스트네트워크 분석을 활용하여 논문을 작성하기 위한 필수적인 내용을 담고 있으며, 텍스트네트워크 분석의 적용과 활용에 있어 연구자의 이해를 돕고 있다. 제7장에서는 빅데이터를 활용한 텍스트네트워크 연구법을 다룬다. 제1장과 연관된 부분으로 빅데이터 자료 수집과 텍스트네트워크 분석기법 그리고 분석프로그램의 내용을 포괄하여 설명하고 있다. 제8장은 논문작성의 실제이다. 논문을 실제 작성하는 데 필요한 과학글쓰기 방법과 논문작성의 절차 그리고 참고문헌의 수집과 인용 및 표기법 등을 다루고 있다. 제9장은 연구윤리의 이해와 유사도 검증에 대한 설명이다. 연구수행을 위해 준수해야 할 연구윤리를 이해하고 연구자의 책임과 의무에 대한 설명을 제공한다. 그리고 연구 부정행위를 예방하는 유사도 검증 프로그램에 대한 설명과 활용 예시를 다루고 있다.

이 책은 연구방법론 전반에 관한 내용을 포함하면서 빅데이터와 텍스트네트워크 분석에 관한 내용을 함축적으로 담고자 하였다. 흔들리지 않는 논문을 설계하기 위해서는 무엇보다 자료수집과 분석기법에 대한 연구자의 충분한 이해와 노력이 선행되는 것이 중요한데, 그러한 부분을 상세하게 다루려고 노력하였다. 이 책을 통해 텍스트네트워크 분석의 이해 증진과 실질적 활용 그리고 학위논문과 학술논문을 준비하는 연구자들에게 실질적 도움이 되기를 기대하며, 텍스트네트워크를 활용한 폭넓은 연구가 확산되기를 조심스럽게 희망해본다. 또한 향후 이 책이 텍스트네트워크 분석 교재의 시작점으로 기억되어 연구의 방법론이 더욱 풍성해지기를 희망한다.

이 책을 집필하면서 많은 분의 도움을 받았다. 공동저자 모두에게 학문의 길을 열어주시고 지적 역량을 키워주신 영남대학교 최외출 교수님께 감사드린다. 그리고 공동저자의 영원한 학문적 동반자로 함께하는 새마을국제개발아카데미 회원 모두에게 감사한 마음을 전한다. 또한 이 책이 발행될 수 있도록 도와주신 영남대학교 출판부의 관계자 모든 분과 텍스트네트워크 분석의 내용작성에 도움을 주신 ㈜사이람의 관계자 여러분께도 고마움을 전한다.

2022년 1월 11일

공동저자

차례

3

기본용어와 분석기법

4

근거이론 연구법

5

인터뷰 연구법

8

논문작성의 실제

BIG DATA AND TEXT NETWORK ANALYSIS

제1장

빅데이터의 이해와 활용

Σ

1. 빅데이터의 개념과 특성
2. 자료수집의 방법론
3. 빅데이터를 활용한 연구방법

1 빅데이터의 개념과 특성

1.1 빅데이터의 개념

오늘날 빅데이터는 모든 분야에서 중요한 키워드로 떠오르고 있다. 빅데이터는 그 개념이 변화, 확장되고 있으며, 국가별, 산업별, 학문별로 각 분야에서 다양하게 활용되고 있다. 데이터를 수집하고 분석하는 주체에 따라 개념 정의에 다소 차이가 존재할 수 있다는 것을 전제로, 본 교재에서는 일반적으로 통용되는 개념을 중심으로 설명하고자 한다. 아울러 연구의 방법론에서는 빅데이터의 중요성과 활용 방법에 대한 논의를 전개하고자 한다. 이러한 논의는 연구자가 빅데이터를 활용하여 어떻게 논문을 작성하여야 하는지에 관한 연구의 방법론과 분석기법에 관한 설명이라 할 수 있다.

현실 세계에 존재하는 수많은 형태의 정보를 수집하고 분류하여 분석하는 능력은 연구자에게 있어 중요한 역량이라 할 수 있다. 이러한 관점에서 연구자가 생활세계의 문제를 해결하는 수단으로서 빅데이터를 활용하여 분석하는 것은 중요한 의미를 지닌다. 빅데이터라는 단어는 2010년 2월에 영국에서 출시된 이코노미스트지에서 시작되었다. 그리고 빅데이터라는 용어의 중요성이 주목받은 것은 2016년 1월 스위스의 세계경제포럼 창시자인 클라우스 슈밥이 제4차 산업혁명이라는 단어를 사용하고, 10대 기술 중 첫 번째로 빅데이터 기술을 선정하면서부터였다. 2012년 다보스 포럼(World Economic Forum, WEF)에서도 빅데이터가 사회문제를 해결하기 위한 가장 큰 기술일 것으로 예측하기도 하였다(정준석, 2018).

빅데이터란 기존 데이터베이스와 차원이 다른 수십 테라바이트의 정형, 반정형 또는 비정형 데이터의 집적물, 그리고 이것으로부터 어떠한 목적을 가진 결과를 추출하고 분석하는 기술이라고 정의할 수 있다(Manyika·Chui, 2011).

최초의 빅데이터 개념은 정보의 양적인 상태를 의미하는 용어였지만, 오늘날에는 정보를 수집하는 방법론으로까지 그 개념이 확대되었다. 확대된 개념을 바탕으로 한 빅데이터의 최근 정의를 살펴보면 "빅데이터는 수십에서 수천 테라바이트 정도의 거대한 크기를 갖고 여러 가지 다양한 정형, 반정형, 비정형데이터를 포함하고 있으며, 생성·유통·소비가 몇 초에서 몇 시간 단위로 일어나 기존의 관리 및 분석 체계로는 감당할 수 없을 정도의 거대한 데이터의 집합으로 대규모 데이터와 관계된 인력·조직·기술 및 도구(수집·저장·검색·공유·분석·시각화 등)까지 모두 포함하는 개념"으로 이해된다(함유근·채승병, 2012).

빅데이터의 정의는 여러 기관 및 연구자들에 따라 약간씩 다르게 정의하고 있으며, 이를 정리하면 <표 1-1-1>과 같다.

<표 1-1-1> 빅데이터의 정의

구분	빅데이터의 정의
Mckinsey (2011)	일반적으로 기존 방식의 저장, 관리, 분석할 수 있는 범위를 초과하는 규모의 데이터
Gartner (2011)	더 나은 의사결정, 시사점 발견 및 프로세스의 최적화를 위해 새로운 형태의 정보처리가 필요한 대용량, 초고속 및 다양성의 특징을 가진 정보자산
국가정보화 전략위원회 (2011)	대용량의 데이터를 분석하여 가치 있는 정보를 만들어 내고 생성된 지식으로 기업 등에서는 비즈니스를 위한 능동적인 변화를 예측하고 대응하기 위한 정보기술
김계수 (2015)	데이터의 양, 형태, 저장속도 등이 기존과 완전히 다른 새로운 정보환경
복경수 (2017)	단순히 대용량 데이터만을 의미하는 것이 아니라 대용량 데이터 활용 및 분석을 통해 가치 있는 정보를 추출하는 것

자료: 우순규 외(2018) 참조하여 재구성함.

컨설팅 기관인 맥킨지(Mckinsey, 2011)에서는 빅데이터를 일반적인 데이터베이스 프로그램이 수집·저장·관리·분석하기 어려운 대규모 데이터로 간단히 정의하였다. 또 다른 컨설팅 기관인 가트너(Gartner, 2011)에서는 더 나은 의사결정, 시사점 발견 및 프로세스의 최적화를 위해 새로운 형태의 정보처리가 필요한 대용량, 초고속 및 다양성의 특징을 가진 정보자산으로 정의하고 있다. 국제데이터협회(The International Data Corporation, IDC)에서는 초고속 수집·발굴·분석을 통해 대규모 데이터로부터 저비용으로 가치를 추출할 수 있도록 고안된 새로운 세대의 기술이자 아키텍처라고 정의하며 빅데이터의 가치 창출 측면을 부각하고 있다.

국내에서는 대용량 정보와 그 가치 이상으로 분석기술까지도 빅데이터의 영역에서 논의되고 있다. 국가정보화전략위원회[1)](2011)에서는 빅데이터를 '대용량 데이터를 활용하고 분석하여 가치 있는 정보를 추출하고, 생성된 지식을 바탕으로 능동적으로 대응하거나 변화를 예측하기 위한 정보화 기술'로 정의한다. 삼성경제연구소(2012)는 과거의 관리 및 분석 시스템으로는 처리할 수 없는 방대한 데이터의 집합으로 데이터의 수집, 저장, 검색, 공유, 분석, 시각화 등도 빅데이터의 범주에 포함시키고 있다. 방송통신위원회(2012)는 '데이터의 형식이 다양하고 유통속도가 빨라 기존의 방식으로는 관리·분석하기 어려운 대용량의 데이터'로 빅데이터를 정의하고 있다. 논의를 종합하면 빅데이터는 '새로운 처리·분석 방법을 활용해 저비용으로 가치를 창출할 수 있는 대규모 데이터'로 정의할 수 있다.

스마트 단말기의 보급과 SNS, 포털사이트, 사물인터넷 네트워크의 확산으로 전 세계 디지털 정보량이 급속히 증가하고 있다. 또한 반도체 산업의 발전으로 그 규모에 대한 정의는 지속적으로 확대되고 있다. 따라서 빅데이터를 생산하는 환경과 데이터의 종류는 다양해지고 있으며, 데이터를 생산하는 주체도 민간, 공공, 개인의 영역으로 확장되고 있는 추세이다. IBM의 추정에 따르면 글로벌 데이터 전송, 데이터 센터 및 모바일 컴퓨터는 하루에 약 25억 기가바이트의 데이터를 생산한다. 미국의 IT 기업 Seagate의 예측에 따르면 전 세계 데이터양은 2018년 33ZB에서 2025년 연간 175ZB

---

1) 국가정보화기본법(제9조)에 따른 국가정보화 최고 총괄 및 조정기구로 국가정보 기본계획과 시행계획의 수립 및 변경사항을 심의한다. 2009년 11월 정보화추진위원회를 민관합동위원회로 격상해서 탄생되었다.

로 증가할 수 있다. 이 데이터를 BlueRay 디스크에 저장해 쌓으면 달까지 거리의 23배로 확장된다. 이처럼 통신기기 발달과 소셜 미디어 확산으로 인해 변화되는 사람들 간의 소통방식은 데이터의 변혁을 가져오는 중요한 요인이 되었다고 할 수 있다.

본 교재에서는 학술적 영역에서 일반적으로 정의된 빅데이터의 개념과 자료수집 방법을 중심으로 살펴보고자 한다. 그리고 제7장에서는 빅데이터 시대를 맞아 빅데이터를 활용하여 논문을 작성할 수 있는 기초이론과 분석기법을 소개하고자 한다. 이러한 학습 과정을 통해 연구자는 빅데이터를 활용하여 연구문제를 해결하기 위한 과학적인 방법론의 기반을 마련할 수 있을 것이다.

이동식 저장장치에는 2~64G 등 G라는 알파벳이 표기되어 있다. 여기서 G는 기가바이트(GB)의 약어로 약 10억 바이트를 의미한다. 최근 몇 년 사이에 이동식 저장장치 용량은 킬로바이트(KB)에서 메가바이트(MB)를 넘어 기가바이트(GB)로 확장되었다. 1969년 아폴로 가이던스 컴퓨터가 불과 80킬로바이트 이하의 메모리로 아폴로 11호를 달에 착륙시킬 수 있었다. 2020년 기준으로 전세계에서 생성, 복사 소비된 데이터의 양이 59제타바이트(ZB)일 정도로 방대한 데이터가 생성되었다. 이를 하루로 나누면 1,616억GB에 해당한다(김경한, Techworld Online News, 2021년 2월 23일자). 일반적으로 데이터의 단위는 킬로바이트(1,000B), 메가바이트(1,000,000B), 기가바이트, 테라바이트, 페타바이트, 엑사바이트, 제타바이트, 요타바이트의 순으로 나타낼 수 있다. 바이트의 크기를 단계별로 분류하여 데이터의 크기를 구분하면 <표 1-1-2>와 같다.

<표 1-1-2> 바이트의 크기

기호	GB	TB	PB	EB	ZB	YB
이름	기가바이트	테라바이트	페타바이트	엑사바이트	제타바이트	요타바이트
값	1024MB	1024GB	1024TB	1024PB	1024EB	1024ZB
	10^{9}B	10^{12}B	10^{15}B	10^{18}B	10^{21}B	10^{24}B

1.2 빅데이터의 특성과 종류

방대한 양의 데이터 속에서 필요한 정보를 수집하고 분류하고, 이를 분석해 의사결정에 활용하는 노력은 어느 때보다 중요시되고 있으며 학술 연구 분야에서도 그 중요성이 주목받고 있다. 빅데이터의 특성도 과거에는 형식이 정해져 있는 텍스트 위주의 데이터가 많았던 반면, 최근에는 그림, 동영상, 음성 등의 비정형 데이터가 급속히 증가하고 있다. 또한 과거 빅데이터는 천문·항공·우주 정보, 인간게놈 정보 등 특수 분야에 한정됐으나, 최근에 들어서 정보 통신기술의 발달로 인해 산업 전분야로 확산되는 경향을 보이고 있다.

빅데이터의 특성은 3V(volume, variety, velocity)로 요약된다. 많은 양(volume), 데이터 생성과 흐름이 매우 빠르게 진행되는 속도(velocity), 사진, 동영상 등 다양한(variety) 형태의 정보를 통틀어 3V의 속성을 가진 데이터가 '빅데이터'라는 것이 많은 전문가의 공통된 의견이다(신동희·김용문, 2015). 이에 더하여 Gamble과 Goble(2011)은 3V에 정확성(veracity)과 가치(value)를 더한 5V를 제시하였다. 또 다른 학자들은 3V에 가치(value), 정확성(veracity), 가변성(variability) 중 하나를 더 추가하여 4V를 빅데이터의 특성으로 꼽기도 한다. 3V의 각 요소별 특징은 다음과 같이 설명할 수 있다.

첫 번째, 양(volume)은 데이터의 크기를 의미한다. 현대사회는 IT기술의 발전과 함께 데이터 사용이 증가하면서 데이터 용량이 기하급수적으로 커졌다.

두 번째, 다양성(variety)은 데이터의 다양한 형태를 말한다. 빅데이터는 수많은 종류의 데이터들로 구성되어 있으나 형태에 따라 정형 데이터(structured data), 비정형 데이터(unstructured data), 혼합형 데이터(mixed data)로 구분할 수 있다. 정형 데이터는 일정한 형식을 갖추고 고정된 필드에 저장되는 데이터를 의미한다. 기존의 솔루션을 이용하여 비교적 쉽게 데이터를 보관하고 분석하며 처리할 수 있다. 과거의 데이터가 정형적 데이터, 즉 특정한 조직에서 수집되는 데이터라면, 빅데이터는 "다양한 목적과 경로를 통해서 수집되는 이미지, 지도, 비디오, 오디오, 센서 데이터,

SNS 텍스트, 인터넷 검색 결과 등과 같은 비정형 데이터" 이다. 그리고 인간 생활의 다양성과 창의성은 계속해서 새로운 형태의 데이터를 창출해 내고 있다.

세 번째, 속도(velocity)는 데이터의 생성 및 처리가 진행되는 능력을 의미한다. 많은 양의 데이터를 빠른 속도로 생산해내는 오늘날에는 데이터의 생산, 저장, 수집, 분석이 실시간으로 이루어지고 있다. 예를 들어 최근에는 온라인 서점에서 책을 검색하거나 주문하면 동시에 사용자와 비슷한 성향의 이용자들이 구입한 다른 책도 함께 추천해 주는 서비스가 제공된다. 이렇게 데이터를 실시간으로 처리하기도 하지만 대량의 데이터를 다양한 방법으로 분석하는 작업은 장기적인 접근 방식을 필요로 한다. 빅데이터 시대에서 속도는 데이터가 생성된 후 저장되기까지의 속도와 필요한 가치를 추출하기까지의 속도, 그리고 추출한 데이터를 분석하여 목적을 달성하기까지의 속도를 의미한다.

빅데이터의 특성은 방대한 양과 다양성, 속도 외에도 복잡성과 정확성, 그리고 가치까지 포함한다. 결과적으로 데이터 규모가 변화하면서 상태 변화를 야기하는 '양질전화'[2)]의 현상을 보이고 있다. 게스탈트가 말한 "전체는 부분들의 단순한 산술적 총합이 아니라 그 이상의 것"이라는 것처럼 방대한 정보가 계속 축적되면 질적으로 다른 변화가 일어난다는 것이다(홍민석, 2016).

빅데이터는 데이터의 정형화 정도에 따라 정형 데이터, 반정형 데이터(semi-structured data), 비정형 데이터로 분류할 수 있다. 이 중에서 비정형 데이터는 주로 세 가지 차원에서 생성되는 데이터에 기원을 두고 있다. 첫째는 아마존, 구글 등과 같은 포털에서의 클릭과 같이 사람과 기계와의 관계에서 생성되는 검색 데이터이고, 둘째는 트위터, 페이스북, 카카오톡 등과 같이 사람과 사람이 소통함으로써 발생하는 SNS 데이터이며, 끝으로 사물인터넷의 각종 센서에서 생성되는 기계와 기계 간의 각종 신호 데이터 등이다(매일경제 IoT 혁명프로젝트팀, 2014).

비정형 데이터는 비구조화된 데이터로 고정된 필드에 저장되지 않는 데이터이

---

2) 양질전화의 법칙은 양적인 변화가 어느 일정한 단계에 이르게 되면 질적으로 비약을 초래하여 새로운 질적인 상태로 발전해 나간다는 철학적인 개념이다. 즉, 양적인 누적의 과정을 반복하게 되면 그것들이 지속적으로 양적으로 쌓이게 되다가 어느 순간에 이르러서는 질적인 변화를 초래하게 된다는 것이다.

다. 일정한 규격이나 형태가 있는 숫자 또는 텍스트 형태가 아니라 전화, 이미지, 음성, 동영상처럼 구조화되지 않은 것이 특징이다. 2020년 디지털 데이터 시장의 80%가 비정형 데이터로 구성될 것이라는 전망에서 알 수 있듯이 비정형 데이터는 향후 큰 비중을 차지할 정도로 중요한 가치가 있다. 학문의 영역에서는 이러한 연구자료의 변화를 적극적으로 수용하여 그 활용성을 모색하는 노력이 필요하다.

분석 방법을 살펴보면, 정형 데이터에는 스프레드시트와 같은 양적 데이터를 활용한 통계기법을 주로 적용하며 비정형 데이터에는 텍스트와 같은 질적 데이터를 활용한 텍스트 마이닝 또는 텍스트네트워크 분석기법을 주로 사용하고 있다. 본 교재에서는 통계분석보다는 텍스트를 위주로 연구의 방법론을 다루기로 한다.

빅데이터의 종류를 데이터를 생산하는 생산자 측면에서 구분하면 <표 1-1-3>과 같다. 표와 같이 현재 빅데이터는 공공영역과 민간기업 그리고 개인영역과 사물인터넷의 영역에서 주로 생산된다고 할 수 있다. 앞서 설명한 정형 데이터와 비정형 데이터의 구분과 더불어 데이터를 어느 정도 개방하고 활용할 수 있느냐에 따라 개방형 데이터와 폐쇄형 데이터로도 구분할 수 있다.

<표 1-1-3> 생산주체에 따른 빅데이터의 종류

생산주체	공공영역	민간영역	개인영역	사물인터넷영역
데이터 유형	정형 데이터 & 비정형 데이터			
데이터 성격	개방형 데이터 & 폐쇄형 데이터			

주: 본 교재에서 사물인터넷(internet of thing)은 사람과 세상만물이 인터넷으로 연결되어 사람과 사물, 사물과 사물끼리 주고받는 정보에서 생산된 자료로 넓은 의미에서 인공지능 데이터도 포함하는 의미로 사용한다.

개인 영역의 데이터는 주로 SNS를 통해 생산되며 그 주체로 페이스북, 트위터, 인스타그램, 네이버 밴드, 블로그, 카카오스토리, 카카오그룹, 텀블러 등을 들 수 있다. 최근에는 이러한 SNS 데이터를 수집하여 연구과제를 수행하는 빈도도 높아지고 있다. 이러한 데이터는 그 자체만으로는 큰 의미가 없으며, 따라서 이들 빅데이터로부터 가치를 찾아내는 데이터 과학이 주목받고 있다.

데이터 과학자라 불리는 이 분야의 전문인력이 2018년까지 20~30만 명이 필요해질 것이라고 경제 전문지 비즈니스 위크는 예측했다. 그만큼 수많은 데이터에 숨겨진 정보와 패턴을 찾아내려는 수요는 계속해서 성장할 것이며 관련 분야 역시 주목을 받을 것이다(배성환 외, 2012). 아울러 최근의 초고속 인터넷망 보급과 스마트 기기의 확산으로 인해 과거 아날로그 시대에 정보화될 수 없던 다양한 데이터를 활용할 수 있게 되었으며 이에 따라 관련 분석기법도 점차 늘어나는 추세이다.

그밖에 각종 센서 정보 장치를 통해 다량의 데이터를 수집하는 사물인터넷(IoT)의 보급도 빅데이터의 확산과 분석분야에 많은 영향을 미쳤다고 할 수 있다. 즉 사물인터넷의 등장으로 인해 사회 전반에 존재하는 사물과 사물, 사물과 사람 사이의 정보를 수집하게 됨으로써 새로운 형태의 데이터 수합을 통한 다양한 분석을 시도할 수 있게 되었다.

논문을 작성하는 연구자의 입장에서는 이러한 다양한 종류의 빅데이터 생산에 대응하여 필요한 자료를 찾아내고 분석해서 어떻게 연구분야에 활용할지를 탐색하는 작업이 매우 중요하다. 인터넷의 등장으로 데이터가 디지털화되면서 빅데이터가 출현하였고, 이를 기반으로 인공지능이 구현될 수 있는 토대가 구축되었다. 인공지능 기술의 발전으로 인공지능은 여러 분야의 산업과 결합하여 빠르게 성장하고 있는데 이는 학문분야에도 시사하는 바가 크다고 하겠다.

이미 널리 알려진 알파고(AlphaGo)는 의사결정 인공지능의 일종으로 머신러닝 알고리즘 중 강화 학습을 통해 인터넷에서 10만 게임을 내려받아 학습하고, 매일 3만 번의 대국을 통해 승률을 계산하며, 사람의 직관을 모방하는 의사결정 모델을 보여주고 있다. 또한 2009년부터 개발하기 시작한 구글의 자율 주행 자동차는 운전자의 개입 없이 스스로 운전할 수 있는 상태까지 개발을 추진하고 있다(양관식, 2018).

지금 이 순간에도 데이터는 급속하게 증가하고 있으며, 그 속도는 빨라지고 있다. 조사하는 시점에 따라 급격하게 달라지는 데이터의 양에 대해 집중하는 것은 단지 '크다'는 개념 외엔 특별한 의미를 발견하긴 어렵다. 정말 중요한 사실은 그렇게 생성되는 막대한 데이터의 활용법이며(배성환 외, 2012), 이러한 관점에서 빅데이터를 활용한 연구방법론은 논문을 작성하고자 하는 연구자들에게 많은 도움을 줄 수 있을 것으로 기대한다.

1.3 빅데이터의 활용

사회과학 연구자가 논문 작성을 위한 연구방법론을 결정함에 있어 과학적이고 효율적인 방법을 모색하는 과정은 매우 중요하다. 대부분의 사회과학 연구에서 논문은 데이터의 수집과 분석이라는 두 개의 과정으로 이루어진다. 데이터의 수집 과정에서 연구자는 연구문제에 적합한 연구설계를 하고 연구 대상을 선정한 후 수집한 데이터를 프로그램을 이용하여 분석하게 된다. 본 교재에서는 연구자가 수집한 텍스트 자료를 대상으로 하여 연구문제를 해결하는 과학적인 방법론을 제시하고자 한다. 따라서 기존의 정형화된 데이터 분석에 많이 활용된 기술통계와 추론통계 방법론보다는 비정형 데이터인 텍스트 데이터를 중심으로 하는 분석기법 위주로 방법론을 설명하고자 한다.

연구문제를 해결하기 위해 연구자는 자료수집 및 분석을 위한 기법의 선택과 학습이 필수적이라 할 수 있다. 연구자가 수집하는 자료는 일반적으로 비정형화된 데이터인 텍스트와 정형화된 데이터인 숫자로 구분된다. 분석의 단계에서는 텍스트의 경우 근거이론과 텍스트네트워크 기법이 주로 활용된다. 그리고 숫자의 경우 일반적으로 카이제곱 검증, t-test, 변량분석, 상관분석, 회귀분석 등의 기법이 주로 활용된다. 분석 수단으로서 분석 프로그램의 선택은 연구자가 자료의 특성, 연구의 절차, 분석의 수준에 따라 넷마이너, 텍스톰, 파이썬, R 프로그램, SPSS 등을 학습하여 활용하여야 한다.

제4차 산업혁명 시대를 맞이하여 기존의 기술이 ICT 기술과 융합하여 초연결, 초지능의 특성을 나타내고 있으며 방대한 자료에서 필요한 정보를 단편화하는 빅데이터 기술이 정보통신 분야 및 전 산업 분야에서 새로운 이슈로 등장하고 있다(박상정, 2019). ICT 발전에 따른 데이터의 변화 방향을 그림으로 나타내면 [그림 1-1-1]과 같이 설명할 수 있다. 1970년 이후 데이터의 규모, 유형, 특성이 급속도로 증가하고 있음을 알 수 있으며, 특히 데이터의 유형은 사물인터넷의 등장으로 인해 2010년 이후 더욱 다양화, 전문화되고 있다.

[그림 1-1-1] ICT 발전에 따른 데이터의 변화 방향

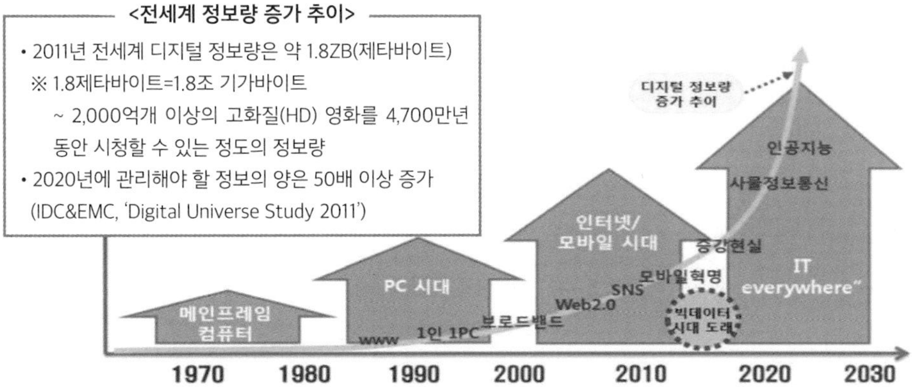

데이터 규모	EB (90년대 말=100EB)	→	ZB 진입 (2011년=1.8ZB)	→	ZB 본격화 시대 ('20년=11년대비 50배 증가)
데이터 유형	정형 데이터 (데이터베이스, 사무정보)	→	비정형 데이터 (이메일, 멀티미디어, SNS)	→	사물정보, 인지정보 (RFID, sensor, 사물통신)
데이터 특성	구조화	→	다양성, 복합성, 소셜	→	현실성, 실시간성

자료: 정지선(2011)

빅데이터를 생산 주체의 관점에서 보면 인터넷상 대부분의 데이터는 공공기관, 기업체, 개인 및 사물인터넷의 영역에서 주로 생산되고 있다고 할 수 있다. 따라서 최근에는 소프트웨어 기술력과 클라우드 인프라를 보유하고 직접적인 데이터 생산 플랫폼을 구성하는 업체들이 부상하고 있으며, 각 부문에서 핵심적인 위치를 차지하고 있을 만큼 빅데이터의 중요성은 날로 증대되고 있다. 빅데이터는 미래 경쟁력과 가치 창출의 원천으로 향후 기업과 정부의 정책에 대한 성패를 가늠할 새로운 가치가 될 수 있다(서상욱, 2018).

최근 빅데이터를 공공기관에서는 정책입안과 평가과정, 기업에서는 마케팅 전략 차원에서 적극적으로 활용하는 추세이다. 특히 융합과 복합학문으로서 변화하는 환경에 대응하기 위한 연구수단으로서 빅데이터의 중요성이 높아지고 있다. 그리고 그동안 빅데이터를 수집, 저장, 분석하는 것이 전문지식을 필요로 하는 전문가의 영역이었으나 최근 관련 프로그램의 개발과 발전으로 비전문가도 접근이 용이하여 조사방법론에도 중요한 의미를 부여하고 있다.

빅데이터는 학문 분야뿐만 아니라 현재 다양한 분야로의 확장을 통해 일상생활에서도 사람과 사람, 사람과 사물을 통해서 필요한 정보를 수집하고 미래를 예측하는 수준으로 나아가고 있다. 이러한 빅데이터의 중요성과 활용성을 바탕으로 정부는 공공데이터포털사이트(www.data.go.kr)를 운영하여 국민들에게 다양한 데이터를 효율적으로 제공하고 있다. 또한 민간업체도 응용 프로그래밍 인터페이스(Application Programming Interface, API)를 활용하여 개인과 기업이 필요한 업무나 연구와 관련한 데이터를 쉽게 수집할 수 있도록 정보의 접근성을 용이하게 하고 있다. 네이버와 같은 민간기업에서도 최근 자체적인 데이터센터의 건립으로 인터넷, 이동통신, 인공지능(Artificial Intelligence, AI) 등에서 생산되는 방대한 인터넷 데이터를 보유하여 손쉽게 사용하기 위한 노력을 하고 있다.

한국에서는 2010년 이후 빅데이터가 ICT업계의 주목을 받기 시작하면서 현재에는 모든 분야의 핵심 이슈로 자리매김하게 되었다. 특히 빅데이터의 활용성에 대한 논의는 공공영역과 민간영역을 중심으로 빠르게 확산되고 있으며 학문의 영역에서도 논의가 본격화되고 있다.

2 자료수집의 방법론

2.1 자료수집의 이해

질적·양적·혼합 연구수행에 필요한 정보를 획득하기 위한 모든 수집 활동과 이것을 지원하는 모든 과정을 자료수집이라고 한다. 사회연구에서 질적 자료와 양적 자료의 차이는 기본적으로 텍스트 자료와 수치 자료 간의 차이라 할 수 있다. 즉, 연구자가 연구대상이 되는 집단을 평가할 때 지적 수준이 높은 상태를 단어로 표현하는 것과 집단의 IQ 수치를 제시하는 것과는 차이가 있다. 수치 자료가 되는 IQ는 단어에 비해 비교측정이 용이한 반면에 연구자가 발견한 현장에서의 풍부한 의미를 전달하지는 못한다고 할 수 있다. 이러한 질적 자료와 양적 자료의 수집은 연구자에게 모두 다 유용하고 타당하다. 따라서 연구자는 어떠한 방법을 통해서 두 가지 자료를 수집할 것인지를 고민하게 된다.

자료수집은 사회과학 연구를 적합하게 수행하기 위한 필수불가결한 과정이다. 그리고 연구 결과가 전문가들과 학계에서 공인받지 못하는 경우는 대부분 자료수집 과정에 오류가 발생했을 때이다. 따라서 연구자는 철저하고 객관적인 기준과 연구 윤리의식을 가지고 자료수집을 진행하여야 한다.

자료(data)란 지각된 정보(sensed information)를 말한다. 벤슨(Benson)의 분류에 따라 나누어 설명하면, ① 계산되고(counted), ② 분류되고(sorted), ③ 측정되고(measured), ④ 비중이 주어지고(weighted), ⑤ 위치가 정해지고(located), ⑥ 크기에 따라 배열되고(arranged by magnitude), 혹은 ⑦ 척도화되고 지수의 값이 매겨진 것이다(김광웅, 1996).

조사방법에 따라 수집된 자료는 정리과정을 거쳐 분석이 용이하도록 분류하는 단계와 분석기법에 따라 자료를 분석하고 해석하는 과정을 거치게 된다. 자료수집을 위해서는 연구자가 연구주제와 관련하여 어떠한 연구방법을 적용하고 어떠한 분석기법을 활용할 것인지를 결정해야 한다. 일반적인 과정으로는 연구자는 질적 방법, 양적 방법, 혼합 방법 중 연구의 목적을 가장 효과적으로 달성할 수 있는 방법론을 우선적으로 선택하여야 하며, 이와 함께 수집한 자료를 과학적으로 분석할 수 있는 분석기법에 대한 충분한 학습이 선행되어야 한다. 분석기법은 일반적으로 자료의 형태에 따라 텍스트 분석과 기술통계, 추론통계로 구분할 수 있다.

연구자는 연구를 수행하기 위해 다양한 자료를 다각적인 측면에서 수집하여 연구를 통해 밝혀내고자 하는 핵심주제에 접근할 수 있도록 자료를 정리해야 한다. 자료의 종류는 이미 존재하는 자료와 연구수행에 당장 필요한 자료가 있다. 1차 자료(primary data)는 조사목적으로 달성하기 위해 조사자가 직접 수집한 자료이다. 2차 자료(secondary data)는 이미 존재하는 언론 기사, 서적, 보고서 등 전문가의 의견이 피력되었거나 실험 검증을 통해 규명된 사실이 정리된 논문 자료 등을 말한다. 연구주제에 다가가는 접근 각도에 따라 연구방법과 그것에 따른 자료수집 방법은 달라질 수밖에 없으며 이를 구분하면 다음과 같다.

일반적으로 자료수집의 종류를 질적 방법과 양적 방법으로 구분하면 <표 1-2-1>과 같다. 1차 자료란 조사자가 연구문제를 해결하기 위해 직접 수집한 자료를 말하며, 2차 자료는 주로 이론적 논의 단계에서 다루어지는 문헌 자료와 선행연구 자료를 말한다(채서일, 2004). 본 교재에서는 이론적 논의 단계에서 주로 수집되는 자료와 분석단계에서 주로 수집되는 자료로 구분하여 살펴보기로 한다.

<표 1-2-1> 자료수집의 구분

구분	질적 방법	양적 방법
이론적 논의 단계	문헌자료, 언론자료, 보고서, 인터넷 자료 등	
분석단계	관찰자료, 인터뷰자료	질문자료, 실험자료
분석기법	텍스트분석, 기술통계, 추론통계	

따라서 연구과제를 수행함에 있어 이론적 논의 단계에서 수집하는 자료는 학술지, 학위 논문, 단행본, 보고서, 언론자료, 인터넷 자료 등이 해당한다. 경우에 따라서 이러한 자료가 분석대상으로 활용되기도 한다. 그리고 분석단계의 자료는 연구의 분석을 위해 수집되는 자료로 관찰자료, 인터뷰자료, 질문자료, 실험자료 등이 해당하며 질적 방법에서는 정성적(텍스트) 형태로 수집되고 양적 방법에 있어서는 정량적(통계 수치) 형태로 수집된다.

연구자는 연구대상이 되는 모집단을 확정하고 나면 연구목적과 모집단을 대표할 수 있는 최적의 표본 프레임을 선정하여야 하며, 이러한 표본 프레임의 결정은 자료수집 방법과 관련된다. 최근 정보통신 기술의 비약적 발전으로 대량의 정형 또는 비정형 데이터의 데이터베이스를 구축하는 작업이 용이해지면서 빅데이터의 사용가치가 높게 평가되고 있다. 이러한 경향으로 볼 때, 논문을 작성하는 연구조사방법론의 영역에서도 빅데이터를 활용한 연구사례는 지속적으로 증가할 것으로 예상된다.

빅데이터는 잘 정리된 정형 데이터뿐만 아니라 인터넷, SNS에서 지속적으로 생성되는 문서, 그래픽, 동영상 등과 같은 비정형 빅데이터도 다루고 있다. 따라서 본 교재에서는 향후 지속적으로 확대될 자료수집 영역 확대의 관점에서 일반적인 자료수집의 방법론을 구체적으로 살펴보기로 한다.

2.2 자료수집의 방법

어떤 주제와 현상을 연구하는가에 따라 연구방법은 달라진다. 동일한 연구주제와 연구문제를 다룰 때에도 접근 방법이 달라질 수 있다. 따라서 자료수집 방법은 연구방법과 밀접하게 연관되어 있다. 연구질문 자체가 양적 연구방법에 적합하거나 양적 연구방법을 염두에 두고 설정되는 경우, 즉 변인들 간의 관계와 인과적 서술체계(causal relation)를 지닌 질문들이 제시된다면, 질문지법 또는 실험법을 통하여 양적인 정보를 획득하게 된다. 질적 연구방법에서와 같이 경향적 관계(tendency)를 파악하는 것이 연구의 핵심주제일 경우 면접법 또는 참여관찰법을 통해 자료를 수집하는 것이 적합하다고 할 수 있다(김진우, 2012). 이하에서는 각각의 자료수집 방법에 대한 간략한 소개와 장단점을 설명하도록 한다. 채서일·김주영(2016)의 경우에는 자료를 수집하는 방법을 의사소통 방식으로 설문지를 이용하여 자료를 얻거나 직접 응답자에게 질문하여 자료를 얻는 방법과 관찰을 통한 자료수집 방법으로 구분하여 설명하기도 한다. 본 교재에서는 연구의 조사방법론에서 주로 사용되는 분석기법과 관련하여 자료수집의 방법을 구분하여 살펴보기로 한다.

1) 문헌조사법

연구의 가장 기초가 되는 작업으로 관계되는 문헌을 찾아 종래에 연구가 행해진 것 가운데 이론·개념 정의 등을 검토해 보는 것은 물론, 분석 방법 등에 관해서도 이해하는 것(김광웅, 1996)이 중요하다. 문헌연구법은 기존의 연구 결과나 문헌, 혹은 이미 발표된 통계 자료를 수집하여 분석하는 방법이다. 즉 자료를 수집하는 방법으로써 자료 수집 단계에서만 필요한 게 아니라 연구 과정 전체에 걸쳐서 필요하다는 특징이 있다. 특히 기존 연구의 동향을 파악하기 위해서 가장 필요한 방법이라고 할 수 있다. 문헌연구법은 시간과 공간의 제약을 받지 않고 연구할 수 있다는 장점이 있으며, 특히 과거의 현상과 사건을 연구하고자 할 때는 가장 유용한 방법이라고 할 수 있다. 그러나 문헌 자체가 신뢰할 수 없는 문헌이라면 연구 결과 역시 신뢰도를 확보할 수 없다는 단점이 있어 연구자는 참고문헌을 선택하고 연구할 때 유의하여야 한다.

선행연구에 대한 자료를 확보하기 위해서는 무엇보다 연구자가 주제로 하는 연구의 키워드를 분류하여 각종 학술 데이터베이스로부터 원문을 확보하고 고찰하는 과정이 중요하다. 국내 학회지 원문을 제공하는 사이트로는 2,259개의 발행기관에 게재된 3,614,410편의 학술논문에 대한 자료를 제공하는 DBpia(2021년 8월 기준)가 있다. 이 사이트에서 연구주제와 관련된 선행연구를 조사하고 참고문헌에 대한 자료정보를 획득할 수 있다. 그리고 1,403개의 발행기관, 3,305종의 간행물에서 게재된 1,544,099건의 논문 정보를 제공(2021년 8월 기준)하는 한국학술정보(Koreanstudies Information Service System, KISS)가 있다. 그리고 한국학술지

인용색인(Korea Citation Index, KCI)을 통해 학술지에 대한 사전조사가 가능하며 KCI의 경우 키워드를 통해서 해당학문 주제와 분야에 대한 기본적인 정보를 수집하여 연구자가 비교·평가할 수 있다. 인터넷을 통한 자료수집의 또 다른 경로인 국내 포털 및 구글의 학술검색을 통해 다양한 참고문헌에 대한 정보 수집과 활용이 가능하다. 또한 공공데이터 포털과 같이 정부 및 민간이 운영하는 데이터포털 사이트에서도 연구자가 필요로 하는 많은 자료를 획득할 수 있다.

선행연구 자료를 중심으로 한 분석방법으로는 질적 연구물을 종합, 분석하는 질적 메타분석[3]이 있으며, 이정락 외(2020)의 연구에서는 농지개혁에 대한 선행연구를 종합하여 텍스트네트워크 분석을 통해 보다 정밀한 연구결과를 도출하였다.

이러한 다양한 문헌자료 수집의 방법과 과정은 연구조사방법론의 중요한 영역으로서 지속적으로 발전할 것이다. 특히 사회과학 연구자는 생활세계와 관련한 많은 정보가 생산되고 축적되는 인터넷에 기반한 각종 데이터 플랫폼에 적극적으로 관심을 두어야 한다. 아울러 자료를 분석하는 최신의 기법들에 관한 연구도 정보통신의 발달과 함께 연계되어야 할 것이다.

2) 관찰법

관찰법은 관심이 있는 상황이나 응답자의 특정 행동이나 사건 등을 관찰하여 기록하는 방식으로 자료를 획득하는 방법이다. 채서일·김주영(2016)은 관찰방법을 ① 관찰의 조작 여부에 따라 인위적 관찰과 자연적 관찰, ② 공개의 정도에 따라 공개적 관찰과 비공개적 관찰, ③ 체계의 정도에 따라 체계적 관찰과 비체계적 관찰, ④ 관찰 시점에 따라 행동이 일어나는 시점과 상황에서 조사자가 직접 관찰하는 직접관찰과 행동이 일어난 후의 흔적을 관찰하는 간접관찰, ⑤ 관찰의 주체에 따라 인간의 직접적 관찰과 기계를 이용한 관찰로 나누어 설명하고 있다.

---

3) 동일하거나 유사한 연구 주제로 실시된 기존 문헌을 분석하는 방법으로 통계적으로 종합하여 경향을 정리해 주는 문헌연구의 한 방법론이며, 텍스트네트워크 분석과 함께 활용하면 보다 거시적이고 과학적인 접근이 가능하다.

이경서(2004)는 관찰법을 활용한 조사를 다음과 같이 참여관찰, 비참여관찰, 준참여관찰로 구분하였다. ① 참여관찰은 관찰대상의 자연성과 유기적인 전체성을 보장하기 위하여 관찰자가 관찰대상 집단 내에 들어가서 집단의 일원이 되어 공동생활하면서 관찰하는 방법이다. 예를 들어 교도소의 죄수 문제를 연구하고자 조사자가 실제 죄수 노릇을 하는 경우가 이에 해당한다. ② 비참여관찰은 관찰집단의 외부에서 아웃사이더로서 수행하는 관찰이다. 예를 들어 대통령 순방시 기자들의 취재 활동 등이 이에 해당된다. ③ 준참여관찰은 관찰자가 관찰대상 집단에 방문을 통해 비정기적으로 참여하는 등 관찰대상 집단에 부분적으로 참여해 수행하는 관찰이다. 사범대생들이 교생실습을 나갈 때 교직원의 일상생활에 완전히 참여할 필요가 없는 경우가 이에 해당한다.

관찰법은 일반적으로 조사연구의 자료수집 방법일 뿐 아니라 조사결과의 해석에 부가적 자료를 수집하기 위한 방법으로도 사용되며, 탐색적 조사에도 보통 잘 이용되는 방법이다(Bailey, 1982). 면접이나 설문지조사를 통해 얻기 어려운 자료를 얻는 데도 사용될 수 있다.

관찰법은 연구대상을 조작하거나 통제하지 않고 연구대상의 특성, 상태, 행위 기능 등을 관찰이나 측정을 통하여 자료를 수집하고 기록하는 방법이다. 연구자가 연구대상의 자연스러운 활동에 직접 참여하면서 언어적, 비언어적 자료를 수집한다는 특징이 있다. 참여의 종류로는 관찰자임을 밝히지 않고 제삼자 입장에서 관찰하는 객관적 관찰, 관찰자임을 밝히고 참여는 하되 관찰이 우선인 참여자적 관찰, 그리고 관찰 대상자와 생활, 활동 등을 통해 직접 참여하는 관찰인 완전 참여자적 관찰이 있다. 완전 참여자적 관찰의 경우 관찰자임을 밝히지 않아도 되나, 이 경우 윤리적 문제가 발생할 소지가 있다.

과학적 조사방법으로서 관찰은 일상적 관찰과 구별되어야 하는 바, 이를 위해서는 계획된 조사 목적에 공헌해야 하고, 체계적으로 계획되어야 하고, 관찰결과를 체계적으로 기록할 수 있어야 하며, 그 타당성과 신뢰성에 대한 검증과 통제가 가능해야 한다(김해동, 1991).

관찰법의 장점은 언어와 텍스트로서 의사소통이 불가능한 경우에도 연구수행이

가능하고, 인위적 조작을 가하지 않고 현장 그대로를 관찰할 수 있다는 점에서 자료의 실제성이 제일 높은 자료수집 방법이라고 할 수 있다. 단점은 연구하고자 하는 현상이 나타날 때까지 기다려야 하므로 가장 시간이 오래 걸리는 자료수집 방법이라는 점이며, 예상치 못한 변수의 통제가 어려울 수 있다는 점이다.

3) 면접법

면접법은 연구자가 응답자를 직접 대면하여 대화로 필요한 정보를 수집하는 방법으로 훈련을 받은 전문가가 직접 응답자와 대면 면접, 전화 면접 및 우편 조사법에 의해 자료를 수집하는 방식이다. 일부 연구자는 인터넷을 통한 조사법까지 면접법에 포함하기도 하나 본 교재에서 인터넷 조사법은 별도로 구분하여 살펴보기로 한다.

① 대면 면접법

대면 면접법은 일반적인 과정을 면접자가 주제나 문제에 대해서 설명을 하고 질문을 이끌어 가며 응답자의 답변과 반응을 기록하는 방식으로 진행된다. 면접법은 연구자에 따라 개별면접 또는 인터뷰기법이라는 명칭으로 사용된다. 구체적으로는 소수의 대상을 상대로 많은 시간과 노력을 들여 자료를 생산하는 심층인터뷰, 전문가 집단을 통해 보다 질 높은 자료를 생산하는 포커스그룹 인터뷰, 구조화된 질문지 없이 자유로운 대화를 통해 집단 성원들로부터 원하는 자료를 얻고자 하는 집단인터뷰 등으로 세분화할 수 있다. 이와 같이 대면 면접법에도 다양한 기법과 방법론이 있는데 이는 많은 학문영역에서 활용되고 있는 자료수집 방법이다. 대면 면접법은 주로 연구자 자신이 직접 경험할 수 없는 현상을 탐구하고자 할 때, 또는 다른 자료수집 방법을 보완할 때 활용되고 있다.

포커스그룹 인터뷰는 학술연구에서 뿐만 아니라 마케팅 등과 같은 실무현장에서도 많이 사용되며 사람들의 생각과 의식을 심층적으로 이해하는 데 유용한 수단으로 활용되고 있다. 포커스그룹의 의도는 참여자들이 서로 자기고백을 유도하도록 하는 데 있으며 개인적으로 면접을 진행하여 정보를 수집하는 심층 면접과는 구분되는 방법이다.

② 전화 면접법

전화 면접법은 간단한 여론조사나 시장조사에서 많이 쓰이고 있다. 직접 만나는 대신 전화를 이용하여 면접자가 응답자로부터 정보를 얻는 방법으로써, 전화번호부 등을 이용하여 지역별, 연령별로 비교적 쉽게 모집단에서 표본을 추출할 수 있고 비교적 저렴한 비용으로 조사를 실시할 수 있다. 그러나 응답자를 통제할 수 있는 방법이 한정되어 있어 양질의 많은 정보를 얻기는 힘들다.

③ 우편 조사법

우편 조사법은 우편을 통해 설문지를 받은 응답자가 편리한 시간이나 장소에서 응답한 후 이를 반송용 봉투를 이용하여 송부함으로써 정보가 수집되는 방식이다. 이 방법은 큰 비용이 들지 않고 응답자가 조사문제에 관심이 있을 때 설문지의 양이 길어도 대답해 줄 가능성이 높다는 장점이 있다. 그러나 응답률이 낮으며 대인 면접법이나 전화 면접법에 비해 상대적으로 자료수집 기간이 길어진다는 단점이 있다.

면접법의 장점으로는 문해 능력이 없는 연구 참가자와도 대화로 면접을 실시할 수 있으며, 연구주제에 대한 심층적인 정보를 수집할 수 있다는 점이다. 면접법의 단점으로는 시간과 비용이 많이 소요되기 때문에 자료를 대량으로 수집하고 분석하기에 어렵다는 데 있다. 그리고 자료수집 과정과 분석 과정에서 연구자의 편견이 개입될 가능성이 높다는 것도 단점으로 거론되고 있다.

4) 설문지법과 질문지법

설문지법[4]은 연구주제를 함축하여 짧은 시간에 객관적인 조사가 가능한 방법으

---

4) 본 교재에서는 설문지법과 질문지법을 동일한 개념으로 사용하고자 한다.

로 주로 기술통계와 추론통계를 위한 조사방법에서 많이 활용되고 있다.

설문지법은 질문지(설문지)를 작성하여 조사 대상자에게 기입하게 하는 방법이다. 설문지법을 구체적으로 구분하면 대상자를 직접 만나 설문지를 주고 작성하도록 하여 회수하는 방식(개별자기기입법), 학교, 회사, 군대 등과 같은 집단에 설문지를 배부하여 응답자가 기입하고 나중에 직접 회수하는 방식(집단배포조사법), 우편을 통해 설문지를 배포하고 회신봉투를 동봉하여 응답을 받아내는 방법(우편설문지법), 그리고 인터넷, 모바일 등과 같은 전자통신망을 통해 조사하는 방법(전자설문지법) 등이 있다.

일반적으로 설문지법을 진행하는 과정은 질문지 작성의 목적 및 범위 확정, 조사 항목의 선정, 질문 형식의 결정, 질문의 문항 구성 및 순서 배열, 사전조사와 편집 및 인쇄, 질문지의 적용 절차를 거친다. 설문지법은 질문의 형식이 가장 중요하며 질문의 구조 및 형식에 따라 개방형 질문, 폐쇄형 질문 그리고 혼합형 질문이 있다. 폐쇄형 질문 설문지를 통해 데이터는 척도에 따라 정량적 자료로 전환되며, 이를 통해 추론통계와 기술통계가 가능해진다.

설문지법의 장점은 적은 시간과 비용으로 다량의 자료를 수집할 수 있다는 것에 있다. 구조화된 질문지를 사용하였기 때문에 컴퓨터에 자료를 입력하기도 쉽고, 통계 프로그램을 이용하면 분석도 비교적 용이하다. 결과는 정밀한 수치로 나오기 때문에 객관적인 결론을 내릴 수 있으며, 논문 작성을 위한 자료수집 방법으로 가장 많이 활용되고 있다.

설문지법의 단점은 연구 대상자가 문해 능력이 없는 문맹자인 경우에는 자료수집이 불가능하다는 데 있다. 그리고 표본이 모집단에 대한 대표성을 갖추지 못하거나, 회수율(혹은 응답률)이 저조하다거나 질문지 자체가 잘못 만들어졌다면 연구 결과의 신뢰성을 담보할 수 없다는 점이다. 특히 최근에는 연구자료 획득 과정에 대한 투명성을 확보하기 위해 인터넷과 모바일을 통한 설문지법도 유용하게 활용되고 있다.

5) 인터넷조사법

인터넷 조사법은 인터넷상으로 이루어지는 모든 정보의 수집방법을 말하며, 연구자는 이메일, 홈페이지, 블로그, 소셜미디어, 문자메시지 등을 통해서 자료를 수집한다. 정보통신의 발달과 함께 등장한 인터넷이라는 수단을 통해 자료를 획득하는 방법으로 일반적인 자료에서부터 빅데이터에 이르기까지 사이버 공간에서 이루어지는 조사방법이다. 인터넷 조사법은 전통적인 조사방법에 비해 비용과 편리성에서는 효과적이지만 대표성과 자료의 신뢰성 등의 문제가 있다. 최근에는 모바일을 통한 조사방법 또한 광의의 범주로 인터넷 조사법에 포함하여 분류하고 있으며, 이러한 방법은 향후 지속적으로 확대될 것으로 보인다.

인터넷 조사의 장점은 신속하고 저렴하다는 것과 더불어 전화 조사 또는 대면면접보다 훨씬 더 다양한 설문을 이용할 수 있다는 점이다. 예를 들어 광고 동영상을 보여주면서 그 반응을 측정할 수 있고, 상품 포장이나 라벨, 상품 사진 등 각양각색의 화면을 보여주면서 응답을 받을 수 있기 때문이다(실험심리학 용어사전, 2008). 인터넷 조사법은 응답자의 익명성이 보장되기 어려워 인터넷 조사를 실시할 때는 개인정보 노출에 특히 유의하고 해당기관에서 제공하는 연구윤리를 준수하여야 한다.

6) 실험법

실험법은 실험집단에 인위적인 조작을 가하고, 그것으로 인해 발생하는 행동의 변화를 통제집단과 비교하여 자료를 수집하는 방법이다. 실험조사는 독립변수에 필요한 조작을 가하고 실험결과의 타당도를 저하시키는 외적변수를 통제한 인위적 상황하에서 종속변수의 변화를 관찰하는 방법이다(이경서, 2004). 이러한 방법론은 19세기에 생물학, 의학 등의 자연과학분야에서 많이 이루어져 왔으며 최근에는 사회과학 및 공학에서도 적용하고 있다.

실험법의 장점은 자연과학에서 사용하는 방법을 사회과학 연구에서 사용한다는 점에서 방법론적 일원론의 성격을 가장 잘 반영하는 자료수집 방법이라고 할 수 있다. 따라서 변수 간의 인과관계를 규명하는 것에는 실험법이 적합하다고 볼 수 있다. 즉 실험조사를 통해 연구자는 어떤 가설검증보다 강력하고 효과적인 결과를 얻을 수 있다. 그러나 실험법의 단점은 실험에 영향을 미칠 수 있는 다른 변수들을 통제하지 못하는 경우, 연구결과의 신뢰성을 확보할 수 없다는 점에 있다.

실험조사는 어떤 현상에 대한 가설을 검증하기 위해 현실적인 사회상황 속에서 독립변수를 조작하여 종속변수를 조사하는 현지실험과 실험실 내 실험자가 원하는 조건이 나타나도록 상황을 조성하고 정확히 변수조작 및 통제를 행하여 인과관계를 검증하는 실험실 내 실험이 있다(이경서, 2004). 실험법은 인간을 대상으로 실험을 하는 까닭으로 법적·윤리적인 문제가 발생할 소지가 있기 때문에 각 기관생명윤리위원회(Institutional Review Board, IRB)에서 연구계획서 심의 및 수행과정 중 연구과정 및 결과에 대한 조사, 감독 등을 수행하는 절차가 요구된다.

7) 자료수집 방법의 비교

자료란 논문을 작성할 때 결과를 분석하기 위한 일체의 데이터를 말한다. 마치 하나의 건물을 짓기 위해서 벽돌이나 목재와 같은 건축자재가 필요하듯이 하나의 논문을 작성하기 위해서는 신뢰할 수 있는 자료가 필수적이라 할 수 있다.

자료수집 방법과 관련하여 문헌연구법, 질문지법, 면접법, 관찰법, 실험법의 의의와 장단점을 비교하면 <표 1-2-2>와 같이 요약할 수 있다.

<표 1-2-2> 자료수집 방법의 비교표

구분	방법	장점	단점
문헌 조사법	• 책, 논문, 보고서, 통계자료 등의 문헌자료를 수집·연구	• 시간과 경비 절약 • 선행된 연구와 진행중인 연구의 비교 분석 가능 • 통시적, 시계열적 관점의 연구가 가능	• 문헌의 신뢰도 문제 • 문헌의 채택과 해석에 대한 연구자의 주관 개입 문제

구분	방법	장점	단점
설문지법	• 개방형: 척도 없이 서술식으로 답변 • 폐쇄형: 답변에 객관식 표기(실증적 연구의 수량화에 유용)	• 대량조사 가능 • 시간과 경비 절약 • 분석의 기준이 명확 • 계량화, 통계화에 유리	• 표본의 적절성과 대표성 • 주관이 개입된 질문 • 낮은 회수율, 무성의한 답변 • 용어와 질문내용의 오류 • 응답가능한 모든 경우를 포괄하지 못하는 응답지
면접법	• 직접대화를 통해 자료를 수집하는 방법	• 자세한 질문 가능 • 응답자와의 정서적 교감으로 내면의 심층적 응답 유도	• 조사자 편견의 개입 • 조사대상의 소수화 • 많은 비용과 시간
관찰법	• 직접 참여하여 현장을 체험하며 자료를 수집(인위적인 통제와 조작이 없어야함)	• 의사소통이 어려운 조사대상에게도 심도 깊은 자료수집 가능 • 자료의 실제성 확보	• 관찰자 편견 개입 • 조사할 현상이 발생할 때까지 기다려야 함 • 돌발사태의 발생이 잦음
실험법	• 통제와 조작을 통한 실험집단과 통제집단의 비교분석을 통한 과학적 증명	• 인과관계의 법칙성 발견에 적합	• 윤리도덕적 문제의 야기 • 통제 및 조작해야할 변수가 너무 많음

연구자는 다양한 연구자료 수집방법을 비교하여 연구목적에 맞는 방법을 채택할 수 있다. 따라서 연구자는 자신의 연구환경, 연구주제와 가장 적합한 자료수집 방법을 선택하여 연구과제와 연구문제를 해결하여야 한다. 이러한 자료수집은 분석방법과도 연계되어야 분석과정에서 보다 효과적인 결과를 도출할 수 있다.

연구자는 연구자료의 수집과 분석을 통해 이론을 정립한다. 이렇게 정립된 이론은 일반화 과정을 거쳐 미래를 예측하는 도구로써 사회 발전에 기여하게 된다. 본 교재에서 다루고 있는 빅데이터를 활용한 연구방법론의 모색은 앞으로 다가올 빅데이터의 환경 속에서 조사방법론의 중요한 기반이 될 것이다.

3 빅데이터를 활용한 연구방법

3.1 빅데이터와 AI 연구방법의 이해

오늘날 산업계의 최신 화두는 4차 산업혁명이며 이를 논할 때는 빅데이터와 인공지능이 중심에 있다. 이러한 경향성에 따라 그동안의 빅데이터에 대한 학문적 연구는 기술적, 공학적 내용이 핵심을 이루어 왔다. 향후 빅데이터의 중요성은 더욱 증가할 것이며, 빅데이터를 통한 연구자료의 생산과 분석은 연구문제의 해결을 위한 필수적인 영역으로 존재할 것으로 판단한다. 본 교재는 모든 학문분야에서 빅데이터에 대한 논의와 활용을 확산하기 위해 빅데이터 텍스트네트워크 분석을 통해 그 방법론을 제안하고 있다.

현대사회에서 분석과학으로서의 방법론은 기계문명과 프로그램의 발전으로 인해 인간이 미처 생각하지 못한 다양한 영역으로 혁신을 이끌고 있다. 특히 인공지능의 발전으로 AI를 활용한 다양한 기법들이 학술이론의 개발과 정립 분야에서도 적극적으로 활용되고 있다. 그리고 인공지능이 다루는 영역 또한 정형화된 데이터는 물론 비정형화된 데이터인 텍스트, 그래픽, 동영상에 이르기까지 활용할 수 있는 데이터의 범위를 점차 확대하고 있다.

본 장에서는 이러한 인공지능과 빅데이터의 중요성을 근거로 연구자가 논문을 작성하는 데 필요한 자료수집과 분석 영역에서의 활용성에 대해 논의하고자 한다. 또한 빅데이터를 활용한 인공지능 연구방법론을 적극적으로 모색하는 차원에서 연구자가 활용할 수 있는 조사방법론의 기초이론을 설명하고자 한다.

그동안 빅데이터를 키워드로 한 학술 연구는 2011년 이후 4,095편의 학회 논문과 446편의 학위 논문이 검색되고(영남대학교 중앙도서관 논문통합검색 2020년 7월 20일) 있으나, 빅데이터와 인공지능을 적용한 연구방법론에 대한 구체적인 연구는 상당히 미미한 실정이다.

2020년 현재 스마트폰, SNS(페이스북, 트위터, 카카오톡 등), 사물인터넷(IoT: 2015년 49억 개 사물, 2020년 250억 개 이상의 사물이 연결될 것으로 Gartner가 추정) 등의 활성화로 인해 비정형 데이터가 폭증하고 있다. 정보기술 관련 기업인 EMC의 보고서에 의하면, 2011년 전 세계에서 생성된 데이터의 양이 1.8제타바이트(1.8조 기가바이트로 한 사람이 대략 2시간용 고화질 영화 2천억 편을 4천7백만 년 동안 시청하는 분량이며, 디지털 정보량은 대체로 5년마다 10배씩 증가하므로 2020년 약 35~40제타바이트 예상)이고, 빅데이터 및 클라우드 서비스의 활용과 기술 등에 대한 관심은 크게 높아지고 있다(김상락 외, 2014).

이와 같이 다양한 빅데이터로부터 획득한 정보를 통해서 연구자는 연구문제를 해결하고 미래의 사회현상에 대한 통찰력 등을 얻을 수 있다. 나아가서 인공지능을 통한 상황 인지 및 각종 인공지능 서비스 등이 가능하여 개인화 또는 지능화 서비스가 활성화 된다. 이러한 정보들이 연구를 통해서 상호 결합하여 새로운 가치를 창출할 수 있을 것이다.

전통적인 통계를 활용한 연구방법론은 일반적으로 모집단에서 표본을 추출하여 조사를 진행함으로 인해 항상 통계적 추론과 연구의 타당도가 중요시된다. 그러나 빅데이터를 기반으로 한 조사방법론은 관심 있는 모집단 관련 모든 자료가 사용 가능한 전수자료라는 장점이 있어 표본으로부터 발생하는 불확실성을 제거할 수 있다. 반면 빅데이터 분석은 빅데이터가 생성되는 모집단에 대한 시공간적 변화를 감지하고 적용해야 하는 과제를 안고 있다. 따라서 빅데이터를 활용할 때 자료에 대한 신뢰도와 적합성에 대한 우려가 발생할 수 있으며 연구자는 이러한 부분을 충분히 고려한 방법론을 채택하여야 한다.

3.2 빅데이터를 활용한 분석기법과 프로그램

비정형 데이터의 증가로 인해 분석기술이 중요한 위치를 차지하게 되었는데, 많이 소개된 주요 분석기술만 언급하면 데이터 마이닝(data mining), 텍스트 마이닝(text mining), 오피니언 마이닝(opinion mining), 소셜네트워크 분석(social network analysis), 클러스터 분석(cluster analysis), 현실 마이닝(reality mining), 복합이벤트처리(Complex Event Processing, CEP), 연관성 규칙(association rule) 등이 있다(김상락 외, 2014; 장동인, 2015; 김용겸, 2016).

향후 빅데이터는 사물인터넷, 인공지능(로봇·디바이스), 가상 및 증강현실 분야와 함께 가장 많은 발전을 이룩할 분야로 학문적인 영역에서도 적극적인 도입이 필요한데 많은 학자들은 다음과 같은 문제점을 동시에 제기하고 있다.

첫째, 빅데이터 대부분을 차지하는 비정형 데이터는 주로 SNS를 통해 수집되므로, 정보제공의 권한과 이로 인한 책임문제, 정보의 소유권 등 연구윤리에 대한 문제를 고려하여야 한다. 우리나라의 경우 개인정보와 상관없는 빅데이터도 사전 고지는 물론 빅데이터의 활용에 따른 다양한 위험(기술적 위험, 인적 위험, 법적·제도적 위험, 경제적 위험, 사회문화적 위험 등)도 함께 고려해야 할 필요성이 있다.

둘째, 인터넷과 SNS 등에서 생성되는 데이터 대부분은 대형 검색업체나 SNS 관련 유명 기업들이 독식을 하고 있어 이러한 업체들이 운영하고 생산하는 데이터에 대한 신뢰도를 높이는 방안이 필요하다. 즉 뉴스나 블로그 등과 연계되는 광고성 순위를 어떠한 방법으로 객관화하여 자료에 대한 신뢰성을 확보할 수 있는지에 대한 연구도 필요하다.

셋째, 중앙정부기관과 기초자치단체에서 제공하는 공공분야의 빅데이터(행정, 경제, 인구, 교육, 교통 등)에 대한 접근성을 높이고 효율적인 활용을 위한 환경의 조성이 필요하다.

빅데이터를 활용한 인공지능에 대한 연구방법론에서는 프로그래밍 언어에 관한 학습보다는 프로그램 작동에 관한 메커니즘을 이해할 필요가 있다. 즉 인공지능에서 기계와 프로그램이 판단하는 동작의 원리를 의미한다. 윈도우 프로그램으로 C#을 웹 형태로 구현하고 싶다면 HTML 및 CSS, 자바스크립트에 대한 이해가 있어야 한다. 일반적으로 인공지능을 활용하는 알고리즘을 위해서는 파이썬에 대한 이해가 필수적이라 할 수 있으며 이를 표로 나타내면 <표 1-3-1>과 같다.

<표 1-3-1> 프로그래밍의 사용목적과 언어 구분

사용목적	언어
인공지능	파이썬, C++
모바일프로그래밍	Kotlin, Java, Objective-C, Swift
웹서비스(프런트엔드)	HTML, CSS, Java Script
웹서비스(백엔드)	PHP, ASP, Java, SQL

자료: 김도현(2019)

논문 작성 시 빅데이터로부터 자료를 확보하기 위한 크롤링(crawling)은 필수적인 작업이며 인공지능을 통해서 연구 목적에 부합한 자료의 추출을 보다 정교하게 할 수 있다. 본 교재는 이러한 작업을 위한 알고리즘의 이해를 목적으로 한다. 따라서 사용목적에 따른 구체적인 언어 습득과 코딩작업을 위해 전문서적과 프로그래밍 교육을 통한 학습을 권한다.

학문적 영역에서 필요한 인공지능의 알고리즘 개발을 위해 연구자는 자신이 다루고자 하는 데이터가 어떤 형태이며 이를 활용하여 분석할 수 있는 알고리즘은 어떤 것들이 있는지 파악할 필요가 있다. 기본적인 알고리즘으로는 연속되는 수치 데이터가 있을 때 다음 값을 예측하기 위한 선형회귀가 있으며, 0과 1 사이의 예측 결과값이 나오는 예측 모델인 로지스틱회귀분석이 있다. 그리고 하나의 대상에 다양한 수치 데이터를 해석하는 수치 데이터를 토대로 카테고리 혹은 척도를 정하는 서포트 벡터 머신(Support Vector Machine, SVM)과 이와 유사하게 등급과 분류를 하기 위한 k-최근이웃(K-Nearest Neighbor, KNN)이 있다. 즉 특정 대상이 어떤 카테고리에 들어갈 수 있을지를 분류하는 것으로 SVM 알고리즘과 유사하게 활용할 수 있다(김도현, 2019).

깃허브(GitHub)는 오픈소스들을 쌓아둔 공간으로 개발자에게는 마치 보물창고와 같다. 깃허브는 일종의 클라우드 공간으로 개발자들이 많은 수의 오픈소스를 백업하고 공개한다. 깃허브를 모르는 개발자라면 인공지능으로 알고리즘을 구현하기 위해 파이썬을 학습하여 코드를 짜야 한다. 현명한 개발자는 개발해야 하는 것과 하지 않아도 되는 것을 파악하여 불필요하게 개발하는 것을 줄일 수 있다.

최근에는 이러한 인공지능 프로그래머들을 위해 공공 데이터를 오픈하는 사이트들이 있다. 그중 캐글(Kaggle)[5]은 대표적으로 공공의 빅데이터를 공개하고 활용할 수 있도록 도와주는 사이트다. 캐글은 어떤 특정 문제를 해결하기 위해 문제 공모를 하고 수집된 관련 데이터를 사이트에 올려두는데 프로그래머들은 특별히 데이터를 수집할 필요 없이 그 데이터만으로 알고리즘을 개발하면 된다. 국내에서도 정부 차원에서 공공 데이터를 개방하는 사이트를 개설해 두고 있으며 대표적인 사이트로 국가공간정보포털[6], 공공데이터 포털[7], 건강보험심사평가원 보건의료빅데이터 개방시스템[8], 데이터오픈마켓[9] 등이 있다.

오픈소스를 활용하여 윈도우에 기반을 둔 알고리즘을 적용하기 위해서는 파이썬과 아나콘다를 설치하여야 한다. 아나콘다는 파이썬의 여러 가지 유용한 패키지를 한꺼번에 모아놓은 것으로 콘다라는 명령어를 통해 파이썬을 좀 더 편리하게 관리할 수 있다.

3.3 연구사례

빅데이터를 활용한 최근의 연구는 다양한 분야에 걸쳐 확산되고 있다. 전지영(2019)의 빅데이터를 이용한 국내 연구동향 분석결과를 살펴보면 2012년 이후 국내학술지에 게재된 빅데이터 관련 연구는 전반적으로 매년 증가하고 있다. 2017년을 기

5) https://www.kaggle.com

6) https://www.nsdi.go.kr

7) https://www.data.go.kr

8) https://opendata.hira.or.kr/home.do

9) https://data.nsdi.go.kr/dataset

점으로 360편 등 해마다 급격하게 증가하는 추세를 보이고 있으며 연도별로 나타난 빅데이터 검색 학술 논문 수는 <표 1-3-2>와 같다.

<표 1-3-2> 연도별 빅데이터 검색 학술논문 수

연도	2012	2013	2014	2015	2016	2017	2018
전체	35	95	158	211	278	360	277
사회과학	16	47	72	102	149	218	165
공학	19	48	86	109	129	142	112

자료: 전지영(2019)

빅데이터 분석은 전통적인 통계와 설문조사 및 주로 정적인 성격의 아카이브 데이터(archival data) 소스를 실시간으로 중요하게 자주 보완할 수 있는 새로운 통찰력을 목표로 한다(Nian Chen, 2018). 빅데이터 분석의 가장 전형적인 예시로 기업 경영에 직접적으로 활용할 수 있는 빅데이터를 활용한 연구들이 많이 진행되고 있는데, 이 중에서도 소셜미디어와 소비자 제작 콘텐츠의 활용연구는 공공 및 사회 데이터로서 그 가치에 대해 많은 주목을 받고있다(George, Haas & Pentland, 2014). 백승훈 외(2019)의 연구에서는 쇼핑몰 판매량 증대와 효율적인 재고관리를 위해 5년간의 쇼핑몰 누적 빅데이터를 활용하여 기온 변화에 따른 반팔 티셔츠와 아우터 웨어의 판매량을 예측하는 판매 예측 모델을 제안하였다. 이진우(2014)는 SNS 빅데이터 분석을 활용하여 디지털 사이니지(digital sinage)만의 특성을 살릴 수 있는 영상콘텐츠 디자인 방법에 대한 연구를 진행, 영상콘텐츠 디자인에서 더욱 효율적으로 타겟을 설득하고 광고메시지를 전달하는 프로세스에 대한 모델을 제시하였다.

이 외에도 다양한 분야에서 빅데이터 분석을 활용하여 연구를 수행한 사례들이 있다. 김상배(2015)는 국제정치학의 시각에서 문제시되는 빅데이터의 개념적 특성을 살펴보았다. 그는 빅데이터를 둘러싼 지식은 과학적·실증적 지식, 경험적 관찰의 정확성, 인과성, 합리성 등 근대 지식의 전제를 넘어서는 탈과학화와 탈체계화된 지식체계에 대한 담론의 등장이며 지식관 자체의 변화를 의미한다고 정리하였다.

해양수산 SNS 빅데이터 분석 결과 및 시사점(박광서 외, 2017) 연구에서는 해양수산 분야의 국민적 관심사를 파악하기 위해 24개의 키워드를 도출하여 SNS 빅데이터를 분석하였다. 그리고 지방정부 간 경제협력 조건을 분석하기 위해 빅데이터를 활용하여 기초자치단체 네트워크를 분석한 연구(이희철, 2018)에서는 한국언론진흥재단의 지역 종합 일간지 기사검색을 통해 자료를 수집하였다. 이승민 외(2018)의 「한국국제협력단(KOICA) 교육 ODA사업에 관한 동향 분석 연구」에서는 교육 ODA 사업의 핵심 키워드와 키워드 간의 관계를 파악하기 위해 공공데이터포털에서 오픈 API 형태로 제공하는 ODA사업정보를 활용하여 연도별 ODA교육사업을 추출하였다.

박사학위 논문으로 빅데이터를 논제에 포함한 논문으로는 임영희(2019)의 「온라인 리뷰 빅데이터를 활용한 외국 관광객의 국내호텔 이용 만족도에 관한 연구: 감성분석을 중심으로」가 있다. 이 연구에서는 TripAdvisor를 대상으로 한국 호텔에 남긴 온라인 리뷰를 조사 수집대상으로 11,240개의 리뷰를 수집하였다. 파이썬을 분석 프로그램으로 사용하여 연구를 진행하였다. 그리고 이희철(2019)의 「지방정부 간 경제협력조건 연구: 빅데이터를 활용한 기초자치단체 네트워크 분석」의 연구가 있다. 지방자치단체의 홈페이지를 전수조사하여 자료를 수정하였고 텍스톰 프로그램을 활용하여 지방자치단체 간 협력의 정권별 변화를 분석하였다. 정은진(2018)은 「빅데이터를 통한 다이어트 실태 조사 및 분석」의 연구에서 국내 포털사이트인 네이버를 대상으로 블로그, 웹문서, 뉴스 그리고 카페에서 '다이어트' 키워드를 포함한 문장을 수집하여 파이썬 프로그램으로 분석하고 시각화하였다.

위의 연구 사례들과 같이 연구자는 신문기사, SNS, API 등의 다양한 데이터를 대상으로 자료 수집을 하고 있으며 이에 따라 분석기법과 방법론에 대한 논의도 중요한 연구과제가 되고 있다.

빅데이터의 활용에 대한 우려를 제기하는 주장으로는 이중원(2016)의 연구가 있다. 이 연구는 존재론적 문제, 인식론적 문제, 윤리적 문제들을 제기하였고, 특히 인식론적 차원에서 지식의 정의 자체가 바뀔 것이고 지식에 대해 더 이상 객관성과 정확성이 요구되지 않을 것이며, 과학지식의 본질적 변화 문제 등이 제기될 수 있음을 지적하였다. 이러한 논의에 기반을 둔 빅데이터를 활용한 학문의 연구는 현재 일부 분야에서 활용되고 있지만 각 학문의 영역에서 개념을 정의하고 활용성과 분석기법의 범주에 대한 연구를 통해 그 유효성이 지속적으로 검증되어야 할 것이다.

2016년에 인류에게 알파고와 이세돌 9단의 대국은 '인공지능'의 시대를 체감하게 하는 일이었다(한국지역정보개발원, 2020). 인공지능이라는 용어는 1956년 미국 다트머스대 인지과학자들이 뇌의 기능에 대한 연구를 정부에 제안할 때 처음 사용되었으며, 최근에는 인공지능을 시각적 인식, 언어인지, 결정 및 언어 간의 번역 등과 같이 인간의 지능이 필요한 일을 정상적으로 수행할 수 있게 하는 컴퓨터 시스템들의 발전과 이론으로 정의한다(Oxford dictionary, 2020).

인공지능의 발전에 따른 문제점을 해결하기 위해 경제협력개발기구(Organization for Economic Cooperation Development, OECD)는 인공지능 권고안을 통해 국제사회가 공동으로 권고안을 합의하고 관련 대응방안을 마련할 것을 결정하였다. 이 권고안에는 'AI는 인간사회에 절대 해를 끼치지 않도록 설계되어야 한다' 등 5개 사항[10]이 담겨 있다. 인지과학은 인공지능을 결정적으로 발전하게 한 계기를 마련하였고 인공지능에 대한 연구는 계산주의(computationalism)와 연결주의(connectionism)라는 두 가지 메커니즘을 통해 발전해 왔다. 계산주의는 모든 지식을 기호로 표현한 후 이를 기계적인 방식으로 입력하여 확률에 따라 새로운 사실을 추론하거나 판단하는 방법론이다. 반면에 연결주의는 자동화된 프로세스를 통해 기계의 지능을 높이려는 것에 착안한 연구방법론이다(양관석, 2019). 인공지능이 다시 한 번 주목을 받으면서 기계학습(머신러닝)과 딥러닝기술이 많이 활용되고 있다. 인공신경망과 같이 데이터를 기반으로 데이터를 평가하고 처리하는 알고리즘을 연구하는 분야를 기계학습이라 한다. 그리고 인공신경망에 빅데이터를 결합한 것을 딥러닝이라고 정의한다. 따라서 딥러닝은 머신러닝의 한 종류라고 할 수 있다. 2016년 구글의 알파고와 이세돌 9단의 바둑대결은 이러한 딥러닝과 기계학습에 대한 관심이 높아지는 계기가 되었다.

인공지능을 활용한 연구방법론은 연구자가 빅데이터를 가공하고 처리하여 딥러닝을 통해 빠르고 정확한 분석과 예측을 하는 과정으로 요약할 수 있다. 그리고 이에

10) OECD 인공지능 이사회의 권고안 주요 내용은 일반원칙으로 ① 포용성과 지속가능성, ② 인간가치와 공정성, ③ 투명성과 설명가능성, ④ 강인성과 안정성, ⑤ 책임성이 제시되었다.

따른 데이터의 종류와 양, 품질에 따라 인공지능이 예측하는 결과가 달라지게 되므로 데이터의 신뢰성이 반드시 확보되어야 한다(김세용 외, 2020). 인공지능을 학술분야에 활용하는 것은 빅데이터에 다양한 기계학습 방법론을 적용하여 군집화하거나 분류하여 이론을 생성하거나 예측하는 것이라 할 수 있다.

인공지능은 빅데이터와 컴퓨팅 기술을 기반으로 머신러닝과 딥러닝[11)]을 통해 스스로 학습을 통하여 특정한 결과를 구현하는 기술이다. 이러한 인공지능은 빅데이터를 활용하여 학문영역에서도 연구자의 직관을 넘어선 과학적인 판단을 생산해내고 있어 연구의 방법론에서도 새로운 영역으로 대두되고 있다. 향후 정보통신의 발달로 인해 학문의 영역도 많은 변화를 초래할 것으로 예상되며 이러한 변화는 학문의 통섭은 물론 연구조사 방법론의 통섭을 요구하는 단계로 나아갈 것으로 판단된다. 그동안 연구자는 직접 데이터를 수집하고 분석하는 과정을 거치면서 논문을 작성하였다. 그러나 논문작성 과정에서 빅데이터와 AI를 활용한 보다 과학적인 방법론이 사용되면서 최근에는 이러한 연구방법론이 주목을 받고 있다.

특히 과학정보기술의 발달로 인해, 사회과학 분야에서의 양적 연구방법을 위한 정보의 수집과 데이터의 축적에 대한 과정은 연구자의 편리성 제고, 연구 및 조사방법 단계의 간결화를 지향하는 동시에 분석 결과 도출을 더욱 정교화 하는 시스템으로 구축되고 있다. 한국사회과학 조사·통계 데이터 아카이브(Korean Social-science Data Center Data Base, KSDC DB)는 연구자의 원활한 자료 탐색 및 통계분석, 설문조사를 지원하는 아카이브로서, 공신력 있는 설문지, 원자료, 보고서 등의 설문조사 데이터를 확보하여 제공하고 있다. 또한 시계열 연구가 가능한 연속형 조사 자료인 세계가치관조사(World Values Survey, WVS), 선거제도 비교연구(Comparative Study of Electoral System, CSES), 역대 대통령 선거 조사자료 등을 확보하고 있어 연구 과정에서의 연구자의 효율성을 높여주며, E-STAT 2.0을 활용한 기술통계량부

11) 딥러닝은 기존 인공 신경망의 발전된 형태로 인공 신경망의 한계를 극복한 다층 신경망을 의미한다. 과거 신경망은 학습 효율을 저하시켰던 기울기 소실문제와 과적합 문제 그리고 하드웨어 한계로 인한 학습 속도 문제 등으로 연구가 침체됐으나 이 문제를 해결하는 방법들이 제안되고 2012년 ImageNet에서 딥러닝을 사용한 AlexNet이 압도적인 차이로 우승한 이후 많은 연구가 진행되고 있다.

터 회귀분석까지 대부분의 검증 및 추정 통계분석 기능도 있어 SPSS나 SAS와 같은 양적 통계분석시스템을 따로 사용할 필요가 없다. 이외에도 자체 설문조사 시스템을 구축하고 있어, 연구자가 웹상에서 작성하는 설문지가 데이터베이스로 축적되어 설문대상자에게 URL 배포, 수집, 설문조사 관리 등이 가능한 online-survey로 활용할 수 있다.

사회과학 분야에서의 양적 연구를 위해 다루는 광범위한 주제분야와 학문분야에 대한 설문자료, 시계열 연구를 위한 종단적 조사자료 등이 지속적으로 데이터베이스로 확보됨에 따라 이러한 자료들도 빅데이터화 된다. 이 빅데이터가 일정 수준 이상의 인공지능과 결합하게 되면 연구자에 의해 일방향 또는 편협적 연구 의도로 치우치는 것을 미연에 방지할 수 있는 기능 작동이 가능할 것으로 판단되며, 이 때 사회과학 관련 연구 분야는 보다 과학적이고 체계적인 연구 결과를 도출할 수 있을 것이다.

인공지능이 만든 분석의 새로운 물결로 '증강분석(augmented analytics)'을 들 수 있으며 이는 AI 기법을 사용해 자동으로 데이터를 준비, 데이터로부터 통찰력을 발견하고, 해석하는 일련의 과정을 포함한다(한국전자통신연구원, 2020). 이러한 인공지능의 발전은 기하급수적으로 증가하는 복잡하고 방대한 데이터 범위와 분석한계를 넘어서면서 학문의 영역에서도 새로운 가치를 창출할 수 있을 것이다. 현재 인공지능 분야는 의료, 생활, 금융 및 전자상거래, 교육 등으로 다양하게 확장되고 있다. 이 책은 학술분야에서도 이러한 추세에 대응하여 인공지능과 빅데이터를 활용한 방법론의 적극적인 모색에 그 의의를 두고자 한다.

인공지능을 활용하기 위한 여러 분야의 연구는 계속되고 있다. 신원섭·신동훈(2020)의 「초등과학교육에서 인공지능의 적용방안 연구」와 함께 최근에는 코로나19로 인해 질병퇴치에 빅데이터와 인공지능을 활용한 연구가 적극적으로 이루어지고 있다. 이새봄 외(2020)의 「헬스케어 산업에서의 인공지능 활용 동향 연구」, 김순한·권재현(2020)의 「인공지능을 활용한 국공유지 사용형태 조사에 관한 연구」 등이 있다. 교육학 분야에서는 심재원·권대용(2020)의 「초등학생을 위한 문장의 정서분류 인공지능 교육 콘텐츠 개발 및 적용」과 유정아(2019)의 「대학원 인공지능교육의 방향탐색: IPA의 활용」이 있다. 그리고 기록관리 분야에서도 김인택 외(2017)의 「인공지능을 활용한 기능형 기록관리 방안의 연구」가 있다. 김종세(2020)의 「인공지능의 안정성과 인간윤리에 대한 법정책적 고찰」 또한 중요한 연구영역으로 다루어지고 있다.

BIG DATA AND TEXT NETWORK ANALYSIS

제2장

연구 방법론

1. 연구방법론의 발전과정
2. 질적 연구와 양적 연구의 방법론
3. 혼합 연구의 방법론

1 연구방법론의 발전과정

본 교재는 사회과학 분야에서 학위논문과 학술논문을 준비하는 연구자들에게 과학적 연구방법론에 대한 지침을 제공하여, 논문 작성에 실질적인 도움을 주기위한 목적으로 편찬되었다. 그리고 일반적으로 연구자들이 접하게 되는 질적 연구와 양적 연구의 규격화된 방법론적 한계를 극복하기 위해 텍스트네크워크 분석을 중심으로 다양한 방법론을 제시하고자 하였다.

모든 학문분야는 연구와 관련하여 나름의 철학적 배경과 방법론적 관점이 존재하며, 현재까지 많은 연구자들에 의해 분야별로 적합한 연구논리와 조사방법이 활용되어 왔다. 최근에는 기존의 질적·양적 연구의 방법론적 고정관념을 뛰어넘기 위한 노력이 학계를 중심으로 확산되고 있으며(이정락·최외출, 2018), 컴퓨터공학과 프로그램의 급속한 발전은 이러한 현상을 더욱 촉진시키고 있다. 또한 질적 연구와 양적 연구의 방법론을 보완하기 위해 혼합 연구 등 다양한 방법론이 시도되고 있으며(신경림 외, 2005), 다양한 학문영역에서 통합연구 또는 융합연구의 형태로 조사방법론이 논의되고 있다.

연구방법론(research methodology)은 지식을 획득하는 방법과 의미를 밝히는 것이라 할 수 있다. 방법론의 고전적인 예는 존 스튜어트 밀(John Stuart Mill)의 논리의 체계(System of Logic, 1898)이다. 이것은 진리 탐구와 증거의 평가 방법을 일반화시키기 위해 시작되었으며, 귀납적 논리체계와 연역적 논리체계, 인과관계, 실험, 개념화와 분류 등의 논의를 포함하고 있다.

사회과학 영역에서 방법론적 관심이 많았던 것은 사회과학이 과학적 논리를 지향했기 때문이다. 한편 사회현상 연구에는 자연과학에서 사용되는 방법과는 근본적으로 다른 연구방법이 필요하다고 주장하는 학자들도 나타났다. 이러한 주장은 연구목적을 달성하고 연구의 효율성과 적합성을 제고하기 위한 다양한 연구방법의 모색으로 이어지게 되었다.

김응렬(2009)은 사회조사방법론의 발전단계를 다음의 네 단계로 설명하고 있다. 1단계는 16세기로, 사회조사에 관한 이론이나 통계적인 기법이 발달하지 않았으나 그 필요성을 느낌에 따라 인구, 가구 수, 경작지 등의 조사 자료를 작성한 시기이다. 2단계는 산업혁명 이후 사회조사에 대한 인식이 높아지면서 조사표법, 면접법, 교차분석법 등의 조사 및 설계기법 등 사회조사의 과학적 방법이 나타난 시기였다. 3단계는 정치, 경제, 사회, 각 분야에서 현지조사를 실시하여 자료를 수집·분석하고 이를 근거로 사회현상을 설명하는 시기이다. 이후 사회조사에 대한 과학적 연구가 일반화되었고, 사회학 단독에 의해 고안된 것은 아니지만, 선거조사, 여론조사, 시장조사 등의 조사방법이 발전하였다. 4단계는 사회조사에 대한 과학적 방법이 도입되고, 컴퓨터가 발달함에 따라 수집된 자료를 해석하면서 보다 고차원의 통계적 방법이 사용되기 시작한 시기로 구분할 수 있다. 이 시기부터는 다변량해석, 다차원해석법, 구조방정식 모델, 비모수통계의 도입으로 수집된 자료의 분석을 보다 정교하게 할 수 있어 다양한 사회문제에 대한 인과적 분석이 가능하게 되었다.

조영달(2005)은 일반적으로 연구방법론의 발전과정을 실증적 연구방법과 해석적 연구방법의 관점에서 설명하고 있다. 자연과학은 실험을 통하여 실증될 수 있는 근거 위에 논리적 체계를 형성하고 그것을 토대로 자연현상을 설명, 예측함으로써 실증적인 전통을 수립하였다고 본다. 이러한 현상은 사회현상의 연구에도 적용이 가능하다는 것이 실증주의적 입장이다. 한편 사회현상의 연구는 자연현상의 연구와는 근본적으로 다른 방법을 사용해야한다는 주장이 있는데, 이를 묶어서 흔히 해석학적 입장이라 한다.

이러한 논의를 보다 구체적으로 살펴보면 실증적 연구방법은 객관적 관점에서 논리적이고 과학적인 절차와 방법에 따라 경험적인 자료를 분석하여 사회문제에 대한 보편적 원리를 발견하려는 연구방법이라 할 수 있다. 이 방법은 주로 사회조사나 실험 등에 의해 경험적으로 관찰 가능한 자료를 수집하고 수치로 계량화하는 것이다. 계량화된 자료는 차이가 '있다' 또는 '없다'는 것만을 나타내는 것이 아니라, 차이가 있으면 '얼마나' 있는가를 나타낼 수 있다. 그러나 실증적 연구 방법은 계량화하기 어려운 인간의 심성, 의식, 가치 등의 정신적 영역을 탐구하는 데는 한계가 있으며, 전문가의 직관에 근거한 해석학적 연구방법으로 그 한계를 극복할 수 있다고 본다. 이러한 질적 연구와 양적 연구의 쟁점을 해석주의와 실증주의 철학 수준에서 살펴보면 해석주의는 사람들에게 삶으로서의 경험이 갖는 의미를 맥락에 따라 이해하고자 하며 실증주의는 이론적 예측이 실증적 자료에 의해 지지될 때 진리를 얻을 수 있다고 주장한다.

현상학적 접근이나 해석학적 접근, 또 구조주의 접근법 등의 방법론은 주류의 방법론을 보완하는 데 적절하다. 현상학에서는 의식의 연구를 진리의 샘터로 여기는데(김형효, 2008), 철학과 사회학에서 많이 다루어져 왔다. 연구방법론의 과학화를 꾀한다면, 「구조주의 과학」(Dosse, 1998; 김형효, 2008)의 관점을 받아들여 무의식을 연구하는 구조주의 접근법을 통해서 그 목적을 달성할 수 있을 것이다. 즉 과학화는 알 수 있는 현상과 눈에 보이지 않는 구조, 그리고 그 둘 사이의 변형원리나 매개변인을 탐구하게 되면 의식이나 이해를 넘어 무의식도 과학화 할 수 있다는 전제가 된다(김형효, 2008).

이와 같이 연구의 방법론을 보다 풍요롭게 하기 위해 구조주의 접근법으로, 사회과학적 관점에서도 표층차원에서 시작하여 심층으로 탐색하는 방법론을 활용하면 유익할 것이다(이광석·이정락, 2017). 지식 또는 주장은 방법론을 통해서 설득력을 얻으며 질적 연구와 양적 연구의 방법론적 쟁점으로 나타나게 된다. 자연과학에서는 '설명의 방법'이, 그리고 사회과학에서는 '이해의 방법'이 보다 적절하다는 것이다(Schutz, 1967). 여기에서 말하는 설명과 이해의 방법은 각각 계량적 접근방법과 질적 접근방법을 가리키는 것이다. 물론 슈츠(Schutz)의 대비는 두 개의 대립되는 입장을 지나치게 단순화시켜 표현한 것이나 두 방법을 비교해보고 그것이 갖는 의미와 한계를 고찰하는 데는 유용한 분석적 틀을 제공해주고 있다(김동일 외, 1983).

Jennifer(2007)는 인간경험에 대한 사려 깊은 이해를 전제로 두고 인간행동의 맥락성과 복잡성에 대한 총체적 이해 가능성 측면에서 질적 연구를 더 우수한 방법론으로 본다. 양적 연구는 모집단에서부터 선발된 표본 집단의 연구로 인간현상에 대한 일반적인 현상을 도출할 수 있는 연구라는 측면에서 더 우월한 연구로 본다. 또한 편견을 상쇄해주는 둘 이상의 연구 방법으로 연구결과의 타당도와 진실성을 높이는 혼합 연구가 최근에는 주목을 받고 있으며 텍스트네트워크 분석은 양적 연구 방법론은 물론 혼합 연구의 방법론에서도 그 활용도가 높은 분석기법이라 할 수 있다.

2 질적 연구와 양적 연구의 방법론

2.1 질적 연구의 절차

질적 연구는 인간에 관한 지식의 발견이라는 것이 물리적 현상을 탐구하는 방식과는 다른 시각과 접근 방식을 취해야 한다는 기본 가정에서 출발한다. 이러한 질적 연구는 자연스럽게 발생하는 현상을 자연 그대로의 상태에서 이해하는 데 목표를 두고 총체적 시각에서 현상을 이해하고자 한다(신경림 외, 2005). 따라서 이러한 질적 연구는 독립변수와 종속변수를 조작하여 통계적으로 분석하는 양적 연구의 논리, 절차와는 다른 방법의 분석기법을 통해서 연구가 진행된다고 할 수 있다.

질적 연구의 설계는 초기의 초점, 관찰과 면접 계획, 탐구할 기본적인 질문 정도를 구체화할 수 있지만, 자연주의적이고 귀납적인 속성 때문에 조작적 변수를 구체화하거나 검증 가능한 가설을 진술하는 것은 적합하지 않다(신경림 외, 2005). 질적 연구의 일반적인 연구과정은 서론, 이론적 논의, 연구방법, 분석결과, 결론의 순으로 구성되어 있다. 그리고 질적 자료의 분석이란 연구자가 연구문제 해결을 위한 과정에서 자료를 체계적으로 정리하여 자료 속에서 특징적인 의미, 주제, 규칙을 찾아내고 해석하는 과정을 말한다.

질적 자료의 분석기법은 1970년대부터 본격적으로 언급되기 시작하여 근거이론 연구법, 해석현상학 분석, 담론 분석 등과 같이 상당히 구체적이고 체계적인 형태로 발달되어 왔다. 최근에는 텍스트네트워크 분석을 위한 프로그램이 개발되어 질적 연구에서 혼합 연구의 형태로 변화하고 있다.

[그림 2-2-1]에서 상위 역삼각형을 이루고 있는 연구목적, 이론적 논의와 연구문제는 밀접하게 관련된 과정으로 연구과정에서 서론과 이론적 논의를 구성하고 있다. 그리고 하위 삼각형을 이루고 있는 연구문제는 조사방법을 통해 이끌어 낸 연구결과와 밀접한 관계를 이루면서 연구문제를 해결하고 정책적 대안 및 연구모델을 도출하고 있다.

[그림 2-2-1] 질적 연구의 설계

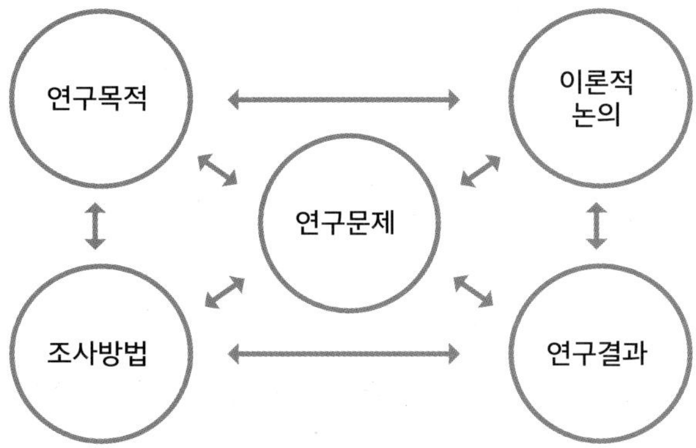

자료: Joseph A.(2005)를 참고하여 재구성함.

그림에 나타난 5가지의 연구 단계는 연구과정에서 상호 긴밀하게 작용하며, 독립적이나 상호 관련성을 형성하면서 전체를 구성하고 있다. 따라서 질적 연구 과정에서 나타나는 각 단계를 ① 연구목적, ② 이론적 논의, ③ 연구문제, ④ 조사방법, ⑤ 연구결과로 구분할 수 있다. ③ 연구문제의 경우 연구자나 연구방법론에 따라 연구 또는 조사방법으로 구성하여 연구에 대한 전체적인 설계를 연구문제와 연관하여 나타내기도 한다.

질적 연구에서 사례는 연구결과를 일반화하기 위해 모집단을 대표할 수 있는 표본을 선정하는 양적 연구와는 달리, 연구자의 연구 목적에 적합하고 특별한 관심을 끄는 것을 선정한다. 사례는 사람일 수도 있고 사건 혹은 조직, 프로그램, 지역사회, 특정시기, 중대한 사실일 수도 있다(신경림 외, 2005). 이원욱(2011)은 질적 연구에서의 자료 수집을 대체로 다음의 네 가지 형태로 구분하고 있다. 첫째, 관찰 자료로 연구자가 비참여자, 반참여자 또는 완전 참여자의 입장에서 관찰한 자료이다. 둘째, 인터뷰 자료로 전화, 인터넷, 대면 등의 인터뷰 방법을 통하여 수집하는 자료이다. 셋째, 문헌 자료, 넷째, 시청각 자료이다.

질적 연구는 구체적인 관찰로 시작하여 일반적 패턴을 형성해 가는 귀납적 절차를 중요시하며 발견의 논리를 지향한다(신경림 외, 2005). 질적 연구의 가장 큰 특징은 자료를 산출하고 분석하여 결과를 도출하는 전 과정이 연구자의 경험과 직관에 의존한다는 점이다.

김영천·이현철(2017)의 「질적 연구: 열다섯 가지 접근」은 질적 연구를 수행하는 학자들이 질적 연구와 관련한 방법론적인 고정관념을 뛰어 넘으면서 기존의 개론적 수준에서 벗어나 질적 연구에 대한 논의를 확장하고 있다. 그리고 오늘날 질적 연구는 더 이상의 양적 연구의 그늘 아래에서 살아가고 있지 않으며 오히려 양적 연구가 보지 못하고 깨닫지 못하는 심연의 무언가를 쫓고 있음을 주장하고 있다. 또한 학문적 체계로서 양적 연구의 그것과 비교해 볼 때 전혀 손색이 없으며, 오히려 더욱더 심도 있게 전개, 발전하고 있으며 이러한 차원에서 질적 연구의 다양한 방법을 소개하고 있다.

양적 연구 방법론이 인간과 관련한 분야인 인문학 또는 사회과학 분야에 부적합하다고 여기는 것은 인간의 삶을 주관성의 관점에서 바라보는 것이 아니라, '평균인'으로서의 인간을 상정하고 연구에 착수하기 때문이다. 이러한 양적 연구의 한계를 보완하기 위한 대안으로 등장한 질적 연구는, 기존의 통계를 이용한 양적 연구 방법에서는 개별 인간의 특수성이 통계 속에 가려버린다는 점을 지적하면서, 인간이라는 대상의 인식론적, 존재론적 특성을 살린 연구를 목표로 다양한 방법론을 구축했다(김희원, 2018).

크레스웰(Creswell, 2016)은 질적 연구의 대표적인 방법론으로 ① 근거 이론, ② 네러티브 연구, ③ 문화기술지 연구, ④ 사례 연구, ⑤ 현상학적 연구의 다섯 가지 방법을 소개하고 있으나 연구 자료 분석적 측면에서 볼 때, 고전적인 기법으로 현 시점에서의 적용은 다소 무리가 있다고 할 수 있다.

질적 연구는 인간의 체험을 드러내지 못하는 양적 연구 방법론의 한계를 극복하기 위한 적극적인 노력을 구체적인 수행 과정 속에서 드러내고 있다. 첫째로, 자료들

속에서 드러나는 의미를 발견하려고 하는 시도가 그렇다. 가설을 미리 상정하지 않고, 주어진 자료 속에서 의미를 찾는다는 것은 연구 참여자가 직접 경험한 것을 표현한 자료에서 그 연구 주제를 찾으려 한다는 점에서, 현상학에서의 '자연적 태도의 극복'과도 맞닿는 점이 있으며, 이를 통해 인간을 물체와 같은 '평균인'으로서 다루는 양적 연구의 문제를 극복하려는 의지를 찾을 수 있다(김희원, 2018). 둘째로, 질적 연구가 연구 문제와 영역에 가장 잘 부합하는 접근 방식을 적극적으로 탐구한다는 점도 큰 장점이다(김희원, 2018). 이와 같이 질적 연구는 주어진 자료에서 의미를 찾는다는 점에서 장점을 가지나 동시에 그 지점에서 연구의 한계를 내포하고 있음을 양적 연구를 수행하는 학자들은 지적하고 있다. 그러나 질적 연구자들은 양적 연구에서 다루지 못하는 사회현상의 여러 내면적 측면을 도출하는 데 장점을 가진다고 주장하며 양적 연구가 주력하는 통계적 방법론에 대한 한계를 지적한다.

이러한 논쟁에서 김희원(2018)은 특히 질적 연구에서의 현상학적 방법의 경우 현상학의 용어를 차용하고 있음에도 불구하고, 이론적 배경이나 자료 분석 방법에 대한 면밀한 검토 없이 기존 방법론에서 연구자의 틀을 그대로 받아들여 연구를 수행하는 것을 지적하고 있다. 따라서 본 교재를 통한 질적 연구의 다양하고 과학적인 방법론에 대한 모색은 방법론에 대한 함의를 더욱 풍성하게 할 수 있을 것이며 연구자들에게 실질적인 도움이 될 것으로 기대한다.

질적 연구의 단계에서 대다수 연구자들은 이론적 패러다임의 관점을 중요시하며, 이것은 본 교재에서 설명하는 연구철학, 연구논리와 같은 맥락이라 할 수 있다. 곽영순(2009)은 이론적 패러다임의 관점으로 실증주의, 후기실증주의, 해석주의, 구성주의 등을 제시한다. 이러한 패러다임은 질적 연구자가 무엇을 보고 어떻게 행동할 것인지를 결정하는데 이는 연구자의 연구행동을 안내하는 기본 신념이라 할 수 있다. 즉 질적 연구의 기반이 되는 연구 철학은 연구자가 발견한 결과물을 어떻게 기술할 것인지에 영향을 미치는 중요한 요소라 할 수 있다. 질적 연구에서의 자료수집은 주로 서류, 기록물, 면담, 관찰 등을 통해서 이루어지며 대부분의 자료는 텍스트 형태로 수집 분류된다. 이러한 특성으로 인해 최근 질적 연구를 위한 자료 분석은 연구자의 경험과 직관에 의지하기 보다는 프로그램을 활용하여 다양한 기법으로 수행되며 이는 질적 연구와 양적 연구를 혼합한 혼합 연구의 형태로 설명되기도 한다.

본 교재에서는 중요한 질적 연구의 방법론으로 문헌연구법, 사례연구법, 근거이론 연구법, 인터뷰 연구법 및 생애사 연구법을 기본으로 하여 근거이론 연구법과 인터뷰를 활용한 연구법에 대해 구체적인 방법적 절차를 살펴보고자 한다. 이러한 연구방법론은 질적 연구의 한 형태로 구분되는 것이 아니라 양적 연구와 모든 연구의 영역에서 활용될 수 있다. 연구를 수행해가는 연구자는 이러한 연구방법론에 대한 다양성과 통합성을 수용하는 자세가 필요하다고 하겠다.

2.2 양적 연구의 절차

질적 연구의 접근 방법과 양적 연구의 접근 방법을 단순화하여 비교하면 질적 방법은 '내부로부터 이해' 하는 접근 방법이고 양적 방법은 '외부로부터 설명'하는 접근 방법이라 할 수 있다. 즉 질적 접근 방법에 있어서 관찰 위치는 주관의 밖이 아니라 그 안이다(김동일, 1990). 이에 반해 양적 연구는 사회현상을 설명하면서 현상의 밖에서 나타나는 외적인 변수들 간의 관계와 차이를 관찰하는 것이다.

대부분의 사회과학의 분석에서는 여러 개의 변수를 다루는 다원 분석의 형태로 연구가 진행되며 다원 분석을 행하는 구체적인 기법들에는 요인분석, 상관분석, 회귀분석, 경로분석 등이 있다. 연구자가 연구를 설계하기 위해서는 시간의 전후에 따른 독립변수와 종속변수를 결정하고 두 변수 사이에 매개하는 것 그리고 조절하는 것이 무엇인지 알아야 한다. 일반적으로 변수들의 관계는 '독립변수→매개변수→종속변수'의 형태이다. 즉 독립변수는 매개변수에 영향을 미치고 매개변수는 다시 종속변수에 영향을 미침을 의미한다. 경로분석은 이와 유사한 인과관계를 상정하지만 대개의 경우 보다 많은 수의 변수들 간의 인과관계를 상정한다. 그리고 요인분석은 여러 변수의 변화에서 나타나는 일정한 패턴을 밝혀내기 위한 복잡한 대수기법이다. 요인 분석에서는 인위적인 차원을 만들어 낸 후 실제로 관찰된 변수와 요인과의 관련성을 검토한다(이성용 외, 2013).

양적 연구는 연구자가 제시한 가설을 통계방법을 통해 검증하는 것으로 주로 다음과 같은 연구의 설계과정을 거친다. 양적 연구의 설계에 있어 조절변수과 매개변수의 적용여부에 따라 다음의 '양적 연구 설계 1' 과 '양적 연구 설계 2'로 구분하여 설명하고자 한다.

[그림 2-2-2]의 '양적 연구 설계 1' 에서는 연구제목을 중심으로 연구가설을 설정하고, 분석방법의 단계에서는 독립변수와 종속변수 사이에 조절변수를 설정하여 분석의 틀을 구성하고 있다. 조절변수는 독립변수와 종속변수 간의 관계를 결정하는 제3의 변수를 말한다. 예를 들어 성별에 따라 특정 사안에 대한 예언 능률이 다르다면 이때에 성별이라는 것이 조절변수로 작용하게 된다. 조절변수를 찾아내는 한 과정을 예로 들면 다음과 같다. 우선 여러 예언변수를 이용하여 회귀방정식을 구하고 각 사례에 대해서 예언된 점수와 실제 기준 점수와의 차를 구한다. 이때 이 차의 절대치가 적은 사람은 예언이 가능한 집단이고 이 차가 크면 예언이 불가능한 집단이 된다. 다음 단계로 이 차의 점수와 상관이 높은 변수를 찾아낸다. 이렇게 하여 구해진 변인이 조절변수가 된다(교육학 용어사전, 1995). 이와 같은 과정을 양적 연구를 위한 설계로 나타내면 [그림 2-2-2]와 같다.

[그림 2-2-2] 양적 연구 설계 1

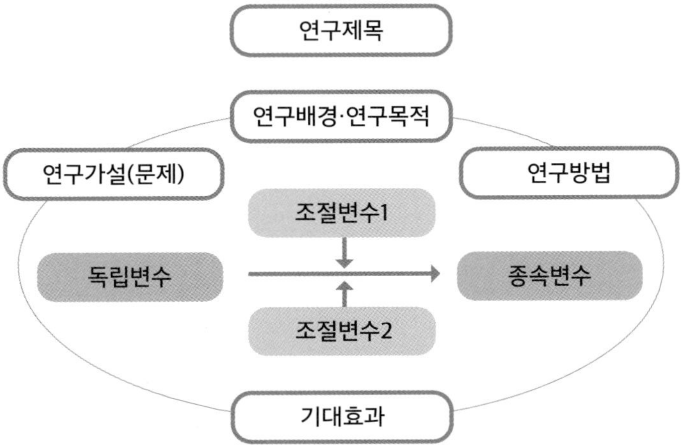

자료: 김규태 외(2015)를 참조하여 재구성함.

조절효과 분석은 독립변수가 종속변수에 미치는 효과에서 그 효과를 조절하는 변인이 존재할 때 사용하는 방법으로 독립변수가 종속변수에 미치는 효과에 영향을 주기도 한다. 그리고 종속변수에 유의한 영향을 주는 유사 조절변수가 있으며 독립변수가 종속변수에 미치는 효과에 영향을 주지만 종속변수에는 유의한 영향을 주지 않는 순수 조절변수로 구분하기도 한다.

[그림 2-2-3]의 '양적 연구 설계 2'는 연구문제 또는 가설을 검증하기 위해 독립변수와 종속변수 사이에 매개변수를 설정하여 분석의 틀을 만드는 연구의 설계방법이다. 이와 같이 양적 연구를 진행하기 위해서는 자료수집 과정에서부터 적절한 변수를 설정하고 관계를 유의하게 설계하여야 한다. 이러한 변인들의 설정은 연구결과의 타당성에도 큰 영향을 미치는 중요한 요소가 되기 때문이다.

매개변수는 독립변수와 종속변수의 연결고리 역할을 하는 변수라 할 수 있다. 매개변수는 독립변수의 결과이면서 동시에 종속변수의 원인이 되는 변인이다. 그리고 매개변수는 독립변수와 종속변수의 관계 이면에 숨어있는 인과적 구조를 이해하고자 할 때 이용한다.

[그림 2-2-3] 양적 연구 설계 2

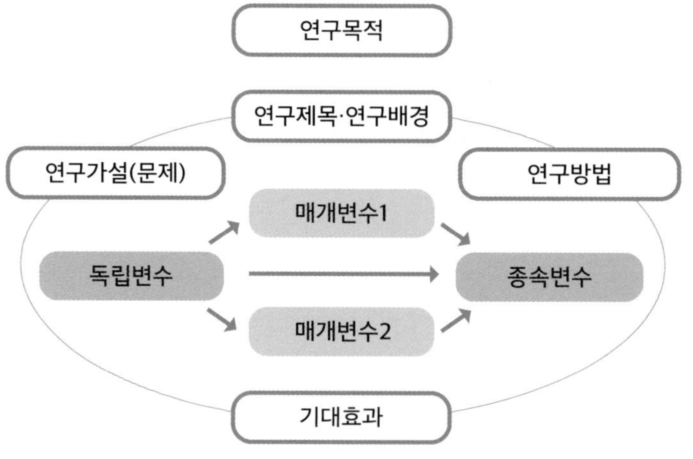

자료: 김규태 외(2015)를 참조하여 재구성함.

따라서 매개분석을 사용하기 위해서는 다음의 검정과정이 필요하다.

ⓐ 독립변수가 매개변수에 유의미한 영향을 주는가?

ⓑ 독립변수가 종속변수에 유의미한 영향을 주는가?

ⓒ 매개변수가 종속변수에 유의미한 영향을 주는가?

즉 회귀식이 하나가 아니라 각각의 검증 단계에 따라 3가지나 나오고 분석이 순차적으로 이루어지며 매개분석은 매개변수가 유의미한지를 알아보는 것으로 위와 같이 순차적으로 분석이 진행된다. 유의미한 매개변수가 존재한다면, 독립변수가 종속변수에 주는 영향은 직접효과와 간접효과로 나뉜다. 직접효과는 매개변수가 존재함에도 불구하고 매개변수를 거치지 않고 종속변수에 영향을 주는 것이고, 간접효과는 독립변수가 매개변수를 통해 종속변수에 영향을 주는 것이다.

매개효과 분석은 독립변수가 종속변수에 미치는 영향의 중간에 간접적으로 영향을 미치는 변수가 존재할 때 사용하는 분석의 틀이다. 이것은 독립변수와 종속변수의 관계는 유의하지 않지만 매개변수와의 간접효과는 유의한 경우 완전매개[1]라 한다. 그리고 독립변수와 종속변수 모두 종속변수에 영향을 미치는 경우 부분매개[2]로 표현하기도 한다.

매개효과는 연구의 설계에서 독립변수가 종속변수에 주는 영향을 직접효과와 간접효과로 나누고 그 간접효과는 완전매개효과와 부분매개효과로 구분된다. 완전매개효과를 도식화하면 [그림 2-2-4]와 같다. 매개변수가 사라지면 독립변수가 종속변수에 단독으로는 영향을 거의 미치지 못하는 것으로 마치 매개변수가 서먹한 둘 사이에서 역할을 하는 것과 같다.

1) 매개변수가 추가된 모형에서 독립변수가 종속변수에 미치는 효과가 0에 가까운 경우의 매개효과를 말한다.

2) 매개변수가 추가된 모형에서 독립변수가 종속변수에 미치는 효과가 여전히 통계적으로 유의미한 값이면서 매개변수가 없는 모형에서의 독립변수 효과보다 작고, 독립변수와 매개변수의 관계와 매개변수와 종속변수의 관계가 유의한 경우를 말한다.

[그림 2-2-4] 완전매개효과 연구모형

부분매개효과 연구모형을 도식화하면 [그림 2-2-5]와 같다. a, b, c가 모두 유의미하고 c가 t보다 작아야 한다. 여기서 t는 매개가 없을 때 독립변수가 종속변수에 미치는 영향을 말한다.

[그림 2-2-5] 부분매개효과 연구모형

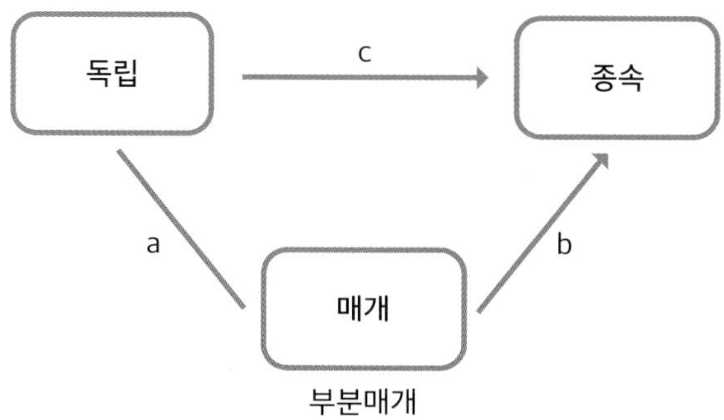

2.3 양적 연구의 과정

일반적으로 양적 연구로 진행된 논문의 서론에서는 '문제 제기' 혹은 '연구의 필요성'을 통해 '연구 목적 및 연구 문제'를 확정하면서 연구자의 가설을 제시하고, 이론적 배경에서는 연구 문제에 등장한 각종 개념 및 변수, 이와 관련한 이론들을 소개한다. 그리고 연구 방법에서는 해당 변수들을 다루는 방법론 및 측정 도구 등을 확정하고, 연구 결과에서는 해당 방법론에 맞는 방법으로 결과를 기술한다. 결론 및 제언에서는 가설에 대한 연구자의 연구 결과를 기술하고, 이를 현실에 적용하기 위한 제언을 제시한다(김희원, 2018).

이러한 양적 연구의 과정에서 한계점으로 제시되는 것은 소수의 표본을 모집단에 적용하는 것이 엄청난 귀납적 도약을 범할 수 있다는 점이다. 이원욱(2011)은 통계적 일반화는 광범위 이론으로 전체적 경향을 파악하는 데 도움을 줄 수 있지만 주어진 현실 문제를 해결하거나 과정추적을 통한 세부적인 원인을 현실에 맞게 밝혀내는 적실성 문제를 해결하지 못함을 강조하였다. 즉 광범위 이론이 추구하는 일반적 경향과 귀납적 도약은 실용성과 적실성의 문제점을 가지고 있다고 지적한다.

양적 연구는 일반적으로 가설의 검증을 위한 과정이라 할 수 있다. 즉 전수 조사가 아닌 표본 조사를 통해서 가설을 검증하는 것이다. 가설의 검증을 위해 사용되는 통계방법은 주로 집단 간의 평균차이를 검증하는 평균차이검증과 변수와 변수의 관계를 검증하는 관계검증 방법으로 대분할 수 있다. 차이검증에는 평균검증(t-test), 분산분석(ANOVA) 등이 있고 관계검증에는 상관분석, 회귀분석, 교차분석, 구조방정식 등이 있으며 일반적으로 자료의 분석단계에서 적절한 통계분석이 활용된다.

양적 연구의 절차와 과정을 간략히 소개하면 다음과 같이 연구문제의 선정, 문헌고찰, 연구방법(가설)의 설정, 자료수집 및 분석 그리고 평가 및 논의의 단계로 구분할 수 있다. 이러한 연구과정은 양적 연구에만 국한된 것이 아니며 통계적 방법론을 제외한 부분은 질적 및 혼합 연구과정에서도 적용될 수 있는 연구절차라 할 수 있다. 구체적으로 살펴보면 다음과 같다.

① 연구문제의 선정

연구문제의 선정은 연구과정의 전반에서 가장 중요한 부분으로 연구주제와 관련한 구체적인 연구문제를 제시하여야 한다. 채서일·김주영(2016)은 연구문제의 선정 시 다음의 세 가지를 고려할 것을 주장하고 있다. 첫째는 새로운 문제인가 하는 것이다. 연구문제는 참신성이 요구되며 이전에 수행한 연구를 반복하여 수행할 필요는 없다. 둘째, 중요한 문제인가 하는 것이다. 즉 연구할 가치가 있는 주제를 선정하여야 한다. 셋째, 해결가능한 문제인가 하는 것이다. 즉 선정한 문제를 연구자가 실질적으로 수행할 능력이 있느냐 하는 것이다. 뿐만 아니라 연구수행을 위한 자료수집의 가능성이나 분석방법의 적절성 등도 충분히 고려되어야 한다.

② 문헌고찰

연구하고자 하는 문제와 관련한 선행연구에 대한 조사로 이론적 논의의 단계이다. 연구자는 연구주제와 관련한 이론과 선행연구에 대해 고찰하여 구체적으로 분류하고 분석하여야 한다. 또한 연구자는 이론적 논의 과정을 통해 분석된 선행연구의 이론을 연구문제와 관련하여 제시하고 해석하여야 한다.

③ 가설의 설정

연구자는 선행연구를 통해서 나타난 문제점을 바탕으로 연구문제를 선정하거나 가설을 설정하게 된다. 연구를 통해서 검증하고자 하는 둘 이상의 변수들 간의 차이와 관계에 대한 가정적인 명제이다. 추상적인 성질을 띠고 있는 개념과 개념 간의 관계를 명제라 부르는 반면, 경험적 실험이나 조사를 위해 조작된 변수와 변수 간에 맺어진 관계를 가설(hypothesis)이라 하며 이는 실증적 검증의 대상이 된다. 가설은 연구목적에 따라 기술적 가설, 설명적 가설, 귀무가설, 대립가설로 구분할 수 있다. 기술적 가설은 변수의 분포상태 또는 존재 양상 여하를 분석하는 것이고 설명적 가설은 '만약 원인(X)이 발생하면 결과(Y)도 발생할 것이다'로 설명되는 것이다. 귀무가설은 직접 검증대상이 되는 가설을 말하며 대립가설은 귀무가설이 기각될 때 받아들여지는 가설이다.

④ 자료수집 및 분석

사회현상을 과학적으로 연구하기 위해서 연구에 필요한 대상을 표본으로 선정하고 적합한 조사방법론을 선택하여 자료를 수집하고 분석하는 과정을 거치게 되며, 특히 양적 연구에서는 관찰, 설문지, 실험 등의 방법을 사용하여 자료를 계량화 한다. 계량화된 자료는 차이검증 또는 관계검증의 맥락에서 연구자가 학습한 가장 적절한 통계기법의 적용을 통해 분석결과를 도출한다. 자료의 분석은 수집된 자료를 통계적 기법을 이용하여 결과를 도출하는 작업으로, 양적 연구에서는 SPSS, AMOS, R 프로그램 등이 사용된다.

⑤ 평가 및 논의

자료처리를 거쳐 분석이 가능한 형태로 전환된 결과는 연구의 목적에 따라 평가되고 결과에 따라 가설을 검증하여 논의과정을 통해 이론화하는 단계이다. 논의의 확장을 통해 생산된 이론은 모형화 및 모델화 작업이 가능하며 정책적 제안을 통해 연구의 활용성을 높일 수 있다.

2.4 질적 연구와 양적 연구의 비교

많은 학자들에 의해서 질적 또는 양적 연구의 장단점에 대한 비교연구가 진행되어 왔으며, 최근에는 질적인 측면과 양적인 측면을 모두 활용하는 혼합 연구에 대한 논의 또한 활발히 진행되고 있다.

질적 연구는 연구자가 발견한 것을 독자들에게 제시할 수 있도록 자료를 체계적으로 정리하고 자료 속에서 특징적인 의미, 주제, 규칙을 찾아내고 해석하는 분석과정을 말한다(신경림 외, 2005). 질적 연구가 이루어진 초기에는 국내에서 서구의 연구자들이 저술한 질적 연구 개론서와 방법론을 단순히 번역하는 상황이었으나, 최근에는 외국에서 질적 연구를 학습하고 온 연구자들과 국내에서 자생적으로 질적 연구를 정련하게 추구한 연구자들에 의해서 다양한 질적 연구 전통과 심화한 접근들을 추구하는 교재가 출판되고 있다(김영천·이현철, 2017). 질적 연구는 교육학, 보건학, 인문학, 종교학, 사회복지학 등 다양한 전공분야에서 활용되고 있으나 자료의 분석에 대한 과학적 방법론의 연구는 상당히 미흡한 실정이다(김광웅, 2006). 의미를 파악하고 해석하는 과정이 중요한 질적 연구의 특성에 따라 전체적인 프레임을 강조하는 구조주의, 이를 해석하는 해석학, 본질에 대한 직관으로 이루어지는 현상학(신경림 외, 2005) 등이 연구를 위한 과학철학의 기초를 형성하고 있다.

<표 2-2-1> 질적 연구와 양적 연구방법의 비교

구분	질적 연구	양적 연구
절차	귀납적 절차와 과정을 중요	연역적 절차와 결과가 중요
연구논리	행태주의/해석주의/현상주의/구조주의/후기실증주의	
이론유도	귀납적 사유	연역적 사유
표집	비확률적 표집	확률적 표집
자료형태	정성적(연성) 평가 자료	정량적(강성) 평가 자료
분석관점	분석적 일반화 → 주관적	통계적 일반화 → 객관적
분석방법	문헌연구 → 관찰연구 → 인터뷰연구 → 사례연구 → 통계연구 → 실험연구	

자료: Green(2007), Green & Henry(2005)를 참고하여 재구성함.

주: 질적 연구와 양적 연구의 비교·설명을 위해 방법론을 단순화한 표임을 전제함.

그리고 질적 연구과정에서 대부분의 연구자들은 인터뷰를 활용한 조사방법론을 채택하고 있으며, 연구 참여자들을 직접 대면하여 면접한 자료가 연구문제 해결을 위한 기초자료로 사용되고 있다(신옥순, 2005). 이론적 논의 과정에서 그동안 일반적으로 논의되어 온 질적 연구와 양적 연구의 절차와 연구논리 등을 단순화하여 나타내면 <표 2-2-1>과 같다.

과학은 철학을 실용적인 것으로 만드는 데 큰 공헌을 하였고, 역사·종교·사회·정치철학과 같은 영역에 과학적 논증이 더해가면서 과학철학의 입장에서 연구가 행해졌다(김광웅, 2006). 이처럼 연구방법에서 과학철학의 이해는 중요한 부분이라 할 수 있다. 본 교재에서의 연구논리는 이광석·이정락(2017: 265)의 연구에서 제시한 행태주의 접근법, 해석학적 접근법, 현상학적 접근법, 구조주의 접근법의 범주에서 실체의 발견보다는 변별적 자질과 같은 관계의 발견에 중점을 두는 구조주의 접근법을 텍스트네트워크 분석과 연계하여 과학성을 확보하고자 하는 데 있다.

텍스트네트워크 분석은 단어와 단어 간의 패턴과 질서에 대한 구조적인 해석을 통해 이루어지고 있으며, 이러한 해석의 기저에는 언어가 어떤 구조의 일부일 때만 의미와 가치를 가지는 소쉬르의 구조주의 언어학이 자리하고 있다.[3] 김상효(1992) 또

3) 이러한 견해는 소쉬르가 제안한 구조주의 기호학의 프로젝트는 텍스트의 의미에 대한 해석학에 관심을 갖는 여러 구조주의자들에 의해 계승이 된다는 송효섭(2019)의 주장에서 찾을 수 있다.

한 구조주의는 언어학에 그 기원을 두고 있다고 주장하며, 구조주의 연구의 주된 목적은 인간의 사회적 행동의 기저를 이루는 기본체계인 관습이나 법칙의 발견에 있다고 보고 있다. 이러한 관점은 텍스트에서 단어의 다양한 관계와 구조를 통해서 의미와 주제를 찾아내는 텍스트네트워크 분석의 논리구조와도 맥락을 같이 하고 있다. 따라서 텍스트네트워크 분석을 연구하는 데 구조주의 접근법이 유용하다고 할 수 있다.

텍스트네트워크 분석은 일부 연구자(이정락, 2017; 이윤경, 2018; 정재훈, 2018; 정도헌·주황수, 2018; 최호창, 2018)들에 의해 혼합 연구와 융합 연구의 방법론으로 최근 주목을 받으며 다양한 분야에서 활용되고 있다.

연구자는 관심 학문분야의 문제해결을 위해서 기존의 질적·양적 연구의 틀을 넘어서는 적합한 접근방법에 관한 이론과 분석방법에 대한 고민이 필요하다. 따라서 질적·양적 연구의 비교·논의를 통해 해당 학문분야의 연구목적을 효율적으로 달성하기 위한 방법으로 혼합 연구를 제안하고자 하는 것이다.

3 혼합 연구의 방법론

3.1 혼합 연구의 배경

사회과학 연구는 목적으로부터 시작한다. 목적으로부터 구체적인 연구문제가 나오며 연구문제로부터 연구설계와 방법이 도출된다(Newman et al., 2003). 이러한 관점에서 혼합 연구는 변화하는 사회분야의 다양한 연구문제를 해결하기 위한 새로운 방법론의 모색으로 단일연구 질문에 답을 하기 위해 두 가지 이상의 연구방법을 체계적으로 활용하는 것이라 할 수 있다. 즉 다원화된 현실세계의 복잡성을 이해하기 위해서는 연구조사 방법과 분석기법 또한 다양성을 수용할 수 있는 혼합 연구가 필요하다.

이러한 논의는 사회과학의 전반에 이르는 서로 간의 다름, 다양성이 의미 있는 관여(engagement)에 어떻게 기여할 수 있는지를 강조하고 있다(Greene, 2007). 최근에는 질적 연구와 양적 연구의 매력적인 측면을 인정하면서 어떤 연구 방법을 선택하느냐, 어떤 연구 방법이 문제를 해결하는 가장 적합한 방법인가를 선택하는 것에 더욱 중요성을 부여하는 상황까지 이르렀다고 볼 수 있다(강용원·이현철, 2010). 즉 본질적으로 복잡하며 상황적 맥락에 영향을 받는 사회현상을 더 잘 이해하기 위한 총체적 목적 측면에서 혼합 연구방법이 가지는 가치가 강조되고 있다. 그리고 이러한 과정에는 연구자의 철학적 가정, 이론적 신념, 정치적 믿음, 개인적 지혜, 전문가로서의 경험 등이 포함되며, 구체적 자료수집과 분석도구에서도 여러 요소가 나타나게 된다(Greene, 2011).

혼합 연구에 대한 논의를 두 가지 경향으로 요약하면 연구설계 방법과 패러다임의 진보라 할 수 있다(Jennifer C., 2011). 즉 혼합 연구 방법을 주로 연구 설계 방법의 하나로 정의하며 다양한 순서와 우선순위를 가진 여러 방법 중 하나의 대안으로 소개하는 것이다. 그리고 두 번째 경향은 사회과학에서 혼합 연구를 대안적 철학 패러다임의 진보라고 보는 것이다. 즉 기존 양적 패러다임과 질적 패러다임의 대안이라는 것이다. 20세기 후반에 후기 실증주의에 대한 문제제기와 도전이 끊임없이 이루어지면서 해석주의, 다양한 유형의 구성주의, 현상학 등을 포함하여 질적 방법론에 적합한 여타 철학 패러다임에 대한 관심이 폭발적으로 이루어져 왔다(Schwant, 2000).

혼합 연구의 절차적 논의는 「질적, 양적 및 혼합적 연구의 설계」(John W., 2014), 「사회과학 혼합연구방법의 이론과 실제」(Jennifer C., 2007)에서 혼합 연구방법에 대한 현대 담론의 역사적 기원을 중심으로 서술하고 있다. 그리고 양적, 질적, 혼합적 방법론으로 상담연구 방법론을 제시하는 학자들도 있다. 또한 통합모형 설계를 적용한 통합연구 방법론(Tashakkori & Teddlie, 2001), 질적 연구와 양적 연구를 통합한 방법론의 관점에서 서술한 통합연구 방법론(이현철·김영천·김경식, 2013)과 연구 공동체로서의 통합 방법론적 사고에서 연구방법과 전략을 제시한 통합연구의 기초(Tashakkori & Teddlie, 2015) 등이 있다. 즉 혼합 연구가 갖는 또 다른 측면은 양적 패러다임과 질적 패러다임의 대안이자 구조주의 철학으로서 연구논리의 대안이 된다는 것이다.

혼합 연구의 적절한 철학적 논리에 대해서 살펴보면 다음과 같다. 양적 패러다임은 실증주의적, 가설 연역적, 특수적, 객관적, 결과 지향적이며, 자연과학적 세계관을 갖고 있다. 대조적으로 질적 패러다임은 현상학적, 귀납적, 총체적, 주관적, 과정 지향적이며 사회인류학적 세계관을 가지고 있다(Reichardt & Cook, 1979). 지금까지의 질적, 양적 연구의 철학적 논의는 해석주의, 행태주의 내지는 실증주의 같은 연구의 패러다임과 같은 형태였으나 본 교재에서는 방법론과 관련한 기본적인 과학철학에 대한 논의를 중심으로 살펴보고자 한다.

실증적 연구 과정은 연구가설을 설정하고 구체적인 분석을 통해 가설을 수용하거나 기각하는 가설 검증 과정을 거치는 연역적인 연구 과정에 따라서 이루어진다.

이에 반해 해석적 연구 방법은 연구자의 경험, 지식, 직관적인 통찰을 통해서 계량화가 어려운 행위자의 동기나 의도 혹은 사회 조직과 제도의 의미를 심층적으로 해석하고 이해하는 방법론이라 할 수 있다. 예를 들어, 실증적 연구 방법이 친구와 함께 놀고 대화하는 시간으로 우정을 측정한다면, 해석적 연구 방법은 친구와의 놀이와 대화의 형태, 사용된 언어를 기반으로 어떤 '우정'의 의미가 있는지 이해하고자 한다.

실용주의는 혼합 연구 방법에서 가장 적절한 패러다임으로 인정받고 있다(Teddlie & Tashakkori, 2003). 또한 실용주의는 철학적, 방법론적으로 즉각적이며 유용한 중간자적 입장을 제공한다. 방법에 관한 원칙이 연구에 실제 적용되는 대로 수정하고 "최적의 연구방법은 연구문제에 가장 잘 답할 수 있는 방법과 절차의 결합을 선택하는 것"임을 표방한다(Johnson & Onwuegbuzie, 2004).

실증주의 패러다임은 양적 연구방법의 근간이 된 반면, 구성주의 패러다임은 질적 연구방법의 토대가 되었다는 주장도 있다. 이 때문에 양 패러다임 간의 논쟁을 때로는 질적·양적 방법 간 논쟁이라고 부른다(Teddlie & Tashakkori, 2001). 제2차 세계대전 이후 과학철학으로서 논리 실증주의가 와해되고 후기 실증주의가 확산되었다. 후기 실증주의자들의 주장은 실재의 본질을 반영하고 있어 현재까지도 질적·양적 연구자들에 의해 공유되고 있다. 실용주의를 지향하는 이론가들과 연구자들은 양적 연구와 질적 연구 접근방법의 제 요소를 포함한 통합 연구방법을 논의하고 있다.

<표 2-3-1> 연구방법에 따른 철학 논리 유형

연구방법	혼합 연구	질적 연구	양적 연구
철학 논리	실용주의	형태주의·해석주의·실증주의	

이러한 연구방법에 따른 철학적 논리에 대한 논의를 요약하면 <표 2-3-1>과 같다. Teddlie와 Tashakkori(2010)는 연구과정의 서로 다른 단계에서 연구방법과 방법론을 혼합시키는 것과 관련한 중요한 개념을 발전시켜왔다. 이것은 두 가지 폭 넓은 연구방법을 혼합하여 방법론의 소통을 통해 연구목적을 달성하는 것이 중요함을 의미한다.

과학적 방법론은 연구를 통해 생성된 이론을 바탕으로 현상을 예측하는 데 목적이 있다. 예측은 이론의 기초적인 명제로부터 보다 복잡한 명제를 추론하는 것을 말한다. 많은 과학적 방법론은 변수들 사이의 명확한 관계를 밝혀내기 위해 다양한 분석기법을 활용하고 있으며 이러한 의미에서 연구자가 다양한 방법론을 학습하여 활용하는 것은 중요하다고 할 수 있다. 그리고 자료수집의 단계에서부터 질적 자료와 양적 자료를 동시에 수집하는 연구자들이 점차 늘고 있으며 통합자료의 수집과정은 연구자의 자료를 더욱 풍성하게 할 것이다. 즉 혼합 연구의 설계를 통해 자료수집으로 인터뷰를 할 경우 개방형 자료의 수집과 폐쇄형 자료의 수집을 병행하여 상호 보완된 연구결과를 도출할 수 있을 것이다.

3.2 혼합 연구의 유형과 설계 1

본 교재에서는 혼합 연구에 대한 대체적인 논의 중 실제적인 측면에서 혼합 연구 설계방법과 분석기법을 중심으로 살펴보기로 한다. 설계수준에서의 혼합과 자료 및 분석기법에서의 혼합설계 수준이란 연구목적과 연구문제를 주로 지칭하며 연구의 전체방향을 탐색에 두느냐, 확증에 두느냐와 같은 차이점을 말한다(Greene, 2007).

Creswell(2014)의 최근 연구는 혼합 연구 설계의 유형 분류체계에 중점을 두고 수렴적 설계(convergent design), 설명적 순차설계(explanatory sequential design), 탐색적 순차설계(exploratory sequential design)의 세 가지 유형으로 혼합 연구의 설계를 구분하고 있다.

① 수렴적 설계

이 설계의 의도는 양적 및 질적 데이터의 수집, 두 데이터 세트의 분석, 그리고 두 데이터 분석 결과들을 비교한 후 통합하는 것이다.

수렴적 설계는 연구 문제를 다양한 각도와 관점에서 볼 수 있다. 정재훈(2018)의 연구에서 1970년대 한국의 새마을운동 당시 마을 주민들이 정례적으로 개최했던 마을총회 회의록을 분석하고 마을의 규모, 수준 등을 분류하여 회의 안건에 따라 자료를 통합하여 분석하는 연구 설계가 이에 해당한다.

[그림 2-3-1] 수렴적 설계과정

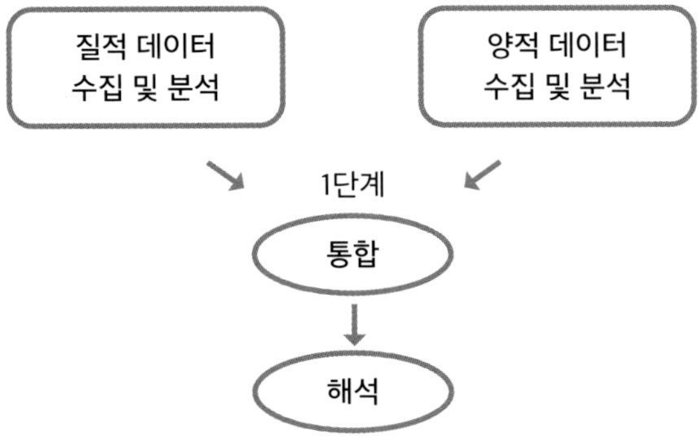

자료: 김동렬 역(2017), Creswell(2014)

② 설명적 순차설계

이 설계의 의도는 먼저 양적 방법들을 사용한 후 질적 방법들을 사용하여 양적 결과들을 더 자세히 설명하는 데 있다. 두 가지 연구방법을 연구의 해석 단계에서 통합한다. 이 설계에서 질적 자료는 주로 양적인 연구결과를 설명하고 추론하는 데 도움을 준다.

[그림 2-3-2] 설명적 순차설계

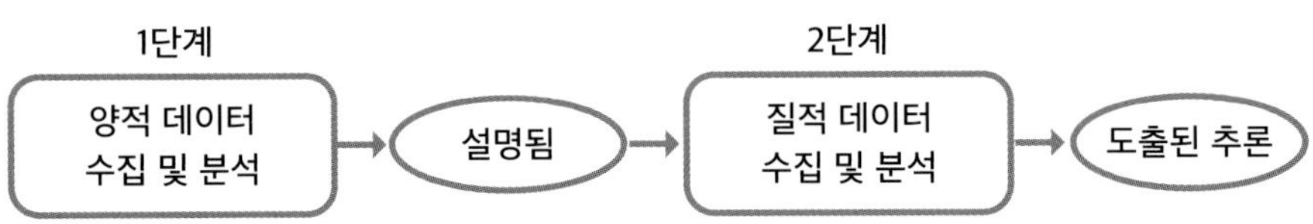

자료: Creswell(2014)

③ 탐색적 순차설계

이 설계의 의도는 문제를 질적 방법으로 탐구하는 것인데, 그 이유는 연구 문제들이 잘 알려지지 않은 것이거나, 해당 집단에 대한 연구가 적거나 거의 되지 않은 상태이거나, 또는 연구할 장소의 접근이 어려울 수 있기 때문이다. 이러한 초기 탐색 후에 연구자는 질적 연구 결과들을 사용하여 프로젝트의 두 번째 양적 단계를 구축하여 연구의 변수들을 측정해주는 도구를 설계한다.

[그림 2-3-3] 탐색적 순차설계

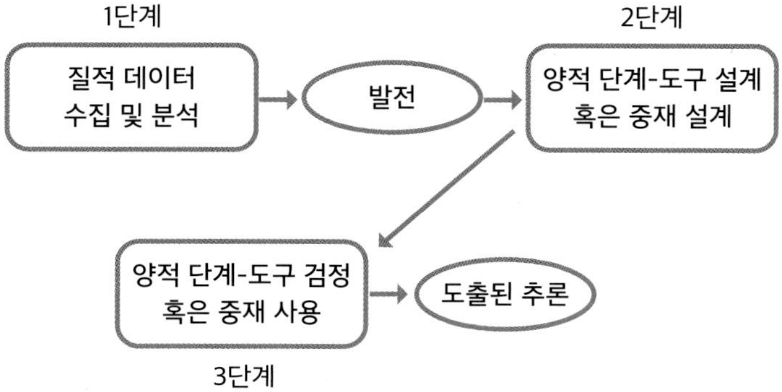

자료: Creswell(2014)

그리고 세 번째 단계에서는 양적 도구 혹은 변수들이 양적 데이터를 수집하고 분석한다. 탐색적 순차설계는 질적 데이터의 수집과 분석을 통해 먼저 연구 문제를 탐구하는 방식으로 해당문제를 연구하는 것으로 순차적 혼합설계로 설명되기도 한다. 이정락(2017)의 연구가 탐색적 순차설계의 사례에 해당한다. 「새마을운동관련 대통령 연설문의 연구」에서 연구자는 이론적 논의 단계에서 질적 연구를 통한 연구의 이론적 근거를 확보하고 텍스트분석을 통해 양적 연구를 연계하여 결과의 논의 과정에 두 연구결과를 활용한 실천적 모델을 제시하였다.

혼합 연구는 두 유형의 데이터를 수집하고 분석함에 따라 연구과정이 두 요소들에 대한 견고한 방법론으로 구성되어야 하며 그렇게 할 때 탐색적 순차설계방법이 유용하게 사용될 수 있을 것이다. 이와 같이 양적 연구와 질적 연구의 관점에서 혼합 연구 방법은 상호 보완적 방법론으로 연구자가 획득한 질적 자료(심층인터뷰)와 양적 자료(설문조사)를 혼합하여 연구문제를 해결할 수 있는 최적의 설계가 가능한 연구방법론이라 할 수 있다. 즉 텍스트로 구성된 인터뷰 자료와 숫자로 구성된 설문조사 자료를 기반으로 분석을 진행하는 것으로, 어떠한 분석기법을 통해 추출된 자료를 분석하고 해석하느냐 하는 것이 혼합 연구의 중요한 과제라 할 수 있다.

3.3 혼합 연구의 유형과 설계 2

학자마다 복잡하게 제안하는 혼합 연구의 설계를 보다 쉽게 이해하기 위해 아래의 Ulin 외(1996)의 연구사례를 소개한다. 여기에서는 혼합 연구의 설계를 보다 단순화하기 위해 다음의 네 가지 유형으로 구분한다. 네 가지 휴형은 ① 양적 도구 개발을 위한 질적 방법의 활용, ② 양적 결과 설명, ③ 등위·병렬식 양적·질적 방법의 활용, ④ 양적 연구 확장을 위한 질적 방법의 활용으로 구분된다. 본 교재에서는 Tashakkori와 Tedellie(2001)가 분류하는 통합연구 설계유형인 등위통합설계, 순차적 설계, 주-부 패러다임 혼합설계, 다층접근 설계 등의 분류를 참고하여 다음과 같이 분류, 설명하고자 한다.

① 순차적 혼합설계

일반적으로 텍스트네트워크 분석에서 가장 많이 사용되는 설계의 유형이다. 이론적 논의 단계에서 질적 연구를 수행하고 분석 단계에서는 양적 연구를 수행하여 결과를 취합하는 경우라 할 수 있다. 즉 이론적 논의 단계에서 제시된 연구문제 또는 가설에 대해서 부분적으로 질적 연구를 수행한 후 분석단계에서는 일정한 사례를 추출하여 양적 연구를 통해 검증하는 설계방법이라 하겠다.

[그림 2-3-4] 순차적 혼합설계

Ulin(1996)은 이와 같은 설계방법을 양적도구 개발을 위한 질적 방법의 활용으로 설명하고 있으나 이 책에서는 순차적 혼합설계로 구분하기로 한다. 순차적 혼합설계는 질적 접근 후 별개의 양적 접근을 진행하거나 그 반대의 순서를 취한다. 이 설계는 두 단계를 분명하게 구분하기 때문에 두 패러다임에 충실할 수 있고 두 접근 방법을 동시에 사용할 때 발생하는 문제점을 해결할 수 있다(신경림 외, 2005).

② 양적 결과 설명을 위한 질적 방법 사용

양적 연구를 주로 진행하며 질적 연구를 부분적으로 수행하여 연구 결과를 도출하는 방법이다. 즉 양적 연구의 결과 설명을 위해서 질적 연구의 결과를 활용하는 형식이라 할 수 있다.

[그림 2-3-5] 양적 결과 설명을 위한 질적 방법

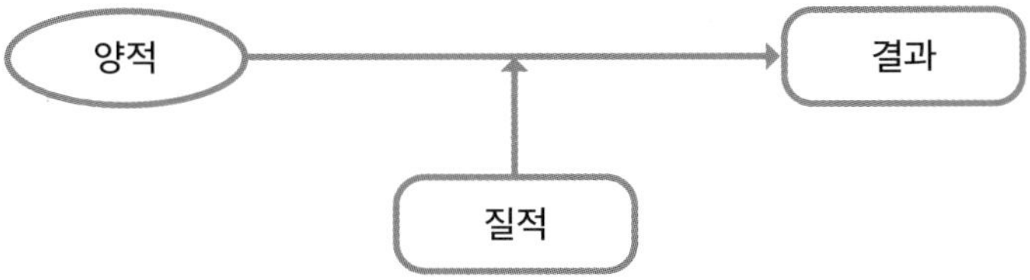

③ 질적 결과 설명을 위한 양적 방법 사용

이 방법은 질적 연구를 진행함에 있어 부분적으로 양적 연구를 수행하여 연구결과를 도출하는 방법이라 할 수 있다.

[그림 2-3-6] 질적 결과 설명을 위한 양적 방법

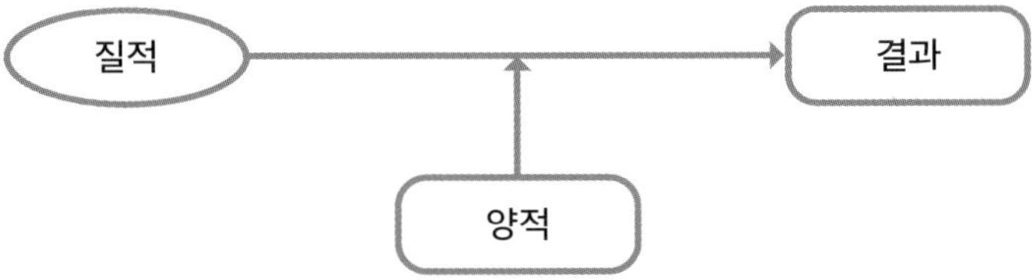

Tashakkori와 Tedellie(2001)는 이와 같은 연구 방법을 주-부 패러다임 혼합설계로 분류한다. 이것은 단일 연구 내에서 하나의 패러다임과 방법을 지배적으로 사용하고 전체 연구의 일부분에 대안적인 설계를 적용하는 방법이다. ②와 ③의 방법은 질적 전통이나 양적 전통 중 어느 한 전통이 지배적으로 강조되는 학문분야에서 흔히 활용된다. 예를 들어 실험 연구를 강조하는 분야에서는 실험 연구의 가설과 관련된 세부사항을 알아보고 연구결과에 영향을 미칠 수 있는 주관적인 반응을 알아보기 위해 부수적으로 비구조적인 면접을 이용한다(신경림 외, 2005).

④ 등위·병렬식 질적·양적 방법

Tashakkori와 Tedellie(2001)는 이와 같은 유형을 등위통합설계로 분류하고 있다. 이것은 양적 접근과 질적 접근을 거의 동등하게 사용하여 연구를 수행하는 것을 말한다.

[그림 2-3-7] 등위·병렬식 질적·양적 방법

등위·병렬식 질적·양적 방법의 활용의 경우에는 질적 연구와 양적 연구를 순차적으로 등위 및 병렬의 형태로 구성하여 연구를 진행하는 방법이라 할 수 있다. 즉 연도별 분석, 정부별 분석 등 자료의 수집과 분석에 있어 시간적인 분할이 가능한 경우에 유용한 방법이 될 수 있다. 이 방법은 양적 질적 자료를 동시에 수집하고 상호 보완적인 방법으로 인터뷰 연구를 진행함에 있어 구조화된 질문과 비구조화된 질문을 동시에 수행하여 자료를 수집하고 각 자료의 특성에 따라 적절한 분석 기법을 적용한다.

3.4 융합연구의 배경과 방법론

혼합 연구와 함께 학제 간 융합연구 또한 연구방법론의 한 영역으로 자리하고 있으며 간략히 소개하면 다음과 같다. 국내에서 융합연구의 시작은 1970년대 이후 학제적 연구의 필요성에서 비롯되었다고 할 수 있다(한국사회과학협의회, 2013). 융합연구는 분과 학문들이 서로 힘을 합쳐 연구함으로써 사회적 혹은 기술적 문제를 해결하려는 것(김유신, 2015)으로 분과 학문 체계를 유지하면서 학제적 연구도 강조하는 시각에 해당한다. 과학기술이 발달함에 따라 점점 복잡한 문제를 해결하고 단일학문 분야의 한계를 극복하기 위해 학제 간 융합연구의 필요성이 부각되고 있다. 이에 따라 교육부는 과학기술 분야와 인문사회 분야의 융합과 소통을 강조하면서 융합연구의 기반을 마련하기 위해 지속적으로 노력하고 있다(노영희 외, 2019).

또한 최근 학계 안팎에서는 통섭 개념이 널리 사용되고 있으며 이것은 한국사회 전반에 일고 있는 학문 간의 경계 허물기와 그 맥락을 같이하고 있다. Wilson(1998)은 통섭을 지식이 가지고 있는 본유의 통일성 또는 과학의 통일성으로 설명하며 사회생물학적 입장에서 통섭에 기초한 학문의 통일을 위한 구상을 체계적으로 전개하고 있다. 최재천(2017)은 인문학, 사회과학, 자연과학이 방법론에서 서로 다르다는 사실을 인정하면서 통섭의 개념을 새롭게 정의하고 있다. 즉 학문적 입장에서의 통섭은 서로 다른 학문분야의 이론들이 한데 모여 새로운 영역으로 거듭남을 의미하여 단순한 병렬적 수준의 통합이나 융합을 넘어 새로운 이론 체계를 찾으려는 범학문적 접근을 의미한다(노영희 외, 2019).

이와 같은 논의는 융합연구를 위한 중요한 이론적 근거가 되며, 지식의 융합과 학문 간 통섭은 연구방법론의 제한적 공유 내지는 새로운 연구방법론을 모색하는 중요한 시작점으로 의의를 가진다 하겠다. 일반적으로 융합연구는 연구방법론의 관점보다는 현대사회의 복잡하고 다양한 문제를 해결하기 위해 학제의 융합차원에서 주로 많이 논의되고 있다. 특히 다양한 데이터를 활용한 융합·복합 분석으로 빅데이터 분야에서도 주목을 받고 있다.

융합연구는 다학제적 융합연구, 학제 간 융합연구, 초학제적 융합연구 이렇게 크게 세 가지로 분류할 수 있다(오현석 외, 2012). 첫째, 다학제적 융합연구는 연구문제를 해결하기 위해서 두 개 이상의 분야가 협력하지만 각자의 분야에 해당하는 연구문제를 해결하는 연구 활동을 말한다. 둘째, 학제 간 융합연구는 연구문제를 해결하는 과정에서 서로 다른 분야의 지식을 결합하여 새로운 접근을 생성하고 이를 기반으로 연구문제를 해결하는 연구 활동을 말한다. 셋째, 초학제적 융합연구는 다학제적 융합연구와 학제 간 융합연구보다는 통합적으로 현실의 문제를 해결하고 사회적 지식을 생성하는 연구 활동을 말한다(노영희 외, 2019).

그동안 사회과학을 연구하는 많은 학자들은 각 분야별로 질적 연구와 양적 연구 중 어느 한쪽에 편중한 방법론에 집착한 경향이 있었다. 이러한 방법론의 경향성을 극복하기 위한 대안으로 많은 학자들이 혼합 연구 또는 융합연구의 방법론을 제안하고 있다.

글로벌 환경 변화와 우리가 직면한 보다 폭넓은 지속가능성 문제는 모두가 통합된 과학적 노력을 필요로 하는 공동의 도전적 과제라는 인식이 국제 과학계와 과학정책 공동체에 확산되고 있다(한국사회과학협의회, 2013). 이처럼 융합과학의 필요성은 글로벌 공동체에 새로운 요구와 책임을 부여하고 있다.

과학적 방법에 대해 어떠한 시각으로 바라보는가에 따라 이론을 찾아내고 문제를 해결해 나가는 과정이 다를 뿐만 아니라 동일한 현상을 정반대로 해석할 수도 있다. 따라서 어떠한 과학철학을 기반으로 하느냐는 사회과학 연구의 가장 기본적이고 중요한 부분으로 연구자가 직접 선택해야 할 사항이다(채서일, 2004). 그리고 연구자가 논문을 작성할 때 과학철학을 이해하고 적용하는 것 또한 연구방법의 중요한 영역인데 이는 이 책의 각 장의 내용을 중심으로 보다 상세히 다루고자 한다.

제3장

기본용어와 분석기법

Σ

1. 통계분석의 기본용어와 분석기법
2. 텍스트네트워크 분석의 기본용어와 분석기법

1 통계분석의 기본용어와 분석기법

통계분석은 통계학에서 논의되는 다양한 기법을 활용하여 자료를 정리·요약하고 이를 통하여 문제해결을 위한 과학적 판단의 기초를 제시해주므로(김렬, 2009), 가설검증을 통한 합리적 의사결정 또는 연구 결과 해석에서 매우 중요한 과정이라 할 수 있다. 이에 본 절에서는 자료수집 및 분석을 위한 변수, 척도 등의 기본용어와 자료에서 나타난 결과들이 모집단을 어느 정도 반영할 수 있는지에 대한 분석 즉, 이를 통한 연구 가설의 검증이 가능한 추론통계방법에 초점을 두고 통계분석을 설명하고자 한다.

1.1 변수

연구목적을 달성하기 위해 자료를 수집하는 과정에서 연구자는 사실적이며 논리적인 사고를 가져야 한다. 그리고 연구문제를 해결하기 위해서 가설을 설정하고, 이를 검정하기 위해 수집된 자료를 분류하고 측정하여 구체적인 현상을 도출할 수 있어야 한다. 이 때 활용되는 것이 변수이며 이는 지표나 지수 등과는 다른 개념이다.

본 절에서는 변수의 정의와 선정, 종류 등을 중심으로 변수에 대한 개념을 구체화하고, 이를 기반으로 변수 간의 관계 및 통제 변수의 설계를 살펴보고자 한다.

1) 변수의 정의

변수[1](variables)를 구성요소(elements)나 속성(attributes)으로 이해하면 변수는 곧 개념(concept)과 거의 동일한 의미로 생각할 수 있다. 그러나 변수를 '수치나 가치가 부여된 상징'이라고 정의하면, 변수는 의미 그대로 변하는 것으로 연속체의 속성을 지녀야 한다. 한 예로 '의자'는 개념이지 변수가 아니며 '의자의 크기'라고 했을 때만 변수라고 할 수 있다. 이는 실체를 정확하게 지칭하는 지표와 다르지만 경제성장 개념을 지칭하는 지표로 1인당 국민소득을 생각할 때, 이것은 곧 변수라고도 할 수 있어 동일한 것이라고 말하는 사람도 있다. 그러나 변수는 변하고 측정할 수 있는 대리측정치(proxy measure)로서의 의미가 포함되어 수적 개념이 더 강하다고 생각해야 할 것이다. 또한 지표와 혼용할 수 있는 것으로 지수(index)라는 것이 있으나 지수는 여러 개의 지표를 한데 모아 하나의 수치로 쓸 때 필요한 복합개념이며 대표적으로 물가지수가 적절한 예이다(김광웅, 1996).

2) 변수의 선정

변수를 선정한다는 것은 연구목적에 적합한 이론을 전개하는 데 중요한 역할을 담당한다. 따라서 어떤 변수를 선정할 것인가를 판단하는 데 신중해야 하며, 주요한 변수를 택해야 한다. 럼멜(Rummel, 1995)이 제시한 몇 가지 기준은 다음과 같다.

첫째, 이미 개발된 이론을 근거로 중요한 변수를 선택해야 한다.
둘째, 가설적으로 적절한 변수를 근거로 해서 변수를 택해야 한다.
셋째, 현상을 대표하는 보편성(catholicity)의 원칙에 따라 변수를 선택해야 한다.
넷째, 신빙성을 위해서 통계적으로 입증된 것이어야 하며, 반복해서 변수를 선택해 볼 수도 있다.

---

1) 변하는 값을 뜻하는 변수는 변인이라고도 한다.

다섯째, 중요하지 않은 변수는 피하고 연구취지에 만족할 만한 변수를 선택해야 한다.

여섯째, 실제자료를 구할 수 있는, 즉 수집가능성을 고려한 변수를 선택해야 한다.

일곱째, 수집된 자료가 사실적이어야 하며, 신뢰성(reliability)을 고려하여 변수를 선택해야 한다.

여덟째, 연구기간, 비용, 분석방법 등 인적·물적 자원을 고려한 변수를 선택해야 한다.

아홉째, 변수 간 산술적으로 독립성(arithmetical independence)을 고려한 변수를 선택해야 한다. 사회현상 속에서 변수는 상호 연관되어 있기 때문에 변수 간의 독립성을 확보하는 것은 중요하다. 그렇지 않다면 분석 자체가 애매해진다. 통계적으로 상관계수가 1.0에 가까운 두 변수는 서로 독자적인 변수로 보기 어렵다.

3) 변수의 종류

변수는 경험적 현상을 전제로 특수성을 가지며 계량화가 가능해야 하는 특성을 가진다. 그리고 연구를 진행하는 과정에서 변수들 간의 관계에 따라 종류가 다양하게 구분된다.

① 독립변수와 종속변수

독립변수(independent variables)는 영향을 주는 변수이고, 종속변수(dependent variables)는 그 영향을 받는 변수이다. 즉 상호 밀접한 관계를 가지며 독립변수에 의해 종속변수가 변하게 된다. 이때 독립변수를 원인변수, 조작변수라고도 하며, 종속변수를 결과변수라고도 한다. 즉, 두 변수 x, y 사이에 y가 x의 함수가 되는 관계가 y=f(x)로 성립할 때 x를 독립변수, y를 종속변수라 한다. 예를 들어 지역기업의 가동률이 지역의 경제성장률에 영향을 준다면 이들은 독립과 종속의 관계이다.

② 매개변수

매개변수(intervening variables)는 독립변수와 종속변수 간의 관계를 설명하는 데 개입되는 변수이다. 즉 어떤 변수의 영향을 받아 그 영향을 전달하는 매개(연결)역할을 하는 것이다(김석용, 2010). 따라서 매개변수가 개입될 경우 독립변수와 종속변수의 관계가 정상적으로 영향을 미치지 않고 다른 결과로 나타나는 경우가 발생한다. 매개변수는 독립변수가 존재해야만 있을 수 있으며, 보이거나 조작될 수 없는 변수이다. 예를 들어 지역기업의 가동률이 독립변수이고 지역의 경제성장률이 종속변수라고 할 때, 이 중에서 지역기업의 재정건전성과 금융지원이 영향을 미치고 금융지원이 촉매제 역할을 하는 것이라면 금융지원은 매개변수가 된다.

③ 조절변수

조절변수(moderating variables)란 독립변수와 종속변수 사이의 관계를 체계적으로 변화시키는 원인변수이다(나영·박상규, 2009). 조절변수는 독립변수와 종속변수에 강하거나 약하게 영향을 미치는 변수로 제2의 독립변수, 설명변수 또는 상황을 나타내는 경우가 많아 상황변수라고도 한다. 조절변수는 매개변수와 비슷하여 구분하기 어렵지만 쉽게 말해서 조절변수는 독립변수가 없어도 존재할 수 있는 변수라는 점에서 매개변수와 차이가 있다. 예를 들어 '지역의 경제성장률이 지역기업의 가동률에 영향을 받는다고 가정할 때, 지역기업의 규모에 따라서 지역의 경제성장률에 미치는 영향에는 차이가 있을 것이다, 혹은 금융기관의 지원이 지역기업의 가동률에 미치는 영향에는 기업의 규모에 따라서 차이가 있을 것이다'라는 가설에서 기업의 규모는 조절변수가 된다.

④ 외생변수와 내생변수

외생변수(exogenous variables)는 연구 시 처음부터 고려하지 않았던 변수로서, 실험변수(독립변수)가 아니면서 연구결과에 영향을 줄 수 있는 변수들을 모두 총칭하여 부른다. 외생변수는 다른 변수에 쉽게 영향을 주는데 인과관계의 원인을 제공하는 역할을 한다. 반면에 내생변수(endogenous variables)는 다른 변수들에 의해 영향을 받는 변수로 인과관계의 결과를 제공하는 역할을 한다. 예를 들면 수요와 공급에 의해 결정되는 재화와 가격은 시장균형의 문제를 고려할 때에는 내생변수이다. 그러나 완전경쟁시장에서 소비자가 가격을 안다고 가정할 때, 이때의 가격은 외생변수가 된다. 또 거시적으로 본다면 유가, 환율, 금리, 주식시장여건 등 예측불가능한 변수들은 외생변수가 된다(나영·박상규, 2009).

4) 변수 간의 관계

① 상관관계와 인과관계

상관관계(correlation)란 X, Y 두 변수가 서로 영향을 주고 받는 것을 의미하며, 반면 인과관계(causal relationship)는 원인이 되는 한 변수가 다른 한 변수에 일방적으로 영향을 주는 것을 의미한다(김구, 2008). 예를 들어 키와 체중은 상당한 상관관계가 있다. 즉 키가 큰 사람이 체중이 더 많이 나가는 경향이 있기 때문이다. 그러나 체중이 많다고 반드시 키가 큰 것도 아니며, 키가 크다고 무조건 체중이 많이 나가는 것이 아니므로 인과관계라고 하기 어렵다.

② 정(+)의 관계와 부(-)의 관계

정(+)의 관계(positive relationship)란 두 변수가 같은 방향으로 변하는 것을 말하며, 부(-)의 관계(negative relationship)는 두 변수가 각각 다른 방향으로 변하는 것을 말한다(김구, 2008). 예를 들어 가계소득이 증가하여 가계소비가 증가한다면 정의 관계이며, 교통범칙금이 증가하여 교통사고 발생률이 감소한다면 부의 관계이다.

③ 대칭적 관계와 비대칭적 관계

대칭적 관계(symmetrical relationship)는 변수 간의 관계에서 어떤 변수도 다른 변수의 원인이 아닌 경우이다. 보통 두 변수 간에 상관관계만 확인할 수 있고 인과관계의 방향을 알 수 없을 때 대칭적 관계가 있다고 하며, 한 변수가 다른 변수에 영향을 미치고 다른 변수를 유발하는 원인이 되는 것을 비대칭적 관계(asymmetrical relationship)라고 한다. 즉 X가 변하면 Y가 변하지만, Y가 변화한다고 하여 X가 변화하는 것이 아닌 경우이다(김구, 2008). 예를 들어 종업원의 사기가 높아지면 생산성이 높아지고, 생산성이 높아지면 기업이윤이 증가하게 되는 경우는 대칭적 관계이다. 비대칭관계는 흡연이 폐암을 유발하지만 폐암이 흡연을 증가시킨 원인이 아닌 경우이다.

5) 통제변수의 설계

독립변수와 종속변수 간의 인과관계에 영향을 주는 제3의 변수를 일반적으로 통제변수라고 한다. 독립변수의 영향력을 정확하게 알기 위해서 통제되는 변수로 외생변수, 매개변수, 조절변수, 억제변수, 왜곡변수 등으로 구분할 수 있다.

[그림 3-1-1] 연구에 있어 변수의 분류

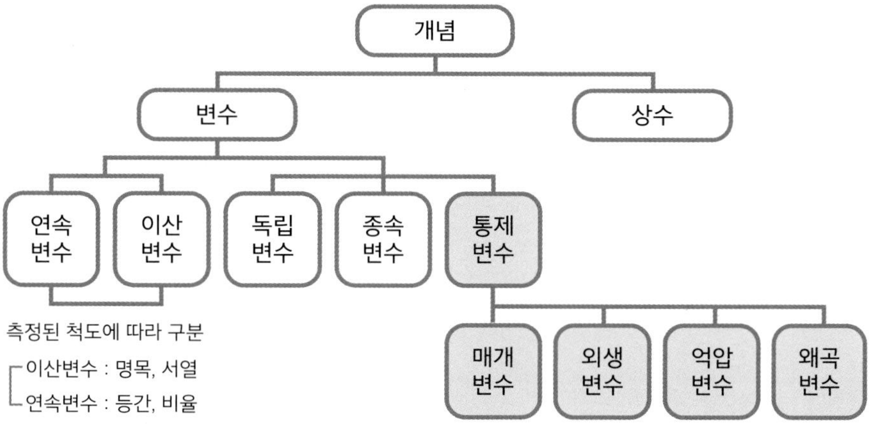

자료: 박용순 외(2012)

이산변수는 변수의 값에 최소 단위가 있는 변수로 명목척도와 서열척도로 측정되며 이산변수의 예로는 화폐단위를 볼 수 있다. 각 값의 사이가 떨어져 그 사이 값이 존재하지 않는 또는 독립적인 관계를 갖는 것을 이산변수라 하며 이산변수는 양적 측도가 아닌 질적 척도로서 질적 연구 분야에 많이 활용되고 있다(박용순 외, 2012). 이에 반해 연속변수는 수평선 상의 모든 값이 연결되고 연속적인 모든 값이 의미를 가질 수 있어 연산이 가능하다.

연속변수는 등간척도와 비율척도로 측정되며 서열화 되어있고 간격이 같아서 각 수치 간에 가감승제가 가능하다. 또한 연속변수는 변수 값의 최소단위가 없어서 연속적 수치로 나타낼 수 있는 변수이다. 따라서 연속변수는 주로 양적 연구에서 많이 활용된다(박용순 외, 2012). 예를 들어 무게, 온도, 시간 등은 최소 단위를 지정할 수 없고 소수점 이하의 계속적인 수치를 사용할 수 있다.

한편 변수란 그 값이 변하는 개념으로 구체적이고 경험적인 것 그리고 측정할 수 있는 개념을 말한다. 한 개념이 다른 범주들로 분류될 수 있는 변수 값을 갖고 있지 않다면 변수로 볼 수 없다. 예를 들어 '장애'는 변수가 될 수 없으나 '장애등급'은 변수라고 볼 수 있다.

상수는 결코 변하지 않는 하나의 값을 갖는 변수로, 예를 들어 성(gender)은 남자와 여자로 지정될 수 있는 변수이나 남성과 여성은 변하지 않는 상수라 할 수 있다.

연구에 있어 변수를 구분하여 도식화하면 [그림 3-1-1]과 같다. 성(gender)을 개념으로 변수와 상수를 구별한 예시는 <표 3-1-1>로 정리하여 나타내었다.

<표 3-1-1> 개념, 변수, 상수의 예

개념	변수	상수(변수값)
성(gender)	성별	남자(M)
		여자(F)

1.2 측정과 척도

1) 측정

(1) 측정의 정의와 한계

변수의 속성을 알기 위해서는 그 값을 부여할 수 있는 통일된 계량적 분석이 필요하며 이를 통해 과학적 연구와 검증이 가능하다. 다시 말해 날씨가 "덥다"라고 할 때 "덥다"라는 개념에 숫자를 부여하고 숫자가 지니고 있는 높고 낮음의 속성을 통해 날씨가 "덥다"라는 사회현상을 명확히 인식하게 된다. 측정은 측정대상자나 대상물 자체를 측정하는 것이 아니라 측정대상이 지니고 있는 속성에 수치를 부여하는 것이다(남궁근, 1998).

예를 들어, '선생님의 관심은 학생들의 성적에 영향을 미친다'라는 가설을 검증할 때 선생님의 관심이라는 독립변수와 학생들의 성적이라는 종속변수를 관찰 가능한 속성으로 만들기 위해 숫자를 부여한다. 즉 "1=매우 무관심, 2=약간 무관심, 3=보통, 4=약간 관심, 5=매우 관심"으로 측정할 수 있고 학생성적은 90점 이상의 대상학생 수 등으로 검증할 수 있다. 이와 같이 측정대상을 숫자로 알아 볼 수 있는 것이 수없이 많지만 그리 단순하지는 않다. 왜냐하면 측정대상을 골라 척도에 따라 재야 한다는 것이 어렵다. 보통 연구목적 상 측정대상을 경험적 자료에 의해 수집하고 파악해야 하기 때문에 측정자의 능력에 따라 차이가 발생한다. 예를 들어 지도자의 리더십, 직원들의 사기, 애정, 열정 등을 측정할 수 있느냐의 문제가 제기된다. 다시 말해 측정가능성의 한계가 발생하게 된다.

경제현상은 측정이 다소 용이하지만 사회현상을 과학적 검증을 위해 정밀한 측정을 하기란 쉬운 일이 아니다. 측정자의 입장에 따라 달라질 수 있는데 이는 추상적 개념에 관한 합의를 측정하기란 어렵기 때문이다. 예를 들어 사랑, 자유, 평등 등의 개념에 대해 모든 사람이 동의하는 측정지표를 개발하기란 어렵다. 그러나 이러한 주관적 개념과 불완전한 사실에도 불구하고 연구자들은 어느 정도의 한계를 극복하려고 양적 표현을 시도한다. 결국 형이상학적 한계를 어느 정도 인지하고 수용하면서 최선의 수단으로 현실주의적이고 물질주의적 입장을 취하면서 측정의 한계를 극복하고자 시도하고 있다. 그리고 보이지 않는 개념 또는 추상적인 아이디어를 실증적 데이터로 마무리하고자 한다.

일반적인 연구는 데이터의 수집과 아이디어를 동원해 보다 복잡한 과정을 거치게 되며 측정의 한계를 극복하고자 개념화와 조작화 두 가지 과정을 거친다. 개념화(conceptualization)는 추상적인 구상물을 개념적 혹은 이론적 정의를 부여하여 정제하는 것을 말한다. 개념적 정의(conceptual definition)는 특정 단어들 또는 다른 아이디어들이나 구성체들과 연관이 있는 이론적 용어들로 머릿속 아이디어에 대해 설명하는 것이다(박기우 외 역, 2013).

(2) 측정 오차

연구자가 사회현상을 측정하고자 할 때 그 본래의 현상을 정확히 파악해야 하지만 측정의 한계와 연구자의 잘못된 측정방식으로 인해 항상 오차가 발생하지 않을 수 없다. 신뢰성과 타당성이 있는 연구를 위해서는 측정 오차를 줄여야 한다.

① 측정 오차

측정오차(measurement error)는 대상을 측정할 때 본래의 대상이 갖는 실상(reality)과 측정 결과와의 차이에서 오는 불일치의 정도를 뜻한다(김광웅, 1996).

측정오차의 종류에는 크게 측정대상과 측정하는 과정에서 규칙적으로 나타나는 체계적 오차(systematic error)와 측정에서 우연적이며 일시적 사정에 의해 나타나는 무작위적 오차(random error)가 있다. 체계적 오차는 조건과 환경이 아주 나쁘거나 일부러 활동 또는 능력을 발휘하지 않음으로 인해 자료가 한쪽으로 집중되거나 할 때 발생하며, 무작위적 오차는 발생의 원인을 모르며 우연히 발생하는 데서 생기므로 오차를 줄이기 위해 최선을 다해야 한다.

② 오차의 원인

측정오차는 여러 군데에서 발생할 수 있다. 특히 사회과학은 주관적 측면이 많기 때문이다. 주로 발생되는 원인으로는 첫째, 측정하는 사람의 편견이나 잘못으로 인해서 발생한다. 둘째, 측정자의 전문적 지식이 부족하거나 인위적으로 잘못된 방법으로 유도된다거나 조작됨으로써 발생한다. 셋째, 계산이 잘못되었거나 표본 등의 조사방법이 잘못되어 발생한다. 넷째, 적절한 측정기준을 선정해야 하는데 시간적, 공간적 기준을 부적합하게 적용해서 발생한다.

2) 척도

(1) 척도의 정의

척도는 연구자가 변수 혹은 측정대상에 적용할 일정한 규칙에 따라 기호나 숫자를 부여하는 과정이다. 즉 측정을 하기 위한 기준이 되는 잣대이다. 줄자, 저울, 온도계 등의 측정기구는 몇 cm, 몇 kg, 몇 ℃와 같은 척도가 있다. 그러나 사회과학에서는 측정할 수 없거나 제약을 받는 경우가 많으므로 이때 관찰자들은 속성, 특성, 성질을 얼마나 가지고 있는가를 양에 따라 숫자 등을 부여해서 속성의 크기를 파악하는 척도화 작업을 한다. 보통 척도는 단일 지표 혹은 다수의 지표로 사용할 수 있으며 서열적 수준의 측정형태를 지닌다.

측정과 측도는 개념상 혼용이 많다. 원어적 의미로 측정은 'measurement' 이고 척도는 'scale'이다. 측정은 어떤 규격의 기준을 나타낸다면 척도는 전자의 기준을 실제로 사용할 수 있는 도구적 의미를 갖는다. 즉 척도는 특정 척도로 측정값이 사물이나 사건의 특성을 얼마나 잘 설명해 주며 다른 사건들의 측정치들과의 관련성을 얼마나 명백하게 표시해 주는가에 따라 평가가 달라진다(김철희, 2011).

(2) 척도의 유형

척도는 연구자가 측정하고자 하는 수준 또는 연구목적에 따라 보통 4가지의 척도유형을 만든다. 즉 명목척도(nominal scale), 서열척도(ranking scale), 등간척도(interval scale), 비율척도(ratio scale) 등이다.

① 명목척도

명목척도는 단지 속성이 많고 적음의 양적 의미가 아니라 존재 유무만을 숫자나 기호로 의미를 부여하는 가장 단순한 척도이다. 즉 연구의 편의를 위해 할당할 뿐이며 자체적 의미는 없다. 예를 들면 남자는 1, 여자는 2로 부여하는 경우이다. 이처럼 남녀 간의 세밀한 관계를 파악하는 것이 아니라 단순히 기본적 관계를 규정짓는 역할 뿐이다. 명목척도는 개념의 분류나 빈도계산에 적용가능하다.

② 서열척도

서열척도는 순위척도라 하며 속성에 따라 순서대로 서열관계를 나타내는 척도이다. 즉 서열값은 측정대상이 다른 대상보다 비교우위에 있다는 점을 알 수 있지만 얼마만큼의 차이가 있는지에 대한 파악은 할 수 없다. 예를 들면, 학생들의 몸무게, IQ 등 크기의 순위에 따라 구분되는 척도로 수학적 연산이 가능한 척도이다. 통계적으로 빈도계산, 퍼센트, 중앙치 등의 분석이 가능하다.

③ 등간척도

등간척도란 측정대상의 속성에 대해 서열이나 순위를 매길 수 있는 것 뿐만 아니라 범주 간의 간격이 동일하도록 수치를 부여하여 등급 간의 차이를 측정할 수 있는 척도이다. 등간척도의 예를 들면 물가지수가 100에서 80으로 20이 떨어졌다고 해서 80에서 60으로 떨어진 20과 절대적 크기가 같다고 볼 수 없는 것이 등간변수이다. 지수를 일정간격으로 나누었을 때 구분 정도의 차이일 뿐 절대적 크기가 아니므로, 등간척도는 비율 계산이 불가능한 척도이다. 등간척도는 평균과 분산, 표준편차, 상관관계 분석 등에 적용이 가능하다.

④ 비율척도

비율척도는 등간척도의 성격에 절댓값을 가짐으로써 가장 수준 높은 척도라고 할 수 있다. 즉 측정대상을 분류하거나 순위를 정하거나 차이를 비교하고 절대적 수치인 0의 개념을 포함하고 있어 각종 통계 분석이 가능한 척도이다. 예를 들면, 매출액, 연구개발비, 월급 등과 같이 100만원 이상, 200만원 이상, 300만원 이상 등으로 상호 비교가 가능하고 비율의 계산 등 어떤 통계적 분석도 가능하다.

이상과 같이 4가지의 척도는 각각 측정의 기준으로 의미를 가지고 있어 측정대상을 정확히 파악하고 통계분석을 달리 적용해야 한다. 특히 다변수분석에서 요인분석과 군집분석 등을 실시하고자 하면 자료의 척도가 비율과 등간척도이어야 하며, 다변수의 가설검증에도 중회귀분석(canonical analysis)을 적용하려면 독립변수와 종속변수가 모두 등간과 비율척도이어야 한다(김광웅, 1996).

1.3 신뢰도와 타당도

연구목적을 달성하기 위하여 사회과학 조사방법에서 설문지를 작성할 때 타당도와 신뢰도는 매우 중요한 개념으로 설문지의 각 문항이 어느 정도의 일관성과 적합성을 가지고 있는지 알아보는 기초개념이다. 즉 통계적 분석방법을 활용하기 이전에 신뢰도와 타당도가 높은 자료를 가지고 분석작업을 수행해야 한다. 신뢰도와 타당도의 관계는 다음과 같은 조건 등을 고려해야 한다(채서일, 2004).

① 타당도가 높은 측정은 항상 신뢰도가 높다.
② 타당도가 낮다고 해서 반드시 신뢰도가 낮은 것은 아니다.
③ 신뢰도가 높다고 해서 반드시 타당도가 높다는 것은 의미하지 않는다.
④ 신뢰도가 낮은 측정은 항상 타당도가 낮다.

즉, 신뢰도가 낮은 측정은 타당도의 언급이 무의미하므로 항상 신뢰도를 먼저 살펴보고 각 문항에 대한 타당도를 검토하는 것이 바람직하다.

1) 신뢰도

(1) 신뢰도의 정의

신뢰도(relability)란 동일한 대상에 대하여 둘 이상의 관찰자가 각각 측정도구를 이용하여 측정하였을 때 동일한 결과를 얻을 수 있는 정도를 말한다. 즉 동일한 대상을 반복하여 측정하여 나타나는 측정값이 분산이고 이 분산의 정도 값이 낮을 때 신뢰도가 높다고 한다. 예를 들어 화살로 과녁을 반복해서 맞출 때 구형활로 쏜 결과가 신형활로 쏜 결과와 많이 다르게 분산되어 있다면 구형활의 신뢰도는 낮다고 할 수 있다.

분산의 정도값은 통계학에서 크론바하 α값(Chronbach alpha-value)으로 나타내며, 그 값은 0에서 1사이의 값 중에서 일반적으로 집단수준인 경우 0.7 이상, 개인수준일 경우 0.9 이상이면 신뢰도가 높다고 간주한다.

(2) 신뢰도를 높이는 방법

신뢰도를 확보한다는 것은 안정성, 예측성을 가지며 이를 줄이기 위해서는 오차를 줄여야 한다. 구체적 절차는 다음과 같다.

첫째, 설문문항을 작성할 때 각 문항이 무엇을 질문하는지 가능한 명백히 표시한다.

둘째, 설문문항을 최대한 늘리고 예비조사 등을 실시하여 필요 없는 문항을 없애면서 신뢰도를 높인다.

셋째, 설문 항목마다 척도를 올바르게 선택해서 측정오차를 줄인다.

넷째, 측정방식을 일관성 있게 유지하고 표준화하되 측정도구를 활용해야 한다.

다섯째, 측정항목을 작성할 때, 질문하고자 하는 내용의 정반대 질문을 작성하여 결과적으로 그 반대현상의 정도를 신뢰도 평가 기준으로 삼을 수 있다.

2) 타당도

(1) 타당도의 정의

타당도(validity)란 측정도구가 개념을 측정하기 위해 해당 개념을 얼마나 정확하게 측정하였는가를 나타내는 정도를 말한다. 즉 측정도구가 '무엇을 측정하고 있는가'의 문제와 '얼마나 정확하게 측정하는가'의 문제로 나타낼 수 있다(김석용, 2010).

예를 들면 학생들의 식당이용 만족도를 조사하려고 할 때, 이 개념을 변수로 측정하고자 하면 메뉴 만족도, 맛의 만족도, 청결도, 직원의 친절도, 가격의 만족도 등과 같은 많은 문항을 선택해야 식당이용 만족도를 타당하게 측정할 수 있을 것이다. 결국 이런 타당한 지표들이 제대로 그 기능을 나타낼 수 있는가를 확인하는 것이 바로 측정의 타당도라고 할 수 있다.

(2) 타당도의 종류

타당도는 내용타당도와 구성타당도로 분류된다.

내용타당도(content validity)는 측정항목에 포함된 문항들이 측정하고자 하는 개념을 잘 반영하고 있는지를 의미한다. 예를 들면, 식당의 가격만족도를 측정하고자 할 때 '메뉴의 가격에 만족하십니까?'라는 질문 대신에 '얼마면 식당가격이 좋다고 생각하십니까?'라고 질문을 한다면, 이는 가격만족도를 질문의 타당성이 없는 측정도구로 판단된다. 이러한 내용은 연구자의 주관적 판단에 따라 이루어질 수밖에 없으며 논리적 판단의 근거가 특히 필요하다.

연구자는 내용타당도를 높이기 위해 미리 표본집단에서 사전 테스트를 하고, 선연구자의 의견을 기초로 측정도구의 내용을 더욱 명확히 하며, 필요에 따라 수정하는 것도 필요하다.

구성타당도(construct validity)는 연구자의 이론적 틀의 맥락에서 측정내용이 일관성 있게 구성되어 과연 이것이 타당한 측정인가라고 판단하는 기준을 말한다. 예를 들면 학교 식당의 매출이 낮은 원인이 청결성과 가격 만족도가 낮기 때문이라는 이론적 가설을 설정할 때, 식당 매출에 직접적인 영향을 미치는 요인으로 종업원들의 위생인식정도, 메뉴별 가격만족도, 맛의 만족도 등과 관련된 항목을 활용하여 측정할 수 있다.

이와 같이 구성타당도는 2개 이상의 개념을 측정할 수 있는 문항을 각각 2개 이상 개발하고, 동일한 개념에 대해 다른 측정도구를 이용하여 측정한 측정값 간에 상관관계가 높아야 한다는 수렴타당도(convergent validity)와 상이한 개념을 측정한 측정값에는 상관관계가 낮아야 한다는 판별타당도(discriminant validity)를 평가하는 방법이다. 이는 주로 통계학의 요인분석으로 검정이 가능하다(김석용, 2010).

[그림 3-1-2] 신뢰도와 타당도 의미 (낮음: ↓, 높음: ↑)

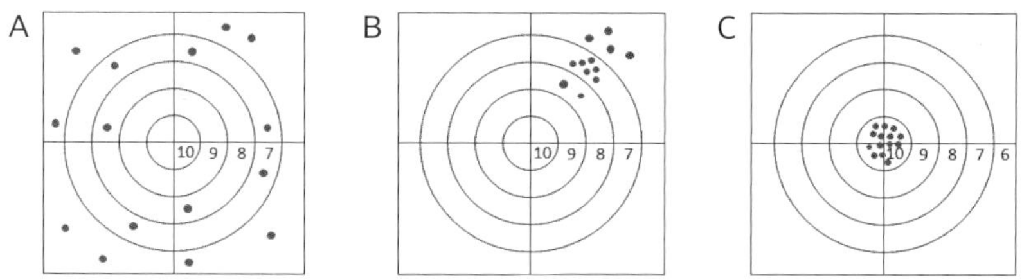

신뢰도↓, 타당도↓ 신뢰도↑, 타당도↓ 신뢰도↑, 타당도↑

1.4 표본과 표본추출

연구문제를 해결하기 위하여 조사의 방법을 정해야 하는데 이를 위해 예비조사를 먼저 실시한다. 이를 통해 예비지식을 얻을 수 있으며, 문헌조사나 전문가의 의견을 묻는 의견조사를 통해 연구의 중요한 정보를 수집할 수 있다. 그리고 질문지 초안을 만들어 사전 검사를 실시하여 질문지의 내용과 응답자의 행태를 확인해 볼 수 있다. 이와 같은 조사방법이 정해지면 연구자는 연구대상을 선정해야 하며 모집단 전체를 조사하는 전수조사(census or complete enumeration)를 할 것인지, 모집단을 대표하는 일부분인 표본을 조사하는 표본조사(sample survey)를 할 것인지를 결정한다. 일반적으로 연구의 시간과 비용 및 조사방법의 한계로 인하여 사회과학 분야는 간편한 방법으로 모집단의 표본을 추출하여 추론하는 표본조사방법으로 주로 사용한다.

1) 표본 개념

연구목적을 달성하기 위해서 조사대상을 전부 관찰하는 전수조사를 할 수 없기 때문에 모집단의 일부분을 추출하여 관찰할 수밖에 없는데 이를 어떻게 선정할 것인가는 중요한 과정이다. 전체를 가장 잘 대표하는 부분을 뽑아야 하는데, 이 작업을 표본추출 또는 표출, 아니면 표집(survey sampling)이라고 한다. 그 추출된 부분은 표본이며, 추출의 근거가 되는 집단 전체를 모집단이라고 한다. 이때 가장 중요한 개념이 표본오차(sampling error)이다. 즉 표본만을 가지고 전체를 추론하여 전체의 특성이 어떤가를 설명할 수 있어야 한다(김광웅, 1996).

2) 표본추출의 목적

현상의 참값을 발견하기 위해 전체 모집단을 조사하는 전수조사가 정확성과 신뢰성이 더 있다고 생각하는 사람이 의외로 많은데, 반드시 옳다고는 볼 수 없다. 전수조사로 인해 더 많은 문제점과 부작용이 발생하는 사례가 있기 때문이다(나영·박상규, 2009). 모집단 전체를 조사하는 과정은 방대한 자료로 인하여 자료수집과정에서 조사자의 원칙이 사라지거나 수집과정에서 또는 입력 등의 과정에서 비표본오차(non-sampling error)가 발생하기 때문이다. 따라서 적정규모의 표본을 통한 조사는 자료수집과정에서의 오차를 줄일 수 있을 뿐만 아니라 시간과 비용을 절약할 수 있기 때문에 사회과학연구문제를 해결하는 데 표본조사방법이 많이 이용된다.

이때 모집단을 대표하는 표본을 추출하는 과정은 매우 중요한 과제이며, 표본추출방법과 표본의 크기에 대한 개념이 중요하다. 그 이유는 비슷한 대상의 표본이 추출되면 독립변수와 종속변수의 인과관계를 파악하기 어렵고, 잘못된 표본으로 인해 모집단의 특성을 대표하지 못하는 왜곡된 연구결과가 도출될 수 있기 때문이다.

3) 표본추출의 방법

표본추출은 확률표본추출법(probability sampling method)과 비확률표본추출법(non-probability sampling method)이 있다. 확률표본추출은 표본추출프레임 내의 각 표본추출단위들이 표본으로 추출될 확률이 알려져 있고, 모두가 추출될 기회를 가지고 있으며 각 단위들이 무작위로 추출되는 것을 말하며, 비확률표본추출은 이러한 특성을 갖지 못하는 추출법을 말한다(김구, 2008). 표본추출방법의 종류는 [그림 3-1-3]과 같다.

[그림 3-1-3] 표본추출방법의 종류

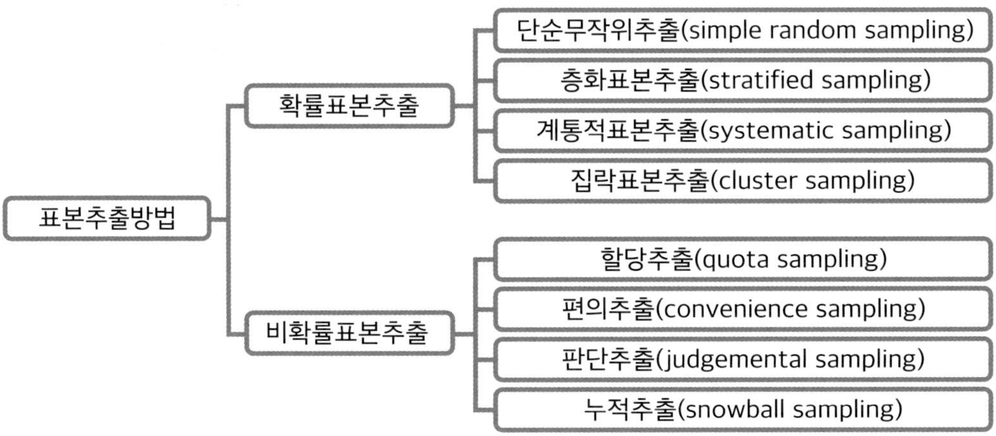

(1) 확률표본추출

① 단순무작위추출

기본적인 방법으로 추첨, 제비뽑기 등 출석부나 전화번호부 등 list가 필요하며 모집단의 모든 요소가 독립적인 추출기회를 가지며 모집단을 가장 잘 대표한다.

② 층화표본추출

모집단을 일정한 기준에 따라 2개 이상의 동질적인 층으로 구분하고, 각 계층별로 단순무작위추출 또는 계통적 추출을 이용하는 방법이다. 예를 들면 학교의 각 학년 200명 중에서 50명씩을 무작위추출하여 조사하는 방식이다.

③ 계통적 표본추출

모집단을 구성하고 있는 구성요소들이 자연적인 순서 또는 일정한 질서에 따라 배열된 목록에서 몇 번째의 구성요소를 추출하는 방법이다.

④ 집락표본추출

군집표본추출이라고도 하며 모집단으로부터 집락 또는 집단을 무작위로 선정한 뒤 이 집단에서 일정한 수의 요소를 표본으로 추출하는 방법이다. 예를 들면 무작위로 몇 개의 광역시를 뽑고 그 광역시에서 몇 개의 구를 무작위로 다시 뽑은 다음 다시 무작위로 동을 선정하여 그 동에서 표본을 무작위로 선정하여 조사하거나 전수조사하는 방법이다.

(2) 비확률표본추출

① 할당추출

대중의 의견을 조사할 때 많이 사용되는 방법으로 작위적이고 인위적인 표본추출방법이 아닌 연령, 성, 지리적 조건 등과 같은 모집단의 특성을 고려한 비무작위표본추출방법이다. 이 방법은 조사자의 성실성이 중요하며 미처 생각지 못한 집단이 개입되거나 무응답 집단에 대한 변수에 의해 결과가 차이가 크게 날 수 있다.

② 편의추출

우연추출 또는 임의추출이라고도 하며 조사자가 임의대로 표본을 추출하는 방법이다. 예를 들면 길거리에서 지나가는 사람에게 질문하는 경우이다(김경동·이온죽, 1998). 이 방법은 아이디어나 가설을 추출하기 위한 탐색적 조사연구나 설문지의 사전조사에 주로 이용된다.

③ 판단추출

목적추출이라고도 하며, 연구자가 주관적으로 판단하여, 모집단을 가장 잘 대표한다고 생각되는 사례들을 표본으로 선정하는 방법이다. 예를 들면 지난 선거에서 결정적으로 승패가 좌우된 선거구역에 대해서만 투표성향을 조사하는 방법이다(이관우, 1986).

④ 누적추출

연구자가 임의로 선정한 제한된 표본에 해당하는 사람으로부터 추천을 받아 다른 표본으로 선정하는 과정을 되풀이하는 방법이다. 예를 들면 동성연애자를 소개 받은 뒤 면접하고 다시 소개받는 방식을 취한다.

(3) 표본크기와 신뢰도

표본의 크기는 표본에 포함되는 표본의 수를 말한다(김구, 2008). 표본의 크기는 모집단의 특성과 표본추출방법, 시간과 비용, 수집된 자료의 카테고리 수, 신뢰수준 등 여러 가지를 고려해서 결정해야 한다. 통계 분석의 관점에서 표본수가 최저 30은 되어야 하며 그 이유는 정규분포를 이루는 최소 기준이기 때문이다. 하지만 척도의 종류가 다양하거나, 응답률이 저조하면 표본의 크기는 더욱 커야 한다. 표본의 크기가 크면 정확도가 높아지는 건 사실이지만 표본의 크기가 2배라고 해서 정확도가 2배로 증가하는 것은 아니다. 그리고 표본의 크기가 일정 비율, 예를 들면 5%, 10%가 되어야 하는 것은 아니다. 모집단이 매우 큰 경우에는 5% 이하라도 충분하기 때문이다.

표본의 크기는 신뢰도와 함수관계에 있으며, 보통 조사에서는 신뢰도는 95%나 99%를 취한다. 오차는 5% 이상이면 큰 편에 속하며, 여론조사에서는 보통 3% 정도를 허용하는 것이 관례이다(김광웅, 1996).

(4) 표본오차

표본오차는 표본의 통계량과 모집단 모수 간의 차이를 말하며, 표본평균의 표준편차를 말한다. 표준편차가 각 요소의 값이 평균으로부터 어느 정도 떨어져서 분포되어 있는지를 나타내는 수치라고 할 때, 표본평균의 표준편차(표준오차)는 추출된 표본들의 평균이 실제 평균과 어느 정도 떨어져서 분포되어 있는지를 나타내는 수치라고 할 수 있다(김구, 2008).

신뢰수준과 표본크기에 따라 표본오차를 구하는 식이다.

$$d = \pm Z \sqrt{\frac{P(1-P)}{n}}$$

d = 표준오차(비율)

Z = 신뢰수준의 근사치 표준점수

P = 모집단에서 표본의 비율이 틀릴 확률

n = 표본의 크기

예를 들면 직업만족도를 조사하기 위하여 표본크기가 500명(n), 95%의 신뢰수준에서 진행한다면 표본오차는 다음과 같다.

$$d = \pm 2\sqrt{\frac{0.5(1-0.5)}{500}} = \pm 0.045 \quad (\pm 4.5\%)$$

단, 95%에서 Z값은 2이다(정규분포에서 근사치는 1.96이다).

즉 표본크기가 500명이면 ±4.5% 범위 내에서 발생하며 이 결과는 95% 신뢰수준에서 믿을 수 있다는 의미이다.

이를 통해 표본크기를 도출할 수 있다.

표본의 크기를 구하는 식은 다음과 같다.

$$n = \frac{\pm Z^2 \times P(1-P)}{d^2}$$

예를 들어 신뢰수준 95%의 신뢰구간에서 표본오차 ±2.5%로 조사를 진행하는 경우, 표본크기를 구해보면 다음과 같다.

$$n = \frac{\pm 2^2 \times 0.5(1-0.5)}{(0.025)^2} = \frac{1}{0.000625} = 1,600$$

즉 표본오차 ±2.5% 범위에서 모집단에 포함되는 표본의 크기는 1,600명이 된다.

1.5 주요 분석기법

통계분석으로는 <표 3-1-4>와 같이 카이제곱 분석, t 검정, 일원변량분산분석(one-way ANalysis Of VArivance, ANOVA), 다원변량분산분석(n-way ANOVA), 반복측정분산분석(repeated measures ANOVA), 다변량분석(Multivariate ANOVA, MANOVA), 상관관계분석, 회귀분석(단순 회귀분석, 다변인 회귀분석, 가변인 회귀분석[2], 로지스틱 회귀분석), 경로분석, 요인분석, 판별분석, 신뢰도분석, 구조방정식모형분석 등이 있다. 연구자는 설정한 연구 가설, 변인의 수, 척도의 종류 등에 따라 적합한 분석기법을 선정하여 분석을 진행하면 된다. 본 교재는 이러한 통계분석에 대한 기본이해를 돕기 위해 위 나열된 다양한 분석기법 중에서 카이제곱 분석, 상관관계분석, 요인분석, 회귀분석, 로지스틱회귀분석, 구조방정식모형분석 등에 대하여 살펴보도록 한다.

<표 3-1-4> 통계분석 종류

구분	목적	모형
χ^2 검정	두 변수(독립과 종속변수) 간의 상호 독립성 또는 인과성 확인	(명목척도) 독립변수 A ⇔ ⇒ (명목척도) 종속변수 B 상호관계, 인과관계
t 검정	두 집단 간의 평균값 차이를 검증하여 인과관계 확인	(명목척도) 독립변수 A ⇒ (등간/비율척도) 종속변수 B 인과관계

2) 가변인 회귀분석에서는 독립변수가 명목척도여야 하나, 독립변수에서 명목척도를 포함하여 등간/비율척도의 독립변수가 동시에 존재할 수도 있다.

구분	목적	모형
일원변량분석	두 변수(독립과 종속변수) 간의 인과관계 확인	(명목척도) 독립변수 A ⇒ (등간/비율척도) 종속변수 B 인과관계
다원변량분석	두 변수(독립과 종속변수) 간의 인과관계 확인	(명목척도) 독립변수 A, B, C ⇒ (등간/비율척도) 종속변수 D 인과관계
상관관계분석	두 변수 간의 상관성 확인	(등간/비율척도) 변수 A ⇔ (등간/비율척도) 변수 B 상관관계
요인분석	특정 변수의 주요(공통)인자를 추출하고 인자 간의 관계 확인	공통인자 → (등간/비율척도) 변수 A, 변수 B, 변수 C, 변수 D, 변수 E 공통성
회귀분석	두 변수(독립과 종속변수) 간의 인과성 확인	(등간/비율척도) 독립변수 A ⇒ (등간/비율척도) 종속변수 B 인과관계
다변인 회귀분석	두 변수(독립과 종속변수) 간의 인과성 확인	(등간/비율척도) 독립변수 A, B, C ⇒ (등간/비율척도) 종속변수 D 인과관계
가변인 회귀분석	두 변수(독립과 종속변수) 간의 인과성 확인	(명목척도) 독립변수 A (또한 B, C) ⇒ (등간/비율척도) 종속변수 D 인과관계
로지스틱 회귀분석	두 변수(독립과 종속변수) 간의 인과성 확인	(명목/등간/비율척도) 독립변수 A, B ⇒ (명목척도) 종속변수 C 인과관계

구분	목적	모형
경로분석	외부변인과 내부변인 간 또는 내부변인 간의 인과성 확인	(등간/비율척도) (등간/비율척도) 외부변인 A, B, C ⇒ 내부변인 D, E, F 인과관계, 영향성
구조방정식 모형분석	변수들(외생과 내생변수) 간의 구조적 관계 확인	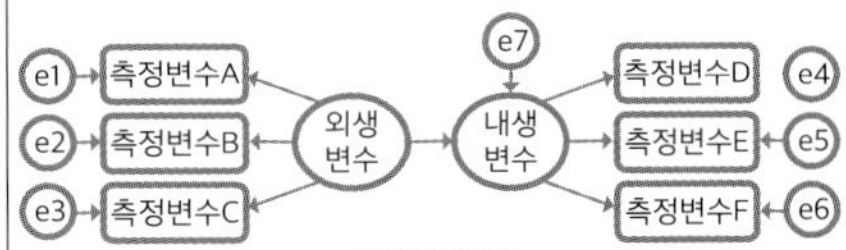 구조관계

1) 문항 간 χ^2 교차비교분석

일반적으로 χ^2 분석(chi-squared test)이라고 불리는 문항 간 교차비교분석은 명목척도로 측정된 변수들 간의 인과관계를 분석할 때 사용되는 방법이다. 명목척도로 측정된 변수에 관하여 사용이 가능하므로 서열척도, 등간척도, 비율척도의 사용도 가능하다. 또한 인과관계 뿐 아니라 상호관계 분석에도 사용이 가능하다.

인과관계 분석을 위해서는 변수 설계 시 독립변수와 종속변수를 구별하여 독립변수가 종속변수에 미치는 영향을 분석하는 것으로 해석한다. 상호관계를 분석할 때에는 독립변수와 종속변수를 구별하지 않는 것으로 문항 간의 관계를 분석하게 된다. 즉, 같은 변수라도 변수 간의 관계를 어떻게 설정하느냐에 따라 인과관계 분석이 되기도 하고, 상호관계 분석이 되기도 한다(최현철, 2013).

χ^2 분석 시행을 위해서는 χ^2 분석에 적합한 연구가설을 만든 후 유의도 수준(일반적으로 $p<0.05$ 또는 $p<0.01$)을 정하고, χ^2 분석을 실행한다. 이때 결과로서 나타나는 분석표에서 각 셀의 기대빈도 값이 '5' 이상이어야 유의도 검증이 제대로 이루어진다. 특히 기대빈도가 '5' 미만인 셀의 비율이 20% 이상인 경우에는 유의도 검증에 문제가 발생할 수 있으므로 주의가 필요하다. 기대빈도가 '5'미만인 셀이 나타나는 주요 원인은 표본의 수가 적기 때문인데, 표본을 충분히 확보하여 이러한 문제를 미연에 방지하는 연구 설계가 필요하다. χ^2 통계량은 관측 빈도와 기대빈도 사이의 차이 제곱으로 계산되는 Pearson의 χ^2 값을 주로 사용하게 되며, Pearson의 카이 제곱 검

정 방정식은 아래와 같다.

$$\chi^2 = \sum \frac{(O_i - E_i)^2}{E_i}$$

χ^2 : 카이제곱 값, O_i : 관찰빈도 값, E_i : 기대빈도 값

분석결과로 도출된 값의 해석을 위해서는 설정된 유의확률 값과 분석표의 자유도를 활용하여야 한다. 분포표 상에서 유의확률 값과 자유도가 만나 나타내는 값을 기준으로 연구결과로부터 나온 값이 더 크다면 설정된 유의도 수준에서 연구가설을 받아들이게 되고, 작으면 영가설을 받아들이는 의미가 된다. 이를 통하여 연구 설계 시 만든 연구가설을 채택할 것인지 기각할 것인지를 결정하게 되며, 두 변수의 인과관계 또는 상호관계를 해석할 수 있다.

2) 상관관계분석

상관관계분석(correlation analysis)이란 변수들 간의 연관성을 파악하기 위해 사용하는 분석기법 중의 하나로 변수 간의 선형관계 정도를 분석하는 통계 기법이다(이훈영, 2012). 특히, 등간척도(또는 비율척도)로 측정한 두 개 이상 변인 간의 상관관계 계수를 분석하는 통계방법이다. 상관관계 계수는 'r'로 표기되는데, 상관관계분석은 변인 간의 인과관계를 분석하지 않고 상호관계만을 분석하기 때문에 변인을 독립변인과 종속변인으로 구분하지 않는다(최현철, 2013). 이런 점에서 어느 한 변수가 다른 변수에 미치는 영향이나 인과관계를 규명하는 회귀분석과 구별된다고 할 수 있겠다(김렬, 2009).

두 변수 간 상관관계의 방향과 정도를 수치로 간단히 표현할 수 있는데, 이러한 수치를 상관계수(correlation coefficient)라 한다. 따라서, 상관분석은 결국 상관계수를 산출하는 과정이며, 상관관계 계수를 분석하여 연구가설을 검증하게 된다. Pearson의 상관계수 공식은 아래와 같다.

$$r = \frac{\sum(x_i - \overline{x})(y_i - \overline{y})}{\sqrt{\sum(x_i - \overline{x})^2 \sum(y_i - \overline{y})^2}}$$

r : 상관계수, x_i : 변수 x값, $\overline{x}$: 표본집단 x의 평균,

y_i : 변수값, $\overline{y}$: 표본집단 y의 평균

표의 열(column)과 행(row)에는 변인의 이름이 제시되고, 대각선에는 같은 변인 간의 상관관계 계수인 '1.0'(이는 같은 변인이기 때문에 완벽하게 일치한다는 의미이다)이 제시된다. 대각선에 제시된 '1.0'이 위쪽과 아래쪽에는 변인 간의 상관관계 계수가 제시되는데, 위쪽과 아래쪽에 제시된 값은 같다. 일반적으로 상관관계 계수 행렬은 대각선에 있는 '1.0'과 아래쪽에 제시된 상관관계 계수를 제시한다. 위쪽에 제시된 상관관계 계수는 아래쪽과 동일하기 때문에 제외한다. 상관관계 계수 밑에는 유의확률과 사례 수가 제시되는데, 유의확률 값이 0.05보다 크면 변인 간의 관계가 없다는 영가설을 채택하고, 0.05보다 작으면 변인 간의 관계가 있다는 연구가설을 채택하게 된다(최현철, 2013).

상관관계 계수를 해석하는 객관적인 기준이 있는 것은 아니지만, 일반적으로 상관관계 계수가 '0에서 0.2미만'이면 변인 간의 관계가 거의 없기 때문에 한 변인의 값을 알아도 다른 변인의 값을 거의 예측할 수 없다. '0.2 이상에서 0.4 미만'이면 변인 간의 관계가 약간 있기 때문에 한 변인의 값을 알면 다른 변인의 값을 어느 정도 예측할 수 있다. '0.4 이상 0.7 미만' 이면 변인 간의 관계가 상당히 밀접하기 때문에 한 변인의 값을 알면 다른 변인의 값을 비교적 정확하게 예측할 수 있다. '0.7 이상에서 0.9 미만'이면 변인 간의 관계가 매우 깊기 때문에 한 변인의 값을 알면 다른 변인의 값을 상당히 정확하게 예측할 수 있다. '0.9 이상에서 1.0'이면 변인 간의 관계가 거의 일치하기 때문에 한 변인의 값을 알면 다른 변인의 값을 매우 정확하게 예측할 수 있다(남궁근, 1998; 최현철, 2013).

상관관계 계수는 +, -의 부호를 사용하여 변인 간의 정적인 관계와 부적인 관계를 표현하므로, 이를 활용하여 변인 간의 관계에 대한 결론을 내릴 수 있다. 예를 들어 a, b 두 변인에 관하여 상관관계 계수가 '0.649'이고 유의확률의 값이 0.05보다 작은

‘0.001’이라면 두 변인 간의 관계가 있다는 연구가설을 받아들이게 된다. 또한 변인 a와 b, 또는 b와 a의 관계는 정적인(+) 관계이기 때문에 a가 증가하면 b가 증가하는 관계를 보여주며, 매우 밀접한 것으로 보인다는 결론을 내릴 수 있다.

3) 요인분석

요인분석(factor analysis)은 상관관계가 깊은 여러 변인 간의 밑바탕에 깔려 있는 공통인자(common factor)를 발견하는 데 사용하는 통계 방법이다. 학자에 따라 인자분석이라고도 한다(최현철, 2013). 요인분석은 변인 간의 인관관계를 분석하는 것이 아니라 공통인자를 그룹화하는 방법이기 때문에 독립변인과 종속변인의 구분이 없다. 구체적으로, 이 분석은 여러 변수들 간의 공분산과 상관관계 등을 이용하여 변수들 간의 상호관계를 분석하고, 그 결과를 토대로 문항과 변수들 간의 상관성 및 구조를 파악하여 여러 변수들이 지닌 정보를 적은 수의 요인으로 묶어서 나타낸다(노경섭, 2014). 요인분석을 실시하면 여러 변수들에 대한 정보가 몇 개의 핵심 내재 요인으로 간추려진다. 즉 자료의 구조를 요약하고 압축하는 것을 주된 목적으로 한다.

요인분석의 주목적은 많은 변수를 적은 수의 요인으로 압축하는 데 있고, 각 사례별로 계산되거나 추정된 요인점수는 판별분석, 군집분석, 회귀분석 등과 같은 추후 분석의 입력자료로 이용될 수 있다(김렬, 2009).

요인분석의 종류는 연구목적에 따라 크게 탐색적 요인분석방법(exploratory factor analysis)과 가설검증 또는 확인적 요인분석방법(confirmatory factor analysis)의 두 가지로 나뉜다. 첫째, 탐색적 요인분석은 상관관계가 깊은 변인의 밑바탕에 깔려 있는 공통인자를 찾아내는 방법이다. 이 방법은 설문지를 통해 실제 측정한 여러 변인 중 상관관계가 높은 변인을 유사한 것으로 간주하여 공통인자를 찾아내는 방법이다. 예를 들면 연구자가 사람이 다른 사람을 몇 개의 차원으로 평가하는지 알아보고자 할 때 사용하는 방법이 탐색적 요인분석이다. 우리가 일반적으로 요인

분석이라고 말하는 것은 탐색적 요인분석이다.[3] 둘째, 가설검증 요인분석은 탐색적 요인분석과 달리 연구자가 이론에 따라 여러 변인의 밑바탕에 깔려 있는 공통인자의 수가 몇 개인지에 대한 가설을 제시한 후, 요인분석을 통해 그 가설이 맞는지를 검증하는 방법을 말한다. 예를 들면 연구자가 일반적으로 사람은 다른 사람을 능력 차원과 성격 차원의 두 가지로 평가한다는 가설을 정하고 요인분석을 통해 과연 두 요인이 추출되는지를 검증하는 방법이 가설검증 인자분석이다.

연구자는 연구 목적에 따라 두 가지 요인분석 중 한 가지를 선택하여야 한다. 일반적으로 요인분석은 탐색적 요인분석을 말하기 때문에 본 교재에서는 탐색적 요인분석을 중심으로 설명하기로 한다.

요인분석을 시행하면 변인 간의 상관관계 계수 행렬이 제시된다. 연구자는 변인 간의 상관관계 계수로부터 공통인자를 추출한다(최현철, 2013). 요인분석은 기본적으로 상관관계가 높은 변수들끼리 그룹핑하는 것이므로 변수들 간의 상관관계가 전반적으로 매우 낮다면(대체로 ±0.3이하), 그 자료는 요인분석에 부적합하다고 할 수 있다(이학식·임지훈, 2015). 이 단계에서 연구자가 마주하게 되는 문제는 같은 상관관계 계수 행렬로부터 공통인자의 수가 다른 여러 개의 모델을 구할 수 있는데, 연구자는 어느 모델이 더 현상을 잘 반영하고 있는지 알 수 없다는 것이다. 최소의 원칙은 이러한 불확실성을 해결하기 위하여 같은 상관관계 계수 행렬로부터 상이한 여러 개의 인자모델이 존재할 때에는 가장 적은 수의 공통인자로 이루어진 인자모델을 선택하는 것이다. 요인분석은 이 문제를 해결하기 위해 일반적으로 아이겐 값(eigenvalue)을 활용하여 이 값이 '1.0'이상인 인자를 공통인자로 찾아 요인분석을 수행한다.

4) 회귀분석

회귀분석(regression analysis)은 변수 간의 함수적인 연관성을 규명하기 위하

3) SPSS Statistics에서 할 수 있는 요인분석은 탐색적 요인분석이다.

여 수학적 모형(일차함수관계)을 가정하고 측정된 자료를 이용하여 통계적 추론을 하는 방법이다. 앞서 살펴본 상관분석이 변수 간의 대칭적인 관계를 전제로 상호 연관성의 방향과 정도를 알려주는 데 그치는 것에 비하여, 회귀분석은 변수 간의 비대칭적 관계를 전제로 이들 사이에 나타나는 상호 인과(영향)관계의 파악과 이에 기초한 변화의 예측까지도 가능하게 한다.

이처럼 회귀분석은 변수들 간에 존재하는 인과적 연관성을 밝혀주는 통계 방법인데, 하나의 종속변수에 대하여 독립변수들이 미치는 영향의 본질을 규명하여 준다. 따라서 회귀분석에 사용되는 변인들에 대하여 독립변수와 종속변수를 규정짓고 인과관계로서 가설을 설정하여야 하므로 어느 변수가 원인이 되는 변수이고, 어느 변수가 영향을 받는 변수인지를 연구 설계 단계에서 면밀히 검토할 필요가 있다.

회귀분석에 있어서 종속변수의 수는 한 개이나, 독립변수는 하나 또는 둘 이상이 될 수 있다. 하나의 독립변수와 하나의 종속변수 사이의 관계를 분석하는 단순회귀분석(simple regression analysis)과 여러 개의 독립변수들과 하나의 종속변수 사이의 관계를 분석하는 다중회귀분석(multiple regression analysis)이 있다.

회귀분석은 독립변수와 종속변수 간의 일차함수 관계를 가정하므로 회귀선을 도출하여 이에 따라 함수식을 세우고 이를 해석하는 것이 주된 목적이다. 회귀선을 도출할 때에는 최소제곱법(least squares method)을 가장 일반적으로 이용하는데(남궁근, 1998), 이는 종속변수의 실제 측정값과 회귀선으로 추정되는 값의 차이인 잔차를 전체적으로 최소화하여 직선의 절편과 기울기를 결정하고 회귀방정식을 구한다. 독립변수와 종속변수 간의 선형성에 의한 1차 방정식은 아래와 같다. β_0인 상수와 β_1인 회귀계수는 예측 가능한 부분이며, ε인 오차는 회귀방정식으로 예측된 후 남은 부분으로 예측 불가능한 부분이다.

$$Y = \beta_0 + \beta_1 X + \varepsilon$$

Y : 종속변수, X : 독립변수, β_0 : 상수(또는 절편), β_1 : 회귀계수, ε : 오차

이렇게 도출된 회귀방정식의 독립변수가 한 단위 증가함에 따라 변화하는 종속

변수의 양인 회귀계수(regression coefficient)를 살펴봄으로써, 주어진 독립변수에 대하여 종속변수 값의 예측이 가능하다.

도출된 회귀방정식의 적합도 파악을 위하여 결정계수(coefficient of determination) R^2 값을 주로 사용하는데, 결정계수는 전체 분산 가운데 회귀선에 의해 설명되는 분산의 비율이며, 조정된 결정계수는 표본크기와 독립변수의 수를 고려하여 적절히 조정한 결정계수를 말한다. 예를 들어 R^2 값이 0.52라면 독립변수가 종속변수의 분산 중에서 52%를 설명할 수 있는 것으로, 수학적으로 R^2 값은 Pearson 상관계수 r 의 제곱값이므로(남궁근, 1998) 음의 값을 가질 수 없으며 0과 1사이의 값을 가진다. R^2 값이 0이라면 독립변수와 종속변수가 전혀 관계가 없다는 것을 의미하며, 그 값이 1이라면 독립변수에 의해 종속변수의 분산을 완벽하게 설명할 수 있음을 의미한다.

5) 로지스틱 회귀분석

일반적인 회귀분석의 특별한 경우로서 가변수를 이용한 회귀분석, 로지스틱 회귀분석, 비선형회귀분석 등이 있는데(김렬, 2009), 본 절에서는 로지스틱 회귀분석에 대하여 살펴보기로 한다.

앞서 설명한 회귀분석에 사용되는 독립변수와 종속변수는 등간 또는 비율척도로 측정된 변수인데 비해, 로지스틱 회귀분석(logistic regression analysis)에 사용되는 변수는 차별성을 가진다. 즉, 로지스틱 회귀분석에서 독립변수는 한 개 이상 여러 개의 명목 또는 등간척도로 측정하며 종속변수는 반드시 한 개의 명목척도로 사용된다. 명목척도로 측정한 종속변수 집단의 수가 두 개인 경우 이분형 로지스틱 회귀분석으로, 세 개 이상인 경우 다항 로지스틱 회귀분석으로 구분된다.

회귀분석에서의 독립변수와 종속변수 간의 인과관계를 회귀방정식을 통해 분석한다는 점에서 로지스틱 회귀분석은 회귀분석과 유사한 방법이지만, 로지스틱 회귀분석의 종속변수가 명목척도이므로 회귀분석처럼 선형성을 전제로 할 수 없다. 따라서 로지스틱 회귀분석에서는 데이터를 로그로 변환하여 변수 간의 비선형적 관계를 선형적인 관계로 바꾸어 선형성 전제를 충족하게 되며 이를 통하여 연구자는 최종적인 분석결과표를 얻게 된다.

예를 들어 '성별과 음주량이 간암 발생에 영향을 미친다'라는 연구 가설에서 독립변수인 성별은 남녀의 명목척도, 음주량은 한 달동안의 음주량에 대한 등간을 구성하여 측정되며 간암 발생은 발생과 비발생의 두 집단의 명목척도로 구성할 수 있다. 분석표의 χ^2과 자유도, 유의확률을 통하여 회귀방정식으로 구성된 모델의 적합도를 검증하게 되며, 개별 회귀계수의 유의도 검증을 통하여 독립변수가 종속변수에 영향을 미치는 요인인지, 얼마만큼의 영향력으로 독립변수가 종속변수에 영향을 미치는지도 주요 분석결과로 해석할 수 있다.

6) 구조방정식모델 분석

구조방정식모델(Structural Equation Model, SEM)은 종속변수에 영향을 주는 여러 변수들 간에 상호 인과관계를 찾고 그에 대해 설명하는 모델이다(노경섭, 2014). 이 모델은 요인분석기법과 다중회귀분석기법을 통합한 형태의 모델로 확인적 요인분석, 경로분석, 잠재성장모델분석을 가능케 한다. 이에 구조방정식모델은 변수의 명칭, 모델의 기능 등에 따라 공분산 구조분석, 잠재변수 모델분석 등 다양한 명칭으로 불리어졌으나, 오늘날에는 구조방정식모델 또는 구조방정식모형으로 통용하여 불리운다. 구조방정식모델은 사회학 및 심리학 분야에서 처음 개발되어 사용되었으나 현재는 경영학, 광고학, 교육학, 생물학, 의학, 정치학 등 여러 학문 분야에서 광범위하게 사용되고 있다.

구조방정식모델은 측정모델(measurement model)과 구조모델 (structured model)로 구성되어 있는데, 측정모델은 확인적 요인분석(Confirmatory Factor Analysis, CFA)의 성격이 반영된 것이고, 구조모델은 다중회귀분석 또는 경로분석의 성격이 반영된 것이다(배병렬, 2014). 구조방정식모델에 대해 일반적으로 경로분석, 회귀분석, 요인분석이 결합되어 발전된 통계 방법으로 이르는 이유는 바로 이러한 구성적 측면 때문이다.

따라서 구조방정식모델은 관측변수와 잠재변수 간의 구조적 관계에 대한 가설을 검증하고자 하는 분석방법으로 변수들 간의 상호 연관성 또는 공분산, 직접 효과(외생과 내생변수), 간접 효과(매개변수) 등을 확인할 수 있다. 전통적인 통계분석에서 사용하는 독립, 종속변수와는 달리 잠재변수, 관측변수, 외생변수, 내생변수, 오차변수를 기본적인 변수로 사용하고 있는데 구조방정식모델이 설계, 분석 등에 있어 매우 중요한 요소이므로 반드시 정확한 의미를 인지하여 활용하여야 한다.

첫째, 잠재변수(latent variable)는 직접 관찰되거나 측정되지 않은 구성개념(construct)이고, 관측변수에 의해서 간접적으로 측정되는 변수이며 구조방정식모델에서 원이나 타원으로 나타난다.

둘째, 외생잠재변수(exogenous latent variable)는 독립변수의 개념에 해당하며, 다른 변수에 영향을 주는 변수로 화살표 방향이 밖으로 향해 있다.

셋째, 내생잠재변수(endogenous latent variable)는 종속변수에 해당하는 개념이며, 형태상으로 화살표를 받는 변수이다.

넷째, 관측변수(observed variable 또는 measured variable)는 설문문항이나 조사, 실험, 관찰을 통하여 직접적으로 측정되는 변수로서 잠재변수에 연결되어 잠재변수를 측정하며, 구조방정식모델에서는 직사각형이나 정사각형으로 나타난다.

다섯째, 오차변수는 측정오차(measurement error)와 구조오차(structural error)의 두 가지가 있다. 측정오차는 잠재변수가 관측변수를 설명하고 난 나머지 부분으로, 즉 설명하지 못하는 부분을 의미한다. 한편 구조오차는 내생변수가 다른 변수들에 의해 설명되고 난 나머지 부분으로, 즉 설명이 안 된 부분이다. 다중회귀분석에서 독립변수가 종속변수를 설명하는 부분 이외의 부분을 오차로 간주하는데, 구조오차는 이와 비슷한 개념이다(우종필, 2012).

구조방정식모델링분석 프로그램으로는 LISREL(Linear Structural RELations), EQS(EQuationS), IBM SPSS AMOS(Analysis of MOment Structure) 등이 있다. 최근에는 그래픽 및 베이직, 아이콘을 제공하여 쉽게 모델을 작성할 수 있고, SPSS 또는 Excel과 호환이 가능해 많은 연구자들이 IBM SPSS Amos를 사용하는 추세이다.

AMOS로 구조방정식모델링을 설계하고 조사자료를 토대로 각 변수들 간의 표준화계수와 경로 간 직·간접효과 등의 모델 분석결과가 도출되는데, 이를 통하여 결과의 통계적 유의성 및 설정 가설의 기각 여부, 모델의 적합성 등에 대한 분석을 수행할 수 있다. 또한 AMOS는 위와 설명한 것과 같이 공통인자에 대한 가설을 설정하여 가설 채택 여부를 검증하는 확인적 요인분석[4]에 적합한 분석도구이다.

이처럼 구조방정식모델을 활용할 경우, 다변량 통계기법을 한 모델로 구현하여 한꺼번에 분석할 수 있는 장점이 있다. 위의 예시로 살펴보면, 외생잠재변수들 간에는 상관분석, 외생잠재변수와 내생잠재변수 간에는 회귀분석을 수행할 수 있고, 각 외생잠재변수별 설문문항의 도구가 되는 관측변수들 간에는 요인분석 수행이 이루어진다. 즉, SPSS 등의 분석도구를 통하여 개별적으로 실시해야 할 통계 분석들이 구조방정식모델을 통하여서는 설정된 하나의 연구모델 내에서 한꺼번에 이루어지는 것이다. 즉, 구조방정식모델이 여러 통계 분석기법이 하나의 모델로 구현되는 어려운 통계기법인 만큼 이를 활용하기 위해서는 회귀분석, 요인분석, 상관분석 등에 대한 깊이 있는 이해가 반드시 필요하다.

[그림 3-1-5] 구조방정식모형 예시

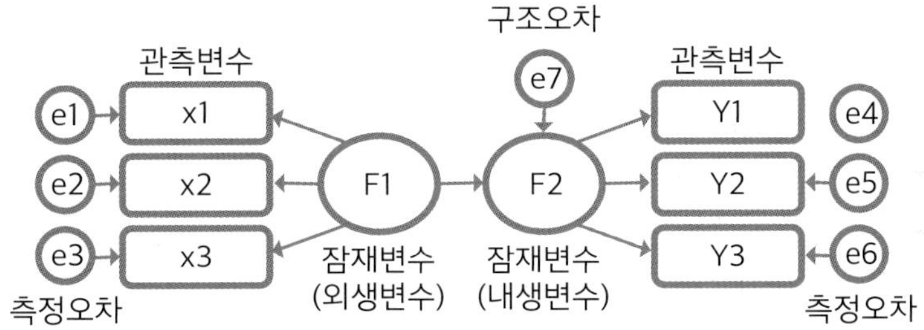

4) 확인적 요인분석은 공통인자에 대한 가설 검증을 목표로 하는 분석방법으로 가설검증 인자분석이라고도 한다.

2 텍스트네트워크 분석의 기본용어와 분석기법

자료의 크기나 양이 숫자로 표현되는 수치형태의 정형 데이터가 아닌, 규칙성 없이 제공되는 동영상 음성 및 이미지, 문서 파일 등의 비정형 데이터를 활용하여 사회연결망과 텍스트 마이닝을 결합함으로써 유의미한 키워드를 추출하거나 다양한 시각화를 구현하는 등의 분석 방법이 최근 각광받고 있다. 본 절에서는 텍스트로 이루어진 비정형 데이터를 대상으로 분석을 수행하는 텍스트네트워크 분석에 대한 기본용어와 분석기법에 대하여 알아보고자 한다.

2.1 소셜네트워크와 텍스트 마이닝

소셜네트워크(social network)는 사회연결망으로 불리기도 하는데 일반적으로 개인과 집단의 관계를 네트워크로 파악하는 개념이다. 개인 또는 집단은 파악하고자 하는 하나의 노드가 될 수 있으며, 사회연결망은 각 노드(node)들 간의 관계(link)에 의해 만들어지는 사회적 구조를 말한다. 따라서 소셜네트워크는 개인이나 조직이 사회적 관계에 의해 형성된 구조로 이를 해석하기 위해 관계적 속성과 관계적 속성 변수들을 중심으로 소셜네트워크 분석에 관한 방법론이 연구되어 왔다(이정락, 2017). 최근의 소셜네트워크 분석은 사람들 간의 사회적 관계 분석을 하는 데 그치지 않고 다양한 분야, 다양한 유형의 네트워크 데이터를 분석하는 네트워크 분석 도구로써 폭넓게 이용되고 있다(곽기영, 2017). 소셜네트워크는 사회현상을 하나의 네트워크 구조로 보고 네트워크를 구성하고 있는 노드를 텍스트로 변환하는 분석방법인 텍스트 마이닝 기법의 이론적 기초가 된다.

텍스트 마이닝(text mining)의 목적은 자연어 처리 기술을 적용하여 비정형 텍스트 데이터에서 유용한 정보를 추출하는 것이며, 텍스트 마이닝을 통해 방대한 데이터에서 의미있는 정보를 추출하고 다른 정보와의 관계를 파악하는 것이다. 이는 단순히 자료 검색을 넘어 그 이상의 결과물을 도출하는 것이 가능하다. 즉, 텍스트로부터 고도의 정보를 도출하는 과정으로 텍스트를 구조화해서 패턴을 도출하여 결과를 평가하고 해석하는 과정이라 할 수 있다(이윤경, 2018).

SNS 데이터의 텍스트와 같은 비정형 텍스트로부터 의미있는 정보를 추출하는 방법론을 텍스트 마이닝이라고 하며, 텍스트 마이닝은 일반적으로 정보수집, 정보추출, 정보 분석의 절차로 이루어진다(원진영·김대곤, 2014)는 정보의 분석과정에 의미를 부여하기도 한다. 또한 축적된 데이터를 구분할 때 정형화된 데이터(structured data)와 비정형화된 데이터(unstructured data)로 구분하여 비정형화된 데이터의 분석기법을 텍스트 마이닝 또는 텍스트 분석으로, 정형화된 데이터의 분석기법을 데이터 마이닝으로 분류되기도 한다.

2.2 사전 작업

텍스트네트워크 분석을 위해 수집한 텍스트 자료는 연구의 목적과는 상관없이 나타나는 무의미한 단어와 유의미한 성향의 단어, 연구의 목적과 특성에 부합한 단어들에 대한 분석을 반드시 수행하여야 한다. 이러한 단어 분석을 통하여 무의미한 단어를 삭제하고 유의미한 성향의 단어를 분류화하며, 특정 단어를 지정하는 작업을 사전 작업(dictionary setting)이라 한다.

텍스트를 데이터화하는 데이터 코딩작업, 기본 단어에 대한 추출작업 등은 분석도구를 통하여 가능하지만, 연구의 목적 및 내용에 맞게 분석 경로가 드러날 수 있도록 데이터를 정제하는 전처리 작업은 반드시 연구자가 수행해야 한다(이윤경, 2018).

즉 분석결과에 무의미한 불용어 단어를 삭제하고 유의미한 복합명사 등을 지정하며 유사한 의미를 분류화하는 작업 과정은 연구자가 면밀하게 수행하여야 하는 것으로, 기본 분석단위를 명사로 지정하여 추출된 단어에 대한 사전 작업에는 제외어, 지정어, 유의어 처리가 있다.

제외어(exception words)란 '본', '곳' '동' 등 의미로서 불필요한 단어들이며, 이러한 단어들은 불용어 처리가 될 수 있도록 제외어 사전에 등록하여 연구의 목적과 내용에 부합한 네트워크로 구성될 있도록 하는 작업이 필요하다.

유의어(thesaurus)란 '대통령', '원수', '각하' 등 하나의 대상(또는 현상)을 서로 비슷한 의미를 가지는 단어로 표현한 여러 개의 단어들로써, 이러한 유사한 의미를 가지는 단어들은 네트워크에서 흩어져서 표현되지 않고 하나의 단어로 통합하여 나타낼 수 있도록 유사어 처리를 하여야 한다.

한편, 연구의 목적 및 내용을 표현하는 단어로써 하나의 의미로써 도출되어야 하는 복합명사 등이 기본 사전에 등록되어 있지 않아 분리되어 의미없이 나타나는 단어들을 지정어(defined words)로 정하는 사전작업이 있다. '소득'과 '증대'가 문장 내에서는 띄어쓰기 등으로 분리되어 있으나 실상 이는 소득증대를 나타내는 의미 단어이기 때문에 '소득증대'로 지정하여 의미있게 나타나도록 하는 것이 지정어 처리이다.

2.3 네트워크의 구성요소와 밀도

1) 네트워크의 구성 요소: 노드와 링크

소셜네트워크는 각각의 객체(entity)들이 상호의 관계성(relationship)으로 연결된 구조라고 할 수 있다. 이것을 텍스트를 분석 대상으로 한 텍스트네트워크 분석 체계로 의미를 확장하면 네트워크에서 객체(혹은 행위자)는 노드(node)로, 상호의 관계성은 링크(link)로 나타낼 수 있는데, 이때 노드와 링크는 네트워크의 구성요소이다.

텍스트네트워크 분석을 위한 비정형 데이터는 자료수집과 분석 프로그램을 통해 데이터를 코딩한 이후 유의미한 단어들을 추출하기 위한 텍스트 마이닝의 과정을 거친다. 텍스트 마이닝을 통해 연구 목적에 적합하게 정제되어 추출된 단어(word)를 텍스트네트워크 분석에서는 일반적으로 노드(node, point, vertex)라고 하며, 이는 네트워크 상에서 일반적으로 원이나 사각형, 삼각형으로 표현된다. 노드들의 연결 관계를 나타내기 위해 선(line)을 이용하게 되는데 이를 텍스트네트워크 분석에서는 링크(link)라고 한다.

텍스트네트워크 분석은 빅데이터에 기반을 둔 텍스트 마이닝으로 추출한 단어들을 정량적 관점에서도 분석하며, 여기에 소셜네트워크 분석을 결합하여 노드의 관계를 링크로 연결한 네트워크 시각화를 통해 연구자가 텍스트 저변의 심도깊은 관계성을 질적 분석하는 것이다.

2) 네트워크의 밀도

네트워크 내에 존재하는 각 노드들의 연결이 많으면 많을수록 증가하는 정도를 계산한 값을 네트워크의 밀도(density)라고 하며, 이는 네트워크에서 노드 간의 전반적인 연결정도 수준을 나타낸다. 즉 가능한 총 관계 수와 실제로 맺어진 관계 수의 비율로 해석이 되며, 일반적으로 관찰된 밀도는 집단의 크기와 반비례한다(김용학·김영진, 2016).

완벽하게 연결된 네트워크에서는 모든 노드가 서로 이웃하게 되며, 각 노드는 네트워크 내의 다른 모든 노드와 직접 연결된다. 즉 네트워크의 밀도는 해당 네트워크 노드의 연결정도인 링크의 수가 많을수록 높으며, 밀도가 높은 네트워크에 대해 일반적으로 응집성이 높다고 표현할 수 있다(곽기영, 2017).

따라서 네트워크의 밀도는 네트워크 내의 라인의 개수(즉 연결정도)로 측정할 수 있으며, 라인의 개수가 많을수록 그 네트워크의 밀도는 높다. 하지만 네트워크의 밀도를 단순히 라인의 개수만으로 측정하게 되면 네트워크의 크기를 반영할 수 없어 네트워크 간의 비교가 어려워진다. 즉 네트워크의 밀도는 네트워크의 크기를 고려하여 측정하여야 한다. 이러한 유의사항을 보완하기 위하여 밀도는 일반적으로 네트워크 내에 존재하는 최대 가능한 라인의 개수 대비 실제 존재하는 라인 개수의 비율로 측정하게 되는데, 존재할 수 있는 최대 가능 라인의 개수를 전제로 네트워크의 크기를 반영하게 된다.

3) 1-모드 네트워크와 2-모드 네트워크

앞서 설명한 모드의 개념을 활용하여 네트워크의 유형을 분류할 수 있다. 텍스트네트워크 분석에서의 모드란 분석 대상이 되는 텍스트를 구성하는 서로 구별되는 워드의 집합이다. 하나의 워드 집합으로부터 측정된 워드 데이터는 1-모드 네트워크를 생성한다. 또한 연구하고자 하는 문제에 따라 두 종류의 워드 집합에 대한 분석이 필요한 경우 2-모드 네트워크를 생성한다. 1-모드 네트워크 생성을 위해서는 행과 열에 같은 노드가 배열되고, 2-모드 네트워크 생성을 위해서는 행과 열에 다른 수준의 노드가 배열된다. 즉 2-모드 네트워크에는 두 종류의 노드가 포함되며 같은 종류의 노드 간에는 직접적 연결관계가 없는 것으로 가정한다. 연결관계는 오직 다른 종류의 노드 간에만 발생한다(곽기영, 2014).

예를 들어 2001년~2020년의 20년간의 ODA를 키워드로 한 학회논문을 대상으로 논문 서지 정보를 활용하면, 논문-키워드의 매트릭스는 전형적인 2-모드 네트워크의 자료이다. 각 논문별 주요 키워드들 간의 연결망 분석을 수행하기 위해서는 키워드-키워드의 1-모드 매트릭스 생성이 필요하다. 2-모드 데이터를 1-모드로 변환하면 논문으로 매개된 키워드 간의 관계를 파악하거나, 키워드로 매개된 논문 간의 관계를 살펴볼 수 있다(김용학·김영진, 2016).

2-모드 네트워크에서도 중심성 등의 지표를 분석해 낼 수 있으나 네트워크 내의 모든 노드가 원칙적으로 모두 연결될 수 있다는 가정을 바탕으로 한 중심성 분석에는 그대로 적용할 수 없는 제약점이 따른다. 기본적으로 텍스트 자료들은 2-모드 네트워크 형태를 띠게 되나, 텍스트네트워크 분석 도구를 활용하게 되면 쉽게 1-모드 네트워크로 변환시킬 수 있다. 즉, 1-모드 네트워크는 2-모드 네트워크로부터 생성될 수 있으므로(곽기영, 2014) 2-모드 데이터를 1-모드 네트워크로 변환한 매트릭스 자료를

통하여 중심성, 구조적 등위성 등 다양한 지표를 도출하고 분석하는 접근을 우선적으로 이해하는 것이 필요하다. 이에 대한 충분한 이해와 인지 이후, 연구 설계에 따라 2-모드 데이터에서의 단일모드 접근법, 이분모드 접근법에 대한 사전 이해를 토대로 2-모드 상태에서의 연결중심성, 근접중심성, 매개중심성 분석을 위한 제약 극복에 대한 학습을 진행하도록 권한다.

2.4 단어 빈도와 단어-역문서 빈도

텍스트에서 추출된 워드에 대한 가장 기본적인 정보는 단어빈도(Term-Frequency, TF)라 할 수 있다. TF는 특정 단어가 문서에서 얼마나 자주 등장하는지 나타내는 단어 빈도수의 값으로, 특정 단어의 빈도수가 높으면 문서에서 중요하다고 생각할 수 있으며, TF값도 높아진다(안효선, 2017). 그러나 TF는 한 문서 내에 자주 출현하는 용어가 그 문서를 대표할 수 있다는 명제를 통해 문서 내 단어 빈도수를 산정하는 방식으로 계산 알고리즘이 간단하다는 장점이 있는 반면, 뉴스나 신문기사와 같이 무의미한 특정단어가 빈번하게 나타나는 비정형 문서의 경우 대부분의 관계가 그 단어에 의해 결정되는 경향이 나타난다는 단점이 있다(이정락, 2017). 이러한 단점을 해결하기 위하여 사용하는 가중치가 단어-역문서빈도(Term Frequency-Inverse Document Frequency, TF-IDF)로, 이는 여러 문서에서 동시에 출현하는 용어는 범용적 확률이 높다는 가정 하에 역문헌 빈도수를 가중치로 이용하는 방식이다(원진영·김대곤, 2014; 이정락, 2017).

TF-IDF는 주로 문서에서 핵심어를 추출하기 위한 목적으로 특정 단어가 포함된 문서들 간의 가중치를 계산하여 높은 값을 가지는 가중치를 정렬함으로써 단어의 중요도가 결정되는 방식으로(안효선, 2017), 한 문서에서 특정 단어가 얼마나 중요한지를 측정할 수 있는 방법이다.

2.5 네트워크의 중심도

중심도란 중심화(centralization)라고도 표현되는데 분석대상 네트워크가 소수의 노드에 집중되는 정도로서 네트워크 중심화를 의미하며(Provan & Milward, 1995; 서호준, 2019) 소수 워드를 중심으로 한 집중적 연결없이 워드가 다극화되어 분포할 경우 해당 네트워크의 중심도는 낮다고 할 수 있다. 즉, 전체 연결망의 형태가 어느 정도 중앙에 집중되었는지를 나타내는 개념으로서 중심도를 사용하게 된다.

하나의 노드로 모든 연결이 수렴되어 있는 방사선 형태의 네트워크가 중심도가 가장 높은 네트워크이며, 중심성과 비교할 때 한 노드가 네트워크 내에서 얼마나 중심적으로 위치하는가에 중심을 둔다면 중심화는 한 네트워크가 전체적으로 얼마나 중앙 집중적인 구조를 가졌는지, 혹은 네트워크가 얼마나 한 노드로 결속되는가를 측정하는 것이다(김용학·김영진, 2016).

네트워크 중심화지수는 후술한 중심성을 측정하는 세 가지 방법에 대해 각각 대응해서 존재한다. 연결중심성, 매개중심성, 근접중심성 각각의 분석에서 가장 중심적인 노드와 다른 모든 노드와의 각 중심성 값들 간의 차이를 각각 구하여 모두 합한 후, 논리적으로 가능한 최대값으로 나누어 값을 구하게 된다.

연결중심성 중심화지수(DCI)는 다음과 같은 식에 의하여 계산된다.

$$DCI = \frac{\sum_{i=1}^{n}[C_D(p^*) - C_D(p_i)]}{n-2}$$

n : 네트워크에 존재하는 전체 노드의 개수

$C_D(p_i)$: 네트워크 위의 한 노드 p_i에서의 연결중심성

$C_D(p^*)$: 연결망 위에서 가장 연결중심성이 높은 노드에서의 연결중심성

한편, 매개중심성 중심화지수(BCI)는 다음과 같은 식에 의하여 계산된다.

$$BCI = \frac{\sum_{i=1}^{n}[C_B(p^*) - C_B(p_i)]}{n^3 - 4n^2 + 5n - 2}$$

n : 네트워크에 존재하는 전체 노드의 개수

$C_B(p_i)$: 네트워크 위의 한 노드 p_i 에서의 매개중심성

$C_B(p^*)$: 네트워크 위에서 가장 매개중심성이 높은 노드에서의 매개중심성

2.6 텍스트네트워크 분석기법

1) 네트워크의 중심성

텍스트네트워크 분석은 노드의 빈도와 같은 속성 등을 기반으로 비교적 간단한 형태의 시각화로 클라우드를 구현할 수 있으나, 이보다는 분석 대상으로부터 추출된 노드 상호간의 연결구조와 관계 등에 대한 구조적 접근을 통한 심도있는 분석이 가능하도록 네트워크 형태의 시각화 구현에 강점을 가지고 있다. 아래에서는 노드와 링크를 활용하여 구현된 네트워크의 특성을 파악하기 위한 기본 분석지표로서 중심성을 살펴보고자 한다.

네트워크에서의 중심성(centrality)이란 네트워크에서 특정 노드가 갖고 있는 상대적 중요성을 수치화한 값이다. 소셜네트워크 관점에서의 중심성은 “누가 이 네트워크에서 중요한 사람인가?”(곽기영, 2017)라는 질문에 해당하는 것으로 구조적 접근으로 보건대 네트워크 내에서 노드가 가지는 중심적인 위치에 관한 것이다.

연구 분야에 따라 각 지표들의 중요성이 다를 수 있겠지만, 텍스트네트워크 분석에서의 중심성은 연구 대상의 기본적 특성을 파악할 수 있는 지표이자 구조적 위치의 관점에서 보다 더 영향력 있는(의미있는) 노드를 중심으로 연구 대상의 질적 분석을 가능하게 하는 지표로 매우 중요한 의미를 가진다.

아래에서는 상대적으로 활용도가 높은 연결중심성, 매개중심성, 근접중심성과 함께 최근 사용례가 증가하고 있는 아이겐벡터중심성까지 살펴보고자 한다.

(1) 연결중심성

연결중심성(degree centrality)은 중심워드가 다른 워드들과 얼마나 관계를 맺고 있는지 측정하는 방법으로 연결된 단어의 수가 많을수록 연결중심성이 높아진다.

연결정도는 네트워크 내에서 각 노드의 특징을 설명할 때 활용하는 가장 기본적인 지표로 각 노드에 직접 연결되어 있는 노드들의 개수 또는 연결선의 개수로 표현되며, 특정 노드의 영향력 또는 활동력을 인식하는 지표이다(이윤경, 2018). 연결거리는 두 노드 간에는 다양한 연결경로 중에서 가장 짧은 거리로 나타내며 특정 노드의 연결성 단계 또는 차수의 의미를 가진다. 연결거리가 짧다는 것은 두 노드는 가깝게 연결되어 있고 연결성이 높다고 해석될 수 있다(전희주, 2015).

(2) 매개중심성

네트워크의 노드들 간에 직접적으로 링크되어 있는 완전 네트워크의 형태는 실질적으로 존재하기란 쉽지 않다. 일반적으로 빅데이터를 활용하여 텍스트네트워크 분석을 시행하면 노드들 간에는 직접적으로 연결되어 있지 않은 형태로 네트워크가 나타난다. 매개중심성(betweenness centrality)은 이렇듯 네트워크 내에 직접 연결되어 있지 않은 노드의 상황을 고려하여 특정 노드가 얼마나 짧은 경로를 통해 이동할 수 있는지 측정하는 지표이다(서호준, 2019).

즉, 매개중심성은 인접한 네트워크가 아닌 전체 네트워크를 대상으로 계산되며, 노드가 네트워크 내 특정 노드 쌍 간의 최단경로로 연결될 있는 횟수로 측정하여 최단경로 상에 위치할수록 매개중심성의 값은 높게 나타난다. 또한 매개중심성이 높은 노드일수록 네트워크 내에서 다른 노드에 대한 매개 혹은 중재 및 통제 기능이 강하다고 해석할 수 있다. 따라서 상대적으로 낮은 연결중심성을 가지는 것으로 평가된 노드일지라도 전체 네트워크 노드 사이의 흐름에서 중요한 중재 혹은 통제 역할을 수행하는 경우에는 중심적인 워드로 간주하는 특징을 갖게 될 수 있으므로(안효선, 2017), 매개중심성에 대한 네트워크 및 지표 분석은 매우 중요하게 다룰 필요가 있다.

(3) 근접중심성

근접중심성(closeness centrality)은 직접적으로 연결된 관계만을 중요시 하는 연결중심성과는 달리, 네트워크 내에서 간접적인 연결까지 고려하여 전체 네트워크에서의 한 노드와 다른 모든 노드 간의 거리를 기반으로 특정 노드가 다른 노드들과 얼마나 가까이 있는지를 측정한다(곽기영, 2017; 이윤경, 2018).

네트워크 내에서 어떤 노드가 다른 노드와 많이 떨어진 지점에 위치하고 있다면 이 노드는 다른 노드를 거쳐 연결성을 가질 수 있는 반면, 네트워크 내의 많은 노드와 근접해 있는 노드는 다른 노드에 의존하지 않고도 네트워크 내 다른 노드와 연관을 가질 수 있으므로 보다 독립적이라고 할 수 있다. 즉, 높은 근접중심성을 가진 노드일수록 다른 노드들에 가까이 위치하고 있음을 나타내고, 다른 노드들과의 관계성이 보다 정확하고 정보 등의 전달 측면에서는 신속하다는 해석이 가능하다.

(4) 아이겐벡터중심성

연결중심성 개념의 확장으로서, 연결된 노드의 개수 뿐만 아니라 연결된 노드가 얼마나 중요한지도 함께 고려하는 아이겐벡터중심성(eigenvector centrality)이 있다(곽기영, 2017; Bonacich, 2007). 특정 노드의 중심성이 주변 노드의 중심성에 의존하게 되는 개념으로써, 연결된 노드가 얼마나 중요한 노드인지는 그 노드의 중심성 정도로 평가하게 된다. 즉, 아이겐벡터중심성은 연결된 다른 노드의 중심성을 가중치로 하여 계산된 연결 관계의 정도이다. 따라서 특정 노드와 연결된 다른 노드의 중심성이 높을수록 그 노드의 아이겐벡터중심성은 높게 나타난다.

연결 관계의 정도가 낮은 편이라 하더라도 아이겐벡터중심성이 높은 경우라면 높은 영향력을 가질 것이며, 이와는 반대로 연결의 정도는 높지만 아이겐벡터중심성이 낮은 경우라면 네트워크 내에서의 실질적인 영향력은 미미한 것으로 해석할 수 있다.

2) 토픽모델링 분석

(1) LDA 기반 토픽모델링 분석

의미적으로 연관된 단어들의 집합을 텍스트 마이닝에서는 토픽(topic)이라 하는데(이오준 외, 2014), 토픽모델링(topic modeling)은 문서의 집합에 숨겨져 있는 토픽을 발견하기 위한 통계 모델의 유형이다(이윤경, 2018). 이는 단어의 빈도를 바탕으로 단어가 특정 주제에 존재할 확률과 문서에 특정 주제가 존재할 확률을 결합 확률로 추정하는 통계적 추론방법을 근거로 한다(Blei & Lafferty, 2009). 토픽은 서로 같이 등장할 확률이 높고 유사한 의미를 가지는 단어들의 집합이라고 할 수 있으며(안효선, 2017), 토픽모델링은 문서가 토픽과 그 토픽을 구성하는 키워드로 이루어져 있다는 것을 전제로 하고 문장과 단어와의 관계를 통해 분류한다(정재훈, 2018).

이와 같은 토픽의 통계적 추론방법은 자동화된 결과 분석이 가능하기 때문에 연구자의 사전 지식이나 단어 분류 작업, 수동 코딩 없이도 대량의 자료에 대해 의미 관계성을 빠르고 명확하게 찾아낼 수 있는 장점이 있다(남춘호, 2016). 이러한 장점 덕분에 최근 빠르게 발전하여 가장 주목받는 방법이 되었다. 지속적인 발전 중에 있는 토픽모델링의 여러 알고리즘 중 가장 최근에는 Blei, Ng 그리고 Jordan(2003)이 제안한 잠재 디리클레 할당(Latent Dirichlet Allocation, LDA) 알고리즘이 대표적인 형태로 많은 영역에서 활용되고 있다(김지은, 2017; 이정락, 2017).

아래의 그림을 이용하여 LDA를 살펴보면 M개의 문서(N)에 단어(w)가 존재하고 각 단어마다 토픽(Z)이 있다고 가정할 때, 실제 각각의 문서(N)에는 여러 개의 각 단어들에 토픽(Z)이 포함되어 있고 각 문서에 따라 토픽분포가 다르게 $\theta_M \sim Dirichlet(\alpha)$ 나타날 수 있다. 이러한 여러 토픽들이 서로 다른 확률로 분포되어 있다고 가정할 때, 문서에 포함된 k개 토픽들의 확률은 M개의 문서 각각의 영향을 받는 조건부분포를 갖게 되고, 그 때의 단어가 k개의 토픽을 나타낼 확률도 토픽으로부터 영향을 받는 조건부분포를 갖게 된다(김지은, 2017; 정재훈, 2018).

[그림 3-2-1] LDA 토픽모델링 알고리즘의 시각화

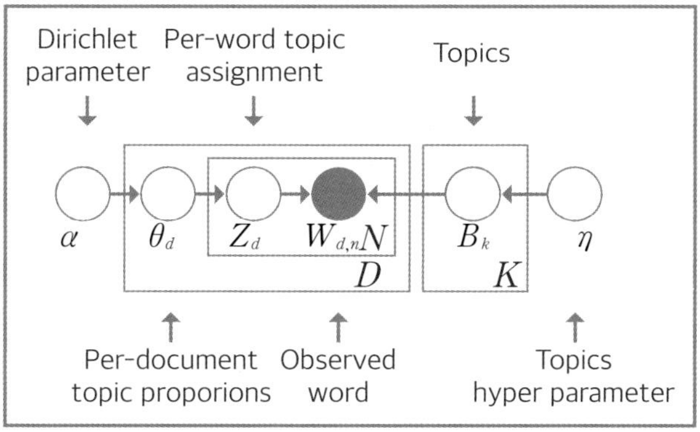

자료: Blei(2012)

이러한 조건부 확률을 결합하여 M개의 문서에서 주어진 단어들을 이용해 k개의 토픽을 파악하게 되는 확률의 집합을 구하면 다음의 식과 같이 표현할 수 있다.

$$\prod_{n=1}^{N} p(Z_{M,N} \mid \theta_M) p(W_{M,N} \mid \beta_{Z_{M,N}})$$

θ_M의 확률은 $p(\theta_M \mid \alpha)$로 나타낼 수 있으므로 이를 함께 통합하여 개별 문서에 특정한 단어가 나타나게 될 확률의 집합을 표현하면 아래의 식과 같다.

$$\prod_{m=1}^{M} p(\theta_M \mid \alpha) (\prod_{n=1}^{N} p(Z_{M,N} \mid \theta_M) p(W_{M,N} \mid \beta_{Z_{M,N}}))$$

바로 위의 식에 미분을 취하면 특정 단어의 확률을 구할 수 있으며, 이러한 확률이 높은 단어들을 우선적으로 모아 토픽을 도출할 수 있다. LDA 알고리즘은 이 때 토픽의 확률이 디리클레 분포의 사전 분포를 따른다는 것을 가정하고, 문서는 토픽의 확률적 분포로 표현되고 다시 각 토픽은 단어의 확률적 분포로 표현되는 위계적 구조를 이용해 문서 안의 단어들이 어떤 특정 토픽에 포함될 조건부 확률을 계산하는 것이다(이윤경, 2018).

토픽의 수는 LDA 기반 토픽모델링의 제한점 중의 하나이다. 토픽 수는 연구자

가 사전에 정의하게 되는데 개수가 적으면 토픽이 일반적이게 되며, 다른 토픽과 잘 구별되는 장점이 있다. 또한, 토픽의 개수가 많으면 다른 토픽과 미묘한 차이가 나거나 의미적으로 겹칠 확률이 높아진다. 따라서 이러한 문제를 해결하기 위해 다양한 개수를 지정해서 모델 한 후 연구자가 최적의 개수를 판단하는 방법을 사용한다 (Asuncion, Asuncion, & Taylor, 2010).

(2) LSA 기반 토픽모델링 분석

LSA(Latent Semantic Analysis, LSA) 기반 토픽모델링 분석은 잠재의미분석으로 불리우는 토픽모델링 분석기법 중의 하나이다. 기존의 TF-IDF 등을 통해 만든 문서-단어 행렬(Document Term Matrix, DTM)은 기본적으로 단어의 빈도 수를 활용하여 만든 행렬이지만, 이 빈도수만으로는 문서에 내재된 의미를 도출해 낼 수 없다. 빈도만으로는 단어의 의미를 고려해 내지 못하기 때문이다. 이에 대한 대안으로 고려하게 된 것이 바로 문서의 잠재된 의미를 찾아내는 잠재의미분석인데, LSA는 특이값 분해(Singular Value Decomposition, SVD)라는 행렬의 특정한 구조 분해를 통해 문서에 함축된 의미를 찾아내게 된다(귀퉁이서재, 2018).

이 개념을 이해하기 위해 기본적으로 입력데이터 크기가 $m \times n$이고 문서당 평균 단어 수가 c인 텍스트 수집이 이루어졌다고 가정하자([그림 3-2-2] 참조). 특이값 분해는 $m \times n$ 크기의 데이터 행렬 A를 $m \times n$의 U행렬, $m \times n$의 Σ행렬, $n \times n$의 V^T행렬의 곱으로 분해하는 것을 의미하는 것으로, 행렬 U와 V에 속한 열벡터는 특이벡터(singular vector)로 불리고, 모든 특이벡터는 서로 직교하는 성질을 가진다.

$$A = U\Sigma V^T$$

[그림 3-2-2] 잠재의미분석 계산식

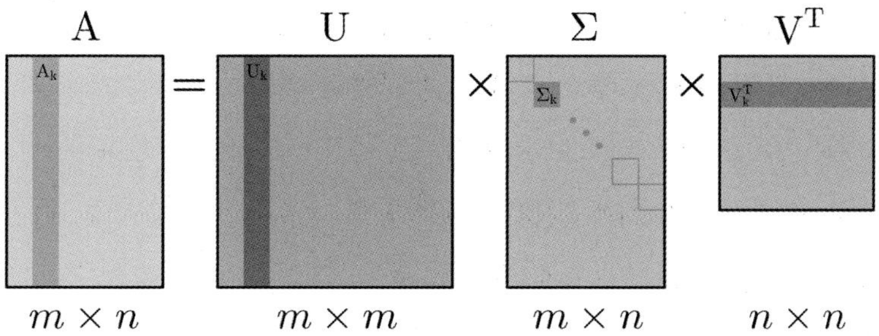

잠재의미분석을 수행하는 대략적 개념은 아래의 [그림 3-2-3] 과 같다.

[그림 3-2-3] 잠재의미분석 개념

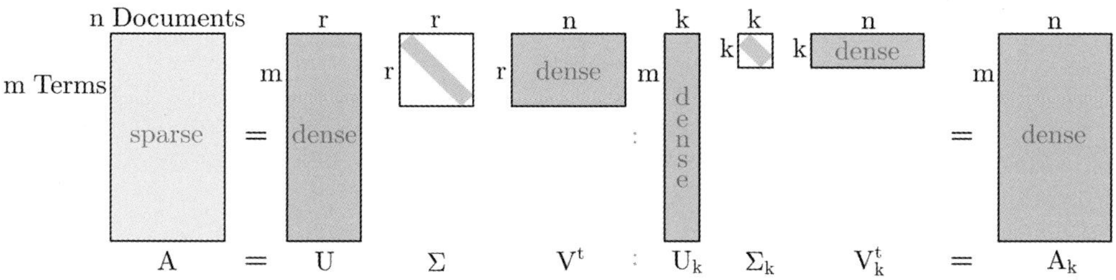

출처: Ratsgo's blog(2017)

n개의 문서를 m개의 단어로 표현된 입력데이터 행렬 A가 있다고 할 때, A의 0보다 큰 고유값의 개수를 r이라 하고, r보다 작은 k를 연구자가 임의로 설정하여 Σ_k를 만든다. 이후 U와 V 행렬에서 여기에 대응하는 부분만 남겨 U_k와 V_k를 만들고, A와 비슷한 A_k 행렬을 구축할 수 있다.

$$A_k = U_k \Sigma_k V_k^T$$

위 식 양변에 U_k의 전치행렬을 곱해준 것을 X_1, V_k를 곱해준 것을 X_2라고 하면 X_1의 경우 n개의 문서는 원래 단어 수 m보다 훨씬 작은 k개의 변수로 표현된 결과가 나타난다. X_2는 m개의 단어가 원래 문서 수 n보다 작은 k개 변수로 표현한 결과이다. 이는 주성분 분석에서의 차원축소 효과와 비슷한 것으로 이해할 수 있다.

특이값 분해를 하면 Σ의 대각 원소는 크기 순으로 정렬이 되기 때문에 k개만 남기고 잘라주면 가장 중요한 특이값 k개만 남게 된다. 즉 k만큼만 남기고 잘라내었다는 것은 잠재 의미 분석에서 중요한 토픽만 남기고 불필요한 토픽은 제거한다는 의미이다. 따라서 위 식의 A_k에는 중요한 토픽만 남게 된다. A행렬의 크기도 $m \times n$이고 A_k행렬의 크기도 $m \times n$으로 동일하지만, A행렬에는 불필요한 토픽이 많이 포함되어 있고, A_k행렬에는 불필요한 토픽은 제거된 상태, 즉 문서의 잠재 의미(주요 주제 또는 주요 단어)만 남아 있는 상태가 된다(귀퉁이서재, 2018).

이러한 방식의 특이값 분해를 활용한 차원축소 효과를 데이터 마이닝 기법에 적용하여 잠재 주제 추출이 가능하며, 실제로 데이터가 클수록 그 효과는 더욱 크다. Landauer와 Dumais(1997)는 이 기법을 적용하여 단어와 문맥 간의 내재적인 의미를 효과적으로 보존할 수 있고 결과적으로 문서 간 유사도 측정 등 모델의 성능 향상에 도움을 줄 수 있다고 하였다. 한편으로 입력 데이터에 대한 노이즈를 제거하는 효과성도 크다고 평가된다(Ratsgo's blog, 2017).

3) 계층적 군집분석

군집분석(cluster analysis)은 1939년 Tryon이 처음 제안한 분석 개념이며, 데이터를 유용하거나 혹은 의미있는 집단으로 나누는 분석을 의미한다(Tryon, 1939). 군집분석의 목적은 분석의 대상이 되는 개별 개체의 유사성 혹은 연관성이 존재하는 개체는 같은 군집에 속하도록 하고, 다르거나 혹은 무관한 개체와는 다른 군집에 속하도록 하는 것이다(전진, 2017). 텍스트를 대상으로 한 군집분석은 노드들을 서로 간의 상호 관련성을 토대로 동질적인 집단으로 묶어주는 분석기법이며(곽기영, 2017), 사회연결망분석을 통해 지식 구조 혹은 개념의 연결관계와 구조를 심층적으로 파악하려면 클러스터 분석의 시도가 필요하다(조규락·김찬희, 2016).

군집분석은 그 방법에 따라 계층적 군집분석과 비계층적 군집분석으로 나눌 수 있는데, 계층적 군집분석은 결과의 군집수를 사전에 설정하지 않고 단계별로 다른 군집결과를 제공하는 방법이고 이에 반하여 비계층적 군집분석은 분석에 있어 사전에 군집의 개수를 설정하는 방법이다(이윤경, 2018). 본 절에서는 사전에 군집개수를 결정하지 않는 계층적 군집분석을 중심으로 분석기법을 설명하고자 한다.

계층적 군집분석은 초기 n개의 관찰값으로부터 시작하여 가까운 관찰값들을 묶어 나감으로써 군집을 만들어 점차 군집의 수를 줄여나가는데, 이는 거리를 정의하는 방식에 따라 단일결합법, 완전결합법, 평균연결법, 와드법, 센트로이드법으로 구분되며(경민수 외, 2007; 정충영·최이규, 2009; 송민경·장훈, 2010), 계층적 군집구조의 시각화는 정의된 거리에 따라 시각적인 덴드로그램으로 표현된다. 이 중 평균연결법은 두 군집의 모든 개체 간 (제곱)거리들의 평균을 군집 간 거리로 하여 단계별 군집화를 시도하는 방법으로 많은 연구에서 이를 활용하고 있다(이윤경, 2018).

앞서 밝힌대로 계층적 군집분석은 클러스터의 개수를 미리 정하지 않으며 클러스터의 개수를 판단하는 것은 연구자의 몫이다. 특히 클러스터의 품질값으로 NetMiner프로그램에서는 Modularity를 각 군집의 단계마다 제시하는데, Modularity 값이 크다는 것은 이 값이 작았을 때보다 노드들이 더욱 잘 군집화되었음을 의미한다. 일반적인 기준으로 2.75 이상 3.5 미만의 값일 때 군집화가 잘 되었다고 판단하며, 3.5 이상 3.75 미만의 값일 때 군집화가 매우 잘 되었다고 판단한다(Cyram, 2017; 이윤경, 2018).

이러한 군집분석기법은 네트워크의 하위적 수준에서의 해석과 정보 파악의 한계를 벗어나 거시적 차원에서 텍스트와 네트워크를 구조화하여 결과를 나타내어 준다. 따라서, 보다 심도 있고 거시적 차원에서의 구조화 된 연구결과를 도출해 내기 위해서는 중심성 분석 및 LDA 토픽모델링 분석 결과를 토대로 군집분석을 수행하는 연구를 진행할 필요가 있다.

4) 응집성 분석

소셜네트워크 분석에서의 응집성은 그룹에 대한 소속감이나 그룹과 동일시하는 감정을 강조하는 심리적 관점에서부터 사람들을 하나로 묶는 유대관계를 강조하는 관계적 관점까지 다양하게 정의된다(Moody & White, 2003; 곽기영 2014). 응집성 분석은 유대관계 등으로 묶여진 집단인 서브그룹(subgroup, 클러스터 또는 커뮤니티라는 용어로도 사용됨)을 찾아낸다.

잘 연결된 응집성 높은 네트워크는 그렇지 않은 네트워크에 비해 정보의 흐름이 원활하며 필요한 자원 동원 등이 유용하다고 할 수 있다. 이것은 텍스트네트워크 내에서 노드 간의 전반적인 연결정도 수준인 밀도로 판단할 수 있는데, 네트워크 내 노드 간 연결이 많을수록 일반적으로 그 네트워크는 밀도가 높다고 할 수 있다. 네트워크의 밀도는 앞서 살펴본 바와 같이 네트워크 내의 연결정도인 링크의 개수로 측정할 수 있고, 링크의 개수가 많을수록 네트워크의 밀도는 높다. 이렇게 밀도가 높은 네트워크에 대해 일반적으로 응집성(cohesion)이 높다고 한다.

전체 네트워크 내에서 관계적으로 응집된 커뮤니티가 나타난다면 유사한 신념이나 가치를 가진 집단으로 해석될 수 있으며, 응집된 커뮤니티는 분석결과의 복잡성을 획기적으로 줄이고, 시각화에 용이한 장점을 가지므로 분석이나 시사점을 도출하는 데에 용이하다(이호현, 2018).

응집성 분석을 위한 커뮤니티를 나누기 위해서는 각 노드들의 컴포넌트(component)화가 선행되어야 하는데, 컴포넌트는 모든 노드들을 최소 서로 하나의 경로로 연결하는 것을 의미한다. 이렇게 최소 하나의 경로로 연결체계를 형성하는 하위 네트워크인 컴포넌트는 그 수와 규모에 따라 네트워크의 특성이 나뉘는데, 컴포넌트는 네트워크 내 정보의 흐름에 대한 기회와 장애를 나타내는 중요 지표로 활용도가 높다. 하위 네트워크에 컴포넌트 수가 많은 경우, 이는 정보의 흐름이 원활하지 않고 하위집단 간 파편화될 가능성이 높은 것으로 판단한다. 이와 반대로 컴포넌트 수가 적다면, 네트워크 전체의 상호 연계정도가 높은 것으로 하위 집단 간 정보 교류의 동질성이 높다고 볼 수 있다(이호현, 2018).

이러한 응집성 분석을 통하여 그룹화된 커뮤니티를 구성하는 단어들의 공통적인 특성을 파악하고 커뮤니티를 구성한 타당한 이유가 있는지를 검토하는 과정을 통하여 분석의 자료로 활용된 텍스트 상의 특성을 심도있게 분석할 수 있는데 이는 유의미한 방안 도출을 위한 기본 자료로 활용도가 높다.

제4장

근거이론 연구법

1 근거이론 연구법의 이해

1.1 근거이론 연구의 배경

질적 연구(qualitative research)는 개인과 집단의 삶 또는 행동, 조직의 기능, 개인 또는 집단 간 상호작용 등 인간의 개별적인 현상에 대한 해석 또는 세계관을 담아내는 연구방법이다. 질적 연구 방법의 하나인 근거이론(grounded theory)은 1967년 사회학자인 Barny G. Glaser와 Anselm L. Strauss에 의해 개발된 분석 방법으로써, 경험적 자료에 근거하여 이론을 개발하는 체계적인 연구방법이다(신경림 역, 2001). Glaser와 Strauss가 1967년 'The discovery of grounded theory'를 발간하면서 근거이론은 상징적 상호주의에 기반한 인간 행동을 이해하기 위해 고안된 대표적인 연구방법론으로 거론되기 시작하였다.

의사소통을 사회적 상호작용이라고 여기고, 그 핵심에는 상징 형성이 있다고 보는 이론이 상징적 상호작용이론이다. 이 관점의 전제는 인간존재의 본질은 상징, 즉 언어를 사용해서 의사소통할 수 있는 능력에 있다는 점에 기초한다(이광석, 2019). 상징적 상호작용 이론은 인간행동을 연구하는 방법 중 하나이다. 이것은 인간에 대한 이해를 정신 부분에 초점을 두어야 한다는 관념론과 외부세계에 객관적으로 존재하고 관찰 가능한 것에 초점을 두어야 한다는 실재론을 극복하려는 시도로부터 시작되었다(김소선, 2003). Blumer(1986)는 상징적 상호주의에 대해 인간은 성찰을 통해 자아 상호작용을 하며 외부자극에 소극적으로 대응하지 않고, 이것을 능동적으로 받아들이고 상징을 이용하여 사회적 의미와 행위의 의미를 구성하는 과정을 중시한다고 하였다. 근거이론은 상징적 상호주의를 바탕으로 주어진 전후 관계 내에서 인간의 상호작용을 설명하는 이론을 유도하고 도출하는 것이 목적이다(이혜선, 2014).

근거이론에서 가정하는 전제는 바로 사람들은 다양한 사회, 심리적 문제와 관련된 경험을 축적하고, 그것을 바탕으로 타인과의 상호작용을 통해 대상물에 의미를 부여하며, 그에 따라 행동한다는 것이다. 따라서 근거이론을 통해 연구와 분석을 수행하는 주된 목적은 주어진 사회적 상황의 핵심적이고 부수적인 과정을 확인함으로써 그 현상을 설명하는 개념적인 틀을 발견하는 것이라고 할 수 있다(최영희, 1993).

연구의 기술적인 부분으로 들어가면, 근거이론은 실제 자료에 근거하여 하나의 이론을 만들어내는 이론 개발 과정이라고 할 수 있다. 이것은 이론의 귀납적이고 질적인 도출을 목적으로 하는 연구방법, 그리고 그러한 결과로 도출된 이론을 의미한다. 다른 귀납적, 질적 연구방법들이 연구대상에 대한 심층적인 기술을 연구목적으로 하는 것과는 반대로, 근거이론 연구방법은 질적 코딩을 통해 간명하고 일반적인 중범위의 이론을 도출하는 것을 목적으로 한다는 점에서 구분된다(권향원·최도림, 2011). 이것은 수합된 질적 자료를 기반으로 자료를 분석하고, 해당 자료를 근거로 실질 이론을 도출하는 방법론이라고 할 수 있다(김은정, 2017).

근거 이론은 현실에 보다 밀착된 이론을 만들어 나가는 과정이며, 끊임없이 연구자가 자료와 상호작용을 해 나가면서 만드는 것이라는 의미를 강조해, 일본에서는 '자료 대화형 이론'이라 부르기도 한다.

자료 수집 및 코딩 절차에서 연구자의 주관이 개입할 가능성으로 인한 연구결과 신뢰성과 타당성 문제 때문에 코딩은 연구자와 연구 대상 간 지속적인 상호작용을 통해 계속적으로 수정되고 보완되어 연구가 종료될 때까지 반복된다. 따라서 근거이론 연구방법은 연구자가 개념 생성에 요구되는 자료에 대한 포화와 이해를 획득할 때까지 자료와의 계속적인 상호작용이 요구되며, 이러한 이해를 바탕으로 단계적인 코딩 작업을 통해 연구문제를 이론의 형태로 표현하도록 하고 있다(신경림 외, 2005). 즉 자료를 수집하고 분석하는 과정에서 자료의 포화상태에 이를 때까지 자료와 개념과 이론이 지속적으로 연관되고 수정되어야 하는데, 이러한 근거이론의 귀납적 특성은 특별한 것으로부터 일반적인 것으로 이끄는 범주를 개발하는 것이라고 할 수 있다.

근거이론은 일정 수준의 엄격함을 유지하고 자료에 근거하여 분석한다는 측면에서 과학적이라고 할 수 있다. 또한 적합한 범주를 도출하고, 자료 간, 개념 간 비교를 통하여 창의적이고 통합적으로 결과를 도출해야 하며, 개념화된 도식을 원자료에서 추출해 내야 한다는 측면에서 예술적이라고 할 수 있다(최정호, 2014).

근거이론방법은 주로 사회학 분야에서 발달하였으며 간호학 분야에서는 1980년대부터 연구방법으로 활발히 이용하기 시작하였다. Glaser와 Strauss는 근거이론 방법론에 대한 입장에 차이가 있어 각각 다른 방향으로 근거이론방법을 발전시키고 있다. 국내에서는 주로 Strauss와 Corbin(1998)의 분석방법을 사용하고 있다. 2010년 이전에는 이들의 근거이론 방법론을 중심으로 한 질적 연구가 대부분이었으나, 2010년대 들어서 근거이론의 다양한 논의를 반영한 연구들이 증가하고 있다(김은정, 2017). 이 이론을 주창한 Glaser와 Strauss(1967)는 거대 이론과 이에 대한 가설 검증을 중시하는 당시의 사회학적 연구에 대해 비판적 관점을 가지고 있었고, 이러한 관점에서 거대 이론(grand theory)과 대비시켜 '근거 이론(grounded theory)'이라고 명명했다. 현실에 밀착된 의미로 '현상'에 토대한 이론, '현실'에 기초한 이론으로 보기도 하며 '자료'에 근거한 이론으로 주로 이해되고 있다.

1.2 근거이론 연구의 특징

근거이론 방법은 '체험자가 어떻게 현상에 반응하고 대처하는가'를 이해하는 데 유용한 접근법(Schreiber & Stern, 2001)이다. 근거이론은 실제 자료에서 개념들을 발견하고 개념 간의 관계와 실제 현상을 설명할 수 있는 가설들을 통합해서 이론을 만들어낸다. 따라서 근거이론은 현상을 설명하는 개념이나 특정 현상에 적용되는 변인들이 명확하지 않을 때, 기존의 이론적 근거들이 없는 분야들이나, 기존의 이론이 있지만 수정 보완되어야 할 필요성이 있는 분야에 활용될 수 있다(Strauss & Corbin, 1998).

근거이론의 가장 큰 특징은 이론이 자료로부터 만들어진다는 것이다. 자료로부터 도출된 이론은 추론으로부터 나온 그것보다 경험에 근거한 것이기 때문에 훨씬 더 현실을 반영하고 있다고 할 수 있다. 근거이론은 연구자가 다수의 연구참여자의 관점에 따라 형성된 과정, 행동, 상호작용 등에 대한 일반적인 이론을 도출하는 질적 연구설계로서 체계적인 자료수집을 통해 귀납적인 형태로 이론을 개발하는 방법이다(Strauss & Corbin, 1998). Strauss는 양적 연구의 엄격한 형식적 전통을 질적 연구에 도입하여 질적 연구방법의 형식화를 시도함으로서 질적 연구의 한계와 신비화를 구체화시켰다. 양적 분석에서의 코딩이 일회적인 것에 반하여 근거이론 분석에서의 코딩은 연구가 종결될 때까지 끊임없이 수정되고 보완되는 과정을 반복한다(Strauss & Corbin, 1998).

근거이론은 기존 이론이나 이미 정의된 개념으로부터 출발하지 않는다. 근거이론의 목적은 어떤 현상과 과정을 추상적이고 분석적인 구조로 '이론을 만드는 것'에 있다. 특히, 연구 주제에 대해 알려진 것이 거의 없고 특정집단의 행동을 설명하거나 예측할 수 있는 적절한 이론이 존재하지 않을 때, 그리고 현상을 설명하는 개념적 틀이 명확하게 확인되지 않고 개념 간 관계에 대한 이해가 부족한 경우에 활용될 수 있다. Stern(1980)의 설명과 같이 근거이론은 특별한 현상을 이론적으로 설명하는 것이라고 정의할 수 있다. 근거이론은 잘 맞지 않고 설명력도 부족한 이론의 기회주의적 활용을 미연에 방지하는 데 도움이 된다. 자료로부터 이론을 생성한다는 것은 가설과 개념이 자료로부터 비롯될 뿐만 아니라 이론이 데이터와 연관하여 체계적으로 산출됨을 의미하며 이론의 생성은 연구 과정을 포함한다(이병식 외 역, 2001).

근거이론 연구과정은 자료를 토대로 개념적인 범주와 특징, 속성을 발견하고, 범주들 간에 생성된 가설 혹은 관계를 진술한다. 분석의 초기 단계에서는 자료의 의미를 응축하는 추상화의 정도가 낮은 하위 범주(subcategory)가 나타나며, 상위 범주는 하위 범주들 간의 개념적 관계의 연계를 통해 생성된다(Glaser & Strauss, 1967). 근거 이론에서 생성된 분석단위(범주, 하위범주, 개념)는 분석적이어야 하며, 연구자는 자료에서 의미 있는 개념을 도출할 수 있는 통찰력과 이론적 민감성을 지녀야 한다. 연구자의 이론적 민감성은 연구자의 개인적 자질로서, 연구자가 전체적으로 자료의 의미나 가치를 지각할 수 있는 능력으로 통찰력과 연결된다. 즉 연구자의 지적수준을 의미하며 연구자가 현상을 전체적으로 볼 수 있고, 현상에 의미를 부여하고, 자료를 분석하고 이해할 수 있고, 관련 있는 것과 관련 없는 것을 구분해낼 수 있는 능력 등을 말한다. 이론적 민감성에 있어서 연구자의 전문적 경험, 개인적 경험과 자료를 분석하는 과정 모두 자원이 될 수 있다(신경림 역, 2001).

2 연구절차

Strauss와 Corbin(1998)이 제안한 근거이론 연구방법의 절차는 다음과 같다.

2.1 신뢰도와 엄격성 확보

근거이론 분석방법을 활용하는 주요 목적은 이론을 정립시키는 것이기 때문에 현상을 깊이 탐구하고 해석의 틀을 만들어낼 수 있는 적절한 연구 질문이 필요하다. 근거이론 방법에서 연구문제는 특정한 상황이나 조건에서 상호작용과 그로 인해 초래된 결과 등을 설명하는 분석을 이끌어낼 수 있어야 한다. 이러한 연구문제를 분석하기 위한 기초자료로서 인터뷰를 통한 질적자료를 확보해야 한다.

인터뷰 질적자료는 비구조화, 반구조화 또는 구조화된 질문지를 연구문제에 적합하도록 객관적으로 설계하도록 하며, 인터뷰를 수행한 후 얻은 면담자료는 전사작업을 통해 텍스트화하여 자료로 확보하도록 한다. 양적 분석에서 신뢰도는 측정의 일관성과 반복의 가능성(재현성), 타당성은 의도한 개념을 정확하게 측정했는지 여부를 통해 판단한다. 이런 신뢰도와 타당도는 연구결과의 일반화를 위해 중요하다.

근거이론을 활용한 질적 분석에서도 신뢰도와 타당성의 확보는 양적분석만큼이나 중요하다. 그러나 확보방식은 양적분석의 그것과는 다르다. 양적분석이 측정 방식을 통해 신뢰도와 타당성을 확보한다면, 근거이론을 통한 질적분석에서는 신뢰도와 엄격성, 그리고 연구의 질을 높여서 획득할 수 있다. 이러한 신뢰도와 엄격성을 확보하기 위하여 Creswell(2014)은 다음의 검증 절차에 있어 적어도 2가지 이상은 수행할 것을 권고하고 있다.

① 지속적인 참여와 끊임없는 관찰
② 자료출처의 다원화
③ 동료 검토
④ 부(負)적인 사례분석
⑤ 연구자의 편견을 명확히 하는 것
⑥ 연구참여자 확인
⑦ 상세하고 풍부한 기술
⑧ 외부 감사의 활용

또한 연구자의 주관적 가치관이나 세계관, 인터뷰 자료 등에 매몰되지 않게 관련 전문가들의 도움을 받도록 하는 것이 바람직하다. 질문지 구성에 대하여 전문가들의 견해를 듣거나 인터뷰 결과 또는 분석결과에 대하여 토론을 하게 되면, 논리적인 허점을 발견하고 수정하기가 수월해질 수 있다.

기존의 관련 문헌자료나 언론매체에서의 관련 기사들과 비교분석을 하는 것도 신뢰도와 엄격성 확보에 도움을 줄 수 있다. 이와 같은 과정은 연구주제에 대한 연구자의 민감성을 유지하는 데 도움이 된다. 자료에 대한 몰입을 객관화시키기 위해서 일정한 간격을 두고 녹취된 전사자료, 코딩 결과, 연구메모를 다시 검토하는 절차를 거치게 되면 연구자가 편향된 관점에 치우치게 되는 일을 예방할 수 있다.

연구메모 또한 매우 중요하다. 질적자료를 수집하는 과정과 분석하는 과정에서 연구메모를 계속해서 체계화, 분류화하여 축적해두면 분석의 전체 과정에 대한 객관적 검토가 가능해지고, 나아가 분석 결과의 일관성과 객관성을 확보하는 데 많은 도움이 될 수 있다.

마지막으로 연구참여자(인터뷰 대상자)들에게 분석결과를 공유하고 연구의 함의에 대하여 의견을 수렴하는 과정이 필요하다. 이것은 상호 주관성을 확보하기 위한 과정이기도 하며, 더 나아가 획득된 질적자료의 분석과정에 연구 참여자를 참여시키는 것도 무방하다. 연구참여자들의 의견과 주관적인 인식은 분석결과 해석에서 좋은 참고자료가 된다.

2.2 개념정리

근거이론에서 이론화 작업은 개념 정리로부터 시작된다(Strauss & Corbin, 1998). 개념 정리는 개념을 속성(properties)과 차원(dimension)에 따라 조직하고, 등급을 매기는 분석 작업을 가리킨다(Strauss & Corbin, 1998). 개념 정리를 통한 이론화 과정은 개념을 직관적으로 나타내고, 각 개념들을 논리적, 체계적, 설명적 도식으로 연결시킨다. 근거 이론에서 이론화 과정은 자료로부터 이론을 생성하는 귀납적인 방식으로 나타난다.

2.3 코딩

근거 이론에서 코딩은 자료(data)를 해체하고 개념화하며 이론을 생성하기 위해 개념들을 통합하는 분석의 과정(Strauss & Corbin, 1998)이다. 이론의 검증보다는 이론의 구축에 그 목적이 있으므로 이론 생성의 토대가 되는 개념을 발견하고 발전시키게 된다.

코딩 작업은 개방코딩, 축코딩, 선택코딩으로 나뉜다. 이들은 각각의 독립적인 단계가 아니라 순차적이고 연계적인 과정이다. 개방코딩을 통하여 범주가 일반화되고, 축코딩을 통하여 범주의 상호관련성이 정립되며, 선택코딩을 통하여 핵심 범주와 다른 범주들 간의 체계적인 통합과 정교화가 이루어진다. 코딩에 따른 특징적 구분을 구체적으로 설명하면 다음과 같다.

1) 개방코딩

개방코딩은 근거 이론의 기초 단계로 자료를 분해해서 개별적인 요소로 분리하고, 유사점과 차이점을 비교하여 현상을 의미단위로 개념화하고 범주화시키는 일종의 분석작업이다. 개방코딩에서 한 줄씩 분석하는 행간분석방법은 한 구절, 심지어 한 단어까지도 자세히 검토 분석하는 방법으로서 가장 섬세하고 생산성이 높은 분석방법이라 할 수 있다. 또한 문장이나 단락을 코딩시키거나 문서자료 전체를 면밀하게 분석할 수도 있다. 연구자는 이런 분석방법을 통해 수집된 자료가 어떤 현상을 의미하는지, 유사점과 차이점을 비교하면서 현상에 이름을 붙이고 범주화하여 그 개념의 속성을 자료 안에서 발견해 나간다.

2) 축코딩

축코딩은 개방 코딩을 통해 도출된 범주들을 서로 교차시키거나 연결시켜 체계적으로 발전시키는 단계다. 한 범주의 축을 중심으로 속성과 차원에 따라 하위 범주들을 유기적이고 밀도 있게 연결하여 범주들간의 관계를 밝혀낸다. 이때 밝혀진 관계를 정렬하고 조직화하기 위해 Strauss와 Corbin(1998)은 '코딩 패러다임(coding paradigm)'이라는 분석적 도구를 통해서 인과적 조건, 맥락적 조건, 중재적 조건, 작용/상호작용 전략, 결과의 관계를 하나의 도식(diagram)으로 개념화했다. 축코딩은 개방코딩을 통해 분해되었던 자료들을 중심 현상의 범주를 중심으로 재조합함으로써 집약적이고 일관된 분석을 가능하게 하는 데 목적이 있다.

연구자는 축코딩 단계를 형성하기 위해 다음과 같은 질문을 하게 된다.

- 중심현상: 그 과정에 중심적인 것은 무엇인가?
- 인과적 조건: 이 현상이 발생하도록 영향을 미치거나 원인이 된 것은 무엇인가?

- 전략: 그 과정 동안 채택된 전략들은 무엇인가?
- 결과: 어떤 결과(효과)가 발생하였는가?

이와 같이 근거이론에서 패러다임 모형은 인과적 조건, 중심현상, 맥락적 조건, 중재적 조건, 작용/상호작용, 결과로 구성되어 있다. 이 모형을 이용하여 자료를 조직적으로 생각하고 복잡한 방식으로 연관 지을 수 있다(Strauss & Corbin, 1998). 패러다임의 각각의 특성들을 살펴보면 다음과 같다.

- 인과적 조건(causal condition): 어떤 현상의 발생이나 발전을 이끄는 사건에 적용된다. 어떤 현상의 발생이나 발전을 이끌어내는 원인이 되거나 영향을 주는 사건이나 일을 말한다. '무엇이 이 현상을 발생하게 하는가'에 관한 것이다.
- 중심현상(central phenomenon): 축코딩 단계에서 체험자가 작용/상호작용에 의해 이루어지는 중심현상이나 사건을 의미한다. 즉 어떤 작용/ 상호작용에 의해 다루어지고 조절되거나 관련 집단에 관계하는 중심생각이나 사건이다. 이것은 참여자들이 가장 많이 언급한 것이기도 하며 정보들의 포화상태이기도 하다. 이러한 현상을 근거이론 모델의 핵심이라고 보고 '중심현상'이라 이름 붙이게 되었다.
- 맥락적 조건(context condition): 전후관계를 의미하며 축코딩 단계에서 나타나는 것으로, 작용/상호작용 전략을 다루고 조절하고 수행하고 어떤 특정한 현상에 대응하기 위해 취해지는 구체적인 상황을 의미한다. 작용/상호작용과 대단히 밀접하다.
- 중재적 조건(intervening conditions): 어떤 현상에 속하는 광범위한 구조적 전후관계로 축 코딩 단계에서 나타나는 광범위한 조건들이다. 특정한 전후관계 안에서 취해진 작용/상호작용 전략을 촉진하거나 조장, 제한함으로서 전략에 영향을 미친다.
- 작용/상호작용 전략(strategies): 축코딩 단계에서 중심 현상의 결과로 발생하는 구체적인 작용과 상호작용을 말한다. 작용/상호작용은 연속적이고 자연발

생적으로 발생하며 목적성이 있고 어떤 경우에는 반사적으로 일어나기도 한다. 현상과 관계없이 일어날 수도 있지만 그 결과는 현상과 관계된다.

- 결과(consequences): 축코딩 단계에서 체험자들이 선택한 작용/상호작용 전략의 결과물이다. 즉 어떤 현상에 대처하거나 그 현상을 다루기 위하여 취해진 작용 상호작용에 따른 결과이다. 이 결과들은 예측이 가능하거나 의도되는 것은 아니며 현재에 나타날 수도 있고 혹은 미래에 나타날 수도 있다.

근거이론에서 분석의 결과로 제시되는 패러다임 모형은 아래의 그림과 같다.

[그림 4-2-1] 근거이론 패러다임 모형

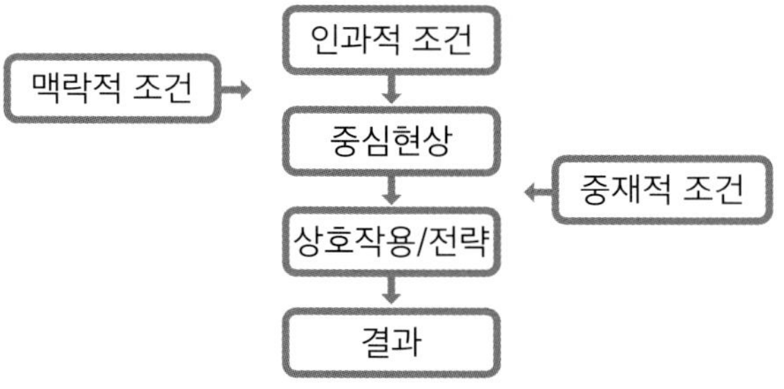

자료: Strauss & Corbin(1998)

3) 선택코딩

선택코딩(selective coding)은 정보를 코딩하는 마지막 단계로서, 범주를 통합하고 정련하여 분석의 차원을 이론으로 발전시키는 과정이다(Strauss & Corbin, 1998). 즉 중심현상을 결정하고 범주를 최대한 통합시켜 다른 범주들과 체계적으로 관련짓고 관계의 타당성을 확보하고 설명하는 것이다. 연구자는 도출된 패러다임 모형을 기반으로 모형 내 범주들 간의 연계점을 논리적으로 연결시켜 연구의 핵심주제를 드러내고, 범주들 간의 상호관계를 이야기 윤곽이나 도표 형태로 기술하게 된다.

이때 범주를 뒷받침할 수 있는 사건과 행위가 가능한 많이 발견되어 더 이상 새로운 속성과 차원이 드러나지 않는 이론적 포화 상태(theoretical saturation)에 이르러야 한다. 선택 코딩의 단계에서는 자료가 고도로 추상화된 이론으로 전환된다. 선택 코딩에서 가장 중요한 작업은 핵심 범주(core category)를 결정하는 것으로, 핵심 범주를 밝히고 개념을 통합하기 위하여 개방 코딩과 축 코딩을 통해 누적된 분석적 메모(analytic memo), 도표(diagram) 사용하기, 메모 정리하기와 검토하기 등의 방법을 사용한다. 그리고 범주를 이용해 핵심 범주를 생성한다(Strauss & Corbin, 1998).

2.4 핵심 범주의 도출

특정한 연구의 중심 주제를 대변하는 핵심 범주는 몇 개의 단어를 조합해 '이 연구가 무엇에 관한 것'인지를 추상화한 것이다. 연구자는 여러 범주들을 하나의 핵심 범주로 통합함으로써 여러 범주 사이의 다양한 변화를 설명하고 통합할 수 있어야 한다. Strauss와 Corbin(1998)은 핵심 범주를 생성하는 기법으로 네 가지를 제시한다.

첫째, 스토리라인(storyline)을 작성한다.
둘째, 개방코딩과 축 코딩을 통해 생성된 범주들을 연계하여 이야기를 재구성한다.
셋째, 도표(diagram)를 사용해 개념 간의 관계를 새롭게 정립한다.
넷째, 메모를 활용하여 개념 간의 관계를 검토, 정리한다.

2.5 이론의 생성과 이론적 민감성

근거이론은 이론을 개발하는 과정으로 이론을 검증하는 것은 아니다. 자료 수집과 분석과정의 결과물이 이론이며, 연구의 목적인 이론의 창출로 끝나거나 일반화 검증을 받기도 한다. 연구자는 체험자들의 관점에 '근거를 둔' 연구를 목적으로 하며 체험자들의 관점에 근거한 이론을 생성하거나 발견하는 것이다(Strauss & Corbin, 1998).

이론적 민감성은 연구자의 개인적 자질로서 자료 속에서 중요한 것을 알아보고 그것에 의미를 부여할 줄 아는 통찰력이다. 즉 자료의 미묘한 의미를 지각할 수 있는 능력, 관련이 있는 것과 없는 것을 구분해낼 수 있는 능력을 말한다(Strauss & Corbin, 1998). 이론적 민감성을 지닌 연구자는 개념을 밀도 있게 통합하여 잘 통합된 이론을 발전시킬 수 있으며 현상을 세밀하고 예리하게 감지할 수 있는 능력으로 전문 분야의 경험이 많을수록 상황을 파악하는 통찰력을 발휘할 수 있다. 즉 연구에 사용할 수 있는 기본지식과 통찰력은 더욱 풍부해진다. 따라서 이론적 민감성은 근거이론에 있어 반드시 필요한 창의적 능력이다. 또한 개인적, 전문적 경험을 창의적으로 사용할 수 있는 능력뿐만 아니라 문헌을 이용하는 능력이 되기도 한다(Strauss & Corbin, 1998). 이러한 민감성을 가지고 연구자는 연구 상황을 전체적으로 보고 새로운 방법으로 관련 자료를 연구하고 이론을 발전시킬 잠재성이 있는 자료를 더 잘 찾아낼 수 있다. 이러한 능력은 연구하고 있는 현상의 이론을 공식화하는 데 도움이 된다. 이론적 민감성에는 전문적이고 개인적인 경험뿐만 아리라 문헌에 바탕을 두고 있는 것에서도 나온다. 이론적 민감성은 자료를 계속적으로 수집하고 분석하는 과정을 통해서 얻을 수 있다. 이론적 민감성을 발달시키기 위해서 창의적인 분석기술과 상상에 의한 것이 있으며, 연구자는 창의적인 기술과 실제 사이의 균형을 유지하는 것이 중요하다(Strauss & Corbin, 1998).

3 연구방법의 실제[1)]

3.1 근거이론 분석을 위한 프로그램

NVivo는 근거이론에 기반을 두고 개발된 질적 분석 프로그램으로서 연구 참여자의 관점에 기반하여 자료 범주화 및 조직화가 체계적이고 효율적으로 이뤄질 수 있도록 자료와 색인체계, 그리고 이론적 작업 기능을 갖추고 있다. 한글을 포함, 모든 텍스트 파일과의 호환이 가능하며 탐색, 찾기, 코드 등의 기능을 활용하여 질적 자료의 분석을 진행할 수 있다(김영천·김진희, 2008). Nvivo는 현재 전 세계에서 70만 명 이상의 연구자 및 실무자들이 사용하는 대표적인 자료분석 프로그램으로서 단순한 질적 자료뿐만 아니라 구조가 잡히지 않은 모든 자료, 예를 들면 음성, 영상, 인터넷 문서 등을 불러와 구조를 잡고 주제를 발견하는 데 도움을 주는 프로그램이다(박종원, 2015). 또한 NVivo는 숫자로 축소할 수 없는 자료를 취급하는 연구자들을 위해 만든 분석도구이다. NVivo를 활용해 전사한 자료를 코딩하거나, 핵심 단어가 자료 속에 나타나는 유형을 보여주고, 서로 다른 참여집단 간의 차이를 파악할 수 있으며, 검색범위를 설정하여 자료를 도식화할 수도 있다.

NVivo 11에서 코딩의 단위는 단어, 구, 절 그리고 경우에 따라서 단락이나 에세이 전체까지 다양하며, 연구자의 연구 질문에 답이 될 수 있는 것은 어떤 것이든 가능하다. 질적 연구에서 코딩은 단어나 구로 정하는 말을 토대로 하거나, 현저히 나타나

1) 유호웅(2018)의 내용을 재정리함.

는 내용, 본질을 포착하는 내용 그리고 주의를 환기하는 속성을 상징적으로 할당한 것을 말한다. 즉 코딩은 자료의 주요한 내용이나 본질을 대표한다고 할 수 있다(박종원, 2016). Nvivo 11을 활용한 질적 분석과 체계화 단계를 간략한 순환구조의 도식으로 표현하면 아래와 같다.

[그림 4-3-1] 질적분석과 체계화 단계

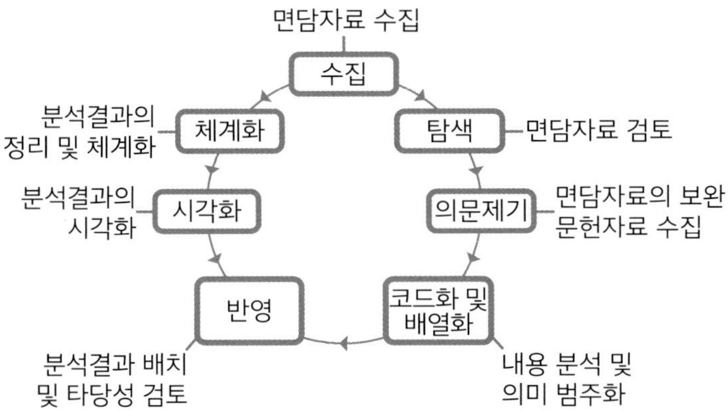

3.2 코딩과정

근거이론 방법론은 이론적 설명을 만들어내기 위해 일상적인 행동이나 조직적인 패턴을 이용한 귀납적 방법을 적용한다. 이 귀납적 특성은 특별한 것으로부터 일반적인 것을 이끄는 범주를 개발하는 것이다(신경림 역, 2001). 근거이론 방법론은 연구자가 개념생성에 요구되는 자료에 대한 포화와 이해를 획득할 때까지 자료와의 계속적인 상호작용이 요구되며, 이러한 이해를 바탕으로 단계적인 코딩 작업을 통해 연구문제를 이론의 형태로 표현하도록 하고 있다. 이 책에서는 1970년대 새마을교육의 경험학습적 특성을 규명한 유호웅(2018)의 연구 사례를 기반으로 코딩과정을 설명하고자 한다. 새마을교육의 경험학습적 특성 규명을 위해 수집된 자료를 분석하는 과정은 이러한 근거이론 방법론의 절차에 따라 수행하도록 하며 구체적인 과정은 아래와 같다.

1단계 코딩을 통해 자료의 내용을 반영할 수 있도록 자료의 실체를 개념화하고 가능한 많이 코드화하여 많은 하위범주를 만들어낸다. 예를 들면 아래와 같이 면담 및 문헌 자료의 전사 작업과 이론적 맥락을 분석해보는 과정에서 의미있고 맥락이 닿아있는 내용을 블록화하며 1차적인 코딩값을 부여한다.

NVivo 11에서는 상관되는 의미 있는 문장 또는 문단 등을 블록으로 설정하고 관련 내용을 상징하는 문구로 코딩을 해나가면서 하위노드(node)로 범주화하는 과정을 거치게 된다. 노드는 전사자료에 의미단위로 코딩을 한 결과가 저장되는 공간을 말한다. 아래 그림 왼쪽 창에 원자료와 오른쪽 창에 코딩값이 나타나는 것을 볼 수 있다.

[그림 4-3-2] 1차 코딩작업 예시1

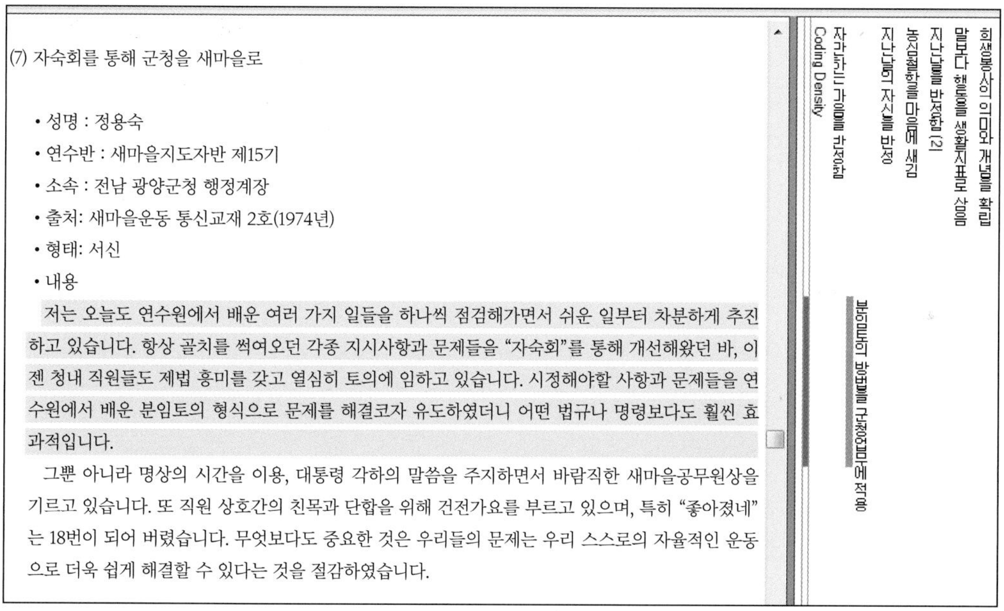

코딩과정을 표로 추출한 아래의 박스 안에서는 블록으로 지정된 의미단위에서 연구자가 지정한 코딩값이 상단에 표시된 것을 볼 수 있다. 코딩값이라는 것은 연구자가 연구의 핵심주제에 일관되게 관통하는 의미를 질적자료에서 뽑아내고 일차적으로 개념화한 것을 말한다.

[표 4-3-1] 1차 코딩작업 예시2

Name: 연수원장과 교관의 섬김의 자세(코딩값)

<Internals₩₩2.면담자료(fin)> - § 1 reference coded [0.31% Coverage]

¶ 574: 연구자: 시간이 매우 촉박하게 짜여져 있었지 않습니까? 거의 10분단위로 촘촘하게

¶ 575: 면담자: 그럼. 그러니까 교육에서 다른 교육에는 사람들이 강사나 직원들이 거의 군림을 해. 여기는 오히려 섬김의 자세가 눈에 보인거여. 김준 원장님이 자신이 그렇게 하니까. 옷 자체로 그렇고, 그렇게 하니까 그런 식으로 되었던게 기억에 남네. 뭔가 시간관념이 그때 새마을운동의 축의 하나가 코리안 타임 없애는 그런 것도. 있었거든. 고런 얘기 있었고. 하여튼 그 당시에 많은 교관들이 눈에 선해. 김OO씨 같은 경우는 아주 젊고 그랬고. 전체가 다 그랬어.

2단계 코딩에서는 1차 자료를 더욱 추상적인 수준으로 발전시켜서 내용을 응축하고 함의를 도출할 수 있는 범주로 포함한다. 이를 위해 서로 다른 자료를 비교하고 설정된 범주에 적합한 의미 체계를 노드 위계로 정렬시킴으로서 아래와 같이 구조화하도록 한다. 면담자료와 문헌자료의 코딩 후 전체 노드 리스트를 검토하여 유사한 의미를 가진 노드들을 상위노드로 범주화하는, 즉 유사한 의미의 노드들을 묶고 이를 계층화하여 자료를 체계화하는 작업을 한다. 이것은 하부노드로서 각각의 개념들이 의미하는 바를 해체하여 분해된 개념들을 소그룹화하는 것을 의미한다.

[그림 4-3-3] 노드 간 계층구조화 작업 예시

Nodes

Name	Sources	Reference
1 구체적 경험	0	0
느낌과 주관적 판단	0	0
주변 자극을 분석적 확인없이 이해	0	0
각계각층이 함께 받은 교육의 효과	1	1
눈높이에 맞춘 맞춤형 교육 제공	1	1
다양한 교육적 경험 (4)	1	1
연수원 강의 필기 및 내용 정리	1	1
연수원장의 나라와 농촌을 생각하는	1	1
차별없는 연수생 대우	1	1
치밀하고 계획성있는 교육을 경험	1	1
함께 노래를 부르는 교육경험	1	1
직관적 느낌	0	0

노드 위계가 정렬되어 의미가 구조화된 결과는 아래와 같이 도식으로 시각화가 가능하다.

[그림 4-3-4] 노드 간 계층구조화 시각화 예시

마지막 코딩은 핵심 범주를 설명하는 단계인데, 이 단계에서 연구의 주요 키워드가 되는 핵심 범주를 설정하고 그것에 적합한 의미를 내포하고 있는 하위 범주들을 분류하도록 한다. 즉 하부노드와 상위노드를 체계적으로 구조화하고 궁극적으로 말단의 노드들이 내포하고 있는 의미단위를 종합함으로서 각각의 상위 범주가 나타내는 연구의 핵심주제를 구조화 하도록 하는 것이다. 전체적인 분석과정을 요약하면 아래와 같다.

<표 4-3-2> NVivo를 활용한 분석과정

순서	내용	비고
1	NVivo 11 프로그램에서 프로젝트를 생성하고 전사된 목적표집으로 선정된 면담자들과의 면담자료와 관련 문헌자료를 입력함	word파일 형태로 입력
2	면담자료와 문헌자료를 반복하여 숙독하면서 의미를 추정하고, 연구주제와 관련된 의미가 내재한 구술, 문장에 대하여 원자료 재검토 및 행간 의미를 파악하면서 블록으로 설정하여 해당 내용을 특정 지을 수 있는 단어나 문구 등으로 명명하여 코딩함	현저하게 나타나는 내용, 의미의 본질, 속성 중심
3	노드로 범주화된 개념들을 하위범주로 발달시키고 유사하다고 판단되는 하위범주끼리 통합하여 범주를 추상화하고 범주 각각의 속성과 차원을 규명함	연구의 핵심 키워드 도메인 아래로 분류
4	노드화된 개념들을 중심으로 구조와 과정을 연결하기 위해 경험학습의 4가지 요소별 특징들을 나타내는 상위노드들을 단계적으로 형성해 감으로써 노드들 간의 관계를 구조화함	노드 위계 설정
5	현상과 관련된 맥락적 조건을 종합적으로 파악하여 하위범주에서서부터 상위범주까지의 관계를 구조화하고 전체적인 데이터 구조를 다듬는 과정을 반복함	노드 위계 검토 및 재검토
6	각각의 범주에 대한 구조를 계층구조도를 통하여 시각적으로 표현하고 하위노드에서 상위노드에 이르는 일련의 증거들이 연구의 핵심주제와 관련된 특징적 요소에 부합하는가를 규명함	연구를 통해 증명하고자 하는 요소 간 관계를 구조화

3.3 그 외 분석기능

NVivo 11에서는 전체 분석과정을 통한 최상위, 상위, 하위노드의 계층구조를 도식화하여 독자로 하여금 각 개념들 간의 위계와 구조를 그림으로 쉽게 파악할 수 있도록 하고 있다.

[그림 4-3-5] 전체 계층 원형 구조 차트 예시

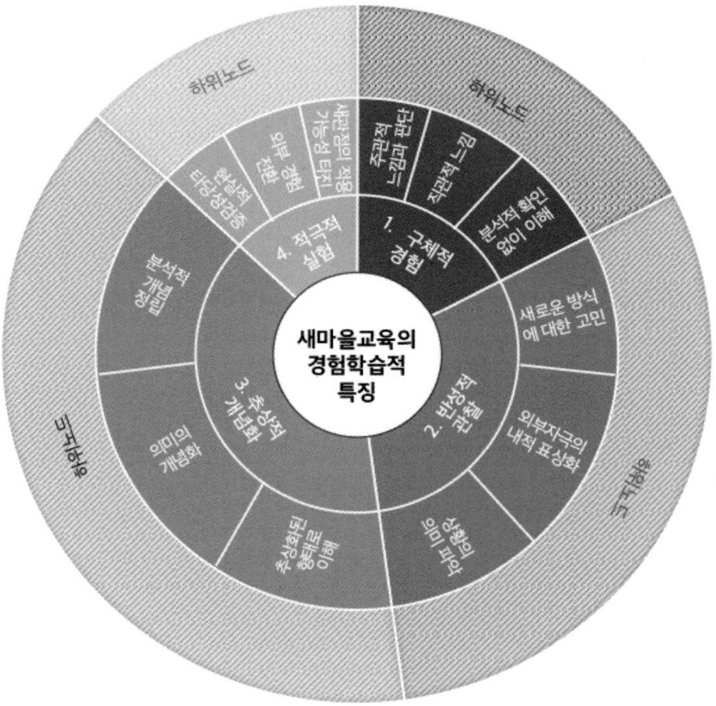

그리고 면담 또는 문헌자료에서 나타난 중심 의미 단어들의 맥락을 살펴보기 위해서 빈도가 높게 노출된 대표적인 의미 단어들을 단어나무(word tree)의 형태로 도식화 할 수 있다.

[그림 4-3-6] 단어나무 예시

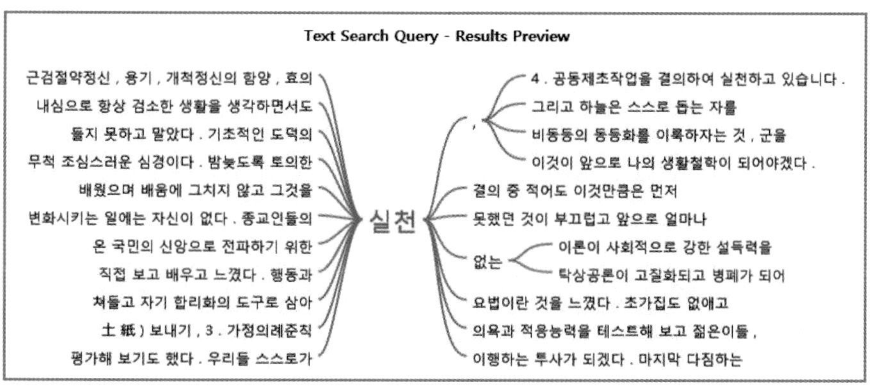

3.4 연구 사례

이하에서는 근거이론 연구의 실제에 보다 다가가기 쉽도록 유호웅 외(2018)의 연구 '근거이론에 기반한 새마을교육 특성 분석' 사례를 통해 근거이론을 활용하여 자료를 수집하고 분석하여 결론에 이르는 단계를 순차적으로 설명하고자 한다.

1) 연구 프로토콜 작성

위 연구는 1970년대 새마을교육의 특성을 분석하여 새마을교육을 통한 교육 참여자들의 의식변화와 새마을정신의 실천 과정을 근거이론을 통해 분석하고자 하였다. 질적 연구를 체계적으로 수행하기 위해서는 진행해야 하는 각 연구단계를 순차적으로 정리해놓은 일종의 프로토콜이 필요하다. 설정된 연구목적을 달성하고 연구의 함의를 도출하기 위해서는 체계적인 자료수집 및 분석이 필요하며, 이와 같은 과정을 중복하지 않고 차근차근 수행하기 위해 Robert Yin(2016)의 사례연구 프로토콜 개발 지침과 Eisenhardt(1989) 사례연구의 수행 단계를 활용하여 새마을교육에 담긴 경험학습의 원리를 증명하기 위한 자료를 수집하도록 아래와 같은 프로토콜을 만들어 연구를 수행하였다.

예시) 연구 프로토콜

1. 연구배경

(ㄱ) 선행연구

- 새마을교육에 관한 선행연구들, 경험학습에 관한 선행연구들

(ㄴ) 연구질문

- 새마을교육과정의 구성과 운영에 내재한 경험학습모형의 패턴들은?
- 각 새마을교육 이해관계자들은 새마을교육의 경험학습적 원리를 어떻게 인지하였나?
- 마을지도자들은 새마을교육을 통해 얻은 새로운 개념과 원리를 어떻게 적용하였나?
- 각 새마을교육 이해관계자들은 새마을교육의 성과와 적용을 어떻게 검증하였는가?

(ㄷ) 추가질문

- 새마을교육 기획, 진행, 참가 시에 가졌던 정서적 반응은?
- 연수생들은 새로운 경험이 내적인 반성으로 연계되는 상황을 어떻게 인지하였나?
- 교육 과정중 자신만의 개념 또는 원리로 교육결과를 구체화하게 된 계기는?

2. 연구설계

(ㄱ) 사례연구방법 설정

- 각 인터뷰 대상자들을 하나의 사례로 간주하는 다중사례연구방법을 채택

(ㄴ) 연구목표

- 새마을학의 한 갈래로서 새마을교육에 대한 학습이론을 탐색하고 외연을 확장
- 글로벌새마을운동의 실천기제로서 새마을교육을 확대 발전시키는 이론적 기반 마련

(ㄷ) 연구명제 또는 하위 질문들

- 새마을교육의 이론적 실체로서의 경험학습적 원리를 규명
- 교육적 경험이 태도변화와 의식개혁에 미쳤던 영향 조사
- 교육적 경험이 실천과 행동으로 연계되는 이해와 변환의 과정 규명

3. 사례(또는 현상) 선정

(ㄱ) 범위

- 1970년대 수원 새마을지도자연수원 새마을교육에 관여했던 관계자들(기획, 진행, 참여)
- 기획: 청와대 새마을운동 담당관실 관계자
- 진행: 새마을지도자연수원 교관들
- 참여: 남녀 새마을지도자들

4. 사례연구 절차

(ㄱ) 현장연구 절차

- 인터뷰 대상자 리스트 작성
- 인터뷰 질문지 작성(반구조화)
- 인터뷰 대상자 섭외 및 면담일정과 시간 확정
- 인터뷰 자료 녹음 및 녹취(자료 데이터베이스화)
- 주요 인터뷰 대상자를 선정하여 연구결과에 대한 의견을 수렴 및 반영

(ㄴ) 결과 기술

- 프로토콜에 따라 증거의 사슬 구조를 만들면서 수집 및 분석 결과를 기술

5. 자료 수집

(ㄱ) 수집되어야 할 자료

- 인터뷰 자료(전사 작업 후 텍스트화)
- 문헌 자료
- 새마을교육 관련 기록물(수료생 소감문, 정부기록물 등)

(ㄴ) 자료수집계획

- 인터뷰 자료: 면담자 선정 및 섭외, 면담일정 확인 및 면담 실시
- 문헌자료: 기존 문헌자료 수집 및 국립 도서관 방문
- 새마을교육 관련 기록물: 새마을운동 기록관, 나라기록관 활용

6. 자료 분석

(ㄱ) 연구 결과물의 범주 설정

- 경험학습의 순환구조에 매칭되는 새마을교육의 패턴을 탐색
- 관련된 증거들을 연구질문에 따라 논리적으로 배열

(ㄴ) 분석결과의 종합

- 예측되는 연구결과물의 범위에 대한 설명, 연구결과물에 대한 종합적인 분석 및 요약

7. 검증

(ㄱ) 일반적 검증: 연구 체크리스트에 따른 자료수집 및 분석결과 검증

(ㄴ) 구성 타당성: 연구수행과정 및 증거의 논리구조와 결론도출 과정에 대한 검토(인터뷰 참여자에게 연구결과를 검토하도록 함)

8. 연구의 한계 설정

- 면담대상의 제한으로 인한 자료수집의 한계성 감안

2) 자료수집 단계

분석의 대상이 되는 텍스트 자료로 면담자료와 문헌자료를 모두 수집하였다. 면담자료는 70년대 청와대 새마을담당관실 관계자 1명, 새마을지도자연수원 교관 2명, 그리고 연수에 참가했던 새마을지도자 5명을 대상으로 수집하였다.

면담자료의 수집은 1970년대 새마을교육의 기획, 운영, 그리고 참여부문에서 활동한 각 주요 역할그룹의 시각에서 종합적으로 새마을교육을 조망함으로써 객관적으로 새마을교육의 특성을 규명하는 것에 중점을 두었다. 면담 대상자의 동의하에 면담내용이 모두 녹음되었고, 면담 과정 전후에 메모 노트를 사용하여 주요사항을 기록하였다. 녹음 내용은 모두 전사되어 분석의 원자료로 활용되었다.

<표 4-3-3> 면담 대상자

내용 번호	면담 대상	연령	성별	유형	면담 일시	면담 장소
1	김○명	77	남	새마을 지도자 연수원 교관	2016. 5. 31., 12:00-14:00,	서울 성동구
2	최○호	73	남	새마을 지도자 연수원 교관	2016. 5. 31., 18:00-20:00	경기 고양시
3	이○원	67	남	새마을지도자	2016. 8. 8., 14:00-16:00,	강원 횡성군
4	정○자	77	여	새마을지도자	2016. 8. 9., 11:00-13:00	전북 전주시
5	박○규	79	남	새마을지도자	2016. 8. 10., 14:00-16:00	충북 제천시
6	류○모	75	남	새마을지도자	2016. 8. 11., 16:00-18:00	강원 홍천군
7	왕○영	84	남	새마을지도자	2016. 8. 12., 13:00-15:00	경기 평택시
8	류○영	81	남	청와대 새마을 담당관실 담당	2016. 12. 29., 14:00-16:00	서울 서초구

자료 : 유호웅(2018)

문헌자료는 1974년부터 1980년까지 발간된 새마을운동 통신교재(1호~20호)에

수록된 연수소감, 서신, 수기, 대담 자료 총 583건을 발췌하여 정리하였다.

<표 4-3-4> 문헌자료 수집목록

구분	내용	소계
연수소감	새마을지도자반 147건 부녀지도자반 106건 사회지도자반 84건 중견·고급공무원반 11건 대학교수반 5건 새마을지도자특별과정반 19건 경제인·기업인반 9건 농수산단체관련 12건 대학생간부반 32건 공장새마을지도자반 10건 부녀사회지도자반 9건 기타 3건	447건
서신수기	새마을지도자반 31건 부녀지도자반 19건 사회지도자반 34건 중견·고급공무원반 3건 대학교수반 1건 새마을지도자특별과정반 7건 경제인·기업인반 6건 농수산단체관련 1건 대학생간부반 9건 공장새마을지도자반 1건 부녀사회지도자반 및 기타 4건	116건
기타 자료(연수생 대담 자료, 교관 및 연수원장 기고문)	연수생 좌담회 자료 3건 교관 기고문 2건 연수원장 기고문 15건	20건

자료: 유호웅(2018)

이렇게 수집한 자료들은 종합적으로 관리할 수 있도록 분류기준을 만들고 데이터베이스화하는 것이 중요하다. 이것은 수집된 자료와 도출된 결론 사이의 명확한 관계를 연결시킬 수 있는 증거의 사슬(chain of evidence)을 구성하는 데 도움을 줄 수 있다.

3) 분석 단계

자료 분석은 NVivo 11을 활용하여 진행하였다. 앞서 설명한대로 근거이론의 개방코딩은 개념을 규명하고, 자료 안에서 속성과 차원을 발견하는 과정이다. 새마을교육의 특성을 규명하기 위하여 근거이론의 개방코딩을 실시한 결과, 총 12개의 범주와 32개의 하위범주, 그리고 204개의 개념이 도출되었다. 위계화 과정에 따라 텍스트 자료의 코딩을 통하여 204개의 개념을 구성하였고, 유사한 개념을 범주화하여 32개의 하위범주를 도출하였으며, 하위범주를 속성과 차원에 따라 구분하여 12개의 범주를 생성하였다. 코딩 결과 중 일부를 발췌하면 아래와 같다.

<표 4-3-5> 코딩결과 일부 발췌

<table>
<tr><th>번호</th><th>개념</th><th>하위범주</th><th>범주</th></tr>
<tr><td>1</td><td>빈틈없는 교육일정 진행</td><td rowspan="4">계획적
시간 관리
개념의 이해</td><td rowspan="22">연수생들의
주관적인 판단</td></tr>
<tr><td>2</td><td>조직적인 교육구성에 놀람</td></tr>
<tr><td>3</td><td>짜임새 있는 연수생활 경험</td></tr>
<tr><td>4</td><td>치밀하고 계획성 있는 교육을 경험</td></tr>
<tr><td>5</td><td>다양한 계층과의 집합교육 경험</td><td rowspan="12">연수 과정에 대한
정서적 개방 경험</td></tr>
<tr><td>6</td><td>단체복 착복에서 오는 친밀감</td></tr>
<tr><td>7</td><td>무인판매대에 대한 새로운 경험</td></tr>
<tr><td>8</td><td>상호교육 체험</td></tr>
<tr><td>9</td><td>상호교육의 효과</td></tr>
<tr><td>10</td><td>애국가 제창 체험</td></tr>
<tr><td>11</td><td>애국심 고취</td></tr>
<tr><td>12</td><td>위압적인 느낌</td></tr>
<tr><td>13</td><td>자연스럽게 느껴지는 교육</td></tr>
<tr><td>14</td><td>정서적 공감</td></tr>
<tr><td>15</td><td>정서적 느낌</td></tr>
<tr><td>16</td><td>행복하고 유익하다고 느낌</td></tr>
<tr><td>17</td><td>교관단의 솔선수범에 대한 느낌</td><td rowspan="6">연수원 임직원들의
솔선수범에 대한
감정적 반응</td></tr>
<tr><td>18</td><td>교관들의 친절</td></tr>
<tr><td>19</td><td>임직원들의 태도에 대한 긍정적 느낌</td></tr>
<tr><td>20</td><td>식당 아주머니들의 친절과 배려</td></tr>
<tr><td>21</td><td>식당아주머니에게 정을 느낌</td></tr>
<tr><td>22</td><td>전 교직원의 교육요원화</td></tr>
</table>

자료 : 유호웅 외(2018)에서 참고하여 재구성함.

위와 같이 도출된 결과를 바탕으로 축코딩을 실시하였다. 앞서 설명한 것처럼 축코딩은 범주들 간의 상호관계를 패러다임 모형으로 재구조화하는 작업이다. 범주는 하위범주와 연결되어 사건에 대한 설명을 할 수 있게 된다. Strauss와 Corbin의 패러다임 모형에 따라 축코딩에 따른 상호관계를 도식화하면 아래와 같다.

[그림 4-3-7] 축 코딩 결과(패러다임 모형)

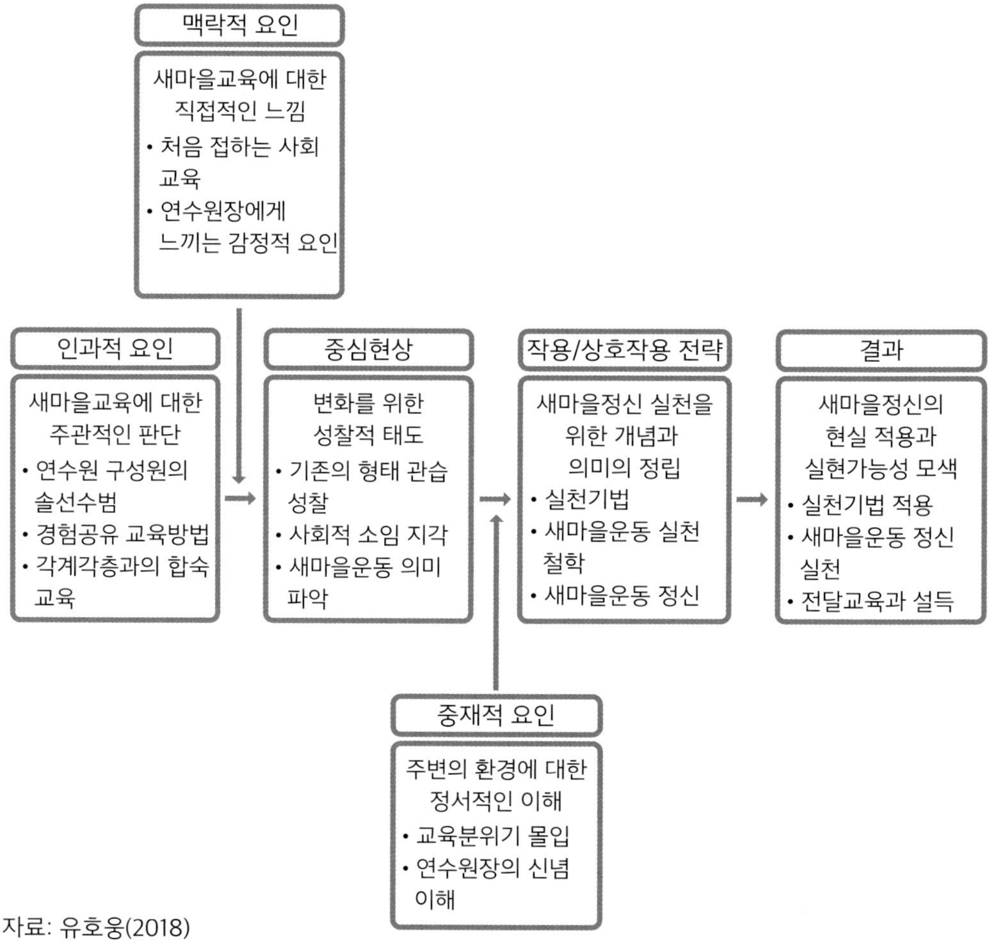

자료: 유호웅(2018)

축코딩의 패러다임 모형이 객관적 논리성을 갖추기 위해서는 도출된 범주 간의 상호 관계를 끊임없이 분석하고 논리적 인과관계를 고민해야 한다. 이것은 상당히 고된 작업이라고 할 수 있다. 연구의 주제에 다가가기 위한 핵심 과정이면서 연구의 논리적 기반을 확보하는 작업이기 때문이다.

마지막으로 선택 코딩을 통해 연구주제의 결론에 다다르게 된다. 핵심 범주가 결정되고, 연구의 중심 주제가 도출되면서 연구가 무엇에 관한 것인지 알려주기 위해 모든 관련 요소들이 핵심 단어로 응축된다. 개방코딩과 축코딩을 통하여 새마을교육과 관련된 주요 역할그룹들의 반응을 분석한 결과, 핵심 범주는 '교육적 자극을 통한 성찰과 이에 근거한 실천'으로 나타났다. 이러한 핵심 범주는 상황모형을 통해 구체화될 수 있다. 상황모형은 연구의 중심현상을 중심으로 여러 상황과 작용에 의해 결과로 이어지는 일련의 과정을 도식화하여 하나의 이론을 구축할 수 있게 하는 분석도구이다.

[그림 4-3-8] 선택 코딩 결과(상황 모형)

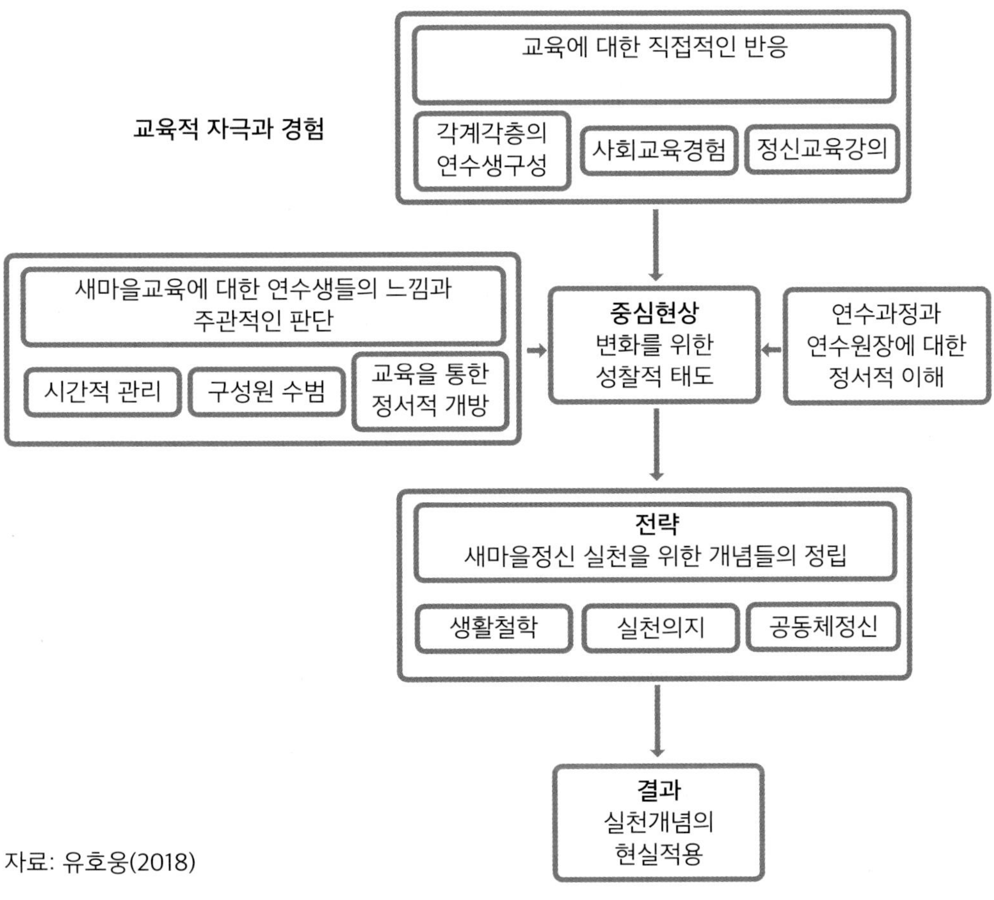

자료: 유호웅(2018)

상황모형을 만드는 과정 역시 연구자와 자료와의 끊임없는 대화가 전제되어야 한다. 도출된 핵심 범주를 논리적으로 설명하는 상황모형을 만드는 것 자체가 연구주제를 설명하는 핵심 요인들의 인과적 흐름을 연결하는 과정이기 때문이다.

제5장

인터뷰 연구법

∑

1. 인터뷰 연구법의 이해
2. 인터뷰 형식과 자료
3. 인터뷰 연구법의 유형과 절차
4. 인터뷰와 질문지 작성기법

1 인터뷰 연구법의 이해

인터뷰 연구법은 광의의 개념으로 연구자가 논문을 작성하기 위해 인터뷰나 질문지 방법을 통해 정성적인 텍스트자료를 수집하여 진행하는 연구법을 말한다. 그리고 인터뷰의 대상범위에 따라 개별인터뷰 또는 단체인터뷰로 구분하며 인터뷰의 질문형식에 따라 개방형 또는 폐쇄형으로 구분한다. 개방형 인터뷰에서는 질적분석이 요구되는 텍스트 자료가 생산되며, 폐쇄형 인터뷰에서는 기술적, 추론적 통계분석이 가능한 정량 자료가 만들어진다.

인터뷰 연구에서 연구자는 일반적으로 인터뷰자료를 토대로 면담자의 경험을 이해하는 데 필요한 문장과 단어를 찾아내고 배열 및 분류의 방법을 통해 분석을 진행한다(이정락·최외출, 2019). 이와 같이 인터뷰를 통하여 특정한 사회적 사안에 관한 전문가의 지식을 이끌어 내는 연구는 사회과학 분야에서 널리 수행되고 있다(우상수·정수경, 2012).

인터뷰 연구법의 이해를 위해 심층면접과 인터뷰를 키워드로 인터뷰 연구를 적용한 선행연구의 사례를 살펴보면 다음과 같다. 심층면접 또는 전문가 심층면접과 관련한 논문으로는 빈곤가구에 대한 심층면접을 통해 빈곤의 실태와 원인 연구(이호, 1995), 국회의원의 면담을 통한 국회의원 화법 인식조사(권순희, 2013), 의료관련 종사자 대상 심층면접으로 한 양방 통합의료의 갈등과 방향에 관한 연구(임은진 외, 2014), 전문가 심층면접을 통한 폐기물 정책의 성과와 과제 분석(강병준 외, 2015), 참여노인을 대상으로 심층면접을 통한 노인일자리 사업의 효과성 연구(고수정, 2017), 그리고 연구방법론을 주제로 교육 연구를 위한 심층면접법의 의의와 활용 연구(신옥순, 2005) 등이 있다. 그리고 인터뷰를 조사방법에 활용한 논문으로는 통일 이후 구동독 출신 여성의 세대별 갈등양상을 포커스 인터뷰를 통해 분석한 연구(도기숙, 2005), 포커스그룹 인터뷰를 통한 치매노인 가족수발자의 휴식에 대한 의미 분석(송미령 외, 2010), 재독한인 노동이주자 인터뷰를 활용한 생애사 인터뷰(양영자, 2013), 원격의료 서비스 만족도에 대한 분석의 틀과 심층 인터뷰(이성경, 2018), 인터넷 개인방송 콘텐츠의 규제 정책에 대한 전문가 심층인터뷰 분석(손승혜 외, 2018) 등이 있다.

이와 같이 인터뷰를 활용한 연구에 대한 분석은 질적 연구 기법의 범위에서 주로 다루어져 왔다고 할 수 있다. 즉 인터뷰 연구에 대한 분석과정에서는 근거이론을 적용하거나(강복·손승혜, 2018), 연구자가 주제별로 구분하여 자료를 분석(이태수·이미진, 2012; 김병준 외, 2015), 또는 연구자가 채택한 문장에 대해 분석(손승혜 외, 2018; 이덕우·권정흠, 2018)한 연구들이 있다. 이 경우 연구자는 인터뷰 자료의 분석과정에서 텍스트에 등장하는 범주의 출현빈도를 주제별로 조사하고 양적으로 평가하는 수준이 대부분이며, 인터뷰자료에 나타나는 텍스트의 다양한 의미를 간과하는 한계를 가진다고 할 수 있다(이정락·최외출, 2019). 즉 인터뷰자료를 통해 생성된 텍스트는 연구자가 해석하는 과정을 거치게 되며 다음과 같은 문제가 연구자들에 의해 지속적으로 제기되어 왔다. Seidman(2006)은 분석과정에서 연구자가 인터뷰자료에 대한 중요도를 판단하고 분석하여 의미를 부여하는 것은 전적으로 연구자의 능력에서 발현되는 것으로 보며, 이는 연구에 대한 타당도와 신뢰도 그리고 일반화 가능성에 대한 근원적인 쟁점들을 유발할 수 있다고 주장한다.

김광웅(2006)도 내용의 분석에는 객관성, 체계성, 일반성을 갖추어야 할 것을 주장하며, 정치학 분야에서 질적 분석, 횟수의 계산, 분할분석[1], 원자분석[2], 강도분석 등을 제시하고 있다. Strauss와 Corbin(1998)의 근거이론을 통한 개방코딩, 축코딩, 선택코딩을 활용하여 자료의 포화상태를 통해 개념, 하위범주를 도출하고 이론을 생성하는 분석방법도 있으나, 자료를 분석하는 수학적 기법의 적용 관점에서는 한계가

1) 텍스트에서 한 주제가 다른 주제와 얼마나 자주 나타나느냐를 보는 분석방법이다.

2) 워드의 상징과 맥락 간에 존재하는 연계와 밀도를 찾아내는 방법이다.

있다. 텍스트네트워크 분석 또한 인터뷰의 맥락에서 나타나는 다양한 의미나 연구자의 직관을 담아낼 수 있는 분석기법으로서의 한계를 가지고 있다. 그러나 이 책에서는 인터뷰자료의 분석과정에서 나타나는 연구자의 주관적인 통찰과 해석에서부터 객관적이고 과학적인 해석의 전환을 위한 방법론의 모색차원에서 텍스트네트워크 분석을 적용하였고 그 과정을 제시하였다(이정락·최외출, 2019). 그동안 인터뷰를 활용하여 텍스트네트워크 분석을 활용한 연구로는 임은정·정순희(2018)의 소비자 심층면접을 통한 네트워크 텍스트 분석의 활용, 이순규·최수빈·김희웅(2019)의 이러닝의 만족도를 인터뷰와 후기를 텍스트 마이닝하여 토픽모델링으로 분석한 연구 등이 제한적으로 진행되어 왔다. 그러나 인터뷰를 활용한 선행연구의 자료 분석과정에서 텍스트네트워크 기법을 활용하여 분석과정에 정교하고 구체적인 알고리즘을 제시한 연구는 찾기 쉽지 않다.

이 장에서는 연구자가 논문의 작성 과정에서 부딪히게 되는 인터뷰자료의 분석기법에 대한 한계를 극복하기 위해 연구의 접근방법, 연구의 설계, 분석기법의 검토와 적용을 포함하는 전체과정에 텍스트네트워크 기법을 적용한 방법론을 제안하고자 한다.

이 장에서 설명하고자 하는 인터뷰 연구법을 위해 관련 용어에 대한 사전정의를 우선하고자 한다. 사회과학을 연구하는 대부분의 연구자는 자료수집을 인터뷰 또는 질문지를 통해서 수집하게 된다. 이러한 인터뷰와 질문지는 질문의 방법에 따라 비구조화 또는 구조화된 형식을 가지게 된다. 인터뷰의 경우에는 대게 비구조화된 질문을, 질문지의 경우에는 구조화된 질문지를 개발하여 적용하고 있다. 이러한 경향성에 따라 질문지의 작성기법은 구조화된 측면을 강조하고 인터뷰 작성기법에서는 비구조화된 측면을 강조하고 있다고 할 수 있다. 그러나 최근에는 인터뷰 연구와 질문지 연구에서 이러한 질문의 방법이 혼용되어 나타나는 경우도 많다. 따라서 이 책에서는 인터뷰 연구법의 방법론을 소개하면서 정성적 자료(텍스트)를 중심으로 구체적인 연구의 절차를 설명하고자 한다.

이러한 관점에서 인터뷰 작성기법과 질문지 작성기법은 구분하여 설명되는 개념이라기보다는, 인터뷰 연구법이라는 포괄적 개념에서 질문의 유형이 개방형이냐,

폐쇄형이냐에 대한 설명의 범주로 구분·이해하는 것이 더욱 타당하다. 다양한 자료수집 방법 중에서 인터뷰와 질문지 방법으로 구분하는 것은 조사의 방법 즉 질문의 방법이 비구조화(개방형) 또는 구조화(폐쇄형) 되어있느냐 하는 것이다.[3)]

인터뷰 연구법은 텍스트에 기반한 비구조화 또는 반구조화된 인터뷰자료를 대상으로 텍스트네크워크 분석기법을 적용한 연구방법론이라 할 수 있다. 이러한 방법론의 제안은, 정보통신의 발달에도 불구하고 그동안 인터뷰를 활용한 연구방법론이 주로 질적 연구방법론의 범주에서 설명되는 한계에서 비롯되었다. 특히 인터뷰를 활용한 연구는 자료의 분류와 분석과정에서 연구자의 경험과 직관에 따른 분류와 해석을 하는 질적 분석에 의존하는 경우가 많았다. 이러한 질적 연구는 사회적 실체와 현상이 어떻게 해석되고 경험되거나 생성되는가에 관심을 둔다는 점에서 넓은 의미로 현상학 및 해석주의자적인 철학적 입장에 근거하고 있다. 연구의 결과는 사회적 의미, 해석, 시행, 유형화, 담론, 과정, 형성 등에 초점을 맞춘다고 할 수 있다(김두섭, 2004).

연구자는 인터뷰의 형식, 대상, 방법 등의 유형에 따라 생성된 자료를 본인이 채택한 분석툴에 의해 연구결과를 도출하게 된다. 인터뷰를 활용한 대부분의 조사방법론은 크게 질적 연구와 양적 연구의 방법론으로 대분할 수 있으며, 각 방법론의 메커니즘에 따라 연구자는 세부적인 분석과정을 설계하여 논문을 작성하게 된다. 최근에 연구자는 컴퓨터 공학과 소프트웨어의 발전에 따라 연구자료 및 데이터를 분류하고 분석하는 다양한 기법을 학습하고 있다. 무엇보다 연구자는 연구의 시작 단계에서 자료의 성질과 분석의 기법에 대해 정확하게 이해하고 적용할 수 있는 학습을 우선하여야 한다. 그리고 다양한 분석기법의 개발과 정보통신의 발달로 인해서 인터뷰자료 또는 질문지의 답변 수집이 이메일 또는 휴대폰을 통한 다양한 방법으로 수집되고 있

---

3) 일반적으로 인터뷰 연구법은 심층 인터뷰, 전문가 인터뷰, 포커스 인터뷰, 포커스그룹 인터뷰 등으로 인터뷰의 형식에 따라 구분하고 있으나 본 교재에서는 자료수집 및 연구의 방법론을 중심으로 해석하기 위해 인터뷰 연구법은 비구조화 또는 반구조화된 형태의 자료, 질문지 연구법은 구조화된 형태의 자료를 활용한 연구법으로 구분한다. 그리고 분석의 툴은 생성된 자료가 정성적이냐 또는 정량적이냐에 따라 질적, 혼합, 또는 양적 분석의 과정을 적용하는 것으로 이해하기로 한다.

다. 즉 자료의 생성과정이 전산화 됨으로 인해 인터뷰와 관련한 연구방법과 분석기법 또한 이와 연계하여 지속적으로 발전하는 것이다.

이 책은 이러한 다변화된 연구 환경을 적극적으로 수용하는 측면에서 논문을 준비하는 연구자들에게 실질적인 도움을 주고자, 인터뷰에서 생성된 텍스트 자료를 텍스트네트워크 분석과 연계하는 실증적인 연구방법론을 제시하고 있다. 이와 같은 방법론은 기존의 인터뷰 연구에서 주로 사용된 자료분석과 연구방법론에 대한 한계점을 극복하고, 연구자가 문제해결을 위한 과학적 방법론으로써 연구의 타당도와 신뢰도의 확보 측면에도 많은 도움을 줄 수 있을 것으로 판단한다.

2

인터뷰 형식과 자료

2.1 인터뷰의 질문유형

학계에서는 인터뷰 및 심층면담[4)]이 해당 분야의 전문가 또는 관련자의 특별한 경험을 얻어내기 위해서 사용하는 질적 연구의 한 방법론으로 주로 활용되었다. 그리고 인터뷰를 하는 대상의 범주와 규모에 따라 전문가 인터뷰, 포커스 인터뷰, 집단면접 등으로 구분하고 있으며, 인터뷰 질문지가 개방형이냐 폐쇄형이냐에 따라 질적 연구 또는 양적 연구의 형태로 연구를 진행해 왔다. 인터뷰관련 연구법의 유형을 구체적으로 살펴보면 다음과 같다.

이 책에서는 논문의 자료수집 방법으로 일반적으로 제안하는 실험법, 관찰법, 질문지법, 인터뷰법 등의 구분을 적용하기보다는 인터뷰 및 질문지의 유형을 기준으로 폐쇄형, 절충형, 개방형으로 구분하여 인터뷰법을 <표 5-2-1>과 같이 분류하여 살펴보기로 한다.

<표 5-2-1> 인터뷰 형식에 따른 자료 유형 분류

인터뷰 형식	구조화	반구조화	비구조화
질문의 유형	폐쇄형	절충형	개발형
질문목록·순서	제시되어 있음	제한적 제시	제시되어 있지 않음
답변 가능성	제시되어 있음	절충	제시되어 있지 않음
분석자료 형태	수량적	비수량적	비수량적
연구의 형태	양적 연구		질적 연구

자료: 이정락·최외출(2019)

4) 본 교재에서는 인터뷰와 심층면담을 동일한 범주의 자료수집 방법으로 간주하기로 한다.

인터뷰 형식에 따른 자료유형 분류의 유효성은 정현욱(2012)의 「사회과학연구방법론」에서도 구조화 면접법을 양적 자료를 수집할 때 활용되는 조사방법으로 제안하고 있음을 통해 알 수 있다. 구조화된 인터뷰는 다양하게 제시된 질문목록과 답변을 통해서 수량적 분석자료를 생산하여 통계기법으로 분석하는 양적 연구의 형태에 해당한다고 할 수 있다. 반면에 비구조 또는 반구조화된 인터뷰는 질문목록이 제시되어 있지 않거나 제한적으로 제시되어 답변의 가능성이 자유롭게 설정되어 있기 때문에 주로 질적 연구의 영역에서 많이 사용되고 있다(이정락·최외출, 2019).

2.2 인터뷰의 대상 구분

인터뷰 대상의 범위를 기준으로 구분하면 개별인터뷰와 그룹인터뷰로 나눌 수 있다. 개별인터뷰는 특정 개인의 의견과 경험에 대한 심층적인 이해를 얻고자 할 경우에 사용된다. 심층 인터뷰에서는 인터뷰어(interviewer)의 생생한 경험으로부터 만들어내는 의미를 이해하는 것이 중요하다(Van Manen, 1990).

과학적 조사에서 인터뷰는 질문하는 사람이 인터뷰를 주도한다는 단점을 갖고 있다. 즉 인터뷰를 통해 얻은 데이터는 질문자가 미리 인식하고 있었던 생각이 응답자의 언어로 표현될 가능성이 있다. 따라서 이러한 부분을 보완할 수 있는 것이 포커스그룹을 대상으로 한 인터뷰라 할 수 있으며 그룹인터뷰로 불리기도 한다. 그룹인터뷰의 대표적인 연구법은 포커스그룹 또는 전문가집단 인터뷰라 할 수 있다. 포커스그룹은 단지 대화하기 위해 모아 놓은 한 무리의 사람들을 의미하지 않는다. 포커스그룹은 목적, 크기, 구성, 절차 등의 측면에서 특별한 유형의 소집단이라고 할 수 있다. 포커스그룹 참여자들은 그 조사의 주체와 관련된 공통적인 특징을 지니고 있기 때문에 참여자로 선택된다(민병오·조대현, 2014).

포커스그룹을 대상으로 하는 인터뷰 연구법은 5~10명의 참여자들로 구성되어 일련의 토론형태로 진행되며, 자유로운 분위기 속에서 특정 관심분야에 대한 참여자들의 인식을 알아내기 위한 연구방법이다. 따라서 참여자들이 평안하고 존중받고, 평가당하는 일 없이 자신들의 의견을 자유롭게 말하고 자기고백을 유도하는 데 의도가 있다.

포커스그룹과 관련하여 보다 세부적으로 논의하면 다음과 같다. 포커스그룹은 그룹인터뷰의 한 기법으로, 그룹의 상호작용을 통하여 연구자가 정한 주제에 대한 자료를 수집하는 연구방법으로 정의할 수 있다(김성재 외 역, 1996). 포커스그룹은 특정 경험을 공통적으로 가지고 있거나, 특정 지역에 살고 있거나, 같은 성별, 유사한 연령, 인종 집단을 대상으로 그룹토론을 진행하여 그룹에게 질문하거나 활발한 토론을 유도하여 의견을 이끌어내는 연구이다(김미영 외 역, 2012). 연구자는 제한된 시간 내에 특정 주제에 대해서 많은 양의 상호작용을 관찰하여 자료를 도출하고 이에 대한 통찰을 구한다. 포커스그룹에 대한 질문을 이해할 수 있는 사례연구로 Pfefferle 외(2008)의 메사추세츠에 있는 요양원 16곳에서 일하는 간호조무사를 대상으로 한 연구가 있다. 사회적으로 인정받지 못하고 신체적, 정신적 고통에도 불구하고 어떻게 자신의 직업에 의미를 부여하는가에 대해 87개의 포커스 그룹과 함께 연구를 진행하였다. 그들의 질문을 참고하면 다음과 같다.

① 당신의 직업은 어떤 점이 가장 좋습니까?
② 당신의 직업에서 한 가지를 바꿀 수 있다면, 급여 상승 외에 무엇이 있습니까?
③ 당신은 직장에서 어떤 느낌을 받는다고 말할 수 있습니까?
④ 동료와 얼마나 잘 어울려서 일합니까?
⑤ 이곳에서 관리자는 무엇을 중요하게 생각합니까?

포커스그룹의 분류는 질문의 특성, 범위, 정보의 양 등에 따라 달라질 수 있다. 따라서 연구자는 적절하고 충분한 자료가 수집될 때까지 포커스그룹의 인원을 계속 추가하기도 한다. 여기서 주의해야 할 점은 개별인터뷰와 그룹인터뷰가 서로 다른 결과를 생산할 수 있는 가능성이 존재한다는 것이며 이것은 타당성의 문제로 이어진다. 만일 개별인터뷰와 그룹인터뷰 방법이 각기 다른 결과를 가져왔다면, 둘 중의 하나는 반드시 잘못된 방법이라 할 수 있다. 따라서 만일 사람들이 혼자나 둘이 있을 때의 행동과 그룹에서의 행동이 다르면, 그룹인터뷰와 개별인터뷰는 각각 상당히 다른 측면을 보여 줄 수밖에 없을 것이다. 즉 개인적인 행동에 관심을 둔 연구는 그룹인터뷰로 얻은 자료로는 잘 설명이 될 수 없을 것이다(Morgan, 1996). 반면에 포커스그룹의 장점은 연구자가 관심을 가진 주제에 대해 그룹 토의를 통하여 자료를 수집하는 기회를 만드는 것이다. 따라서 포커스그룹의 경우 연구자가 토의 주제를 결정하기 때문에 연구자가 참여하는 관찰법보다 통제력이 약하다. 또한 참여자의 그룹상호작용의 특성이 정해지기 때문에 개별인터뷰보다 통제력이 약하다고 할 수 있다.

Morgan(1992)의 경험적 법칙에 따르면 포커스그룹 프로젝트는 대부분 ① 참여자는 동질적이지만 서로 간에 낯선 사람들로 모집하고, ② 진행자가 많이 개입하는 비교적 구조화된 인터뷰에 의존하며, ③ 한 그룹 당 6명 내지는 10명 내외이고, ④ 한 프로젝트 당 3개 내지 5개의 그룹으로 이루어진다.

Merton 외(1990)는 효과적인 포커스그룹 인터뷰를 위한 다음의 네 가지의 광범위한 기준을 제시한다. ① 관련되는 주제에 대해 최대한의 범주를 포괄해야 하고, ② 가능한 한 상세하게 자료를 만들어내야 하며, ③ 어느 정도 깊이 있게 참여자의 느낌을 탐색할 수 있도록 상호작용을 촉진하고, ④ 참여자들이 주제에 대해서 반응할 때 영향을 미치는 개인적인 맥락을 고려해야한다. 그들은 이런 기준들을 범위, 세분화, 깊이 그리고 개인적인 맥락으로 요약한다.

접촉 방법에 따라 인터뷰의 방법을 구분하면 직접 인터뷰, 간접 인터뷰가 있으며 간접 인터뷰는 인터넷, 모바일, 우편 등의 방법으로 이루어진다.

2.3 인터뷰의 표집

넓은 의미로 볼 때, 표집과 선택은 어떤 방법이건 자료 창출을 위해 필요한 적절한 단위들을 확인하고, 골라서, 이에 접근하는 원칙과 과정을 의미한다. 통상적으로 인터뷰 연구자는 연구질문이 의미를 가지게 될 표본의 선정을 위해서 노력하게 된다. 예를 들면 국가지도자인 대통령에게 거는 국민들의 개인적인 기대를 조사하는 연구를 하면서 인터뷰 연구법으로 6명을 인터뷰할 경우, 그 참여자는 한국 국민 전체를 대표할 수 없기 때문에 연구자료의 타당성이 없다. 그렇게 할 정도로 충분한 규모의 참여자가 아니기 때문이다. 대신 다음과 같이 연구의 범위를 한정하면 된다. '한국의 제주지역에 사는 여성 노동자 계층이 대통령에게 요구하는 기대를 살펴보기로 한다.' 이러한 형태의 표집을 목적적 동질표본이라고 한다.

김미영·이광석(2015)은 동질성의 규정방법이 연구에 따라 다르다고 주장한다. 즉 잠정적인 인원규모가 아주 클 경우 사회 인구학적으로 분명한 수많은 요소들을 반드시 감안해야 한다. 가끔은 전체 규모가 더 작아서 어떤 요소들을 동질성으로 고려해야 할지 또 어떤 요소가 가장 중요해질 수 있는지에 대해 더 선별적일 때도 있다. 또한 연구 자체가 선별 요소와 관련이 있다. 즉 우울증 치료의 최초 경험에 대한 연구인 경우, 우울증을 앓은 시간, 우울증의 정도, 치료기간, 사전 치료 여부의 관점에서 상당히 동질적인 집단을 선정하고 싶을 것이다. 따라서 인터뷰 연구자들은 상당히 동질적인 집단을 확보하도록 노력하여야 한다.

민병오·조대현 역(2014)에서는 포커스그룹을 위한 표본추출방법을 다음과 같이 제시하고 있다. 많은 연구조사자들이 무작위 추출이 중요하다고 생각해왔다. 일부 영역에서 무작위 추출이 잘 적용되었기 때문에, 연구 조사자들은 무작위 추출이 포커스그룹 인터뷰를 비롯한 질적 연구에도 적합하다고 생각할 수 있다. 무작위 추출은 본질적으로 선택오류를 제거한다. 즉 모든 참여자들이 연구조사에 포함될 수 있는 동등한 기회를 갖는다. 무작위 추출은 특히 큰 모집단에 대해 추론할 때 적합하다. 그러나 포커스그룹의 목적은 추론이 아니라 이해에 있고, 일반화가 아니라 다양한 범주의 설정에 있으며, 모집단에 대한 설명이 아니라 집단 내의 사람들이 어떤 상황을 어떻게 인식하는지에 대한 통찰을 제공하고 있다는 것을 기억해야 한다.

그리고 포커스그룹의 이상적인 크기는 일반적으로 참여자의 수가 최소 5명에서 최대 8명 사이이다. 참여자에게 토론 주제가 주요 관심사가 아니거나 그 주제에 대한 경험이 적다면 10명 규모의 그룹이 생산적일 수 있다. 그러나 주제가 참여자들에게 좀 더 중요한 주제이거나 또는 주제에 대해 전문적인 지식을 가지고 있는 경우 집단의 규모는 5~6명으로 제한하는 것이 바람직하다.

인터뷰 연구에 있어 연구자는 다음과 같은 표집의 실수를 피해야 한다. 즉 조잡하고 부적절한 방식으로 표집을 시행하는 것과 연구목적에 부적당한 표본 유형을 선택하는 것이다. 넓은 의미에서 표집은 모집단을 대표하는 표본과 모집단 전체를 대상으로 하는 것으로 나눌 수 있다. 정량적 연구에서는 표본을, 정성적 연구에서는 모집단 전체를 표집의 대상으로 하고 있다.

표집의 일반적인 절차는 모집단을 확정하고, 표집방법을 결정하고, 표본의 크기를 결정하고, 표본을 추출(표집)하는 것이다. 표집의 방법에는 확률표집방법과 비확률표집방법으로 구분되며 확률표집방법에는 단순무작위표집(난수표, 제비뽑기), 층화표집, 집락표집, 계통적 표집으로 구분된다. 그리고 비확률표집에는 눈덩이표집, 유의표집, 임의표집, 할당표집이 있다. 인터뷰 연구에서도 이러한 절차를 참고하여 연구자는 연구목적에 적합한 표집을 하는 것이 매우 중요하다.

3 인터뷰 연구법의 유형과 절차

3.1 근거이론 연구법

질적 연구의 영역에서 인터뷰의 자료를 분석하는 경우에는 전통적으로 Strauss & Corbin(1998)의 근거이론 연구법과 연구자의 주관과 경험에 근거한 해석현상학적 분석(Interpretative Phenomenological Analysis, IPA)이 주로 사용되고 있다.

근거이론은 현실에 보다 밀착된 이론을 만드는 것이며, 끊임없이 자료와 상호작용을 해나가면서 자료에 밀착한 실증적 분석을 진행하는 것이다. 따라서 자료 분석결과의 해석을 설명력 있는 개념으로 만들었다는 것이 강점이며, 근거이론을 학습하고자 하는 사용자들에게 유익하다 할 수 있다(최종혁, 2011). 근거이론을 바탕으로 연구를 수행하는 절차를 자료수집과 분석결과의 과정으로 구분할 수 있다. 자료수집 단계에서는 연구의 주제를 설정하고, 조사대상자를 선정하여 질문항목을 계획하여 인터뷰를 진행한다. 그리고 면담자와의 상호작용을 통해 자료를 생산하게 된다. 자료의 분석단계에서는 일반적으로 다음의 세 단계를 통해서 진행하게 된다.

첫 번째 단계는 개방코딩의 과정으로 근거자료를 통해 현상에 이름을 붙이고 개념을 도출하여 범주화하는 단계이다. 수집된 인터뷰자료를 반복해서 읽어 자료에 나오는 일반적 의미와 심층적 의미를 파악하고, 두 집단의 공통점과 차이점을 비교·검토하여 개념을 추출한 후, 비슷한 개념끼리 묶어 범주화하는 작업이다.

두 번째 단계는 축코딩의 단계로 각 범주 간의 관계를 좀 더 포괄적으로 설명하기 위해 인과조건, 중심현상, 맥락조건과 중재조건, 작용과 상호작용, 전략과 결과 등의 근거이론의 틀에 맞추어 분석하면서 각 범주를 연결하여 파악하는 작업이다. 여기서 연구자는 중심현상을 확인하고, 인과조건을 탐색하며, 전략을 구체화하고, 맥락과 중재조건을 확인하며, 이 현상의 결과를 밝히는 단계이다(Charmaz, 2006).

세 번째 단계에서는 선택코딩을 실시하여 발견한 범주들을 논리적으로 연결해 이야기 윤곽을 구성하고 이를 바탕으로 핵심범주들을 도출해 이론화 작업을 수행하는 과정이다(강복·손승혜, 2018).

3.2 콜라지와 지오르기 연구법

인터뷰를 활용한 현상학적 연구의 또 다른 형태로는 콜라지와 지오르기 방법이 있다. 이 방법은 보통 면담이나 인터뷰 관찰 결과를 바탕으로 연구자가 의미있는 현상을 발견해나가는 방법론이다. 현상학이라는 단어가 사용된 시점은 20세기 초 독일의 철학자 후설(Edmund Husserl)이 '논리 연구'에서 자신의 철학을 현상학(phanomenologie)이라고 명명한 때부터이다. 현상학은 존재의 의미와 의의를 밝혀내는 인간 의식의 본질(essence)을 연구하는 학문이며 인문학, 교육학, 심리학, 간호학 등의 분야에서 발전되어 왔으며 질적 연구에서도 많이 활용되고 있다. 현상학적 연구에서는 경험의 본성을 미리 판단하지 않고 '의미를 갖고 있는 그대로' 정확하게 기술하는 것이다. 즉 참여자의 주관적 경험 세계를 있는 그대로 기술한 후, 그 경험의 의미를 해석하는 것이다.

현상학적 연구는 현상의 본질을 밝히는 것과 함께 현상이 존재하는 사회문화적 경험세계의 맥락을 더불어 고려하게 된다. 대표적인 현상학적 연구방법으로는 지오르기(Giorgi)의 현상학적 연구방법, 반캄(VanKaam)의 현상학적 연구방법, 콜라지(Colaizzi)의 현상학적 연구방법 등이 있다. 이처럼 몇몇 학자들에 의해서 고안된 현상학적 연구방법들은 연구현상의 본질에 집중하고 연구 대상자의 경험세계에서 자료를 수집하며 반성의 과정을 거쳐 발견된 결과에 관해 현상학적 기술을 한다는 측면에서 서로 유사하면서도 분석과정에서는 각기 다른 차이를 보이고 있다.

콜라지(Colaizzi) 방법은 인터뷰를 통해 생산된 자료를 수집하여 각각의 자료가 내포하고 있는 의미를 파악하고 연구문제와 직접적으로 관련된 단어나 문장을 추출하여 의미있는 진술을 일반적 진술로 변형한 뒤 형성된 의미를 주제별로 분류하는 것이다. ① 수집된 자료 전체를 검토하여, ② 인터뷰어의 중요한 진술을 추출한다. ③ 의미있는 진술을 일반적 진술로 변형하여, ④ 형성된 의미를 주제별로 묶어 군집화한다. ⑤ 그리고 주제를 포괄적으로 기술하며, ⑥ 주제 모음을 통해 큰 주제를 확인하고, ⑦ 연구결과의 타당도를 검증한다.

지오르기(Giorgi) 방법은 인터뷰를 통한 자료수집 후 전체적인 이해를 위해 반복적으로 자료를 읽고 의미별로 구별하여 인터뷰자료가 학술 가치가 드러나도록 이론적으로 언어를 정리하여 의미를 부여하고 연구의 상황에 맞게 구조적으로 기술하는 방법이다. 즉 ① 자료를 수집하여 전체적 맥락을 염두에 두고 기술내용을 읽는다. ② 기술된 내용을 의미단위로 나눈다. ③ 의미단위를 가장 적합한 학문적 표현으로 변형한다. ④ 진화된 의미단위를 구조적으로 통합한다. 지오르기 연구는 연구자가 인터뷰어의 경험세계를 이론화하거나 반성적으로 재해석하는 것이 아니라, 드러난 그대로의 현상을 기반으로 연구 참여자의 경험의 의미를 보존한 채 경험의 본질을 파악하는 것이 핵심이라고 할 수 있다. 그리고 콜라지 및 지오르기 방법 모두 인터뷰자료에 대한 타당성과 연구 결과에 대한 타당도가 무엇보다 중요하다고 할 수 있다.

3.3 IPA 분석

IPA 분석과정은 다음과 같다.[5] 분석과정은 대체로 언어분석에 기초한다. 따라서 질적 연구의 기초로 언어의 운용이 중요한데, 특히 어떤 상위어로 포괄할 것인가는 연구에 아주 중요한 기능을 수행한다.

① **제1단계:** 자료모음을 읽어보고 재검토한다. 그렇게 하는 동안에 연구자의 선이

5) 이광석(2020)에서 요약정리함.

해(현장기록, 문헌고찰, 경험과 지식)에 주로 의존하는 최초의 개략적인 인상이 형성된다. 또한 전사와 함께 문서화하는 작업은 분석의 각 단계에서 연구자가 생각하는 바를 분명히 해주고, 발견의 신뢰성을 높여주는 보고서의 자취를 찾아낼 수 있게 한다.

② **제2단계:** 경험의 본질을 인지한 초기의 주제가 확연히 나타난다. 연구자는 이 주제를 서술하고 확실히 하기 위해 주제어를 사용한다. 또한 그 주제의 선이해를 배경으로 초기 주제를 탐구하며, 그런 후에 적합한 듯이 보이는 텍스트의 다른 모습과 연결을 시도한다. 연구자는 초기 주제들을 묶어서 범주화하는 시도로 부제를 이용하는데, 이는 연구하는 현상의 모습들을 규정하는 데 도움을 준다. 이로 인해 연구자는 텍스트로부터 사고로, 해석으로, 개별 사례에서 나타난 각각의 어휘를 포괄 가능한 상위어로 자리 이동하는 분석과정을 눈에 보이게 할 수 있다.

③ **제3단계:** 위 순서에 따라서, 참여자와 연구자의 상호 수정과 공동 창조, 그리고 이해하는 해석학적 원칙을 확고히 하는 데 도움을 주는 참여자의 초기 진술을 분석하고 이용한다. 연구자와 참여자의 심도있는 대화를 통해 더 나은 검증을 할 수 있다. 이 과정은 무한히 계속될 수 있다. 물론 IPA에서는 단 한 번의 인터뷰도 수용가능하지만, 각 참여자의 최대 3회의 대화로 분석하기에 충분한 자료가 생성될 수 있다. 몇 번의 인터뷰를 실시하느냐의 판단은 연구자나 연구의 한계, 시간 구성과 초점에 달려있다.

④ **제4단계:** 연속되는 대화를 따라서 연구자와 참여자가 어떻게 그 현상에 대해 이해를 공유하는가라는 연계를 인식하고 보여주는 것을 강조하면서 자료 분석과정은 되풀이된다.

⑤ **제5단계:** 일단 자료수집과정이 끝나면, IPA에 기초한 연구자는 연구과정을 정리하여 설명하여야 한다. 이때 특히 연구에서 발견한 새로운 것들, 여기에 이르는 설명과 공동 작업 등을 세심하게 문서화해야 한다. 전사로부터 얻어진 대표적인 사례들

은 참여자들이 제공한 정보로 연구자가 어떻게 결론을 도출했는가를 이해하도록 해준다.

IPA연구의 실제 적용 사례에서 연구자는 문서를 통해 주제를 찾고 나타난 주제를 타이틀화하는 작업을 수행하고 해당 주제를 좀 더 학술적인 용어로 변환해야한다. 그리고 각 주제를 연결하여 의미를 부여할 수 있도록 좀 더 분석적이거나 이론적으로 순서화해야 한다. 다음으로 수행해야 하는 과정은 주제를 클러스트화 하고 테이블화하는 과정이다. 즉 분석하고 해석한 바를 말로 옮기는 작업으로 주의할 것은 참여자가 말한 부분인가? 연구자가 해석하거나 설명한 부분인가?를 분명히 구별하여야 한다.

3.4 텍스트분석을 활용한 인터뷰 연구법

인터뷰 연구의 방법론에서 최근 새로운 연구 기법으로 주목을 받고 있는 텍스트 네트워크 분석의 적용은 인터뷰를 통해서 생산된 자료, 즉 언어의 차이와 관계를 과학적으로 적용하는 분석 방법이라 할 수 있다. 즉 닮음과 차이를 통해서 언의의 관계를 형성하여 구조화하며 언어와 언의의 관계가 변하면 그 의미가 변한다는 것이다.

본 연구법의 분석과정은 자료수집, 데이터 코딩, 데이터 전처리과정, 텍스트분석 그리고 결과에 대한 논의의 과정을 거친다. 인터뷰 자료에 대한 텍스트분석에서는 연결중심성 분석과 LDA 토픽모델링 기법을 주로 활용한다. 분석과정을 정리하면 ① 자료수집, ② 데이터 코딩, ③ 데이터의 전처리, ④ 워드네트워크로의 전환, ⑤ 텍스트네트워크 분석의 적용 과정을 거친다.[6)]

6) 최외출·이정락(2019)의 연구사례를 바탕으로 연구 수행 절차를 설명하고자 한다.

1) 자료수집

분석의 대상인 새마을운동 지도자의 구술자료는 성공회대학교 민주주의 연구소에서 2010년과 2011년에 걸쳐 1970년대 새마을운동을 경험한 40여명의 새마을지도자 중 연구대상에 적합하다고 판단되는 남·여 각 5명을 대상으로 인터뷰한 녹취록 자료를 이용하였다(이정락·최외출, 2019).

인터뷰어가 되는 구술자는 1970년대의 새마을운동을 경험한 남·여 새마을지도자이며, 인터뷰는 면담자가 질문하고 구술자가 답변하는 반구조화된 면담형식으로 진행되었다(이정락·최외출, 2019). 개별 인터뷰 시간은 60분에서 180분 정도 소요되었으며, 내용은 남성 지도자의 경우 성장배경, 새마을사업, 새마을교육을 중심으로 되어 있다. 인터뷰 구술자 리스트 및 주요 주제어는 <표 5-3-1>과 같다.

<표 5-3-1> 인터뷰 구술자 리스트 및 주요 주제어

성별	구술자	시간	주요주제어
남성	강○○	61분	새마을가꾸기사업, 새마을금고, 새마을교육, 대통령
	김○○	172분	성장배경, 새마을사업, 이장, 개발위원회, 마을규약
	박○○	84분	성장배경, 새마을사업, 새마을지도자, 교육, 대통령, 새마을사업 평가
	배○○	50분	성장배경, 새마을사업, 새마을훈장, 새마을지도자, 지도자대회, 하사금, 환경사업, 비육우사업
	조○○	130분	가족관계, 새마을사업, 새마을교육, 주택개량사업
여성	권○○	70분	가족관계, 부녀회 활동, 시범마을, 마을회관건설
	김○○	75분	가족관계, 가족계획사업, 구판장사업, 부녀회활동, 성공사례발표
	부○○	87분	가족관계, 새마을부녀회, 새마을길, 사례발표
	안○○	104분	가족관계, 결혼생활, 새마을사업, 부녀회, 봉사활동
	최○○	71분	부녀회활동, 구판장, 마을회관, 지붕개량, 부녀교실, 훈장, 취락구조개선사업

주요 주제어의 구성을 살펴보면 일반적으로 남성지도자의 경우 마을사업과 관계기관과의 업무를 중심으로, 여성 지도자의 경우 가족관계, 부녀회 활동과 사업 중심으로 구술되었다.

2) 데이터 코딩과 전처리

수집된 데이터를 텍스트 파일로 전환하는 작업이다. 또한 분석 프로그램이 해석할 수 있는 데이터 형식인 txt 파일로 변환하는 작업으로 각 지도자별로 별도의 파일을 생성하여 분류한다.

전처리는 텍스트 자료를 제대로 활용하기 위하여 정제하는 과정이라 할 수 있다. 텍스트 내에는 특수문자, 숫자, 외래어, 인터뷰 질문자와 답변자 등과 같이 분석에 불필요한 부분을 제거하는 과정이다. 그리고 명사, 형용사, 동사 등의 품사에서 분석의 대상이 되는 형태소(품사)를 지정하며 일반적으로 텍스트네트워크 분석에서는 명사를 주로 사용한다. 그리고 반복되는 워드네트워크 전환과정을 통해서 나타나는 제외어, 유의어, 지정어를 등록하여 텍스트 자료를 보다 정교하게 한다.

사회과학과 관련한 텍스트 연구에서 그 분석단위는 다양하다. 미시에서 거시로 분석 단위를 보면 형태소-단어-구-절-문장-문서의 순서로 구분할 수 있으며 단어는 텍스트네트워크 분석에서 가장 중요한 분석단위가 된다. 그리고 연구자는 문서를 어떻게 구분하느냐에 따라 연구주제의 수준과 밀도가 결정되기 때문에 사전에 이러한 분석단위에 대한 이해도 상당히 중요하다. 즉 대통령의 연설문을 분석할 때 연도별 분석이 필요한 경우에는 연도별 연설문이 하나의 문서가 되며, 대통령별 연설문을 분석할 경우에는 대통령별 연설문이 하나의 문서가 된다.

3) 워드네트워크로 전환

용어의 빈도와 윈도우 사이즈를 정하여 워드네트워크로 전환하여 TF-IDF[7]워드를 도출하여 워드네트워크를 생산하는 작업이다. 용어 빈도는 문서 내에서 등장하는 용어의 단순 발생빈도를 부여하는 것으로 일반적으로 1~5회의 빈도 중 하나를 선택하게 된

7) 단어의 중요도는 한 문서에서 특정 단어가 얼마나 중요한가를 측정하는 방법으로 추출된 워드에 가중치를 주는 것으로 TF-IDF를 가장 많이 사용한다. 즉 TF-IDF 가중치 값이 큰 단어일수록 속해있는 문서의 주제나 의미를 결정지을 가능성이 크다.

다. 그리고 윈도우 사이즈는 한 문장에서 인접한 몇 개의 단어와 링크할 것인지를 정하는 것으로 일반적으로 문서에 나타난 문장의 길이나 텍스트의 유형에 따라 결정이 되기도 한다. 본 연구 사례에는 용어의 빈도는 1, 윈도우 사이즈는 3으로 지정하였다.

4) 텍스트네트워크 분석

텍스트로부터 고도의 정보를 도출하는 과정으로 텍스트를 구조화해서 패턴을 도출하여 결과를 평가하고 해석하는 과정이다. 본 연구 사례에서는 Netminer version 4.3 Semantic Network Analysis 프로그램을 활용하여 분석을 진행하였다. 네트워크 텍스트 분석의 적용은 다양한 기법 중에서 텍스트를 해석하기 좋은 가장 적합한 기법을 선택하는 과정이라 할 수 있다. 본 연구에서는 인터뷰 자료를 대상으로 텍스트 내의 중심워드를 도출하기 위해 연결중심성 분석을, 그리고 텍스트의 토픽과 주제어를 찾기 위해 토픽모델링 분석을 적용하였다.

토픽 수는 연구자가 사전에 정의하게 되는데 개수가 적으면 토픽이 일반적이게 되며 다른 토픽과 잘 구별되는 장점이 있다. 또한 토픽의 개수가 많으면 다른 토픽과 미묘한 차이가 있거나 의미적으로 겹칠 확률이 높아진다. 이러한 문제를 해결하기 위해 다양한 개수를 지정해서 모델링한 후 연구자가 최적의 개수를 판단하는 방법을 사용할 수 있다(Asuncion, 2010).

본 연구 사례에서는 인터뷰의 자료와 반복적인 토픽 수의 결과를 확인하여 신뢰도가 높다고 판단되는 토픽 수 5개를 적용하여 분석결과를 도출하였다. 특히 토픽모델링 분석의 경우 생애사 연구에도 인터뷰 대상자의 토픽과 주제어를 과학적으로 도출할 수 있는 과학적 분석기법이 될 수 있다. 생애사 연구는 최근에 질적 연구방법 중의 한 장르로서 인문학, 사회과학에서 널리 각광을 받고 있다. 생애사의 연구개념은 고전적 의미에서 '한 개인의 삶에 대한 기술'로 이해할 수 있다. 현대적 의미에서 생애사는 한 개인의 전 생애 발달과정에 대한 삶의 역사를 외적인 삶의 상태와 심리적인 측면과 정신적 내적인 측면을 묘사하는 것으로 정의되며(김영천·이현철, 2017), 향후 텍스트네트워크 분석의 적용과정에 대한 연구가 필요한 영역이라 할 수 있다.

연구의 마지막 단계인 텍스트네크워크 분석 결과에 대한 논의과정에서는 기존의 인터뷰 자료의 분석방법과 비교·평가하여 결과에 대한 함의를 도출한다. 텍스트네트워크 분석의 적용은 연구결과에 대한 타당성과 신뢰성을 높이고 인터뷰연구 기법을 보다 과학화하고자 하는 데 목적이 있다.

5) 인터뷰 텍스트네크워크 분석 절차

인터뷰 자료를 대상으로 텍스트네트워크 분석을 적용하는 구체적인 기법을 중심으로 전체 절차를 요약하여 설명하면 [그림 5-3-2]와 같다.

[그림 5-3-2] 인터뷰 텍스트네트워크 분석 절차

① 인터뷰 유형 결정	• 반구조화 유형8) → 질문유형별 문서를 분류·생성 • 비구조화 유형 → 한 개의 문서로 통합·생성
② 자료수집과 코딩	• 전체 인터뷰내용을 전사하여 텍스트파일로 전환
③ 텍스트의 전처리	• 형태소 결정, 유의어·제외어·지정어 등록
④ 워드네트워크 생성	• 윈도우사이즈 지정, 빈도 설정, 방향성 설정
⑤ 분석기법의 적용	• 중심성분석기법 → 연결/매개/근접/아이겐벡터 • 자료의 타당도분석 → 연결중심성, 지니계수분석 • 토픽·키워드분석 → LDA 토픽모델링
⑥ 시각화 작업	• 빈도 → 워드클라우드/중심성 → 스프링맵 • 위치, 군집-동심원그래프, 벤다이어그램

자료: 이정락·최외출(2019)

8) 질문의 유형별로 문서를 생성하면 분석기법의 적용 시 정확한 키워드의 도출이 가능하고 면담자간의 비교도 용이하며 필요 시 하나의 문서로 통합이 가능하다.

본 교재에서 제시하는 인터뷰 연구방법과 차별화된 과정 및 특성은 다음과 같다. 먼저 인터뷰 유형에 따라 주제와 관련한 질문을 선정하여 자료를 분류 또는 통합할지를 판단한다. 이것은 질문 유형별로 구분하여 문서를 생성하면 분석단계에서 관련 주제만을 대상으로 정확하게 분석하고 면담자 간의 비교가 용이한 측면이 있다. 이러한 인터뷰 자료의 구분은 주제별·시기별로 구분할 수 있으며 사전에 연구자가 분석의 범주를 미리 설정하여 구분하면 분석결과를 다양하게 도출할 수 있다. 예를 들어 대통령별 연설문을 비교 분석할 때 자료를 정부별로 구분할지 통합할지를 판단하는 것은 연구의 목적과 분석결과를 고려하여 결정하여야 한다.

다음은 수집한 자료에 대한 코딩작업으로 인터뷰를 통해 생성된 녹음 또는 영상파일을 워드로 전환하는 작업이다. 이 과정에서 질적 연구의 방법론에서는 연구자가 자료를 선별하여 워드로 전환하거나 필요한 부분만 워드로 전환하기도 하였으나 텍스트네트워크 분석을 적용하는 과정에서는 인터뷰 자료 전체를 문서화하여 자료에 대한 타당성을 높일 수 있다.

다음 단계는 텍스트의 전처리과정을 통해 반복적으로 자료를 정제하여 워드네트워크를 생성하는 과정이다. 이 과정에서도 인터뷰 자료를 축소하지 않고 전체자료를 정제할 수 있으며, 연구목적에 따라 자료를 통합 및 분리하여 다양한 형태로의 자료 생성이 가능하다.

마지막 단계는 인터뷰자료에 대한 분석기법의 적용과 시각화작업이다. 본 교재에서는 중심성분석과 LDA 토픽모델링 분석을 중심으로 살펴보았으며, 향후 지속적인 연구를 통해 다양한 기법의 적용이 가능하다. 그리고 시각화 작업은 인터뷰의 주제별로 군집화된 그래프와 맵의 생성이 가능하나 이 책에서는 생략하였다. 인터뷰의 목적은 연구의 목표와도 귀결되며, 인터뷰 대상자는 연구 목표를 달성할 수 있는 핵심 요소이고 인터뷰의 연구방법론에서 인터뷰 대상자에 대한 타당성을 높이는 과정 또한 연구과정에 포함해야 할 중요한 영역이라 할 수 있다.

6) 분석 프로그램

수집된 질적 자료의 관리 및 분석은 한국형 질적 자료 분석 소프트웨어(Computer Assisted Qualitative Data Analysis Software, CAQDAS)인 파랑새2.0(www.thebluebird.kr)을 활용한다(오영범·이현철·정상원, 2016). 그리고 최근 질적 연구는 연구 수행과정에서 축적되는 방대한 자료를 효율적이고 체계적으로 관리하기 위해 엔비보(NVivo), 에틀라스티(ATLAS.ti), 에트노그래프(The Ethnograph), MAXQDA 등과 같은 컴퓨터를 활용한 질적 자료분석 프로그램을 활용함으로써 연구자로 하여금 연구의 전 과정을 유기적인 관점으로 조망하면서 신뢰도를 높일 수 있는 도움을 준다(김영천·이현철, 2017).

NVivo 프로그램은 질적 연구 데이터의 관리와 근거이론의 분석 프로그램으로 많이 사용되고 있다. 이 프로그램은 데이터를 분류하고 문서별로 연구자가 소주제별로 코딩을 해서, 펼쳐진 소주제를 같은 아이디어 단위로 묶어 나가는 방법으로 하위범주에서 상위 범주로 분석을 진행하면서 반복되는 주제를 발견하는 것이다(박종원, 2018).

본 연구 사례에서는 넷마이너 프로그램에 기반한 시멘틱 네트워크 프로그램을 주로 사용하여 인터뷰 자료에 대한 연구과정을 설계하였다. 텍스트네트워크 분석의 이론적 기반이라 할 수 있는 소셜네트워크분석(Social Network Analysis)은 사회 연결망 연구로 현재까지 다양한 분야에 걸쳐 발전해 왔다(Scott, 2011).

인터뷰의 주제 도출을 위한 효과적인 분석기법으로 토픽모델링 분석이 제안되고 있으며, 양승준·이보연·김희웅(2016)은 반복적으로 사용되는 다수의 주제어를 클러스터링하여 주제 그룹을 추정하고 잠재적 토픽을 추출하는 기법으로 토픽모델링 기법이 적합하다고 하였으며, 신현정·이창민·변창현(2018)의 연구에서도 토픽모델링 방식을 통한 효율적인 주제 도출기법을 제안하고 있다.

토픽모델링 기법은 대용량의 텍스트에 사용된 단어들을 이용하여 잠재되어 있는 토픽을 추출하고 그 토픽들이 서로 어떻게 관련되어 있고 시계열적으로 어떻게 변화해 가는지를 분석할 수 있는 통계적 방법(강범일 외, 2013)으로 1990년 후반 잠재의미분석(LSA)에서 시작하여, 확률적 개념을 추가한 확률적잠재의미분석(PLAS)으로 발전하였다. 최근에는 Blei, Ng와 Jordan(2003)이 제안한 잠재디리클레할당 LDA(Latent Dirichlet Allocation) 알고리즘이 대표적인 토픽모델링 기법으로 활용되고 있다.

텍스트네트워크 분석을 적용한 본 연구 사례의 분석결과를 통해서 기존의 인터뷰 방법론과 차별화되는 특징을 요약하면 다음과 같다.

첫째, 인터뷰 자료의 선정과정에서부터 해당 자료에 연결중심성지수를 적용하여 응집성 있는 인터뷰 자료를 추출할 수 있다. 그리고 자료를 축소하지 않고 전체 인터뷰자료를 대상으로 분석을 진행하여 연구자료에 대한 유효성 내지는 타당성을 높일 수 있다. 둘째, 연구의 전체과정에 과학적인 분석기법을 적용하여 동일한 자료에 대해 일관성 있는 분석결과를 도출함으로써 분석결과에 대한 신뢰성을 높일 수 있다. 셋째, 방법론적 측면에서 텍스트네트워크 분석은 텍스트의 실질적 요소 간의 대립관계분석을 통해 의미적 해석이 가능하며 이것은 결과의 분석과정에 방법론적 다양성을 부여할 수 있다.

4 인터뷰와 질문지 작성기법

4.1 인터뷰 질문지 작성기법[9)]

이 절에서는 인터뷰를 실행함에 있어 필요한 질문지 작성의 구성방법과 고려사항에 대해 학습하기로 한다. 인터뷰는 인터뷰어의 주관적인 구술로 진행되기보다는 연구자가 개발한 계획된 질문지에 의해서 진행된다. 연구자는 인터뷰의 대상을 선정하고, 질문의 문구와 순서를 정하고, 각 질문의 소요시간을 배정하여 인터뷰를 시행하게 된다. 인터뷰는 연구대상의 특성에 따라 개인별로 이루어지는 심층인터뷰와 그룹인터뷰 또는 포커스그룹 인터뷰로 구분할 수 있다. 본 교재에서는 포커스그룹인터뷰의 실행에 따른 질문지의 개발과 작성기법에 대해 살펴보기로 한다. 일반적으로 심층인터뷰 또한 이러한 과정에 준하여 질문지를 작성하고 인터뷰를 진행한다고 할 수 있다.

포커스그룹 연구자들이 봉착하는 문제 중 하나가 연구목적에 타당한 질문을 개발하는 일이다. 흔히 초보 연구조사자들은 흥미로운 질문을 만들지만, 그들은 그러한 질문에 대한 대답이 연구목적의 달성에 도움이 될 수 있을지 여부를 자신할 수 없다(민병호·조대현 역, 2014). 따라서 인터뷰를 진행하는 연구자는 주관적인 질문에 의존하기 보다는 그동안의 사례를 중심으로 자신의 연구목적을 달성할 수 있는 질문지 개발을 위한 연구를 우선하여야 한다.

---

9) 민병호·조대현 역(2014)에서 일부 발췌하여 수정정리함.

특정 주제에 초점을 맞춘 인터뷰 조사에서 사용되는 일련의 질문들, 즉 질문지는 일반적으로 2시간 동안 12개의 질문을 다룬다. 그러나 그룹인터뷰 상황에서 12개의 질문을 던지고 토론을 한다면 상당 시간이 소요될 수 있기 때문에 질문의 유형과 개수는 참여자의 범위와 규모에 의해 적절하게 조절이 되어야 한다(민병호·조대현 역, 2014).

그룹인터뷰를 위한 좋은 질문지는 다음과 같이 구성된다. ① 그룹 내의 모든 사람들이 대답하기 쉬운 질문으로 시작한다. ② 순서가 정해져 있어서 한 질문에서 다른 질문으로 대화가 자연스럽게 흘러간다. ③ 일반적인 질문으로 시작해서 좀 더 구체적이고 중요한 질문으로 좁혀진다. ④ 주어진 시간을 현명하게 사용한다.

포커스그룹 인터뷰는 인터뷰를 진행하는 단계로 구분하면 5가지로 구분할 수 있다. Krueger는 시작, 도입, 전환, 핵심, 마무리 질문으로 구분하여 <표 5-4-1>과 같이 제안하고 있다(민병호·조대현 역, 2014).

다음의 인터뷰 질문지 사례를 적용하여 그 과정을 보다 구체적으로 살펴보기로 한다. <표 5-4-1>의 질문지는 부모를 대상으로 하는 포커스그룹에서 사용된 질문이다. 이들 부모들은 최근에 집중적인 가족 상담 프로그램에 참여한 적이 있었던 경우이다.

<표 5-4-1> 인터뷰 질문지 작성 사례

구분	질문지
시작	1. 선생님의 이름을 말씀해 주시고 얼마나 오랫동안 프로그램에 참여했는지 말씀해주세요.
도입	2. 선생님께서는 이 서비스에 대해 어떻게 알게 되었습니까?
전환	3. 선생님께서는 이 서비스에 처음 참여하였던 시점을 회상해 주세요. 첫인상이 어떠했습니까? 4. 선생님의 경우 시작과정이 어떠했습니까?
핵심 질문	5. 선생님께서 받았던 이 서비스로부터 특별한 도움이 되었던 것이 무엇입니까? 6. 이 서비스에 대해 특별히 실망스러웠던 점은 무엇입니까? 7. 선생님의 아이가 이 서비스를 받았기 때문에 달라진 점이 있습니까? 만약 그렇다면 어떻게 달라졌습니까? 8. 선생님 가족의 생활이 이 서비스를 받았기 때문에 달라진 점이 있습니까? 만약 있다면 어떻게 달라졌습니까?

구분	질문지
마무리 질문	9. 만약 선생님께서 이 프로그램의 관리자에게 조언을 해줄 기회가 있다면, 어떤 조언을 해주시겠습니까? 10. 우리는 이 서비스로 아이들과 가족들에게 생긴 변화를 알고 싶습니다. 우리가 놓친 점이 있다면 말씀해주세요.

자료: 민병호·조대현 역(2014)

시작 질문은 대답하기 쉽게 설계하며 실제로 대답하기 쉬워야 한다. 일반적으로 이 시점에서는 참여자의 입장이나 의견에 대해 묻는 것이 아니라 사실관계에 대해 묻는 것이 가장 좋다. 도입질문은 토론 주제를 소개하고 사람들이 토론 주제와 자신의 관련성에 대해 생각하게 한다. 전환질문은 연구조사의 핵심질문으로 대화가 옮겨가도록 해준다. 그리고 도입질문과 핵심질문을 논리적으로 연결해주는 연결고리 역할을 한다. 핵심질문은 2개에서 5개로 구성되어 인터뷰에서 가장 관심을 두어야 할 질문이다. 마무리 질문은 참여자들로 하여금 자신이 이미 한 말에 대해 생각해 볼 수 있게 하며 분석 시 중요하다.

4.2 인터뷰 실행 시 고려사항

인터뷰는 연구자가 직접적으로 관찰할 수 없는 상황에서 현상을 이해할 수 있는 중요한 도구이다. 언제 인터뷰를 시작해야 하고, 몇 번 면담을 해야 하고, 언제 인터뷰를 끝내어야 하는가에 대해 정해진 것은 없다. 단지 이에 대한 하나의 대답은 포화상태로 설명할 수 있다. 즉 같은 상태가 계속되고 더 이상의 해석의 여지가 필요없다고 여겨질 때면 족하다는 것이다(조영달, 2005). 인터뷰는 자료의 형태가 질적이냐 또는 양적이냐에 따라 그 기법도 상이하다고 할 수 있다. 질적 연구에서 활용되는 심층인터뷰는 질문에 대한 대답을 얻으려는 것도 아니고, 가설을 검증하려는 것도 아니며, 평가하기 위한 것도 아니다. 심층인터뷰의 근원에는 다른 사람들의 생생한 경험과 그 경험으로부터 만들어내는 의미를 이해하는 것에 대한 관심이 있다(Seidman, 2006).

이러한 질적 자료에 기반을 둔 반구조화된 인터뷰인 경우 조영달(2005)은 다음과 같은 유의사항을 제시하고 있다. ① 오랜 시간의 대화를 위해 인간적인 이해와 공감대가 형성되어야 한다. ② 정해진 방향이나 결론으로 유도하지 말아야 한다. ③ 대화가 잘 연결되지 않으면 질문기술을 생각해 보아야 한다. 예를 들면 일어날 가능성이 있는 상황을 먼저 이야기함으로써 이야기를 끌어가는 것이다. ④ 특정 언어와 집단 내에서 사용되는 특별한 용어에 유의하여야 한다. ⑤ 상대방의 몸짓, 표정, 침묵의 정도, 음성의 강약 등에도 유의하여야 한다. ⑥ 일반적인 질문에서 초점이 모이는 질문으로 진행할 수 있어야 한다. 이러한 노력은 피면담자가 알지 못하도록 자연스럽게 이루어져야 한다.

Seidman(2006)이 제시하는 인터뷰 기법은 다음과 같다. ① 듣기는 면담의 중요한 기술이다. 더 많이 듣고 더 적게 말하라. ② 질문에서 가장 중요한 것은 연구 참여자가 하는 말을 따라가는 것으로 조사의 느낌보다는 탐색의 느낌으로 진행하여야 한다. ③ 더 많이 듣고 더 적게 말하고 진짜 질문을 하며 유도질문을 피하여야 한다. ④ 따라가되 방해하지마라. 즉 연구참여자가 말하고 있을 때 끼어들지 말 것을 주문하고 있다. 인터뷰 연구자가 가져야 할 가장 중요한 마음가짐은 다른 사람에 대해 진정한 관심을 갖는 것이다.

Jochen과 Grit이 제안하는 인터뷰 시 고려해야 할 수행규칙은 다음과 같다(우상수·정수정 역, 2012). ① 이야기를 경청하라. 연구자가 인터뷰 과정에서 주의해야 하는 것은 인터뷰 대상자의 평가를 인정하거나 평가를 더욱 강화시켜서는 안 된다는 점이다. ② 이야기를 중단시키지 말라. 원칙적으로 인터뷰 대상자의 이야기를 중단시켜서는 안 된다. 만약 인터뷰어가 이야기를 듣는 도중 추가 질문의 필요성을 인식했다면 인터뷰어는 그 질문을 기억하고 있다가 인터뷰 대상자의 이야기가 일단락된 다음에 그 질문을 해야 하며, 이 경우에는 인터뷰 대상자가 이미 사용한 표현을 그대로 활용하여 질문하는 것이 좋다. ③ 이해되지 않는 부분은 짚고 넘어가라. 인터뷰어가 인터뷰 대상자의 이야기에서 이해하지 못한 내용이 있다면 다시 한번 설명을 부탁해야 한다. 특히 이해가 안되는 개념, 부정확하거나 누락된 숫자 정보는 추가 질문을 통해 확인해야 한다. ④ 세부적인 사항에 대해 질문하라. 인터뷰 대상자는 흔히 매우 보편적이고 다의적이며 모호하게 이야기하려는 경향이 있다(Rubin & Rubin, 1995). 특히 고학력자에 속하면서 사회적 지위가 높은 인터뷰 대상자는 자신의 이야기를 일반화하려는 경향이 높다. 따라서 세부사항을 얻기 위해서는 각별한 질문 전략이 필요하다. ⑤ 추가질문은 짧고 분명하게 하라. 인터뷰 기획 당시 단서목록에 포함될 질문의 해당사항이기도 하지만, 인터뷰 도중 즉흥적인 추가질문도 해당된다. 추가질문에서 나타나는 전형적인 오류는 복합적인 질문을 던지는 데서 나타나므로, 여러 개의 질문을 하나의 질문으로 구성하지 않도록 유의하여야 한다. ⑥ 인터뷰어의 능력을 보여주어라. 인터뷰 대상자는 자신의 답변이 이해되고 있으며 인터뷰어에게 정보를 제공하는 것이 유익하다고 생각하도록 해야 한다. 초보적 모습의 인터뷰어라면 인터뷰어가 무능력하다는 인상을 줄 수 있으며, 인터뷰어가 자신의 지식을 너무 많이 드러내면 인터뷰 대상자는 조종 당하고 있다는 느낌을 가질 수 있어 인터뷰의 목표가 손상될 수 있다. ⑦ 평가하지 말라. 인터뷰 대상자가 말한 것에 대해서 부정적 혹은 긍정적 평가가 드러나지 않도록 해야 한다(Gorden, 1975). 따라서 인터뷰 대상자가 이야기할 수 있도록 독려하는 것은 좋지만 그의 이야기를 평가해서는 안 된다.

4.3 질문지 작성기법

1) 질문지와 척도

연구자가 연구대상 또는 표본으로부터 원하는 자료를 얻기 위해서 과학적인 질문지를 만들어야 한다. 질문지에 사용되는 질문의 형태는 크게 두 가지로 나뉜다. 개방형 질문과 폐쇄형 질문이며, 개방형 질문은 응답자가 생각나는 대로 어떤 형식 없이 응답하는 것이며 폐쇄형 질문은 응답자가 구조화된 답변에서 선택하여 응답하게 하는 것이다.

Schuman, Presser 그리고 Ludwig(1981)은 개방형 질문과 구조적 질문의 차이를 조사하였다. 조사 당시 미국은 심각한 에너지 쇼크를 경험하고 있었다. 조사의 질문은 “당신은 국가가 당면한 가장 심각한 문제가 무엇이라고 생각합니까?” 라는 개방형 질문으로 하였을 때 응답자의 22%가 “에너지 쇼크”를 답하였다. 그러나 구조적 질문에서 실업, 범죄, 물가상승, 정치 지도력을 지적하였으며 몰론 응답자가 선택할 수 있는 항목에 에너지 쇼크는 없었다.

대부분의 질문지 작성에 있어 다음의 네 가지 척도가 준용된다. 여기서 척도라고 하는 것은 이것을 통해 사람들의 심리나 사회현상을 측정하는 것을 말한다. 이들 척도는 명명척도, 서열척도, 등간척도 그리고 비율척도로 구분할 수 있다. 명명척도는 단어의 의미가 전해 주는 것과 같이 이름을 붙여 주고, 그 이름에 의해서 차이를 구별하는 것이다. 예를 들어 당신은 공적개발원조 예산의 확대에 찬성하십니까? 또는 당신의 최종학력은 무엇입니까? 등이다. 질문을 받은 응답자는 예 혹은 아니요 또는 고등학교 혹은 대학교 등 어느 하나에 답을 할 것이다.

서열척도는 응답자를 등위로 혹은 순서로 구분하는 것이다. “당신은 자신이 졸업한 학과에 어느 정도 만족합니까?” 라고 질문하고 ① 아주 만족한다. ② 만족한다. ③ 보통이다. ④ 만족하지 않는다. ⑤ 아주 만족하지 않는다. 에 응답하는 것이다.

등간척도는 동일한 단위의 간격을 갖는 척도를 말한다. IQ점수와 같이 등간척도는 양적 표현이 가능하나 반드시 0점을 갖지는 않는다.

비율척도에는 물리적 척도인 무게, 시간, 길이, 돈 등이 해당하며 이러한 척도들은 모두가 0점을 갖는다. 질문지 작성에서 흔히 사용하는 나이, 거주기간 등이 모두 비율척도에 포함된다.

위의 네 가지 척도 중에서 어떤 척도는 하나 이상의 특성을 가진다. 예를 들면 몸무게는 비율척도지만 이것은 서열, 등간척도의 특성 모두를 가질 수 있으며 척도의 이름은 가장 높은 특성을 기준으로 명명된다. 하지만 연구자의 목적에 따라 사용되는 특성이 다를 수 있다. 예를 들어 나이는 비율 척도지만 10대, 20대, 30대 등으로 묶어서 서열척도 혹은 명명척도로 이용될 수 있다.

질문지 작성 시 요구되는 기본 원칙으로는 중립성, 간결성, 명확성, 이해성이 있는데 홍성렬(2010)은 다음과 같은 사항을 고려할 것을 제시하고 있다.

① 간단한 언어를 사용하라. ② 질문에 이중성을 만들지 마라. 즉 한 문장에 두

가지 인물 혹은 두 가지 대상이 포함되지 않게 해야 한다. ③ 이중 부정을 피하라. 이중 부정을 포함하는 질문은 응답자를 혼란스럽게 하여 질문 자체를 이해하지 못하게 하는 경우가 발생한다. ④ 잘못 발음하거나 혹은 인식할 수 있는 부정적 단어를 피하라. 문장 속에 통제, 금지, 제한 같은 강한 부정의 의미를 포함하는 단어는 응답자를 혼란스럽게 만든다. ⑤ 예비적 답안을 먼저 제시하지 마라. 응답자가 동일한 형태의 질문을 연속해서 답해야 하는 경우에 응답자와 면접자는 지루한 상황을 이어가야 한다. ⑥ 긴 문장을 피하라. ⑦ 공통적으로 사용되는 쉬운 언어를 사용하라. ⑧ 방향과 범위가 주어진 질문을 하라. ⑨ 질문에 사용되는 용어의 개념을 확실하게 밝혀야 한다. ⑩ 연구자와 응답자가 공유하는 것에 대해 질문하라. ⑪ 보편적 정보를 이용하라.

2) 질문지 작성기법[10)]

설문으로 조사할 때에는 그 과정이 설문지 작성 이전에 고려할 사항과 설문지를 작성할 때 고려사항으로 나뉜다. 전자는 다음과 같이 요약된다. ① 이 조사의 목적이 무엇이고 그 결과가 이용자에게 어떤 도움이 될 수 있는가를 구체적으로 생각한다. ② 설문을 작성할 때, 먼저 이 설문으로 (혹은 다른 설문과 결합하여) 어떤 양식의 보고서 표(혹은 그림)를 제시할 것인가를 먼저 구상한다(한국리서치, 2004). ③ 그중에서도 가장 중요하게 고려해야 할 사항은 "설문지의 오류는 눈에 보이지 않으나 조사에서 치명적인 오류를 낳는다"는 점이다(한국리서치, 2004). 예를 들면 "댁에서 가입한 보험은 어떤 보험인가요?"라는 문항에 대해 응답은 하지만, 남편이나 부인이 가입한 보험을 상대방이 알지 못한다. 또 다른 예시는 "금년에 구입한 도서는 모두 몇 권인가요?"라는 질문에 대해 과장되게 응답하는 경향이 있어 그 결과치는 과장되게 측정된다고 한다(한국리서치, 2004).

질문지를 작성할 때 고려할 중요한 요소는 무엇인가? 이광석(2020)의 경우에는 설문지 작성의 어휘수준의 논의에서 다음과 같은 기준을 제시하고 있다.

---

10) 이광석(2020)에서 주로 발췌 수정하여 정리함.

① 문맥의 말투에서 상대방 존중이 전제되어야 한다.

여기서 강조하는 것은 상대방에 대한 존중이다. 상대방에 대한 존중은 상당히 넓은 범위를 함축한다. 다음 보기도 같은 범주에 속한다. " _ 님 댁의 연간 소득은 가족 모두 합하여 몇만 원인가요?"라는 질문은 답변하기 곤란한 성격을 지닌다. 그 대안은 무엇인가? 그 대안은 다섯 가지 정도의 소득범위로 분류하여 그중 해당되는 사항을 답하게 하는 것이다(한국리서치, 2004). 이와 유사한 것은 "응답자가 응답하기 싫은(창피한, 불쾌한, 사회적 규범에 따라 응답하는) 질문을 하고 있는 것은 아닌가?"를 숙고하여야 한다. 예컨대,

Ⓐ 기독교인에게, "하느님께 기도는 일주일에 몇 번 정도 합니까?"

Ⓑ 여성에게, "담배를 피우십니까?" 등이 그것이다.

그러면 상대방 존중의 설문이 되기 위한 것은 무엇인가? Ⓐ의 경우는 "요즈음 기독교인이라도 기도를 교회에서만 하는 경우도 많이 있다고 합니다"라는 서두를 먼저 꺼내고 묻는다. Ⓑ의 경우는 '여러 가지 경우(친구들과 모였을 때 가끔 피우기도 한다…. 하루에 10개피 이상 피운다)'를 제시하고 어디에 해당하는가를 묻는다(한국리서치, 2004). 따라서 상황에 따른 언어적 요소의 중요성을 인식하여 질문을 할 때 상대방을 존중하는 느낌이 나도록 해야한다.

② 약어를 쓰면 시스템 언어가 되고 이는 의미를 은폐할 수 있다. 따라서 원어(full term)를 쓰도록 하고 꼭 약어를 써야하는 경우 부연설명이 필요하다. "지방정부의 혁신역량에 관한 설문 조사"에서 다음과 같은 설문이 있다.

"귀 자치단체의 조직운영에 있어서 다음 제도들은 어느 정도 활용되고 있습니까?" 이 설문에서 그 보기로, ① T/F 운영, … ③ BSC, … ⑤ BPR 등으로 되어 있다. 그러나 이는 어떤 시스템에 관여하는 이들에게만 통용되는 시스템 언어이기에 그 시스템에 참여하지 않는 이들에게는 오해를 불러일으킨다. 즉, 설문의 응답자가 관련

지식이 있어서 설문의 내용이나 용어를 모두 알고 있으리라는 전제[11]는 결과를 오도(誤導)할 수 있다(월간중앙, 2009.3).

③ 어휘의 힘을 말할 때 당장은 부정적 힘이 긍정적 힘보다 세므로 이들의 설문지 이용은 꼭 필요한 경우에 한한다. 설문에 쓰이는 언어는 가능한 한 중립적인 용어라야 한다.

어휘는 있는 현상을 그대로 그려내는 것이 아니라 특정한 언어적 표현이 특정한 쓰임 안에서 있는 그대로임을 인식하게 한다(이주향, 2005). 따라서 "소규모학교 통합으로 농어촌 지역이 황폐화되었다"라는 의미는 그 자체로 강한 인상을 주게 된다. <표 5-4-2>의 보기에서 '황폐화'라는 어휘도 마찬가지이다. 부정적인 힘이 긍정적인 힘보다 세다는 사실을 염두에 두어야 한다.

<표 5-4-2> 농어촌 소규모 초등학교 통합 정책 평가

<table>
<tr><td colspan="6">① 매우 그렇다. ② 비교적 그렇다. ③ 보통이다. ④ 비교적 그렇지 않다. ⑤ 매우 그렇지 않다.
5단계로 되어 있습니다. 해당 항목에 √표 하시면 됩니다.</td></tr>
<tr><td>질문내용</td><td colspan="5">① 매우 그렇다.
② 비교적 그렇다.
③ 보통이다.
④ 비교적 그렇지 않다.
⑤ 매우 그렇지 않다.</td></tr>
<tr><td>13. 소규모학교 통합으로 농어촌 지역이 황폐화되었다는 주장에 대해 어떻게 생각하십니까?</td><td>①</td><td>②</td><td>③</td><td>④</td><td>⑤</td></tr>
</table>

④ 가능한 한 설문지 구성은 무표문으로 구성해야 한다. 따라서 언제나, 반드시, 꼭, 늘, 항상 등의 확언적 용어의 사용은 그것이 필요한 경우에 한한다.

유표문의 문제를 살펴보면 다음과 같다.

Ⓐ 사돈이 떡을 판다.

---

11) 이는 지식이 그 소속 그룹에만 적용되는지 아니면 소수 그룹에 의한 점유가 아닌 일반화에 있는지의 기본물음에 귀속한다고 볼 수 있다. 이에 대해서 포퍼(K. Popper)와 쿤(T. Kuhn)의 논쟁을 참고할 수 있다(Fuller, 2004).

Ⓑ ① 사돈이 다만/오직 떡을 판다.

② 사돈이 떡만/떡도 판다.

Ⓒ ① 사돈이 파는 것은 떡이다.

② (이) 떡이 사돈이 파는 것이다.

위의 Ⓐ는 무표문(unmarked sentence)이지만 나머지는 다 유표문(marked sentence)[12)]이다. 여기서 문제가 되는 경우는 "오직, 다만, 도/만, 언제나, 반드시, 꼭, 늘, 항상, 무조건" 등의 확언적 용어이다. 예를 들면 "어려움에 처한 사람을 보면 늘 불쌍하다고 생각한다"에서 보듯이 이들 용어를 실제로 사용하면 응답자에게 강한 인상을 준다.

⑤ 어떤 어휘가 함축하는 개념은 가능한 한 하나로 이해되는 것이라야 한다. 두 개 이상의 질문을 동시에 함축하는 것은 둘로 나누어야 한다.

예를 들어 "근무시간을 잘 지키지 않는다"에서 잘 지키지 않음은 어떤 의미인가? 여러 가지 의미를 지닌다. 지각이 잦다는 의미로 해석할 수도 있고, 점심시간이 길다는 뜻으로 해석할 수도 있고, 퇴근 시간 전에 퇴근한다는 뜻으로도 이해된다.

⑥ 설문지에 이용되는 어휘의 구성에서 응답자의 눈높이에 알맞은 언어선택이 필요하다.

인터뷰나 설문지의 작성이나 이용은 응답자에게서 자료를 얻는 방법이다. 따라서 대상이 어느 수준인가를 고려하여 어휘를 선택하여야 한다. 이는 의미의 관계망이 어휘나 진술에서 파생됨을 전제한다(김영정, 1997). 다문화 가족과의 인터뷰에 다음과 같은 자료가 있다.

시누이가 결혼하는 날이었다. 결혼식 때 입었던 한복을 차려입고 미장원에 갔

---

12) 한국어의 유표문은 강세, 어휘(부사나 조사), 어순 등으로 이루어지지만(김영희, 2008), 여기서는 어휘만을 보기로 한다.

다. 미용사는 칼 같이 길쭉한 고대기를 들고 “앞머리 살려드릴까요? 죽여드릴까요?”라고 물었다. 그녀는 혼비백산하여 얼굴이 파래졌다. 그녀에게 들리는 말은 “죽여드릴까요”뿐이었다(이성미, 2012). 위 사례는 의미의 관계망에서 대상의 수준과 어휘가 어긋난 것으로 다문화 가족을 인터뷰할 때 종종 발생한다(이주향, 2005).

⑦ 어휘는 의미의 계열관계를 가지고 있다(임지룡, 1992).

유비쿼터스 119 신고시스템에 대한 인지도에 관한 것으로 5점 척도로 구성되어 있는데, ‘① 전혀 모른다, ② 잘 모른다, ③ 보통이다, ④ 알고 있다, ⑤ 잘 알고 있다’가 그것이다. 그 분석 결과를 살펴보면 ‘잘 모른다’라고 응답한 응답자가 254명(38.5%)이고, ‘보통이다’가 209명(31.7%), ‘알고 있다’가 130명(19.7%)으로 나타나 유비쿼터스 119 신고시스템에 대한 인지정도는 대체로 낮은 것으로 조사되었다고 한다(이광석, 2020). 이러한 결과는 “유비쿼터스 정보기술을 도입하여 시행하고 있는 초기인 것으로 파악된다”고 설명한다.

그러나 인지를 나타내는 어휘의 의미계열은 ‘보통이다’라는 것이 ‘잘 모른다’, ‘잘 알고 있다’와 분리될 수 없는 성격을 가지고 있다. 따라서 설문 문항은 4점 척도로 하는 것이 나을 것이다. 실제로는 이런 사례가 많이 나타난다.

⑧ 문장의 의미는 어휘의 의미를 초월할 수 있다(박영순, 2004).

이에 따라 어휘의 의미는 그 문장을 파악하고 그 속에서의 의미를 추구해야 한다. 나아가 어떤 문장의 의미는 어휘의 의미를 초월할 수 있다. 예컨대, “우리 부모님은 옛날에 죽을 밥같이 잡수셨대”라는 표현은 ‘죽’과 ‘밥’의 사전적 의미를 넘어 ‘고생했다’는 의미를 표현한다[문장형 관용어](박영순, 2004). 행정학의 설문조사에서 많이 쓰이는 ‘떡값’이나(고길곤·조수연, 2012), 언어분석철학의 유명한 명제인 “둥근 사각형은 존재하지 않는다”도 여기에 해당한다(김영정, 1997).

⑨ 부정표현과 긍정표현의 문제를 검토하고 가능한 한 부당하게 영향을 주지 않도록 언어구성을 해야 한다(김영정, 1997).

장기요양보험제도의 시행 초기에는 이 제도의 정착을 위해 응답자를 선별하는 과정에서 관대하게 정리를 적용하도록 방침이 정해졌다. 이 방침의 충족을 위해 질문방식을 부정형으로 물어서 그 대답이 긍정형으로 나오도록 유도하였다. 즉, “혼자서 옷을 벗고 입을 수 없지요”라고 물음으로서 ‘예’로 답하기가 쉽도록 하여 응답자의 폭을 넓히도록 하였다. 그러나 2010년부터는 장기요양보험의 재정이 압박을 받게 되자 응답자의 선별과정에서 엄격한 정리를 적용하였다. 이를 위해 이제는 질문방식을 긍정형으로 물어서 그 대답이 부정형으로 나오도록 유도하였다. 즉, “혼자서 옷을 벗고 입을 수 있지요”라고 물음으로서 ‘예’로 답하기가 쉽도록 하여 응답자의 폭을 좁히도록 하였다. 이것이 의미하는 바는 질문형의 선택이 익히 아는 바 이상의 의미가 있다는 점이다. 즉, 긍정으로 물을 때와 부정으로 물을 때가 그 의미 내용이 다를 수 있음을 뜻한다.

⑩ 한국어 문장에서는 주고받는 대화는 그 주변 상황에 많이 의존한다. 따라서 상황의존성(situation-dependency)이 작용한다.

상황의존성은 질문지법 뿐만아니라 인터뷰에서도 중요하게 고려할 사항이다. 결혼이주여성이 한국에서의 결혼생활에 대해 서술한 다음의 사례를 통해 살펴보기로 한다.

남편은 술도 안마시고 성격도 좋고 아주 맘에 들어요. 단점이나 바라는 점도 없어요. 중국에서 이혼한 전 남편은 술을 너무 많이 마시고 일도 안 했어요. 내가 항상 일했었어요. 아이도 없고 그 사람 없으면 못 사는 것도 아니었기 때문에 이혼했어요. 이혼한 채로 중국에서 계속 살았으면 지금 남편과 같은 사람은 만날 수 없었을 거예요.

지금 남편은 아이도 없고 나와의 결혼이 첫 결혼이라서 그 점이 매우 좋아요. 한국 사람이라서 더 좋은 점, 나쁜 점은 없어요. 사람 자체가 중요하고 결혼을 했는데 남편이 나쁘다면 안 살 수도 있었어요. 시댁 식구들과 한 집에 살긴 하지만 생활을 거의 따로 하는 편이예요. 살림도 시어머니가 주로 해요. 처음에는 같이 생활했는데 많이 불편했었어요. 시댁과의 관계도 매우 좋아요. 모두 좋은 분들이에요.

한국에 시집을 와서 한국인 남편과 함께 살면서 남편이나 시댁이 좋다고 말할 수밖에 없지 않은가? 위 인터뷰는 그 주변상황을 고려하지 않았다. 따라서 신뢰도나 타당도에 흠을 남겼다고 볼 수 있다.

⑪ 평면상에 배열된 어휘도 그 가치는 동일하지 아니하다. 말을 이용하여 연구할 때는 그 음성에도 주의하여야 한다. 즉, 말에는 뜻이 있고 멋도 있고 맛도 있다(김영석, 1998). 이제는 음성 수준에서 먼저 보기로 하자.

Ⓐ 그분 서울 갔어?　　　　Ⓑ 그분 서울 갔어.
Ⓒ <u>그분</u> 서울 갔어.　　　　Ⓓ 그분 <u>서울</u> 갔어.
Ⓔ 그분 서울 <u>갔어</u>.

Ⓐ~Ⓔ의 차이는 음성에 의존한다. 먼저 쉽게 판별할 수 있는 Ⓐ와 Ⓑ의 차이부터 보자. Ⓐ의 경우는 이른바 인터뷰할 때에 억양이 상승조로 나타날 것이고, Ⓑ의 경우는 하강조로 나타난다. 이 경우는 문장부호를 이용하여 둘을 구분하여 나타낼 수 있다. Ⓑ는 아무개가 서울에 갔다는 서술(이남원·이윤복, 2004)이다. 이에 비해, Ⓒ, Ⓓ, Ⓔ는 단어의 강약에 따른 초점화(focusing)를 나타낸다. Ⓒ는 이른바 서울에 간 사람이 초점이고, Ⓓ는 간 곳이 초점이고, Ⓔ는 갔다는 행위가 초점이다.

⑫ 설문지의 설문이나 인터뷰에서 누구의 관점인지를 분명히 해주어야 한다. 이를 분명히 하지 않으면, 문장 자체도 중의(重義)를 가지므로 정확한 의미파악과 그 정확한 해석이 필요하다(임지룡, 1993).

또 다른 중요한 것은 누구의 관점인가이다. 예로 조직문화와 리더십 설문지에서 문항 19번 "업무시간이 지났다고 장시간 기다린 민원을 돌려보낸다", 문항 10번 "회사 복사기로 개인적(사적인) 복사를 한다", 문항 26번 "신입사원을 집단으로 따돌린다” 등은 설문응답자의 견지와 일반인의 관점과 정확히 일치하지 않는다. 즉 화자와 행위자, 그리고 행위자에 대한 진술 사이에 차이가 날 수 있다(이광석, 2020).

제6장

텍스트네트워크 분석

Σ

1. 텍스트네트워크 분석의 이해
2. 텍스트네트워크 분석 절차
3. 주요 분석기법
4. 프로그램의 활용과 실제
5. 연구사례

1 텍스트네트워크 분석의 이해

텍스트 자료를 대상으로 분류화 작업이나 시계열상의 빈도 도출 또는 합산 등을 통한 특정 워드의 동태성 유추와 같이 단순한 양적 분석은 가장 기초적인 텍스트분석이 되었다. 보다 진일보한 분석기법으로서, 텍스트로부터 추출된 기본 데이터를 사회네트워크 분석과 연계한 텍스트의 양적 내용분석의 새로운 유형인 텍스트네트워크 분석이 최근 들어 활발하게 활용되며 그 확장성을 넓혀가고 있다. 그 활용분야는 사회학, 언론정보학, 정치학, 심리학, 행정학, 관광학, 교육학 등 매우 광범위하다(김준현, 2015; 최영출·박수정, 2011; 조규락·김찬희, 2016).

내용분석에 근거한 텍스트 분석과 텍스트네트워크 분석의 가장 큰 차이점은 전자의 분석법이 내용분석을 시도할 때 사전에 설정한 범주에 해당하는 주제의 출현 빈도 분석에 집중하는 데 반해 후자는 특정 단어와 동시에 출현하는 단어가 무엇인가에 보다 중점을 둔다는 점이다(최영출·박수정, 2011). 결국 단순 단어의 빈도분석을 뛰어넘어 단어 간의 연결성과 관계성을 파악하고 한 문서에서 특정 단어가 얼마나 중요한가를 측정할 수 있는 방법이다. 이를 통하여 개념 간 관계의 존재를 판단하게 되는데 단어들이 어떤 특정한 형태로 결합될 때 특별한 의미가 발생하는 경향이 있기 때문에 핵심 단어들이 함께 사용되는 것은 중요한 관계가 된다(박한우·Leydesdorff, 2004). 즉 텍스트 상의 단어와 단어 사이의 관계를 표시하고 단어 간의 관계성을 파악함으로써 핵심적 연계 개념을 추출하여 특정 사회현상에 대한 해석 또는 시사점 도출, 다양한 연구 분야에 대한 이해 증진 및 연구 확장성 등 그 활용도가 매우 높은 분석방법이라 할 수 있다.

최근에는 각종 자료를 활용하여 다양한 학문분야에서 활용되는 추세이며, 양적 데이터의 비선형적 관계를 중심성, 중심화, 밀도 등의 주요 지표로 제시하고 변인들의 관계를 구조적 모습으로 보여주는 방법을 사용하면서 시각적인 의미망(semantic networking)으로 제시하고 구조파악을 용이하게 한다(조규락·김찬희, 2016).

전술한 바와 같이 텍스트네트워크 분석은 텍스트의 분석을 소셜네트워크라는 네트워크 이론에 바탕을 두어 접목하였으며, 통상적으로 네트워크는 행위자(actor)와 관계(relation)로 구성되어 있고 행위자는 개인, 조직 혹은 국가가 될 수도 있고 어떤 사건이나 이벤트가 될 수도 있다. 관계는 행위자를 연결시키는 다양한 형태의 목적이나 연결 관계의 방향을 의미한다(조경호 외, 2014). 이러한 네트워크 이론은 행정학의 조직유형론을 통해 조직의 행태론과 구조론의 이론적 발전을 가져왔다고 할 수 있다. 행위자 간의 관계가 어떻게 형성되는가에 대한 것이 네트워크의 구조적 측면이 되고, 그 구조적 특성이 어떻게 행위자에게 영향을 미치는가에 대한 관심이 네트워크의 행태적 측면이 된다(조경호 외, 2014)고 구분하고 있으나 일반적으로 텍스트네트워크 분석이론은 구조주의적 관점에 중점을 두고 있다(이정락, 2019).

텍스트네트워크 분석은 빈도분석, TF-IDF 분석, 연결·매개 중심성분석을 통하여 수집된 텍스트에 대한 기본적인 분석 결과를 도출하며, 주제별 군집이나 구조화 등의 연구 분석이 필요한 경우 토픽모델링 분석, 군집분석, 응집성 분석 등의 다양한 분석을 시도하게 된다. 이 과정에서 네트워크 형태의 시각화된 그림은 연구 분석 결과에 대한 직관적 이해와 보다 심층적 분석을 가능하게 하므로 텍스트네트워크 분석에서 시각화 작업은 필수이다. 알고리즘이나 이를 수행하는 기술영역이 점차 발달함에 따라 분석 도구는 지속적으로 정교해지며 다양해질 것이다. 따라서 텍스트네트워크 분석을 수행하고자 하는 연구자는 자신의 연구 목적을 효율적으로 달성할 수 있도록, 분석 도구에 대한 깊이 있는 이해와 충분한 운용 기법을 숙지하여 연구에 임하는 자세가 필요하다.

2 텍스트네트워크 분석 절차

논문 또는 보고서를 작성하기 위한 텍스트네트워크 분석 절차는 일반적으로 자료수집, 데이터코딩, 데이터전처리, 데이터분석, 시각화 및 결과분석의 과정을 거친다. 이를 그림으로 나타내면 [그림 6-2-1]과 같다.

[그림 6-2-1] 분석의 절차

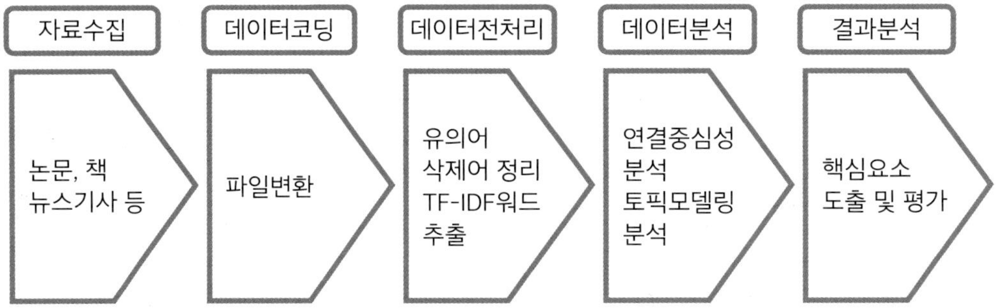

텍스트네트워크 분석의 절차는 우선 비정형텍스트 데이터, 즉 논문, 책, 뉴스기사 등으로부터 단어를 추출해야 한다. 추출된 단어를 분석도구로 활용하기 위해서는 프로그램에 사용하기에 적합한 파일 형식, 즉 excel 파일이나 text 파일로 변화해야 하는 데이터 코딩의 절차를 거쳐야 한다. 데이터 코딩이 완료된 후에는 데이터 전처리과정을 거치게 되는데 이 전처리과정은 단어 품사의 중요도 판별, 단어의 문서 내 위치 코딩, 사전(유사어, 복합어, 제외어) 처리, 단어 등장빈도 측정, 단어 간 인접관계 추출 등의 작업과정을 거친다(정재훈, 2018).

데이터 필터링 과정은 분석에 필요 없는 부분을 제외어(exception words)로 처리하고 유의어(thesaurus) 등록을 통해 같은 의미의 단어를 대표하는 한 개의 단어로 나타나게 하는 작업이다. 유의어 등록은 비슷한 의미로 사용된 여러 개의 단어를 하나의 단어로 추출되도록 지정하는 작업이며, 제외어 처리는 추출되지 않도록 제외하고자 하는 단어 목록을 등록하는 과정이다. 그리고 형용사, 부사 등 품사를 구분하여 사용하지 않는 형태소(품사)를 지정하여 분석에서 제외시켜 분석결과가 더욱 명확하게 도출되도록 하는 과정이다. 즉, 연구에 필요한 단어를 추출하기 위하여 텍스트 자연어 처리와 형태소 분석과정을 거친다. 자연어 처리와 형태소 분석을 위하여 Krkwic, R 프로그램, 텍스톰 등의 분석도구를 활용한다(박한우·Leydesdorff, 2004). 이와 같은 작업은 분석결과에 큰 영향을 주는 과정으로 신중한 처리가 필요하다.

데이터 처리과정을 마치면 데이터 분석을 실행하기 위해 사전에 저장된 텍스트 데이터를 프로그램에 불러온다. 그 후 데이터 처리과정에서 정리된 유사어 사전과 지정어 사전, 제외어 사전을 각각 선택하고 워드 네트워크 구성에 있어 순서에 기반한 방법인 윈도우 사이즈(window size)를 선택한다.

윈도우 사이즈를 지정하는 이유는 단어 간 인접관계를 설정하기 위한 대상범위를 지정해야 설정된 윈도우 사이즈 범위 내의 단어 사이에 링크가 부여되기 때문이다. 즉 한 문장에서 인접한 몇 개의 단어와 링크할 것인지를 지정하는 것으로 단어 간 링크를 형성하는 단위는 문장(sentence), 문단(paragraph), 문서(document) 중에서 하나를 선택한다(정재훈, 2018).

용어 빈도(term frequency)는 용어 출연 빈도로 텍스트가 나타내고자 하는 의미에 훼손을 주지 않고 최대한 수렴하는 방법으로 1회에서 5회의 빈도 중 하나를 선택하고 방향성이 있는 링크를 생성할지 방향성이 없는 링크를 생성할지를 결정해야 하는데 방향성 구분을 두지 않는 비방향성을 선택할 수도 있다.

이와 같은 데이터 전처리과정을 거친 텍스트 데이터는 연구 목적에 맞게 설계된 분석기법을 통해서 분석의 단계를 진행하게 된다. 다음 절에서 텍스트네트워크 분석의 주요 분석기법에 대하여 상세하게 살펴보기로 한다.

3 주요 분석기법

텍스트네트워크 분석의 주요 기법으로 TF-IDF 워드에 기반하여 분석대상인 워드 네트워크에서 핵심적인 워드를 찾는 연결중심성(degree centrality), 근접중심성(closeness centrality), 매개중심성(betweenness centrality)의 세 가지 방법이 가장 많이 활용되고 있으며, 특정 문서에서의 주요 키워드를 중심으로 주제를 도출하는 토픽 모델링(topic modeling) 분석이 있다.

3.1 단어-역문서빈도(TF-IDF)

핵심어 빈도분석은 텍스트분석에서 가장 기본적인 분석기법으로 이를 기초로 중심성, 연결성, 군집성 등의 더욱 발전된 분석이 가능해진다. 대표적인 워드 분석방법으로는 빈도분석(term frequency analysis), 단어 연관성분석(term association analysis), 단어 군집화분석(word cluster analysis), 단어-역문서빈도법(Term Frequency-Inverse Document Frequency, TF-IDF) 등이 있다.

특히 TF-IDF는 단어빈도와 역문서 빈도의 약자를 의미하며, 단어가 한 문서에서 얼마나 중요한가를 알려주는 방법으로 한 문서에서 나타난 빈도와 단어가 나타난 문서의 수에 관한 빈도를 이용하여 특정 워드의 중요도를 측정하는 방법이다. 단어빈도(Term Frequency, TF)는 한 문서 내에 자주 출현하는 용어가 그 문서를 대표할 수 있다는 명제를 통해 문서 내 단어 빈도수를 산정하는 방식으로 간단하지만 뉴스나 신문기사와 같이 무의미한 특정 단어가 빈번하게 나타나는 비정형 문서의 경우에는 그 단어에 의해 결정된다는 단점이 있다. 이러한 단점을 해결하기 위하여 사용하는 가중치가 TF-IDF 방법이다. TF-IDF는 여러 문서에서 동시에 출현하는 용어가 범용적으로 확률이 높다는 가정하에 역문서 빈도수를 가중치로 이용하는 방식이다(원진영·김대곤, 2014).

TF는 $tf(t,d)$로 정의할 수 있는데, 이것은 어느 특정 문서 d에서 사용된 단어 t의 빈도이다. 어느 특정 문서 d에 사용된 단어 t의 빈도를 $f(t,d)$로 나타낸다면 DF는 $f(t,d)=tf(t,d)$로 나타낼 수 있다.

역문서빈도(Inverse Document Frequency, IDF)는 어느 특정 단어가 제공하는 정보의 양을 나타내는 기준으로 용어가 일반적인 단어인지 생소한 단어인지를 알 수 있다. IDF는 전체문서의 수를 해당 단어 DF로 나눈 뒤 log를 취한 값이다. log를 취하는 이유는 역수를 취하기 때문에 값이 무한대로 커질 수 있는 것을 피하기 위해서이다. IDF값이 클수록 워드가 생소하다는 뜻이다. 수식으로 나타내면 N은 총 문서의 수이며, $|\{d \in D : t \in d\}|$는 용어 t가 나타난 문서의 수이다.

$$idf(t,D) = \log \frac{N}{|\{d \in D : t \in d\}|}$$

TF-IDF의 수식은 다음과 같이 나타낼 수 있다.

$$tfidf(t,d,D) = tf(t,d) \cdot idf(t,D)$$

TF-IDF 가중치가 크게 계산되어 중요한 단어로 나타나는 경우는 해당 단어가 문서 내에서 주요 의미를 가지고 많이 사용되어 TF가 크면서 전체 문서 집합 중에서 해당 단어가 나타나는 문서의 수가 적어 IDF가 작은 단어가 된다(김지은, 2017).

3.2 연결중심성 분석

연결중심성 분석(degree centrality analysis)은 다른 노드와의 연결된 정도를 중요시하며, 연결망 내에서 한 노드에 연결되어 있는 노드들의 합을 의미한다. 연결정도 중심성은 다시 내·외향 연결방향의 비율에 따라 그 결정으로 오는 방향의 연결정도를 측정하는 내향중심성과 그 점에서 밖으로 나가는 방향의 연결정도를 측정하는 외향중심성이 있다(김용학·김영진, 2016). 즉 연결중심성 분석은 네트워크 내에서 중심도(degree centrality) 구조를 분석하는 것으로 각 노드(source node)의 특징을 설명할 때 활용하는 가장 기본적인 지표이다. 그리고 중심도는 단순하게 노드들이 서로에게 인접한 정도로 계산된다.

각 노드에 직접 연결되어 있는 노드들의 개수 또는 연결선의 개수로 표현되며, 특정 노드의 영향력 또는 활동력을 인식하는 지표로 인식된다. 연결거리는 두 노드 간에 다양한 연결경로 중에서 가장 짧은 거리를 나타내며, 특정 노드의 연결성 단계 또는 차수의 의미를 가진다. 연결거리가 짧다는 것은 두 노드 간에는 가깝게 연결되어 있고 연결성이 높다고 할 수 있다(전희주, 2015). 즉 중심워드가 다른 워드들과 얼마나 관계를 맺고 있는지 측정하는 방법으로 연결된 단어의 수가 많을수록 연결중심성이 높아진다. 중심성 지수(degree centralization index)가 크다는 것은 해당 네트워크에서 특정 워드가 소수의 노드에 집중되어 있음을 의미한다.

연결중심성 $(C_D(p_k))$은 다음과 같은 식에 의하여 그 값이 계산된다.

$$C_D(p_k) = \sum_{i=1}^{n} d(p_k, p_i)$$

n : 노드의 수

$d(p_k, p_i)$: 노드 p_k와 p_i 간에 존재하는 경로의 수

3.3 매개중심성 분석

매개중심성 분석(betweenness centrality analysis)은 네트워크 내에서 노드들 간의 매개역할을 하는 정도를 나타내는 것으로 중심성을 측정하는 방법이다. 매개중심성이 높을수록 매개자로서 다른 노드들이 의존하는 정도가 높아지고 네트워크 내에서도 정보를 전파할 때 중요한 역할을 수행한다. 이러한 네트워크의 기반에서 소셜 네트워크, 네트워크 텍스트, 텍스트마이닝 등의 분석방법이 데이터의 정형성과 비정형성에 따라 각기 필요한 연구방법에 채택되어 사용되고 있다.

워드 간의 상호의존성(pair-dependency)에 기반을 두고 워드의 중심도 구조를 분석하는 것으로서 매개중심성은 한 워드가 다른 모든 워드 간에 등장하는 횟수를 기준으로 측정된다. 해당 텍스트는 다른 텍스트 쌍 간의 경로에 더 많이 나타날수록 높은 중심성 값을 가지게 된다. 즉, 네트워크 내에 한 워드가 담당하는 매개자 역할의 정도로서 중심성을 측정하는 방법으로 워드 A가 네트워크 내의 다른 워드들 사이에 최다경로 위에 위치하면 할수록 A의 매개중심성이 높다고 할 수 있다.

매개중심성 $(C_B(p_k))$은 다음과 같은 식에 의해 계산된다.

$$C_B(p_k) = \sum_{i=1}^{n} \frac{g_{ik}(p_k)}{g_{ik}}$$

n : 노드의 수

g_{ik} : 노드 p_i와 노드 p_k 간 초단 경로의 수

$g_{ik}(p_k)$: 노드 p_i와 p_k를 경유하는 경로의 수

3.4 LDA 기반 토픽모델링 분석

텍스트마이닝 연구에서 흔히 사용되는 기법으로 의미적으로 연관된 단어들의 집합을 텍스트마이닝에서는 토픽(topic)이라고 한다(이오준 외, 2014). 토픽모델링은

문서의 주제를 알기 위해 원본 텍스트 내의 단어를 분석하는 통계적인 방법이다(원진영·김대곤, 2014.). 토픽모델링은 각 문서를 임의의 이슈들의 집합으로 가정하고 해당 문서를 구성하는 이슈 및 용어의 중요도를 확률적으로 제시하는 방법이다. 이 기법은 개발과 동시에 텍스트분석 연구자들의 뜨거운 관심을 받으며 활발하게 사용되었고, 여론 분석이나 사회적 이슈 동향 등 실무적으로 널리 활용되고 있다(김남규 외, 2017).

토픽모델링은 문서가 토픽과 그 토픽을 구성하는 키워드로 이루어져 있다는 것을 전제로 하고 문장과 단어와의 관계를 통해 분류한다. 주로 사용되는 토픽모델에는 잠재의미분석(Latent Semantic Analysis, LSA), 잠재디리클레할당(Latent Dirichlet Allocation, LDA) 등이 있다. 잠재의미분석(LSA)이란 위와 같은 단어-문서행렬, 단어-문맥행렬 등 입력 데이터에 특이값 분해를 수행해 데이터의 차원수를 줄여 계산 효율성을 키우는 한편 행간에 숨어있는(latent) 의미를 이끌어내기 위한 방법론이다. 이 기법을 적용하면 단어와 문맥 간의 내재적인 의미를 효과적으로 보존할 수 있게 되어 결과적으로 문서 간 유사도 측정 등 모델의 성능 향상에 도움을 줄 수 있다고 한다. 잠재디리클레할당(LDA)은 문서와 문서 혹은 단어와 단어 사이의 유사성을 조건부 확률로 계산하여 이를 이용해 주제를 추론하는 방법이다(Steyvers & Griffiths, 2007). LDA는 관찰된 변인과 잠재된 임의 변인 모두에 대한 결합 확률 분포를 정의하고, 이를 관찰된 변인이 주어졌을 때 잠재 변인의 조건부 확률 분포를 생성하는 데 이용하는 접근을 따른다(Blei, 2012). 가장 최근에는 Blei, Ng, 그리고 Jordan(2003)이 제안한 LDA 알고리즘을 기반으로 한 토픽모델링 분석이 많은 영역에서 활용되고 있다(김지은, 2017).

토픽모델링의 분석방법에 대해서는 문서 작성자가 특정 토픽을 표현하기 위해 관련된 용어를 반복적으로 사용한다는 것을 가정하기 때문에 토픽을 여러 개 단어의 집합으로 표현하여 추정하게 된다. 따라서 토픽을 1에서 10까지 중에서 하나를 지정하면 각 자료에 포함된 모든 워드에 대해 분류가 되고 각 토픽에 속할 확률을 계산해 값이 큰 순서대로 나타나는 방식이다. 이때 나타나는 핵심 워드는 자동으로 토픽별로 분류되어 생성된다.

이와 같은 자동화된 결과 분석이 가능하기 때문에 연구자의 사전 지식이나 단어 분류 작업, 수동 코딩 없이도 대량의 자료에 대해 의미 관계성을 빠르고 명확하게 찾아낼 수 있다는 장점이 있다(남춘호, 2016).

LDA 토픽모델링 분석은 주제에 포함된 키워드 구성요소들을 나타내어주기 때문에 토픽을 구성하고 있는 키워드에 대한 보다 깊이 있는 고찰을 통하여 문서(분석대상)가 내포하고 있는 특정 주제를 해석해 낼 수 있다. 이것은 단순하게 주제별로 분류하는 것 이상의 의미를 가진다 하겠다. LDA 토픽모델링 분석은 문서의 전반적인 데이터 구조를 파악할 수 있으며 문서가 담고 있는 다양한 내용을 기반으로 주제별로 유형화할 수 있는 장점이 크다. 다만, 추론된 주제의 명확성을 확보하기 위하여 연구자는 충분히 데이터를 정제해야 하며 LDA 분석을 반복적으로 수행하는 과정이 요구된다.

최근 사회현상의 설명 및 예측, 다양한 학술적 분석 등을 위한 비정형 데이터의 분석 및 네트워크 분석이 다양한 프로그램을 통해 이루어지고 있다. 효과적인 텍스트 네트워크 분석을 위해서는 관련 소프트웨어의 사용이 필수불가결하며 정확하고 유용한 결과를 도출하기 위해서는 적합한 분석기법의 활용이 중요하다.

텍스트의 자연어처리와 형태소 분석을 위한 주요 프로그램으로는 Krkwic, R 프로그램, 텍스톰 등이 있고 네트워크 분석을 가능하게 하는 프로그램으로는 NodeXI, Ucinet, NetDraw 등이 있어 분석 내용의 특성이나 연구자의 성향에 따라 활용된다. 본 장에서는 단어의 형태소 분석 등의 제반 정제에서부터 텍스트네트워크 분석 및 그 결과의 시각화까지를 하나의 프로그램으로 편리하게 이용할 수 있는 강점이 크고 한글 매뉴얼까지 갖춘 국내에서 개발한 사이람의 NetMiner 4.4를 중심으로 분석 방법을 설명하기로 한다.

4 프로그램[1]의 활용과 실제

4.1 데이터 코딩작업

1) 데이터 불러오기

논문, 녹취록, 연설문, 뉴스, 책 등과 같은 텍스트 데이터를 대상으로 연구자가 필요한 데이터를 프로그램상에서 불러오는 작업으로 엑셀(excel)이나 텍스트(text) 파일로 변환한 이후 데이터를 프로그램에 불러올 수 있다. 연구자는 데이터를 불러올 때 문서의 범위를 정하는 것이 매우 중요하다. 즉 연구자가 분석하는 단위로 문서를 구분하는 작업이 필요하다. 예를 들면 인터뷰 자료의 경우 남자와 여자로 구분하고 필요한 경우 연령대나 지역별로 구분하면 분석단계에서 구분 또는 통합해서 분석이 가능하다.

텍스트 데이터 파일을 불러오는 작업은 NetMiner 프로그램의 메뉴에서 File-Imported Unstructured Text 순으로 클릭하여 [그림 6-4-1]과 같은 창을 활성화시키는 것에서부터 시작한다.

---

1) 본 교재에서는 텍스트네트워크 분석을 위한 프로그램 적용에 대한 이해를 돕고, 텍스트네트워크 분석 절차에 따른 분석의 실제를 설명하고자 NetMiner 4.4 프로그램을 활용하기로 한다.

[그림 6-4-1] 텍스트 데이터 불러오기

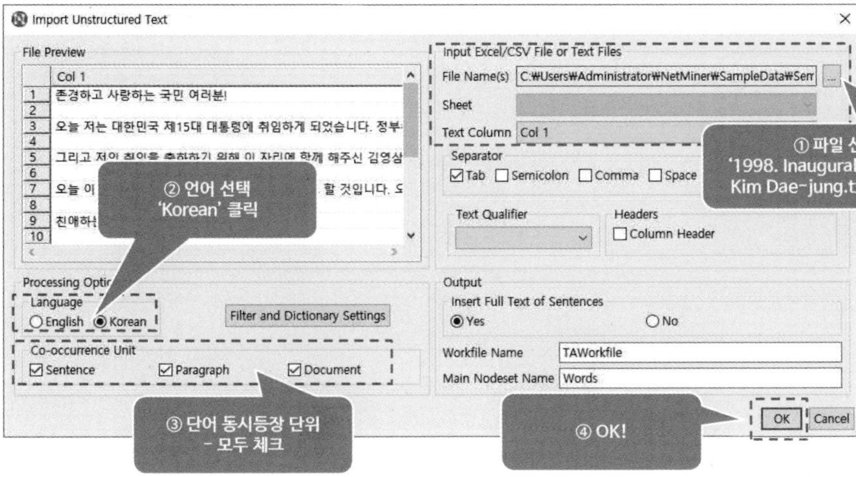

2) 필터링 및 사전 셋팅

[그림 6-4-1]의 ①과 같이 파일 이름을 선택하여 변환된 텍스트 파일이 저장된 폴더를 선택하고, ②와 같이 사용언어를 선택한다. 그리고 ③분석대상 파일에서 사용할 문장, 문단, 문서를 선택하여 ④와 같이 OK 버튼을 선택하면 텍스트를 프로그램으로 불러들일 수 있다. 그러나 OK 버튼을 클릭하기 전 매우 중요한 단계인 [그림 6-4-2]의 필터링 및 사전 셋팅작업을 수행해야 한다. 이에 대해 아래에서 자세히 설명하도록 하겠다.

필터링 및 사전 셋팅 작업은 조건에 따라 추출 품사를 선택하고 특정단어를 필터링하는 중요한 작업이다. 텍스트네트워크 분석에서 주로 사용하는 품사는 명사이며 감성분석과 같은 연구 목적에 따라 동사나 형용사를 포함하여 분석하기도 한다.

[그림 6-4-2] 필터링 및 사전 세팅

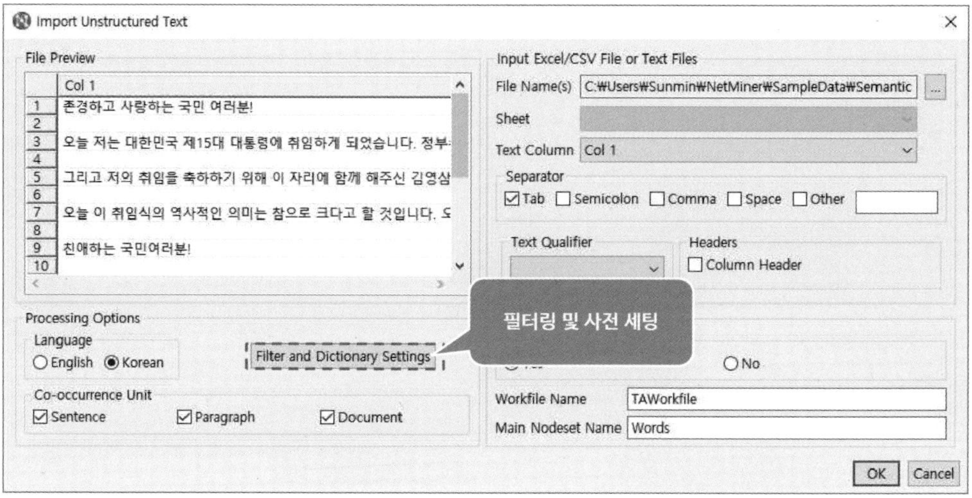

필터링 및 사전 세팅작업에서는 일반적으로 사전(dictionary)작업의 용어로 많이 사용되며 유의어, 지정어, 제외어 등을 등록하여 데이터를 정제하는 단계이다. 비슷한 의미로 사용된 단어를 한 개의 단어로 추출해 내는 유의어(thesaurus)를 지정하고 추출되지 않는 단어를 제외어(exception list)로 지정할 수 있다. 즉 연구의 신뢰성을 훼손하지 않는 범위에서 연구자는 비슷한 단어를 묶어서 하나의 단어로 표현하는 유의어 작업을 할 수 있으며, 분석에 필요하지 않은 날짜나 시간 등의 단어를 삭제할 수 있다. 또한 성명이나 지명, 상호와 같은 고유한 단어가 그대로 추출될 수 있도록 지정어(defined words)를 사용할 수 있으며, 등록한 단어만을 사용하여 단어 및 네트워크가 추출될 수 있도록 포함어(inclusion list)를 지정할 수 있다.

유의어, 제외어, 지정어, 포함어의 사전 구성을 위해서는 연구자가 연구 목적을 명확히 인지하고, 사전작업은 연구자가 연구 목적을 기반으로 분석 대상이 되는 텍스트 자료에 대해 맥락적으로 충분히 이해하고 있어야 한다. 텍스트네트워크 분석에 사용될 사전작업은 텍스트 자료를 대상으로 우선 기본적으로 추출되는 명사를 면밀히 검토하여 유사의미의 단어는 유의어로 묶어내고, 연구에서 주요하게 다루어지는 키워드는 지정어로 지정하는 등, 맥락상의 의미가 네트워크로 연결되어 나타나게 하므로 매우 중요한 작업이다. 따라서 사전의 완성도는 텍스트네트워크 분석의 완성도를 높이기 위한 기본 작업이며, 사전의 완성도를 높이기 위해서는 작업된 사전을 적용하여 추출 단어를 살펴본 후 필요한 부분으로 사전 작업을 다시 수행하는 과정을 부단히 반복할 필요가 있다.

프로그램에서 품사를 선택하고 유의어, 지정어, 제외어를 불러와서 등록하는 화면은 [그림 6-4-3]과 같다. 연구자는 이 단계에서 미리 만들어 둔 단어 사전을 불러올 수 있다.

[그림 6-4-3] 사전 불러오기

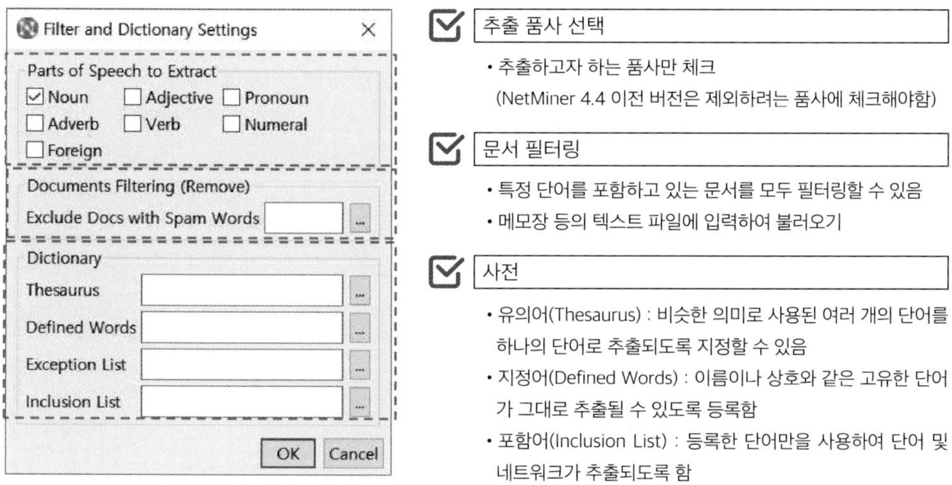

실제로 유의어와 지정어를 등록하여 불러오는 과정은 [그림 6-4-4]와 같다. [그림 6-4-4]에서 보다시피 '국가', '나라', '조국' 등은 같은 뜻을 가지고 있는데 그대로 두게 되면 이 세 개의 단어가 모두 노드로 나타나 네트워크가 흩어지게 된다. 이와 같은 경우 '국가' 라는 단어로 모두 묶어낼 수 있는데 메모장 프로그램을 활용하여 '국가'를 맨 앞에 두고 다음으로 쉼표를 사용하여 '나라'와 '조국'을 차례로 두면 텍스트 상의 '나라'와 '조국'은 모두 '국가'로 읽히게 된다. 지정어로는 특정 인사나 지역명 등을 지정하거나, 연구에서 유의한 용어를 지정할 수 있다. 예를 들어 텍스트 상의 작목반, 양돈반, 양묘반 등과 같이 작업 분야별로 마을 주민들이 무리를 지어 공동 작업을 하는 것을 가리키는 세부적인 워드를 모두 '공동작업반'으로 지정하는 방법은 다음과 같다. 먼저, 유의어 사전 작업을 시행하는데 첫 단어에 '공동작업반'을 두고 다음으로, 묶어내고자 하는 '작목반', '양돈반', '양묘반'을 같은 행에 두어 유의어 사전을 저장한다. 이후 '공동작업반'을 지정어 사전에 등록하여 지정어 파일로 저장하면 공동작업반과 유사한 의미를 가진 단어들이 모두 공동작업반으로 지정되어 나타난다. 이러한 유의어, 지정어, 제외어의 사전작업은 연구자가 분석결과를 정제하는 과정에서 지속적으로 반복하면서 보다 정교하게 구성할 수 있다.

[그림 6-4-4] 사전생성 및 등록작업

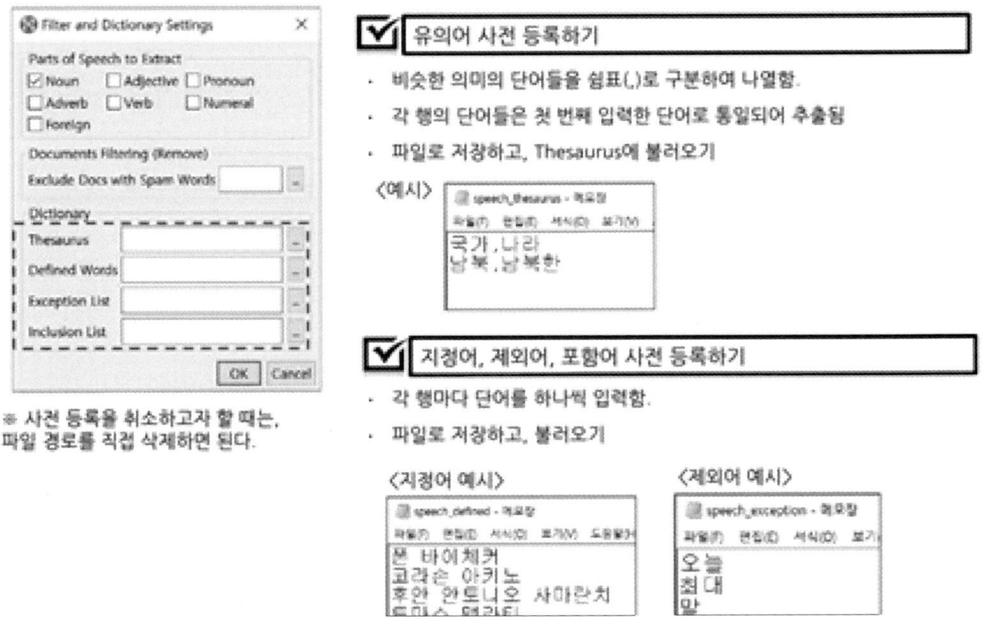

4.2 워드네트워크 작업

1) 데이터 구조의 이해

데이터 분석이 이루어지면 텍스트네트워크는 기본 셋팅된 TAWorkfile이라는 네이밍으로 [그림 6-4-5]와 같은 형태의 데이터 구조로 나타난다. TAWorkfile은 크게 노드셋 데이터 구조와 링크셋 데이터 구조의 두 가지로 구분하여 살펴보도록 한다. 노드셋의 경우 단어, 문장, 문단, 문서 자체의 Main NodeSet으로 단어목록이 구성되고, Sub NodeSet으로 [그림 6-4-1] 텍스트 데이터 불러오기의 ③ 단어 동시등장 단위에서 체크 박스한 문장, 문단, 문서의 개수들이 나타난다.

[그림 6-4-5] 텍스트네트워크 노드셋 데이터 구조

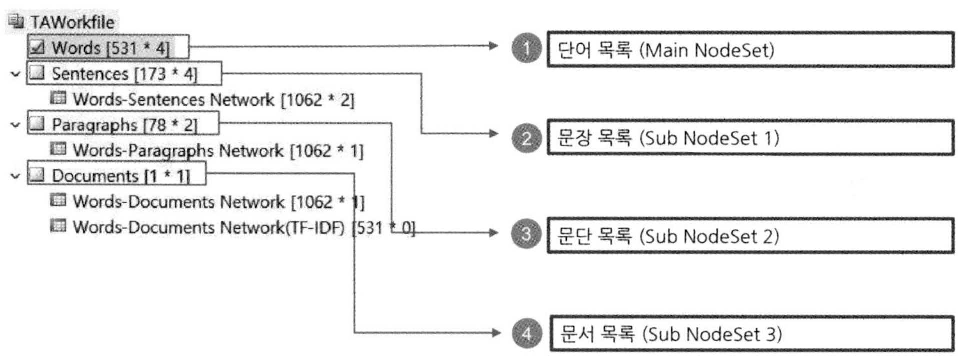

[그림 6-4-5]에 따르면 단어 갯수 531개의 단어목록이 만들어지고, 1개의 문서(document)를 통해 문단(paragraph) 78개가 생성되었으며, 173개의 문장(sentence)이 형성되었음을 나타내고 있다.

[그림 6-4-6] NodeSet 결과 엑셀로 가져오기

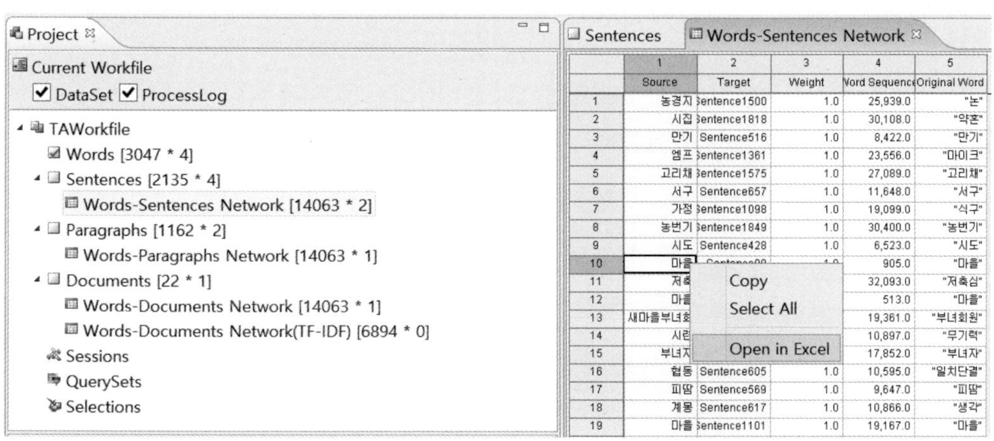

각 해당 창에서 나타난 추출 워드의 빈도 등에 대한 분석은 엑셀 파일로 변환하여 사용하는 것이 매우 유리하다. Main NodeSet과 Sub NodeSet으로 생성되어 나타난 결과들을 엑셀로 불러오는 방법은 다음과 같다. 해당 창에 커서를 두고 오른쪽 마우스를 클릭하면 [그림 6-4-6]과 같이 새로운 안내창이 나타나는데 "Open in Excel"을 클릭하면 엑셀로 연동되어 그 원자료(raw data)를 다운받을 수 있다. 엑셀로 다운받은 자료는 앞서 유의어, 제외어, 지정어 등의 사전 작업을 위한 워드의 면밀한 검토에 매우 유용하며, 본 절차의 단어 추출과 사전 구성 작업은 본격적인 분석을 위한 단계 이전에 수차례 반복되어야 한다.

2) 워드네트워크 생성 작업

앞서 비정형화 데이터 불러오기의 단계에서 생성된 데이터 구조는 단어-문서 간의 관계를 기반으로 한 NodeSet 결과가 나타난 것으로 이런 단어-문서 간 상태를 2-mode Network라 한다. 단어들 간의 보다 구체적인 관계성과 영향력, 네트워크를 분석하기 위해서는 단어-단어 간의 관계망을 형성하여야 하는데 이러한 상태를 1-mode Network라 한다. 1-mode Network의 구성은 NetMiner 프로그램 Tool-Plug-ins-Word Network의 순으로 클릭한다.

텍스트에서 추출한 단어를 네트워크로 구성하는 방법 즉, 단어 네트워크 모델링 방법에는 등장순서(Window Size)에 기반한 방법과 동시출현(Similarity)에 기반한 방법 두 가지가 있다.

먼저 등장순서에 기반한 모델링은 Window Size를 이용하여 얼마나 인접한 단어 사이에 링크를 형성할지 결정할 수 있고 등장 순서의 방향성 부여도 가능하다. 즉 단어 간 거리 정보를 이용하여 근접하게 등장한 단어끼리 연결관계를 생성할 수 있으므로 문서의 스토리를 반영하여 네트워크를 형성하는 경향을 가진다. 보통 Window Size를 3으로 지정하는데 이는 바로 옆 단어뿐 아니라 그 다음 단어까지 연결을 하고자 함을 의미한다. 모델링 설정 시, 단어간 링크를 형성하는 단위(Co-occurrence Unit)를 문장/문단/문서 중 선택해야 하는데 이것은 문장 또는 문단 간의 연결성 확은 전체 문서 내에서의 연결성 등의 텍스트 자료의 성격, 주제를 담고 있는 단위, 분석 목적 등을 고려하여 선택할 수 있다.

동일한 데이터라 하더라도 선택 옵션에 따라 서로 다른 네트워크가 생성되는데 일반적으로 Window Size의 값을 크게 지정할수록 노드 간 네트워크가 보다 복잡한 형태로 나타나게 된다.

[그림 6-4-7] 윈도우 사이즈 지정

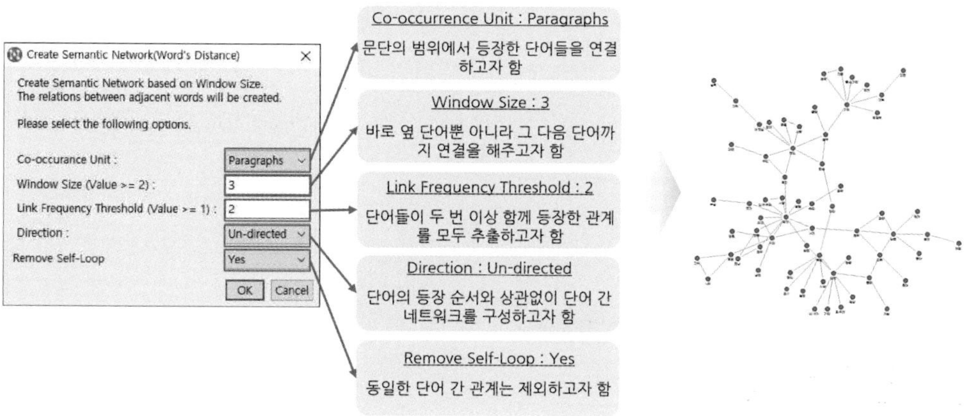

이러한 과정을 거치게 되면 1-mode Network 상의 구체적인 연결 관계를 List, Matrix, Spring Map 등의 형태로 확인할 수 있다. 한편 등장순서에 기반한 모델링보다 간단한 단어 네트워크 모델링은 동시출현 유사성에 기반한 모델링이다. 이는 동시출현 단위를 문장/문단/문서로 구분하여 각각 측정할 수 있고, 비슷한 주제를 의미하는 단어들끼리 형성되는 경향을 나타낸다.

3) 워드클라우드 작업

NetMiner 프로그램의 강점은 텍스트에 대한 마이닝 뿐만 아니라 시각화를 매우 용이하게 나타내어 준다는 점이다. 특히 텍스트 상의 많은 단어들 중에서 중요한 단어를 한 눈에 파악할 수 있게 시각화하는 방법으로 워드클라우드를 들 수 있다. NetMiner 프로그램의 메뉴에서 Tools-Plug-ins-Word Cloud를 선택하면 [그림 6-4-8]의 왼쪽 창이 뜨는데 노드의 속성을 빈도로 나타내고자 하는 단어의 최대 개수를 지정하여 다음과 같은 시각화된 형태를 구현해 낼 수 있다. 그 빈도가 높은 중요한 단어는 크기가 크게 보여지고 워드 클라우드의 프레임과 크기, 폰트도 Word Cloud 메뉴인 Size, Font, BackShape를 이용하여 몇 가지로 달리 나타낼 수 있어, 분석 주제에 따라 시각화를 흥미롭게 나타낼 수 있다.

[그림 6-4-8] 워드클라우드

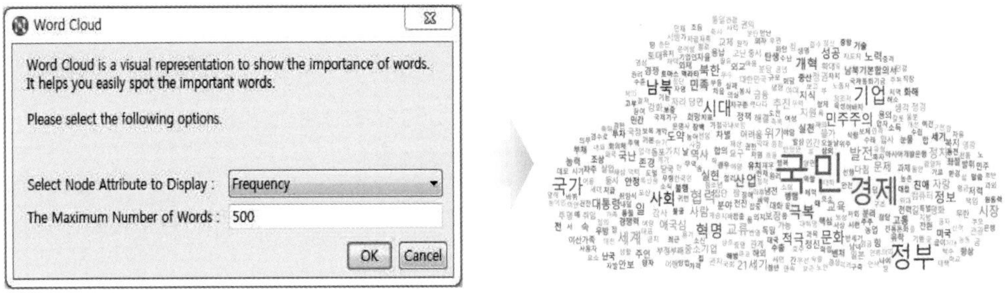

4.3 워드 필터링 작업

1) 주요 단어의 추출: 단어 수 또는 링크 수 줄이기

텍스트의 특성 및 종류에 따라 그 차이는 있겠지만 비정형화 데이터로서의 텍스트는 기본적으로 많은 단어들을 포함하고 있다. SNS 등의 비교적 짧은 형태의 텍스트부터 전문서적 등의 방대한 내용을 담은 텍스트들까지 그 특성에 따라 10개 또는 50,000개 이상의 단어들을 나타낼 수 있는 것이다. 많은 단어를 내포한 텍스트의 분석은 텍스트를 세부적으로 분석 및 관찰할 수 있는 장점이 될 수도 있지만, 세부적인 분석에 치중하게 되면 자칫 텍스트의 주요한 맥락을 놓칠 수 있다. 또한 단어가 지나치게 많은 텍스트의 네트워크 맵은 단어들 간의 관계를 알아볼 수 없을 정도로 하나의 덩어리 같은 형태로 나타나 주요한 관계의 분석이 불가능하다.

이에 텍스트의 주요한 맥락을 중점으로 분석하고 한 특징적인 결과를 잘 부각할 수 있도록 주요 단어를 중심으로 추출하는 단어 수 줄이기 단계가 반드시 필요하다. 주요 단어를 추출하는 방법으로는 단어 등장빈도를 기준으로 하는 노트 필터링과 단어들 간의 동시 등장 빈도를 기준으로 하는 링크 필터링, 이렇게 두 가지가 있다.

2) 노드 필터링

노드 필터링은 데이터에 여러 번 등장하는 단어만을 추출하고자 하는 경우에 사용된다. 단어를 추출하는 기준은 연구 데이터의 특성, 연구 목적 등에 따른 것으로 연구자의 재량에 의해 설정된다.

NetMiner 프로그램에서 노드 필터링을 수행하기 위해서는 프로그램 메뉴에서 Tool-Query Composer를 순차적으로 클릭하여 [그림 6-4-9]와 같은 화면을 활성화되게 한다. 이때 Query 창에 나타난 버튼 또는 명령문을 활용하여 등장 빈도를 일정 수준 이상으로 지정하거나, 최다 빈도 몇 회 이상의 수준으로 지정하여 단어를 추출할 수 있는데 Query 창의 Log 부분을 참고하여 추출하고자 하는 단어 수를 확인할 수 있다. 이것의 확인을 통하여 연구자가 원하는 수준의 단어 추출 상태가 되면 Query 창의 Apply 적용, QuerySet Status 창의 Run 적용을 통하여 추출된 단어로만 이루어진 새로운 단어 네트워크가 TAWorkfile로 생성된다. [그림 6-4-9]는 2,911개의 단어 중에서 최다 빈도 상위 30개로만 추출하는 화면이다.

이후 설명하게 되는 연결중심성 분석 등을 시행하여 연결중심성이 노드의 속성으로 추가한 경우라면 연결중심성 값을 기준으로 노드 필터링을 수행하여 단어를 추출해 낼 수도 있다.

[그림 6-4-9] 노드 필터링을 활용한 단어 추출

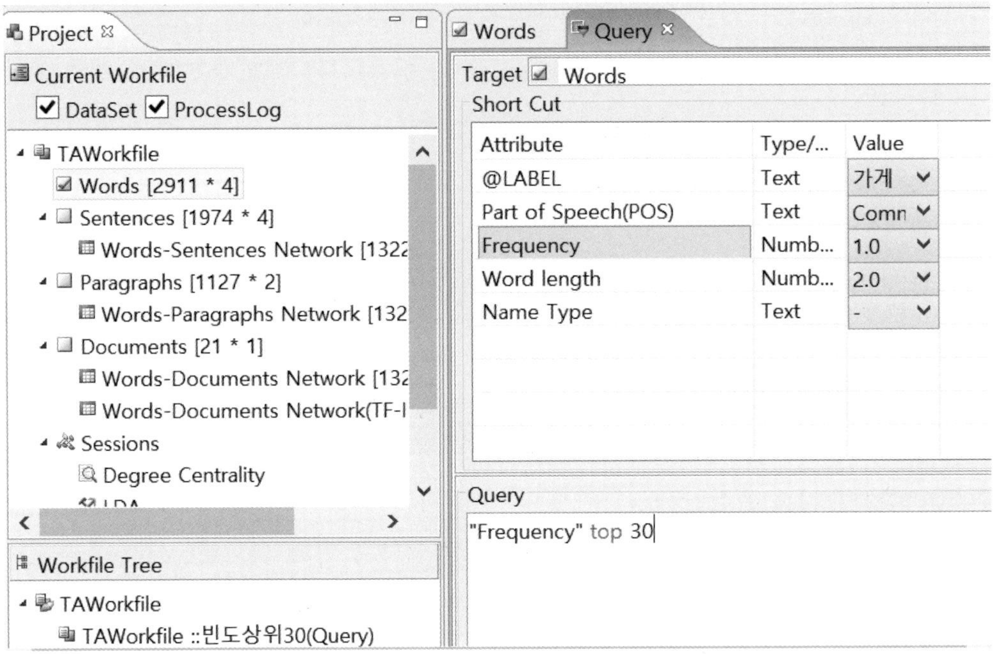

3) 링크 필터링

링크 필터링은 링크 수를 줄임으로써 단어의 동시 등장 빈도가 낮은 관계를 분석 대상에서 제외하는 방법이다. 분석 대상 텍스트 데이터의 특성 및 연구 목적에 따라 제한하고자 하는 링크 수의 기준을 연구자가 설정하게 되면 NetMiner 프로그램의 메뉴 Transform-Link Set-Link Reduction을 활용하여 링크 필터링을 위한 창을 활성화한다. Extract Method의 기준을 활용하여 링크 속성을 제한하여 일정 수준 이상으로 동시 등장빈도를 나타내는 단어 간의 관계를 가진 단어 네트워크가 새롭게 생성된다.

4.4 중심성 분석 작업

텍스트 데이터를 활용한 네트워크 분석을 하는 이유 중의 하나는 노드 간의 관계 설명에서 네트워크 내에 특정 노드가 차지하고 있는 위치 또는 비중이 다른 노드에게 어떠한 비중 또는 영향을 가져다 주는지를 분석하기 위함이다. 특정 노드가 네트워크 내에서 큰 중심성을 가진 위치에 있다면 이 노드는 더 많은 노드와 연결 관계를 가지거나 더 많은 영향력을 가지고 있는 것으로 해석될 수 있다. 본 절에서는 네트워크에서 노드가 가지는 관점을 '연결'과 '매개'의 두 가지 관점에서 살펴보고 이를 NetMiner 프로그램 상에서 구현할 수 있는 방법을 설명하도록 하겠다.

1) 연결중심성 분석

연결중심성 분석을 수행하기 위해서는 1-mode network 상태로 된 데이터 파일 상태에서 NetMiner 프로그램 메뉴에서 Analyze-Centrality-Degree를 선택한다. 그 결과로 창 하단에는 [R]Main, [T]Degree Centrality Vector, [M]Spring, [M]Concentric의 4개의 탭이 생성된다.

아래 [그림 6-4-10]은 빈도 상위 30개의 단어들을 대상으로 1-mode network 상태에서 연결중심성 분석을 시행한 결과의 Main 탭이다. 먼저 Information은 PROCESS와 DATA로 구성되어 있는데, PROCESS는 연결중심성 분석을 위한 메뉴와 옵션, 수행 시간을 나타내고, DATA는 연결중심성 분석을 수행한 데이터의 워드 네트워크 상황을 나타낸 Output Summary의 Distribution of Degree Centrality Scores는 연결중심성 분석의 결과값으로 내향 연결중심성과 외향 연결중심성의 평균값, 표준편차, 최소값, 최대값을 보여준다. 내향과 외향의 연결중심성 값은 방향성에 대한 구분이 없는 네트워크의 경우 동일한 값으로, 방향성을 구분하는 경우에는 다른 값으로 나타난 Output Summary의 Network Degree Centralization Index는 연결중심성의 집중화 경향을 의미하는 연결중심성 지수로써, 이 값이 클수록 특정 노드에 중심성이 높다는 것을 의미하고, 작을수록 평균적으로 모든 노드의 중심성이 비슷하다는 것을 의미한다.

[그림 6-4-10] 연결중심성 분석 Main 탭

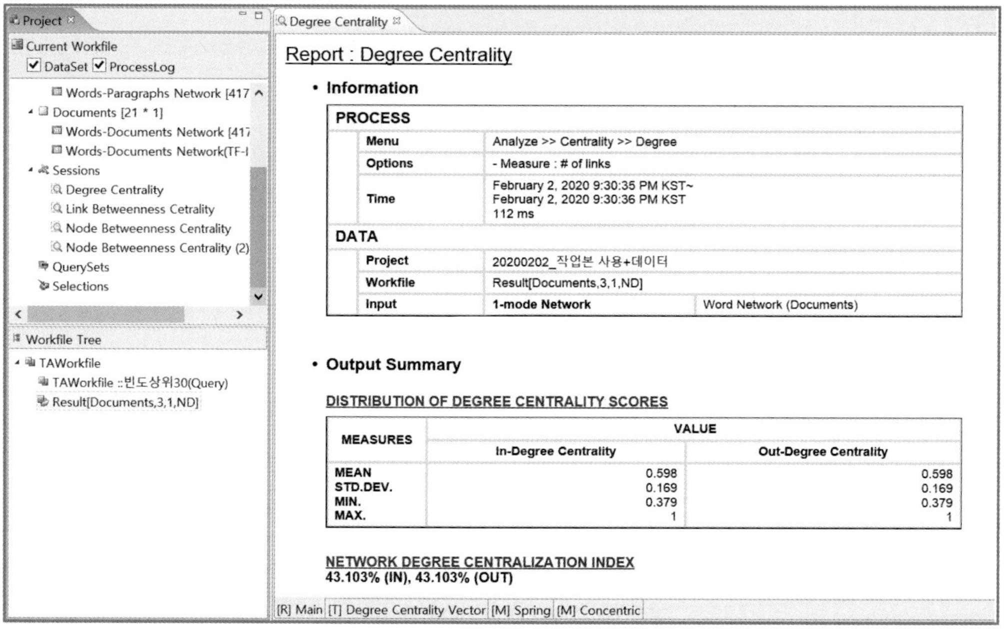

[T]Degree Centrality Vector 탭에서는 각 단어들이 가지는 내향, 외향의 연결중심성 값을 확인할 수 있으며, 그 결과치는 엑셀 파일로 다운이 가능하다. 그리고 [M]Spring 탭에서는 단어들의 연결중심성을 기반으로 스프링맵이 된 시각화를 확인할 수 있다. 맵은 단어들이 원 모양의 노드로 표시되어 텍스트 내에서의 연결된 구조를 그림으로 나타낸 것이다.

[그림 6-4-11] 연결중심성 분석 Spring Map

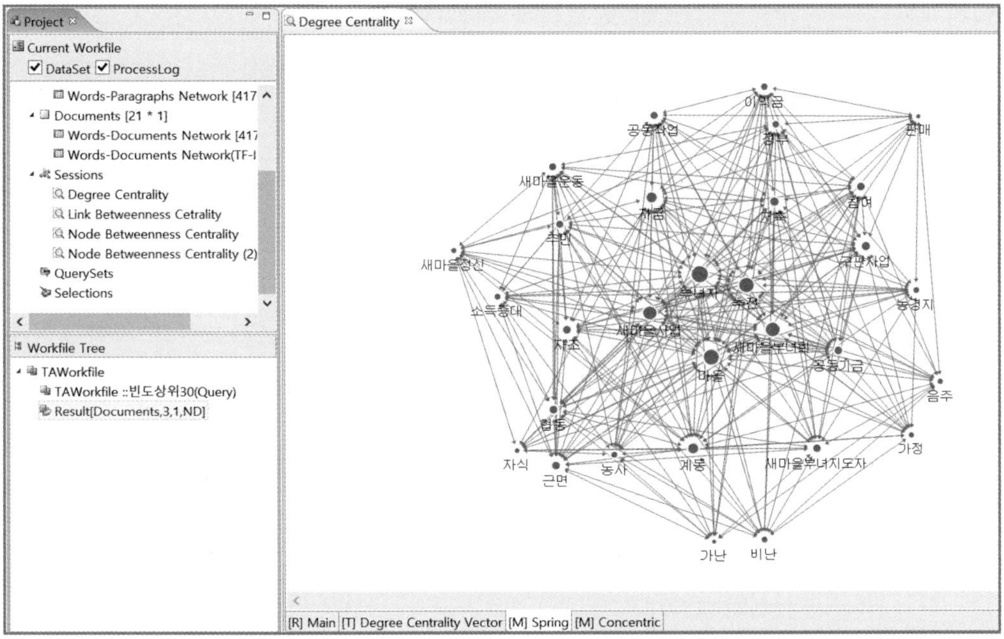

높은 중심성을 갖는 노드일수록 맵에서 노드의 크기가 크게 표현되고 연결된 단어끼리 선으로 이어지게 하여 단어들 간의 연결 관계를 파악할 수 있는데 이는 분석을 하는 데에 매우 유용하다.

2) 매개중심성 분석

매개중심성 분석을 수행하기 위해서는 연결중심성 분석 수행과 마찬가지로 1-mode network 상태로 된 데이터 파일 상태에서 NetMiner 프로그램 메뉴바의 Analyze-Centrality-Betweeness-Node를 선택한다. 그 결과로 창 하단에는 [R] Main, [T]Betweeness Centrality Vector, [M]Spring, [M]Concentric의 4개의 탭이 생성된다.

Output Summary의 Distribution of Betweenness Centrality Scores는 매개중심성에 대해서 평균, 표준편차, 최소값, 최대값을 나타낸다. Output Summary의

Network Betweenness Centralization Index는 매개중심성의 집중화 경향을 의미하는 것으로, 이 값이 클수록 특정 노드에 중심성이 높다는 것을 의미하고, 작다는 것은 평균적으로 모든 노드의 중심성이 비슷하다는 것을 의미한다.

한편 [T]Betweenness Centrality Vector 탭에서는 각 단어별로 매개중심성 값을 나타내어 주며, 매개중심성 값에 대한 엑셀 파일 다운이 가능하다.

그리고 [M]Spring 탭에서는 단어들의 매개중심성을 기반으로 스프링맵이 된 시각화를 확인할 수 있다. 단어들이 원 모양의 노드로 표시되어 텍스트 내에서의 매개된 구조를 그림으로 나타낸 것으로, 높은 매개중심성을 갖는 노드일수록 맵에서 노드의 크기가 크게 표현된다. 직접 연결되지 않은 단어들의 관계도 시각화를 통해 구체적으로 파악할 수 있고 이를 통해 네트워크 내에서 정보나 자원의 흐름 또는 통제가 가능한 주요 단어에 대한 분석이 가능하므로 매개중심성은 매우 중요한 지표로 역할한다.

마지막으로 [M]Concentric은 분석대상이 된 단어를 동심원 형태의 맵으로 나타내어 주는데, 매개중심성 값을 기준으로 높은 중심성을 갖는 노드일수록 중심에 배치된다.

3) LDA 기반 토픽모델링 분석

토픽(topic)이란 텍스트마이닝 분야에서 의미적으로 연관된 단어들의 집합으로(이오준 외, 2014), 토픽모델링은 문서의 집하에 숨겨져 있는 토픽을 발견하기 위한 통계 모델의 한 유형이다(이윤경, 2018). 이는 단어의 빈도를 바탕으로 단어가 특정 주제에 존재할 확률과 문서에 특정 주제가 존재할 확률을 결합 확률로 추정하는 통계적 추론 방법을 근거로 한다(Blei & Lafferty, 2009). 즉 토픽은 서로 같이 등장할 확률이 높고 유사한 의미를 가지는 단어들의 집합이라고 할 수 있다(안효선, 2017).

수집된 텍스트 자료를 대상으로 토픽모델링 분석을 수행하게 되면, 텍스트 내에 잠재된 주제별로 키워드들이 도출되므로 특정 토픽이 나타내는 주제 또는 성향 등을 파악할 수 있다. 전체 텍스트를 대상으로 유용한 워드를 확률 알고리즘에 의하여 추출하게 되므로 거시적인 맥락에서 텍스트의 구조를 이해할 수 있는 효과적인 방법이다(이윤경, 2018).

LDA 토픽모델링 분석을 위해서는 NetMiner 프로그램 메뉴에서 Mining-Text-Topic-LDA를 차례로 선택한다. 프로그램 화면 오른쪽으로 새로운 탭이 생성되는데, 여기에서 중요한 것은 토픽의 개수를 연구자가 지정해야 한다는 것이다. 설정한 토픽수에 따라 그 결과가 상이하게 도출되기 때문에 분석 목적에 맞게 적절한 토피수를 지정하는 것이 매우 중요한 과정이다(김남규 외, 2017). 프로그램 화면의 오른쪽 탭의 # of Topic에 3~10 사이의 수를 다양하게 지정하는 반복적 작업을 실시하여 텍스트의 특성을 잘 나타낼 수 있는 주제별 분류가 될 수 있도록 토픽의 수를 정하는 탐색적 방법을 활용하게 된다.

[그림 6-4-12]는 LDA 토픽모델링 분석 결과 Main Report탭이다. 토픽을 10개로 지정하여 분석을 수행한 결과 Output Summary에서는 Topic 1~10까지 확률적으로 존재할 가능성이 높은 키워드로 카테고리화 하여 주요 키워드를 5개까지 보여주고 있다. Main Report에서 보고된 'Topic Info'에 대한 상세 정보는 두번째 탭인 [T] Topic Info에서 토픽별로 더 많은 키워드와 직접적인 확률값으로 확인할 수 있다.

[그림 6-4-12] LDA 토픽 모델링 분석 Main Report탭

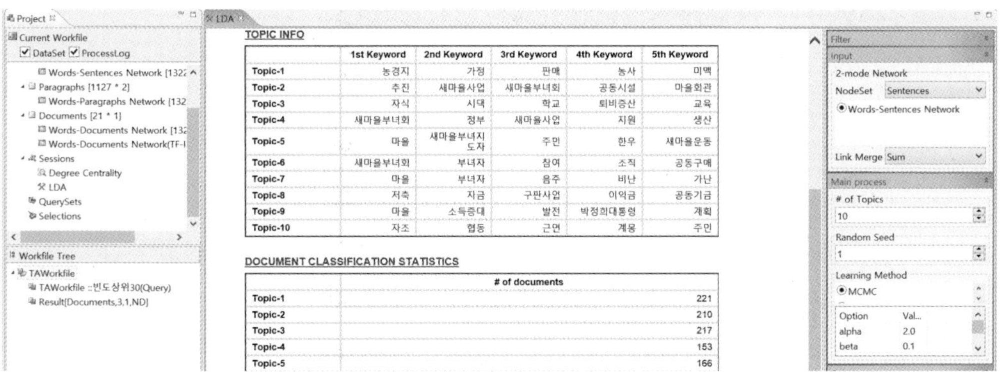

[그림 6-4-13] LDA 토픽 모델링 분석 Topic Info

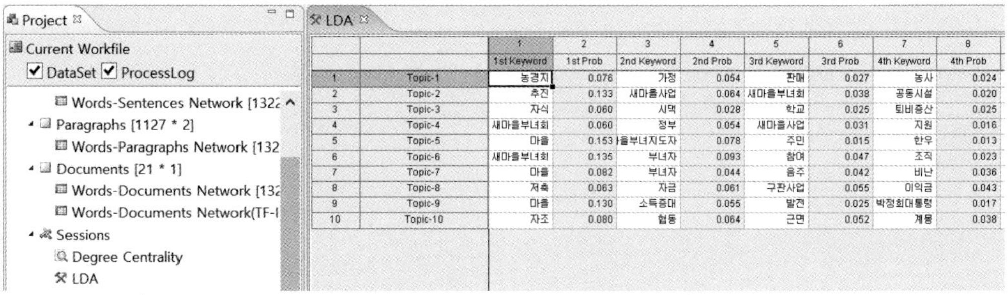

토픽별로 분류된 키워드들을 조합 또는 연결하여 각 토픽을 잘 표현할 수 있는 주제어를 지정할 수 있는데 이 작업을 위해서 연구자는 해당 텍스트에 대한 깊이 있는 지식과 충분한 이해를 가져야한다. 또한 보다 적합한 주제어 선정을 위해서는 해당 텍스트 분야 전문인들을 대상으로 주제어 선정에 대한 설문 또는 인터뷰를 시행할 수도 있다. 이러한 텍스트 내에 잠재되어 있는 여러 가지 주제들을 도출할 수 있는 LDA 토픽모델링 분석을 통해 비정형화 데이터 자료에 대한 심도 있는 분석이 가능하다.

이외에도 연구자는 NetMiner 프로그램을 활용하여 다양한 텍스트네트워크 분석기법을 적용할 수 있으며 향후 연구주제와 수집되는 텍스트자료의 형태에 따라 보다 전문화된 기법의 적용이 가능하다.

5 연구사례

텍스트네트워크 분석기법은 텍스트로부터 고도의 정보를 도출하는 과정으로 텍스트를 구조화해서 패턴을 도출하여 결과를 평가하고 해석하는 과정이다(정재훈, 2018). 이러한 텍스트네트워크 분석의 가장 큰 장점은 텍스트를 해체한 후 이를 다시 조합하여, 텍스트가 전달하고자 하는 행간의 의미를 파악함으로써 그냥 보았을 때는 파악되지 않는 그 텍스트가 전달하고자 하는 주요 의미를 파악하는 데 유용한 방법이라는 점이다(박치성·정지원, 2013). 또한 다양한 중심성 분석 등에서 더 나아가 텍스트에 대한 구조적 분석까지 시행하여 특정 주제를 도출하거나, 특정 개념들을 기반으로 의미있는 군집들 간의 의미 분석을 가능하게 하고, 시각화로 분석 결과에 대한 직관적 이해도도 제고할 수 있으므로 빅데이터 시대에 매우 유용한 분석기법이라 할 수 있다.

이러한 시대적 흐름과 함께 비정형화된 데이터 중 언어로 구성된 질적 자료의 형태인 텍스트를 분석하는 방법 중의 하나인 텍스트네트워크 분석기법에 대한 관심은 최근 다양한 연구 분야로 확장되고 있는 추세이다. 이에 본 절에서는 연구자가 텍스트네트워크 분석의 실질적인 활용 방안을 모색할 수 있도록 최근 연구를 중심으로 텍스트네트워크 분석기법의 연구 적용 사례를 살펴보고자 한다.

이정락 외(2020)는 「텍스트네트워크 분석을 활용한 ODA 연구경향과 사업유형 분석」에서 ODA 연구주제를 분석대상으로 연대별 연결중심성 분석과 LDA 기반 토픽모델링 분석을, ODA 사업자료를 분석대상으로 연결중심성 분석을 시행하였다. ODA 연구의 연대별 연결중심성 분석을 통하여 2010년을 전후로 하여 정책, 사업, 전략 등 다양한 측면에서의 연구가 진행되는 유의미한 결과를 도출하였으며, 토픽모델링 분석을 통하여는 ODA 연구가 실천적 영역보다는 정책, 사례, 전략 등의 연구에 치중되어 있음을 확인하고 보다 진일보한 연구영역의 방향성을 제시하였다.

정재훈(2018)은 「마을총회 회의록에 나타난 새마을사업의 특성에 관한 연구: 1970년대 경상북도를 중심으로」에서 마을총회 회의록을 분석 대상으로 LDA 기반 토픽모델링 분석을 통하여 5개의 토픽을 도출하고 각 토픽의 주요 키워드를 중심으로 심층 분석을 한 결과, 새마을사업의 구조를 핵심요소와 특성으로 요약하였다. 핵심요소로는 '접근방식', '참여주체', '참여방식', '주요 역할자', '추진사업', '운영방식', '개발대상'이 나타났고 각 핵심요소마다 특성을 규정하여 새마을사업의 구조를 명확하게 밝혀내었다. 마을총회 회의록이라는 질적 자료로는 새마을사업을 구조화하기 쉽지 않으나, 텍스트네트워크 분석이라는 양적 분석을 통하여 주제별 핵심요소를 도출하고 그 요소를 기반으로 구조화까지 결과로 도출한 사례이다.

한편 전술한 바대로 텍스트네트워크 분석 결과를 통한 또 하나의 장점은 시각화가 가능하다는 점이다. 단순 빈도분석 등의 결과를 워드클라우드로, 중심성 분석 결과를 스프링맵이나 동심원의 형태로, 군집화된 분석의 결과를 덴드로그램 등의 형태로 나타내어 시각적 효과를 통해 결과의 이해도를 제고시킬 수 있다.

이호현(2018)은 새마을금고 수범 사례를 대상으로 한 연구에서 노드들 간의 위계적인 결속구조를 밝혀내는 응집성 분석을 실시하여 5개의 그룹으로 워드가 구성되는 응집성 결과를 도출하고 구조와 특성을 확인하였다. 응집성 결과 네트워크를 통해 각 그룹은 특정 워드를 중심으로 응집되는 형태를 나타내고, 그룹 내 워드가 많고 연결관계가 빈번하며 그룹의 크기도 큰 '금고'가 영향력 있고 지배적인 그룹임을 밝혔다. 또한 각 그룹은 다른 그룹과의 연결 관계를 가지는 워드를 네트워크 상에서 추출해 낼 수 있으므로 이를 매개로 하여 정보나 지식의 흐름이 가능함을 확인하였다.

이윤경(2018)은 새마을부녀회의 수기를 대상으로 한 연구에서 새마을부녀회 활동에 대한 계층적 군집분석을 수행하여 새마을부녀회 활동의 군집화 덴드로그램을 제시하였다. 군집분석 수행을 위하여 연결중심성 분석 상위 30개 단어를 추출하고, 이를 대상으로 군집분석을 수행한 결과, 병합의 단계를 거치면서 '마을', '새마을부녀회', '추진', '부녀자'의 4개의 독립 클러스터와 나머지 활동과 관련한 워드의 병합으로 이루어진 하나의 클러스터로 구체화되어 모두 5개의 클러스터가 나타났다. 이를 기반으로 새마을부녀회 역할을 공간적, 조직적, 사업적, 인적 활동으로 위계적 구조화가 되어 있음을 결과로 도출하였다.

이상의 사례들은 주로 NetMiner를 분석 도구로 하여 수행한 연구이다. 마지막 사례로 드는 예는 토픽모델링 분석을 위해 텍스톰을 사용한 사례이다. NetMiner의 경우 토픽모델링 분석 결과를 표로 제시하며 시각화를 지원하지 않는다. 이에 반하여 텍스톰은 다양한 채널의 데이터 수집과 사용자 보유 데이터에 대한 텍스트 분석을 가능하게 하며, 특히 분석결과를 효과적으로 시각화해 주는 장점이 있다(정예은, 2021). 그 중 하나가 토픽모델링 분석에 대한 시각화이다.

정예은(2021)은 국제개발협력기본법 및 시행령, 지방자치단체 ODA 조례에 대한 LDA 기반 토픽모델링 분석을 진행하여 5개의 원의 형태로 유사한 의미를 가진 워드들을 집단화한 토픽분포도를 도출하였다. 토픽분포도는 토픽들 간의 거리가 멀수록 높은 판별 타당도를 가지며, 토픽 간의 주제 구분이 분명하게 되고, 여러 개의 토픽이 겹쳐져 나타나거나 토픽들 간의 거리가 가까울 경우 낮은 판별 타당도로 주제가 서로 비슷하다고 이해할 수 있고, 원의 크기가 클수록 메인토픽으로 해석할 수 있으므로(정예은, 2021), 토픽 간 차별화의 정도와 토픽의 중요도 정도를 시각적으로 쉽게 확인할 수 있다. 또한 텍스톰에서는 각 토픽의 구성 단어를 막대그래프로 제시하는데, 음영의 구분을 두어 해당 단어의 전체 텍스트에서의 빈도와 해당 토픽에서의 빈도를 동시에 나타내어 주므로 거시적 수준에서의 비교분석도 가능한 장점이 있다. 이러한 토픽분포도를 활용하여 분석 대상에 대한 핵심워드로 '가치와 목표', '주체와 체계', '사업과 운영'을 추출하였고, 국제개발협력기본법 및 시행령에 기반하여 지방자치단체 ODA 조례가 상위법령과의 정합성을 높일 수 있는 방향으로 개선방안을 모색하였다.

BIG DATA AND TEXT NETWORK ANALYSIS

제7장

빅데이터 텍스트네트워크 연구법

∑

1. 빅데이터 텍스트네트워크 분석의 이해
2. 연구절차
3. 분석 프로그램

1 빅데이터 텍스트네트워크 분석의 이해

최근 대부분의 정부기관과 기업은 자체적으로 보유하고 있는 데이터를 기반으로 빅데이터 플랫폼을 구축하여 자체적으로 활용하고 있다. 그리고 데이터의 정보수준에 따라 일반인에게 공개 또는 공유하여 빅데이터를 통한 다양한 가치창출에 노력하고 있다.

본 교재에서는 이와 같은 빅데이터의 중요성과 활용성에 기반하여 연구조사방법론의 측면에서 빅데이터를 활용한 텍스트네트워크 연구법에 대해 설명하고자 한다. 빅데이터 텍스트네트워크 연구법의 내용은 주로 빅데이터의 수집과 분석으로 구성되어 있다. 그리고 연구자가 실제로 논문작성에 활용가능한 프로그램을 연구사례와 함께 소개하여 실질적인 도움을 주고자 하였다.

빅데이터는 단순히 규모가 큰 데이터만을 의미하지는 않는다. 최근의 빅데이터는 형태가 다원화되고 규모도 과거에는 상상할 수 없을 정도로 커졌다. 빅데이터는 기존의 데이터에 비해 그 양이 너무 커서 기존의 방법이나 도구로 수집, 저장, 검색, 분석, 시각화 등이 어려운 정형 또는 비정형 데이터로 개념정의된다. 일반적인 빅데이터는 개인적으로 운용되는 소프트웨어가 저장, 관리, 분석할 수 있는 범위를 벗어나는 규모의 데이터를 말한다.

전세계적으로 다양한 분야에서 데이터가 양산되고 있으며 휴대폰과 SNS의 활성화는 이러한 현상을 가속화하고 있다. 기존의 관점에서는 연구분석에 활용도가 낮았던 뉴스, 블로그, 댓글, 보고서 등의 비정형 데이터는 프로그램의 개발과 하드웨어의 발전으로 활용가능한 정보로 주목받고 있다. 2000년 이후부터는 전자, 통신, 의료, 산업 등 사회 각 분야에서 빅데이터가 계속 생성되면서 전 세계적으로 이러한 데이터 처리에 어려움을 겪게 되었다. 즉 이렇게 규모가 커진 데이터를 보관하고 처리하기 위해서는 과거와 같이 관계형 데이터베이스나 분산 아키텍처를 가지고는 불가능하기 때문이다.

일반적인 빅데이터 분석단계는 데이터 소스를 확인하고 데이터를 수집하며 데이터를 저장 및 분석하고 이를 시각화하고 해석하는 단계로 [그림 7-1-1]과 같이 구분할 수 있다.

[그림 7-1-1] 빅데이터 분석단계

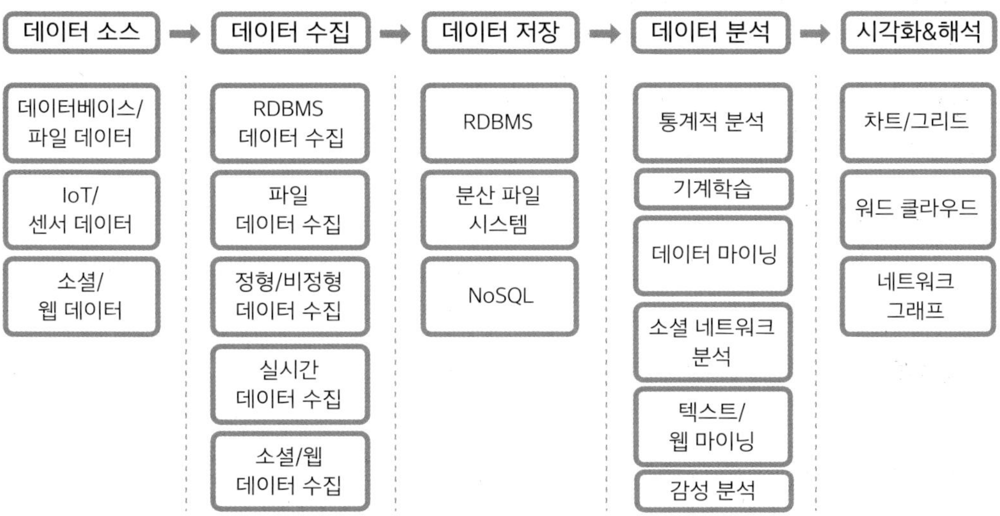

자료: 박인근 외(2020)에서 재구성함.

빅데이터 분석과정은 정형·비정형 데이터를 모으는 수집단계, 그리고 데이터를 RDBMS, NoSQL, 분산 파일 시스템에 모으는 저장단계, 그리고 통계, 텍스트마이닝, 머신러닝 등의 분석모델을 통해 데이터를 분석하는 단계, 마지막으로 분석 결과를 효과적으로 전달하기 위한 시각화 단계로 나눌 수 있다(박인근 외, 2020).

데이터를 수집하고 보관하기 위해 구글에서는 자신들이 독자적으로 만든 빅데이터 아키텍처를 공유하였다. 이것이 맵리듀스(MapReduce) 아키텍처인데, 이를 활용하여 만든 오픈소스 버전의 아키텍처가 하둡(Hadoop)이며, 현재 대부분의 빅데이터 아키텍처는 하둡에 기반을 두고 구축되었다.

이와 같이 빅데이터의 활용성이 주목 받으면서 공공기관과 민간기업에서는 빅데이터가 새로운 경제적 가치의 원천이 될 것으로 예측하고 다양한 분야에서 빅데이터 활용을 모색하고 있다. 기업의 경우에도 마케팅 전략에 빅데이터를 적극 활용하고 있으며, 특히 검색 포털업체와 전자상거래 기업은 공개되지 않은 방대한 고객 데이터를 분석해 다양한 마케팅 활동을 하고 있다. 그리고 이러한 데이터를 기반으로 한 IBM의 슈퍼컴퓨터 왓슨, 아마존의 도서 추천 시스템 등과 같은 기법이 대표적인 사례라 할 수 있다. 공공 부문도 위험 관리 시스템, 탈세 등 부정행위방지, 공공데이터 공개 정책 등 빅데이터를 활용하기 위해 다양한 노력을 기울이고 있으며(정용찬, 2013), 이러한 현상은 향후에 더욱 가속화 될 것으로 판단한다(염동현, 2020). 학계에서도 빅데이터에 대한 관심이 증가하면서 다양한 영역에서 빅데이터를 활용한 연구가 진행되고 있다.

빅데이터 텍스트네크워크 분석은 연구자가 수집한 자료의 범위와 양이 일반적인 범주를 넘어서는 데이터를 활용한 연구법으로, 연구자의 연구분야와 시점에 의해 일정부분 데이터의 양이 결정되는 경향이 있다. 이러한 연구법은 인터넷과 오픈 API 등을 통해서 생산되는 비정형 데이터인 텍스트를 적극적으로 연구에 활용하는 연구방법론이라 할 수 있다. 텍스트네트워크 분석은 정보통신 및 컴퓨터 프로그램의 개발에 따라 비정형 데이터를 과학적으로 분석할 수 있는 방법론으로, 빅데이터를 연구자료로 활용할 때 이 책에서는 빅데이터 텍스트네트워크 분석이라 한다.

텍스트네트워크 분석은 주로 사회연결망 분석방법이 대표적으로 사용되고 있으며 네트워크는 텍스트상에서는 워드와 관계로 구성된다고 할 수 있다. 즉 단어와 단어 간의 네트워크에 나타나는 링크의 구조들에 대한 위상에 따라 중심도를 측정해 단어 간의 관계나 역할을 파악하고, 네트워크상의 토픽과 주제를 식별하는 방법론이라 할 수 있다. 구체적으로는 전체 문서에 있어 단어의 연결구조, 중심구조, 응집구조, 역할구조를 분석하는 것이다. 이러한 분석은 텍스트마이닝, 데이터마이닝, 기계학습, 통계 등 다양한 분석 방법론을 결합하여 최근에는 논문작성에서도 최신 분석기법을 제공하고 있다.

대부분 기존의 텍스트자료 연구는 질적 연구절차를 통해 내용을 분석하고 그 경향 및 특성을 파악하는데, 내용분석 방법은 선행된 분석틀에서 제공되는 빈도수와 같은 기술적 정보만을 제공하기 때문에 연구추세나 경향을 종합적으로 파악하기에는 한계가 있다(Taylor, 2005). 또한 연구자의 경험과 역량에 따라 자료의 수집과 해석에 있어서 상당한 편차가 생길 수 있다는 문제점을 보완할 수 있다. 이러한 측면에서 빅데이터를 활용한 네트워크 분석은 텍스트에 나타난 워드의 관계성을 중심으로 보다 과학적이고 객관적인 결과를 도출할 수 있다는 것이다.

따라서 요약하면 빅데이터 텍스트네트워크 분석은 "비정형 데이터인 텍스트 중심의 대용량 자료를 수집하여 네트워크에 기반한 구조화된 의미를 분석하고 해석하는 방법론"으로 개념 정의할 수 있다. 즉 단순히 빈도 분석을 통해 주요 개념들의 반복 언급 횟수를 정량적으로 제시하고 중요도를 강조하거나 시각화하는 차원을 넘어 워드 간의 관계를 다양한 분석기법을 통해서 도출, 구조화하여 워드의 의미를 중요시하고 있다(염동현, 2020).

본 교재에서는 이러한 논리를 기반으로 그동안 빅데이터를 대상으로 빈도나 비교 분석을 통해서 연구를 수행한 기존의 방법론에서 보다 과학적인 연구방법론이라 할 수 있는 텍스트네트워크 분석을 접목한 빅데이터 텍스트네트워크 분석 방법을 소개하고자 한다.

2 연구절차

2.1 연구절차

빅데이터 네트워크 분석의 과정은 구체적으로 [그림 7-2-1]과 같이 ① 빅데이터 자료수집, ② 데이터 분류 및 정제, ③ 데이터의 전환, ④ 데이터의 분석, ⑤ 시각화 작업, ⑥ 분석결과의 해석 과정으로 요약할 수 있다.

[그림 7-2-1] 빅데이터 텍스트네트워크 분석의 절차

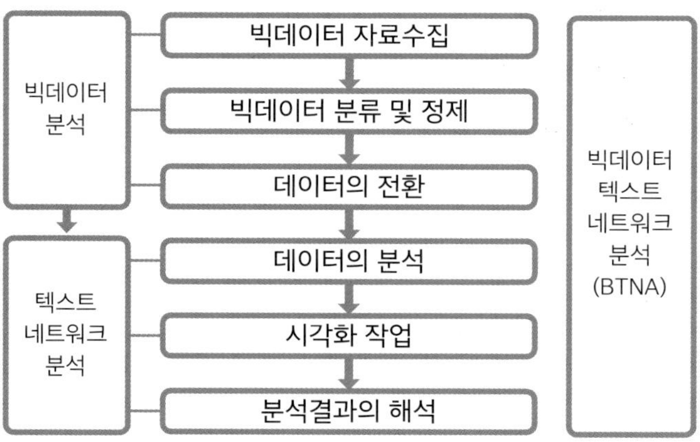

본 장에서는 학술 및 학위논문의 작성을 위해 빅데이터를 활용하는 방법론과 분석기법의 활용에 중점을 두고 자료수집과 분석방법을 단계적으로 구분하여 설명하고자 한다. 또한 관련 프로그램을 간략히 소개하여 연구자들에게 실질적인 도움을 주고자 하였다. 일반적으로 빅데이터를 분석하는 과정은 자료수집과 자료의 분석과정으

로 대분할 수 있으며 구체적인 자료수집 절차와 분석방법은 다음과 같다.

2.2 자료수집

빅데이터를 수집하는 것은 연구의 신뢰도와도 관련되는 중요한 단계의 작업이라 할 수 있다. 대부분의 빅데이터 관련 프로그램은 크롤링 작업을 통해 데이터를 수집하는 코딩의 단계를 구체적으로 소개하고 있다. 이러한 크롤링의 코딩에 익숙하지 않거나, 크롤링으로 연구자가 원하는 자료를 쉽게 찾아 사용하기 어렵기 때문에 공공기관 및 민간기업에서 수집하여 제공하는 데이터를 활용하기도 한다. 이러한 자료를 활용하면 수집단계에 사용되는 시간을 상당부분 단축할 수 있는 장점이 있다.

연구자가 필요한 데이터에 대한 검색과 크롤링의 코딩을 통해 자료를 수집하는 과정에서 최근에는 오픈API[1]와 데이터 포탈을 활용한 데이터 수집도 많이 이루어지고 있다. 모바일과 컴퓨터를 통해 제공되는 개방형 데이터를 활용하면 다양한 수준의 데이터를 연구자가 확보할 수 있다. 즉 데이터의 초기단계의 사례로, 모바일에서 블로그의 키워드 검색량을 조회하는 M-자비스 프로그램의 경우 검색 키워드를 제시하면 데이터 통계 기간 중 키워드가 포함된 블로그 문서량, 모바일 검색량, PC 검색량 등을 제공하고 있다.

오픈 API는 데이터 플랫폼을 공개하여 데이터를 사용자들과 공유하는 프로그램으로 최근에 구글은 구글맵 API를 공개하여 300여 개의 신규 서비스를 창출했다. 오픈 API는 다양한 검색 데이터 플랫폼을 외부에 공개하여 다양하고 재미있는 서비스 및 애플리케이션을 개발할 수 있도록 외부 개발자나 사용자들과 공유하는 프로그램을 말한다(한경경제용어사전, 2007).

공공기관에서 제공하는 빅데이터의 사례로 국가공간정보 수집을 위한 국토교통

---

1) 오픈 응용 프로그래밍 인터페이스(Application Programming Interface, API)는 응용프로그램 개발자들이 애플리케이션을 만들 때 운영체제에서 동작하는 프로그램을 쉽게 만들 수 있도록 화면구성이나 프로그램에 필요한 각종 함수의 집합이라 할 수 있다.

부에서 제공하는 국가공간정보포털(www.nsdi.go.kr)이 있으며, 이는 오픈 API 목록을 활용하는 데에 유용하다. 국가공간정보포털에서 제공하는 Open API는 속성정보와 공간정보를 담은 데이터를 외부에서 활용할 수 있도록 KML 또는 GeoJSON 형태로 데이터를 제공하고 시각화 도구 SDK를 활용하여 지도를 표출할 수 있도록 제공하는 API 서비스다.

외국의 사례로는 2013년 애플이 인수한 SNS 분석기업 탑시는 트위터나 구글플러스 등 SNS 서비스에서 유저의 활동을 분석하고 이를 통계 기법으로 정리해 기업에 제공하고 있다. 2006년 트위터 창업 시 축적된 트윗까지 모두 확보 가능한 기업 중 한 곳이며, 하루 5억 개라는 방대한 숫자의 데이터를 분석한다. 탑시의 주요 서비스는 지역 및 트렌드를 통한 분석이 가능한 탑시프로 애널리틱스(Topsy Pro Analytics)와 실시간 정보만을 키워드로 검색하는 트위터에 분석적 관점을 더하여 유저의 SNS 활동을 검색할 수 있는 탑시닷컴(Topsy.com), 그리고 이들 분석 데이터를 이용할 수 있는 공개 API로 구성되어 있다.

페이스북은 많은 사람이 이용하는 세계 최대의 SNS로 주요 기능은 뉴스피드(News Feed)와 타임라인(Timeline)이 있다. 페이스북 API를 사용하기 위해서는 개발자 페이지(http://developers.facebook.com)에서 앱ID와 시크릿 코드를 발급받아야 한다. 페이스북의 인증방식은 모바일 환경에서도 구현하는 데에 문제가 없을 정도로 높은 보안 수준방식을 채택하고 있으며, 또한 낮은 보안 수준의 http프로토콜을 지원하여 프로그래밍 방식으로 데이터를 검색하고, 새 소식을 게시하고, 광고를 관리하고, 사진을 업로드하는 등 앱에서 구현할 수 있는 다양한 작업을 수행할 수 있다. 페이스북의 그래프 API는 http기반으로 '소셜 그래프(SocialGraph)'에서 따온 것으로 다음 항목으로 구성되는 페이스북 정보를 나타낸다(박상정, 2018). 페이스북의 게시물들은 포스트(post)를 이용하여 가져올 수 있다. 포스트는 페이스북 페이지에 대해 액세스 토큰을 이용하여 접근할 수 있으며, 페이지의 공개 범위 설정에 의해 조회되는 데이터의 접근정도가 결정된다.

국내 사례로는 대규모 정보 포탈인 네이버에서 데이터 검색을 위한 API를 제공하고 있다. 개발자 계정등록(http://developer.naver.com)을 하여야 사용할 수 있으며 네이버 오픈 API는 로그인 방식 오픈 API와 비로그인 오픈 API 2가지로 운영되고 있다. 로그인 방식 API는 네이버 아이디로 로그인 인증을 받아 접근 토큰을 획득해야 사용할 수 있는 API로 회원 기본 정보 조회, 블로그 글쓰기, 카페가입 및 글쓰기, 캘린더 일정담기 등의 기능을 구현 할 수 있다. 비로그인 오픈 API는 개발자의 Client ID와 Client Secret을 전송하여 뉴스, 블로그, 웹문서, 카페글 등을 검색할 수 있다. 네이버 API는 검색 횟수 및 호출량에 제한이 있으며, 뉴스 검색의 경우 1일 25,000회에 한 번 호출이 최대 100개 검색을 가지고 올 수 있으므로 250,000건의 데이터를 받을 수 있다(박상정, 2018).

2.3 분석기법과 시각화

데이터를 분석한다고 하면 전통적으로 데이터마이닝 기술을 사용한다. 데이터마이닝은 대량의 데이터를 분석하여 유의미한 정보를 얻어 현실에 응용 및 반영하는 기술이다. 또한 데이터 분석에서 빼놓을 수 없는 분야가 통계분석이다. 통계분석은 특정집단에 대한 정보를 수집하고 추론과정을 거쳐 집단을 분석하는 기술이다(박인근 외, 2020).

통계분석과 데이터마이닝, 빅데이터의 차이점을 간단히 설명하면 다음과 같다. 통계분석은 모집단에서 집단의 대표성을 가지는 표본집단으로부터 데이터를 분석한다. 그러므로 모집단으로부터 집단의 대표성을 가지는 표본집단을 얼마나 잘 추출하는가에 따라 데이터의 분석결과가 달라질 수 있다. 이러한 통계분석의 한계를 극복한 것이 데이터마이닝이다. 데이터마이닝은 모집단 전체를 대상으로 분석하게 된다.

빈도분석은 텍스트마이닝에서 가장 많이 사용하는 기본적인 분석 중 하나이며, 수많은 정보 추출 방법 중에서도 가장 간단하고 강력한 방법이다. 이러한 빈도분석을 적용한 '키워드 빈도 분석'은 특정한 문서 내에서 자주 언급되는 키워드를 추출하고, 키워드들이 언급되는 빈도수에 따라 중요도를 분석하는 방법이다. 즉 온라인 환경에서 문서 내 핵심 키워드의 단순 출현 빈도수, 단어 빈도(Term Frequency, TF)를 통계적 수치로 나타내는 방법이다. 빈도분석에서는 단순 출현 빈도수를 직관적으로 파악할 수 있고, 단어의 빈도를 나타내는 TF값이 클수록 중요도가 높다는 것을 알 수 있다(염동현, 2020).

빅데이터 시각화를 위해 많은 툴이 제공되고 있는데 용도에 맞는 툴을 이용해야 시각화에 도움을 줄 수 있다. FineReport는 이러한 시각화 기술에 대해서 2020년 오픈 소스 데이터 시각화 툴 10개를 선정하였다. 빅데이터의 분석결과를 시각화하는 것이 해석에 도움을 줄 순 있지만, 시각화 자체가 해석의 결과물이 되는 것은 아니다. 빅데이터 분석에는 시각화를 통한 결과물을 사람이 직접 해석하는 것이 중요하다.

Ekaterina는 5개의 시각화 기술을 설명하였다. 첫 번째는 2D/3D표준 이미지로 막대 바(bar)나 라인, 그래프, 차트 등을 표현한다. 두 번째는 기하학적 표현으로 다차원의 데이터 세트를 다룰 수 있어 수학적 통계를 표현하기에 적합하다. 세 번째는 아이콘으로의 표현으로 데이터의 특정 특성에 따라 텍스처 패턴을 바꿔 표현할 수 있다. 네 번째는 픽셀 표현으로 각 숫자 값을 컬러 픽셀로 표시하고 일부 값들을 병합하여 많은 양의 데이터를 시각화하기에 좋다. 마지막 다섯 번째는 계층적 이미지로 데이터를 트리 맵(tree map) 형태로 계층 구조화하여 보여주기 좋다(염동현, 2020).

2.4 해석과 활용

연구자는 어떤 데이터를 보유하고 활용하느냐에 따라 연구성과가 달라지는 환경에 직면하고 있음을 인지해야 한다. 그리고 빅데이터는 모든 정보가 살아 숨쉬는 플랫폼이며, 향후에도 정형 또는 비정형의 새로운 데이터가 나타날 것으로 예측된다. 이러한 데이터를 분석하는 기술 또한 발전할 것이며 시장을 형성했던 기존의 기술이 사라지고 새로운 기술이 나타날 것이다. 즉 빅데이터를 활용한 인공지능의 발전은 끊임없이 빅데이터를 생성하고 확대하여 연구분야에도 많은 영향을 줄 것으로 판단된다.

빅데이터와 인공지능을 활용한 4차 산업혁명은 대학교에서도 중요한 이슈로 등장하고 있다. 빅데이터와 관련한 연구조사방법론은 대부분 파이썬과 R언어 등으로 빅데이터 구현에 관한 자율학습의 내용들로 구성되어있다. 본 장은 빅데이터 프로그래밍을 학습하는 내용이 아닌 빅데이터의 활용측면을 강조하고 있다. 즉 크롤링보다는 운영과 분석에 초점을 두고 있다. 따라서 논문작성을 위한 프로그래밍 언어의 습득보다는 구축된 데어터를 활용하여 어떻게 자료를 분류하고 연구의 목적에 적합한 분석기법을 채택하여 분석결과를 도출하느냐에 중심을 두고 있다.

또한 최근에는 빅데이터를 사업에 활용하는 기업도 늘고 있으며, 나아가서 사물인터넷을 기반으로 ICT 기업들이 만들어내는 빅데이터 역시 중요한 가치를 가지고 있다. 이러한 빅데이터의 활용을 위해 무엇보다 데이터를 분석하고 해석하는 분석 주체의 역량과 기술이 중요하다고 할 수 있다. 따라서 빅데이터를 활용하여 논문을 작성하는 연구자는 타당성 높은 자료의 수집과 신뢰성 높은 분석기법의 적용을 위해 노력하여야 한다.

빅데이터는 개인, 기업, 정부의 영역에 이르기까지 다양한 분야에서 생성되고 있으며, 이러한 데이터의 활용 역시 다양한 주체를 통해 광범위한 분야에서 활용되고 있다. 최근 교통, 의료, 자동차, 공간정보 등 유수의 기업들이 빅데이터를 활용한 다양한 서비스 및 상품을 개발함에 따라 향후 빅데이터의 활용도는 지속적으로 증가할 것이다.

3 분석 프로그램

빅데이터는 단지 방대한 정보의 양 뿐만 아니라 다양한 비정형, 비구조 데이터가 상호 융합되어 있다는 복합적 특성을 가지고 있어, 연구자는 연구문제를 해결하기 위한 최적의 프로그램을 선택하여 자료를 분석하여야 한다. 따라서 데이터 수집을 어떻게 하며, 수집된 자료를 어떤 방식으로 분석하고 관리하고, 분석결과를 어떤 방식으로 해석할 것인지에 대한 심도있는 연구가 필요하다. 현대사회에서 빅데이터를 분석하는 것은 사회문제에 대한 실질적이고 현실적인 정보가치를 제공한다는 의미를 지니며 학문적으로도 매우 유용하다.

본 교재에서는 빅데이터 분석의 자료수집과정에서 많이 사용되고 있는 넷마이너, 파이썬, R 프로그램, 텍스톰을 활용한 데이터 수집과 분석과정을 요약하여 살펴보기로 한다.

3.1 넷마이너

① 데이터 수집

넷마이너(Netminer)는 네트워크 데이터 분석 프로그램으로서 기본적으로 텍스트 데이터 수집기능은 제공되지 않는다. 그러나 SNS, 논문 서지 데이터의 경우 넷마이너 확장 프로그램을 활용하여 데이터를 수집할 수 있다. 즉 넷마이너 익스텐션 프로그램은 SNS Data Collector(SNS 수집기), Biblio Data Collector(논문 서지데이터 수집기)를 사용하여 페이스북, 유튜브, 인스타그램, Springer, KCI 등의 데이터를 수집할 수 있다. 그 외 웹데이터는 연구자가 직접 파이썬이나 R 등과 같은 프로그램을 사용하여 데이터를 수집하고 csv, xlsx, txt로 저장하여 넷마이너 프로그램을 연계한 후, 전처리 및 데이터를 분석하고 시각화 할 수 있다.

② 데이터 전처리

연구자가 수집한 텍스트 데이터를 1차로 정제하고 단어를 추출하는 단계로 다음과 같은 과정을 통해서 데이터를 연구자가 원하는 방향으로 보다 세밀하게 정제할 수 있다.

- 형태소를 분석하고 선택하며 영어와 한글의 형태소분석기를 제공한다.
- 불필요한 단어와 스팸단어를 설정하여 불필요한 문장과 문서를 제거한다.
- 유의어, 고유명사, 불용어를 정의하여 워드를 정제한다.
- 단어의 빈도와 TF-IDF를 계산한다.
- 단어와 문서 간의 네트워크를 구성하여 문서를 구조화 한다.
- 키워드 네트워크를 구조화하여 키워드의 유사성 및 거리에 따른 관계를 정의한다.

③ 데이터 분석

텍스트네트워크 분석은 소셜네트워크 분석방법인 centrality, community, equivalence 등을 활용하여 핵심 키워드를 추출하고 주요 토픽모델명을 지정한다. 토픽모델링 분석은 머신러닝 기반의 분석기법으로 문서를 토픽으로 구조화하고 분류할 수 있다.

넷마이너에서 제공하는 분석기법은 analyze, statistics, mining으로 구분할 수 있으며 연구자는 본인의 데이터를 가장 효과적으로 분석할 수 있는 기법을 찾는 것이 매우 중요하다. 기존의 선행연구를 통해서 또는 연구자 본인만의 지속적인 시뮬레이션을 통해서 연구결과와 가장 적합한 분석기법을 확보하여 학습하여야 한다.

Analyze에서는 80여개의 분석기법을 제공하고 있다. 즉 Neighbor에서는 Degree, Ego Network, Structural Hole 등의 기법을, Cohesion에서는 Component, Clique, K-core 등이 있다. 그리고 가장 많이 사용되는 Centrality에서는 Coreness, Closeness, Betweenness 등이 있다.

Statistics에서는 Correspondence, Gini Vector, ANOVA 등의 기법을, Mining에서는 Matrix, GMM, LDA 등의 기법을 제공하고 있다.

④ 데이터 시각화

분석결과의 시각화 단계는 연구자가 다양한 분석기법과 가장 적합한 시각화를 채택하여 연구결과를 보다 함축적으로 이해할 수 있게 도움을 주는 과정이라 할 수 있다.

시각화는 연구자가 논문을 작성하면서 이론적 논의 단계에서 워드클라우드 형태로 나타내는 경우도 있으며 중심성분석의 경우 Spring Map을 통해 워드의 크기와 관계 및 방향성을 표현할 수 있다.

시각화는 정보를 숨기고 있는 데이터를 한눈에 보이도록 변환시켜주는 과정이다(서유형, 2014). 데이터를 어떻게 표현하느냐에 따라 새로운 트렌드나 패턴을 찾아낼 수도, 못할 수도 있기 때문이다(유예림, 2017). 또한 데이터에서 얻어 낸 정보를 이용하여 타인과 매우 효과적으로 의사소통할 수 있다.

넷마이너에서는 파이차트, 다이어그램, 동심원 그래프, 워드트리, 군집도 등 다양한 형태의 시각화 기법을 제공하고 있다. 연구자는 시각화 작업을 통해 분석결과를 가시적으로 해석하여 논문의 완성도를 높일 수 있는데 이 단계는 논문의 최종 완성단계라 할 수 있다.

3.2 파이썬

파이썬(Python)은 1990년 귀도 반 로섬(Guido van Rossum)에 의해 만들어진 인터프리터 컴퓨터 언어이다. 파이썬은 개발자가 사용하기에 효율적이고 편리한 언어로 빠르게 프로그램을 개발하고자 할 때 사용하기 좋은 프로그래밍 언어이다. 초기 파이썬은 매킨토시에서 사용할 목적으로 개발되었지만, 현재는 안드로이드와 IOS를 제외한 대부분의 플랫폼에서 작동한다(박상정, 2018).

파이썬은 다양한 운영체제를 지원하는 코딩 프로그램이다. 인터프리터식 언어로 컴파일 없이 바로 결과를 확인할 수 있으며, 문법이 간단하여 쉽고 빠르게 프로그램을 만들 수 있다. 또한 오픈소스로 다양한 라이브러리의 지원을 통해 짧은 코드로 프로그램을 빨리 만들 수 있다는 강점이 있다(배성종, 2018).

세계에서 인터넷 산업의 선두를 유지하고 있는 Google은 주요 언어로 파이썬을 사용하고 있다. 따라서 인공지능과 데이터 분석 등의 분야에서 강점을 보이고 확장성도 매우 큰 언어이다. 이대현(2014)에 따르면 파이썬의 장점은 다음과 같다. 첫째, 파이썬 코드는 읽기가 매우 쉽다. 프로그래밍에서 문법의 뜻을 쉽게 이해할 수 있고 TBL(Typing Based Language) 중 가장 쉬운 문법을 제공한다. 둘째, 파이썬을 사용하면 다양한 라이브러리를 통해 자주 사용하는 어려운 기능을 쉽고 빠르게 구현할 수 있다. 셋째, 배우기가 매우 쉽다. 이러한 이유로 미국 내 대학의 경우 프로그래밍을 처음 접하는 학생을 대상으로 프로그래밍 교육을 파이썬으로 운영하는 경우가 69%를 차지한다(Guo, 2014).

파이썬은 북미지역에서 개발되었기 때문에 한글이나 한자와 같은 2Byte 문자를 지원하지 않았다. Python2.0 버전부터는 유니코드 문자형을 새로 도입하여 여러 나라의 언어를 사용할 수 있으나 한국어 형태소와 같은 정보처리를 하기 위해서는 추가적인 패키지를 설치하여야 하는 단점이 있다. 즉 한국어 정보처리를 위한 오픈소스 라이브러리는 1995년부터 KTS를 시작으로 배포되었는데 대다수는 C/C++, Java 등으로 개발되었으며 한국어 형태소 분석기가 중심이다(박상정, 2018). 파이썬으로 한국어 정보처리를 할 수 있는 오픈소스 패키지는 KoNLPy[2)]가 있으나 한국어 조사 구분, 품사 구분 등이 아직 완벽하지 않아 계속해 개선하고 있다(박상정, 2018).

온라인 커뮤니티 상에서 K리그와 관련된 텍스트를 추출한 연구에서 파이썬 프로그램을 활용해 이를 수행한 연구(장지명, 2018)를 통해 분석과정을 살펴보면 다음과 같다.

파이썬은 C언어를 기반으로 한 오픈소스 프로그래밍 언어로 다양한 플랫폼에서 사용 가능하고 기본 제공되는 라이브러리가 많다는 장점을 갖고 있다. 또한 수집된 텍스트 데이터에서 가치 있는 정보를 추출하고 가공하는 텍스트 마이닝 및 연결망 분석에 필요한 행렬 데이터로까지의 변환이 가능하기 때문에 연구자는 본 연구의 도구로 적합하다고 판단하였다. '단어×단어'의 행렬로 변환된 데이터는 UCINET 프로그램을 통해 단어들 간의 연결망 분석을 실시하였다. UCINET은 다양한 연결망 분석 기법을 활용할 수 있는 프로그램으로 이를 통해 연결망의 특성을 확인할 수 있으며, 특히 온라인 커뮤니티에 형성된 K리그의 주요담론을 파악하는 데 필수적인 군집분석(cluster analysis)이 가능하다는 장점이 있다. 파이썬을 이용한 빅데이터 분석은 기존 공공데이터 포털 및 API에서 데이터를 가져오거나 파이썬 언어로 데이터를 검색하여 가져오는 방법이 있다.

파이썬 언어를 활용한 데이터 수집 절차를 살펴보면 다음과 같다.

① 모듈 설치

파이썬을 이용해 크롤링을 수행하기 위해 모듈을 설치한다.

② Requests 설치

HTML 페이지의 정보를 가져오기 위해서 Requests 라이브러리를 설치한다. HTML 페이지를 불러와 텍스트 형태로 저장할 수 있다.

---

2) Korean natural language processing in Python은 http://konlpy.org에서 제공되며 윈도우, 리눅스, 맥 OS 등의 운영체제의 파이썬에서 한국어 자연어 처리를 지원한다.

③ BeautifulSoup 설치

BeautifulSoup은 HTML 코드를 파이썬에서 사용할 수 있는 객체 구조로 변환할 수 있도록 파싱(parsing)하는 역할을 한다. bs4이라는 라이브러리를 통해서 설치하는 방법이 추천된다.

④ Selenium 설치

Selenium은 주로 웹앱(WebApp)을 다루는 프레임워크로 웹드라이버API를 통해 크롬(Chrome) 브라우저를 제어한다. 구글 플레이 스토어는 동적 홈페이지로 플레이 리뷰의 양이 많아 한 번에 다 로드하지 못하고 사용자의 요청에 맞춰서 그때그때 동작하게끔 설계되어 있다. 따라서 일반적인 방법으로 크롤링을 시도하게 되면 화면에 보이는 리뷰의 일부만 수집할 수밖에 없다. Selenium은 직접 브라우저를 컨트롤할 수 있으므로 숨겨져 있는 모든 리뷰를 꺼낼 수 있게 된다.

⑤ 크롬 웹드라이버 설치

Selenium이 작동하기 위해서는 크롬 브라우저를 위한 웹드라이버를 설치하여야 한다. 설치된 버전의 구글 크롬에 맞는 웹드라이버를 다운받아 설치한다.

⑥ HTML 소스 파싱

BeautifulSoup으로 가져온 HTML 소스를 파싱하기 위해 BeautifulSoup에서 제공하는 select를 이용한다. select는 CSS Selector의 조건과 일치하는 모든 객체를 list 형태로 가져온다.

크롬 브라우저를 통해 구글 플레이를 접속하여 사용자 리뷰 화면에서 개발자 모드로 들어간다. 크롤링 하고자 하는 데이터의 CSS를 찾아 class 값을 가져온 후 BeautifulSoup의 find_all 함수를 이용하여 class 값이 일치하는 모든 데이터를 수집하여 list로 저장한다.

⑦ '더보기' 및 '전체 리뷰' 제어

구글 플레이 스토어에서는 사용자의 리뷰 양이 많으면 자동으로 숨김처리가 되어 리뷰의 일부만 보이게 된다. 숨겨진 리뷰와 전체 리뷰가 모두 존재할 수 있다.

⑧ 제작사 답글 및 특수문자 제거

제작사 답글 및 한글과 숫자, 영문자, 공백을 제외하고 모든 문자를 삭제한다.

⑨ 파싱 데이터 저장

파싱한 데이터는 텍스트 파일로 저장한다.

⑩ 데이터 분석과 시각화

일반적으로 데이터 수집을 위해 파이썬을 학습하는 연구자들은 페이스북, 트위터, 블로그로부터 데이터를 가져오는 프로그래밍에 주력하는 경우가 많다. 최근에는 다양한 플랫폼을 통해 수집된 데이터를 확보할 수 있으며, 네이버 등과 같은 포털에서는 자체 API를 사용할 수 있는 서비스를 제공하고 있다. 따라서 연구자는 연구의 목적에 맞는 적합한 연구방법을 설계하여 데이터의 수집방법과 분석 그리고 시각화 단계에서 적합한 프로그램을 선택하는 것이 매우 중요하다고 할 수 있다. 간략한 파이썬을 이용한 빅데이터 활용에 대한 연구사례는 박상정(2018)의 논문을 참고하는 것이 전체적인 과정을 이해하는 데 도움이 된다.

본 장에서 파이썬 프로그램을 소개하면서 크롤링 측면에서의 필요한 단계를 간략히 설명하였는데 이는 가장 중요한 부분이라 할 수 있다. 그리고 분석과 시각화부분은 파이썬 및 넷마이너와 텍스톰을 통해서도 충분히 연계할 수 있어 생략하였다. 대부분의 빅데이터 수집과 관련한 교재는 정보를 자동으로 수집하는 크롤링 프로그램 위주로 설명되어 있으며 이러한 분야는 연구자의 필요에 따라 교재학습을 통해 보다 심화된 학습이 가능하다.

3.3 R 프로그램

R 프로그래밍 언어는 뉴질랜드 오클랜드 대학의 로스 이하카(Ross Ihaka)와 로버트 젠틀맨(Robert Gentleman)에 의해 1995년 최초 버전이 소개되었다. 오픈소스임에도 고성능 컴퓨팅 속도와 데이터 처리 능력, 구글이나 아마존 클라우드 서비스와의 API 제공으로 연동성과 호환성이 있으며 통계 분석, 데이터마이닝, 시각화를 효율적으로 제공하는 언어이다. 특히 빅데이터 분석을 목적으로 하여 주목받고 있으며, 5,000개가 넘는 패키지들이 다양한 기능을 지원하고 있으며 수시로 업데이트되고 있다(강윤수 외, 2018). 빅데이터 시대가 도래하면서 빅데이터를 분석하는 기술에 대한 관심이 뜨겁다. 특히 기하급수적으로 데이터를 생산하는 페이스북, 트위터, 구글 등에서 오픈소스 통계분석 프로그램인 'R'을 핵심 분석 엔진으로 활용하면서 'R'은 분석 업계 최대 이슈로 떠오르고 있다(황승구 외, 2013).

R은 오픈소스 프로그램으로 통계/데이터마이닝 및 그래프를 위한 언어이다. R은 주로 연구 및 산업별 응용 프로그램으로 많이 사용되고 있으며, 최근에는 기업들이 많이 사용하기 시작했다.

지금까지의 통계분석 프로그램으로는 SPSS와 SAS가 대표적으로 사용되어 왔으나 최근에는 학계를 중심으로 확장성과 유연성을 갖춘 R 프로그램이 많은 관심을 받고 있다. R 프로그램은 다수의 노드를 동시에 사용해 다중처리가 용이하여 하둡의 분산 프로세싱 프레임워크인 맵리듀스(MapReduce) 방식을 적용하기 쉽다. 맵리듀스는 빅데이터를 처리할 때 필수적으로 활용되기 때문이다.

오픈소스 프로젝트로 진행되고 있는 R은 통계 프로그래밍 언어인 S언어 기반으로 만들어졌으며 통계 계산과 결과 생성 그래픽을 위한 프로그래밍 언어이다. R은 다른 개발 언어와의 연계 호환이 가능하고, 웹과 연동하여 실시간 처리가 가능하다. R은 비용 절감에 따른 경제적 이익이 수반되는 새로운 애플리케이션을 개발하거나 웹 서비스로 제공하는 데 유용하다(국립중앙과학관, 2019).

장청윤 외(2013)는 빅데이터 분석도구인 R을 활용하여 효율적인 특허 검색에 관한 연구를 진행하였는데 이를 사례로 그 과정을 살펴보면 다음과 같다.

① 연구에 필요한 키워드를 추출한다.
② 키워드를 조합하여 검색식을 작성한다.
③ 검색결과를 분석한다.
④ 결과를 시각화한다.

즉, 연구자가 문서를 빠른 시간에 검색하여 그 결과를 분석하고 시각화하는 과정을 거치며 프로그래밍을 어떻게 하느냐의 ② 단계가 연구자의 많은 학습이 필요한 부분이라 할 수 있다.

3.4 텍스톰

반현정(2019)의 빅데이터를 활용한 호텔 의미망 분석에서는 데이터를 수집하고 정제하는 과정에서 텍스톰(Textom)을 이용하였으며, 수집 데이터인 비정형 데이터를 목적에 맞게 분석하기 위하여 텍스트 정제과정을 거치고, 정제된 데이터 대상으로 빈도를 계산하고 주요 단어들을 선정하였다. 선정된 단어들은 매트릭스라는 포맷으로 이루어진 데이터로 변형하여 의미연결망 분석을 실시하였다. 의미연결망 분석을 위하여 프로그램 UCINET 6.0을 사용하여 텍스트의 네트워크적 중심성과 구조적 등위성 분석을 진행하였다.

서문경(2019)의 빅데이터를 이용한 항공사 이미지 분석연구에서는 주요 조사대상인 에어부산, 진에어, 아시아나 항공, 대한항공의 4개 항공사와 관련하여 인터넷상에서 어떤 단어들이 언급되며 단어들 사이에서의 연결망은 어떤 성격을 가지는지 분석하였다. 결과를 바탕으로 항공사 이미지에 대하여 인지하고 있는지 경쟁 위치를 파악하고, 각 항공사별 기업 이미지의 중요 속성과 선호 속성을 분석하여 적절한 기업마케팅에 관한 시사점을 제시하고자 하였다. 이를 위해 인터넷 웹사이트와 소셜 미디어 및 뉴스에 등장하는 단어들을 수집하고 정제하여 그 단어들을 분석하고 시각화함으로써 얻고자하는 정보를 도출하였다.

텍스톰이라는 데이터 분석 사이트를 활용하여 해당 연구에 활용된 해당 항공사의 관련 데이터를 수집하였고, 수집된 비정형 데이터를 프로그램에 적용 가능한 데이터로 변경하기 위해 데이터의 정제과정을 이용하였고, 주요 단어들의 빈도를 수치화하였다. 빈도가 높은 단어로 선택된 주요 70개의 단어들을 매트릭스 데이터로 만들어 시멘틱 네트워크 분석에 활용하였다. 매트릭스 데이터를 이용하여 각 단어들의 네트워크 중심성과 구조적 등위성을 파악하였고 에고 네트워크분석을 위해 UCINET 6.0 프로그램을 이용하였다.

텍스톰에서 제공하는 빅데이터 분석과정을 살펴보면 다음과 같다.

① 데이터 수집

연구자가 대상으로 하는 포털 및 SNS상의 데이터를 수집하는 것으로 텍스톰 프로그램에서 키워드를 지정하고 자료수집을 위한 대상(블로그, 뉴스 등)을 선정하고 기간을 정하면 자동으로 크롤링을 통해서 데이터가 수집되고 저장된다.

② 데이터 전처리

수집된 자료를 정제하고 형태소를 분석하는 과정으로 키워드를 필터링하고, 중복제거, 윈도우사이즈를 설정하고 선택한 수집 리스트를 통합하여 한 개의 분석리스트를 생성한다.

③ 데이터 분석

정제된 데이터를 편집, 다양한 결과 값을 확인하는 과정이다. 분석결과는 단어의 빈도수, N-gram, TF-IDF, 연결중심성, 토픽모델링, 개체명 인식 등이 해당된다.

④ 분석결과 시각화

분석기법에 따른 시각화 작업을 진행하여 연구의 결과를 이해하기 쉽게 나타낸다. 단어의 빈도 차이를 시각화할 수 있는 워드클라우드, 바차트, 에고 네트워크, 파이차트가 있다. 그리고 수집량 변화를 시각화할 수 있는 라인차트가 있으며, N-gram 결과를 시각화 할 수 있는 N-gram 네트워크와 1-way 워드트리가 있다. 그리고 개체명 인식결과를 시각화 할 수 있는 트리맵과 키워드 전후 관계를 시각화 할 수 있는 2-way 워드트리가 있다.

논문작성을 위해 빅데이터를 분석하는 텍스트네트워크 프로그램으로 넷마이너와 텍스톰이 주로 활용되고 있다. 그리고 코딩에 기반한 분석 프로그램으로 파이썬과 R 등이 있다. 연구자가 빅데이터를 논문작성 과정에서 적극적으로 활용하기 위해서는 자료의 수집과 분석에 대한 학습이 선행되어야 하며, 최근에는 빅데이터를 수집하기 위한 프로그래밍의 중요성에 따라 파이썬, 자바, 리눅스, 하둡 및 R 프로그래밍에 대한 관심도 높아지고 있다.

본 장에서는 빅데이터 자료를 수집하고 분석하는 프로그램에 대해 개괄하였다. 빅데이터 자료에 기반한 연구를 진행할 경우, 연구자는 자료의 수집에 대한 방법을 연구의 초기단계에서 명확히 하여야 한다. 즉 연구자 스스로 프로그램을 만들어 수집하거나 기존의 크롤링 프로그램을 활용, 또는 빅데이터 스테이션을 통해서 자료를 확보하는 방법 중 가장 최적화된 방법을 선택하여야 한다.

제8장

논문작성의 실제

∑

1. 과학 글쓰기의 이해
2. 논문작성 과정과 방법
3. 참고문헌과 인용
4. 학위논문 발표와 심사

1 과학 글쓰기의 이해

1.1 과학 글쓰기의 표현

논문은 과학적 논증을 통해서 문제에 대한 해결방법을 제시하여 이론화하고 일반화하는 것으로 이러한 관점에서 사회과학에서도 논문의 작성과정에 과학 글쓰기의 적용은 필수적인 부분이라 할 수 있다.

과학 글쓰기란 과학 현상에 대해 관찰하거나 사유한 과정, 그리고 공학 기술적인 문제를 개인적인 의견이나 판단에 근거하지 않고 객관적으로 정확하게 기록한 모든 양식의 글쓰기를 말한다(신형기 외, 2006). 이러한 글쓰기를 사회과학 논문의 작성에 적용함으로써 논문을 구성하는 문장을 더욱 과학화할 수 있을 것이다. 모든 논문은 글쓰기부터 비롯된다고 할 수 있으며, 따라서 과학 글쓰기는 논문을 준비하는 모든 연구자에게 필수적으로 습득해야 할 요소라 할 수 있다. 논문의 작성은 관심분야에 대한 주제를 탐색하여 연구 문제를 설정하는 것에서 시작된다.

연구 문제는 연구자가 관심을 갖고 있는 다양한 주제 가운데서 연구 과제로 전환이 가능한 주제를 말한다. 이러한 주제를 중심으로 연구자는 논문을 작성하게 되며 과학 글쓰기의 문장 표현은 일반적으로 명확성, 일관성, 간결성, 객관성으로 요약할 수 있으며 구체적인 내용은 다음과 같다(신형기 외, 2008).

1) 명확성

명확성은 ① 연구 대상의 조건을 분명하게 제시하는 것으로 연구 결과를 제대로 이해하기 위해서는 그러한 결과가 도출된 조건을 분명히 제시해야한다. ② 과학적 사실 판단은 분명한 단어로 표현해야 한다. 즉 수사적이거나 막연한 표현은 과학 글쓰기에 적합하지 않다. ③ 문장에는 주어와 목적어가 분명하게 나타나야 한다. ④ 꾸미는 말은 꾸밈을 받는 말 바로 앞에 놓는 것이 일반적이다.

2) 일관성

일관성은 ① 주어와 서술어를 일치시키는 것으로 특히 과학 글쓰기에서는 정보를 정확하게 전달해야 하므로 주어와 서술어를 일치시키는 것이 중요하다. ② 논리적 관계를 명확히 밝힌다. 연구자는 문장을 구성할 때 조사나 어미를 정확하게 사용하여야 과학적 사실이나 증거들의 선후·인과·주종 관계를 명확하게 나타낼 수 있어야 한다. ③ 대등한 두 가지 사실은 같은 형식으로 나타내야 한다. 즉 두 개의 사실을 대등하게 연결할 때, 단어와 단어는 조사 '와', '과'로 연결하고, 절과 절은 연결 어미 '고'로 연결한다. 연결되는 단어나 절의 의미상으로나 문장 구조상 대등할 때에는 반드시 이와 같이 써야 한다. ④ 독자가 내용을 예측할 수 있는 순서로 글을 배열해야 한다. 독자는 글을 시간적, 공간적, 논리적으로 예측하며 읽는다. 연구자는 자신의 주장이나 논리를 정리하여 독자가 글을 예측하며 읽을 수 있도록 순차적으로 배열해야 한다. ⑤ 핵심 내용은 문장 뒤에 놓는다. 우리말은 주어→목적어→술어의 문장 구조를 가지는 언어다. 이러한 언어는 문장의 뒷부분에 핵심적인 내용이 놓인다.

3) 간결성

간결성은 ① 문장은 길게 쓰지 않는다는 것이다. 즉 하나의 문장은 두, 세 개의 생각을 논리적으로 연결할 때에 이해하기 가장 쉬운 문장이 된다. 긴 문장에서는 사실들이 논리적으로 연결되기 어려우며, 주술 관계를 일치시키기도 쉽지 않다. ② 꾸밈을 받는 말이 서술되지 않은 채 바로 다른 말을 꾸미지 않게 한다. 일반적으로 하나의 절은 서술어에 이끌려 서술되어야 그 의미를 정확하게 이해할 수 있다. ③ 중복되거나 형식적인 어구는 제거한다. 일반적으로 개인이나 집단마다 습관적으로 사용하는 형식적인 어구가 있다. 형식적인 어구는 글을 불필요하게 만들고, 같은 내용을 중복하여 쓰게 만들기도 한다. ④ 그림이나 표의 설명은 짧게 한다. 그림이나 표를 설명할 때는 간결하게 그것이 '무엇인가'만 명시하면 된다.

4) 객관성

객관성은 ① 단정적이거나 과장된 표현을 쓰지 않는다. 단정적인 표현은 억측을 가져올 수 있으며, 과장된 표현은 사실을 왜곡할 수 있다. ② 목적론적 표현은 피한다. 목적론적 표현이란 어떠한 행동이나 과정의 결과를 마치 목적인 것처럼 기술하는 것을 말한다. ③ 정확한 시제를 사용한다. ④ 추측이나 추정의 표현은 피한다. ⑤ 의인화된 표현은 피해야 한다.

1.2 과학 글쓰기의 내용

정성훈(2010)은 과학 논문의 내용적 요건으로 독창성, 치밀성, 정확성, 객관성, 검증성 또는 재현성, 불편성, 추증성, 평이성, 윤리성을 제안하고 있다. 불편성은 논문을 작성함에 있어 연구자는 어디까지나 냉정하고 공평해야 하며 선입견이나 감정에 사로잡혀서는 안 된다는 것이다. 추증성은 논문에서 다루는 데이터나 연구방법을 다른 연구자가 필요에 따라 다시 그것을 활용하려 했을 때 논문만 보아서도 충분히 그 주제에 대해 재연구할 수 있도록 명확하고 친절하게 설명해 두어야 함을 의미한다.

정대현 외(2007)는 글을 구성하는 과학성으로 구체성, 창의성, 검증 가능성과 효용성을 제시하고 있다.

① 구체성은 글이 과학적이기 위해서 우선 다루고자 하는 대상이 실질적인 것이든, 관념적인 것이든 같은 분야나 비슷한 분야에 종사하는 사람이 그 내포나 외연을 인지할 수 있는 것이어야 한다는 의미이다.
② 창의성은 대상에 관한 새로운 자료를 보태거나 새로운 결론을 내리거나 문제 해결을 위한 새로운 방식을 가지고 있어야 한다는 것을 의미한다.
③ 검증가능성은 글이 과학적이기 위해서 그 글에서 제시하는 새로운 자료나 해결 방식, 결론 등이 옳은지 그른지를 검증할 수 있어야 한다는 것이다.
④ 효용성은 글이 과학적이기 위해서 연구의 결과로 제시된 새로운 정보가 그 학문 분야나 인접 학문 분야에 유용한 것이어야 한다는 의미이다.

문장을 작성할 때 참고할 추가적인 사항으로는 경어체나 구어체를 사용하지 않아야 하며 평어체, 문어체로 작성하여야 한다는 점이다. 그리고 과학 글쓰기에 기반을 두어 연구자는 자신이 연구를 통해 주장하는 바에 대하여 연구결과를 통해 정당화하는 것이 필요하다. 이러한 과정을 통해 연구의 전반에 걸쳐서 논문에 대한 과학성과 논리성이 확보되는 것이다.

문장을 작성할 때 인과관계를 정립하는 데 널리 인정되고 있는 과학적 기준에는 연관성, 시간적 선후관계, 비허위적 관계 그리고 이론적 원리 등이 있으며, 구체적인 내용은 다음과 같다(이지훈 외, 1988).

① 연관성은 인과적 관계에 필요한 조건이다. 일반적으로 연관성의 기준은 정도와 일관성이다. 예컨대, 흡연자가 비흡연자보다 11배 정도 폐암에 걸릴 확률이 높다고 하자. 따라서 흡연과 폐암의 연관정도가 클수록 양자 간의 인과관계 가능성은 높아진다고 할 수 있겠다. 일관성은 계속되는 흡연과 폐암의 연구에 의해 어떤 관계가 일관성있게 유지되는 것으로 국가, 국내, 지역, 도시, 농촌은 물론 남성, 여성 간에도 각각 존재하는 것을 말한다.
② 시간적 선후관계는 원인을 규명하기 위해서는 독립적인 원인변수가 종속변수보다 먼저 발생하든지 변화하여야 한다는 것이다. 즉, 독립변수는 결과나

종속변수를 산출하는 원인적 요소이다. 그러나 시간의 선후를 결정하기 어려운 관계도 많이 있다. 예를 들면 비록 기술과 도시화가 관련이 있다 하더라도 기술의 변화가 도시화보다 먼저 나타난다거나 반대로 도시화가 기술의 변화보다 먼저라고 단정하기는 어렵다.

③ 비허위적 관계는 제3의 변수에 의하여 설명할 수 없는 두 변수 간의 연관성으로 정의할 수 있다. 즉 모든 관련 변수의 효과가 제거되고 독립변수와 종속변수간의 관계가 유지된다면 그 관계는 비허위적 관계라 할 수 있다. 예컨대, 흡연과 폐암의 관계가 남성과 여성에게 각각 차이가 없다면 그 관계는 거짓이 아니다.

④ 이론적 원리는 관찰된 관계의 정당화이다. 이것은 때로 가정이나 가설의 형태로 진술된다. 이론적 원리는 어떤 관계에 대한 이론, 설명, 원인 또는 해석을 말한다. 이론적 원리는 독립변수가 먼저 변화할 뿐 아니라 그 독립변수가 종속변수의 변화를 유발한다는 것을 전제로 하고 있다.

1.3 과학 글쓰기의 구성

논문을 작성하려면 주제를 중심으로 연구자료의 수집과 분석과정에 이르기까지 짜임새, 즉 설계가 필요하다. 연구자가 자신의 주장을 펼치기 위하여 중요한 문장이나 단락을 논문의 처음에 놓을 수도 있고 그와 반대로도 할 수 있다.

김진희 외(2015)에서는 질적 연구의 글쓰기에서 중요하게 생각하는 원칙으로 첫째, 당연하다고 여기는 부분에 대해 질문을 던지는 것, 둘째, 기존 연구 결과가 달리 해석될 여지가 없는지 비판적으로 생각하는 것, 셋째, 별개의 영역이라 생각되는 현상 간 연결고리를 찾을 것을 제안하며 질적 글쓰기에 흔히 사용되는 구성방법으로 다음의 사례를 설명하고 있다.

① 고전적 글쓰기로 자연사적 접근으로 시간의 흐름과 장면의 전개과정에 따라

연구를 진행하는 방식으로 김영지(1994), 「가출 청소년의 삶과 문화에 대한 생애사적 연구」가 해당한다.

② 깔때기 및 초점렌즈식 글쓰기로 초점 수렴적 혹은 초점 확산적 접근으로 글을 쓰는 것으로 이부미(2000)의 「공동육아 문화의 교육적 해석」을 사례로 들 수 있다.

③ 연구문제별 접근으로 설정한 연구문제 하나하나에 답하듯이 쓰는 것으로 강은영(2010)의 「자발적 비혼 여성에 대한 자전적 생애사 연구」이다.

④ 집단별 접근으로 이해관계 집단별로 쓰는 것으로 이혜정(1989)의 「노는 애들의 세계: 중학생 또래 집단의 학교 밖 생활에 관한 문화기술적 분석」이 해당한다.

⑤ 기술에 이어 분석, 해석 순으로 쓰는 것으로 김한미(2009)의 「도제식 교수- 학습의 방법과 구조에 관한 질적 연구: 성악 레슨을 중심으로」를 사례로 들 수 있다.

⑥ 주제별 접근으로 주제의 구조에 따라 구분하여 쓴다. 사례로는 조용환(2009)의 「고등학생의 학업생활과 문화연구」를 들 수 있다.

⑦ 일화적 접근으로 전형적 체험을 중심으로 일화를 소개하고 분석하는 식으로 쓴다. 사례는 권정운(2012)의 「한 테니스 코치의 생애사」가 해당한다.

정성훈(2010)은 다음과 같은 설계를 통해 글쓰기의 전개원칙을 설명하고 있다.

① 시간에 따른 구성으로 역사적 사건을 그 발생 순서에 따라 내용을 구성하는 것이다.

② 공간에 따라 구성하는 것이다.

③ 비교하거나 대조하여 내용을 구성하는 것이다.

시간 및 공간에 따른 구성을 또 다른 측면에서 살펴보면 모든 존재는 현재 존재하고 있다는 공시적인 측면과 현재는 과거와 미래의 중간 단계라는 통시적인 측면을 가진다(정대현 외, 2007). 연구자는 주제에 따라 때로는 이것을 엄격히 구분해야 하고 때로는 이 둘을 동시에 수용해야 한다. 이러한 관점을 역사적(통시적) 측면과 시대적(공시적) 측면으로 구분하는 방법도 있다. 즉 통시적 관점은 역사적 시각으로 연구하는 것이다.

1.4 도표와 그림의 활용

도표는 데이터를 요약하고 배열하여 시각적으로 표현한 것을 말한다. 도표는 과학문서를 작성할 때와 발표할 때 데이터를 압축적으로 보여 주고 주장을 효과적으로 전달하는 수단이 되기도 하며 자료를 분석하는 도구가 되기도 한다(신형기 외, 2008). 논문의 작성에 있어 도표는 목적에 따라 적절하게 써야 하며 자료의 유형에 따라 잘 선택하여야 한다. 도표의 기본 종류가 되는 표(table), 그래프(graph), 그림(diagram, chart 등)을 설명하면 다음과 같다.

1) 표

표는 제한된 공간에 방대한 양의 데이터를 제시할 때, 항목별로 상세한 비교가 필요할 때, 개별 데이터 값을 정확히 보여줄 때, 개별 데이터 값을 쉽게 찾도록 할 때 사용한다. 표의 제목은 간결하게 하며 독립변수는 표의 가로축에, 종속변수는 세로축에 배열하며 표 안의 숫자 단위는 행(rows)과 열(columns)의 제목에 붙이는 것이 바람직하다(신형기 외, 2008). 표의 예시는 다음의 <표 8-1-1>과 같다.

<표 8-1-1> 표의 예시

순위	단어	순위	단어	순위	단어	순위	단어	순위	단어	순위	단어
1	금고	6	주민	11	임원	16	자산	21	자체	26	설립
2	화원	7	회관	12	복지	17	시장	22	자신	27	생활
3	마을	8	협동	13	교육	18	상인	23	자금	28	발전
4	사업	9	참여	14	자원	19	마련	24	이용	29	대회
5	지도자	10	저축	15	중앙	20	홍보	25	신용	30	대출

자료출처: 이호현(n.d.)

2) 그래프

그래프는 복잡하고 많은 데이터를 쉽게 이해할 수 있도록 도울 때, 데이터의 추세, 관계, 유형을 강조하여 요점을 파악하고자 할 때, 데이터와 주장의 신뢰성을 높이고자 할 때 사용한다. 그래프는 막대그래프, 원그래프, 선 또는 점 그래프, 방사형그래프 등 다양한 형태가 존재한다. 막대그래프의 예시는 다음의 [그림 8-1-1]과 같다.

[그림 8-1-1] 막대그래프의 예시

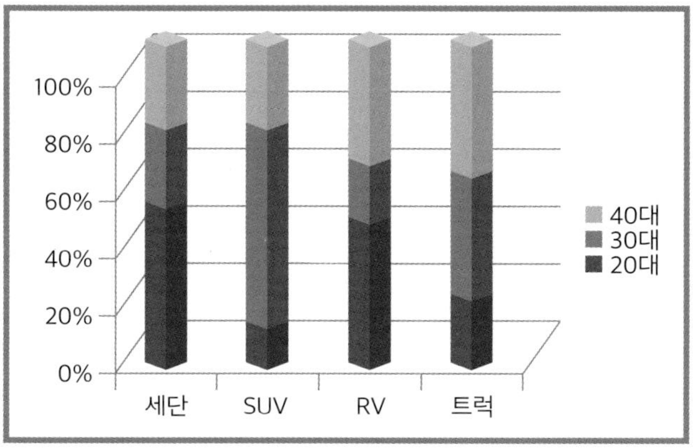

3) 그림

그림은 다양한 종류의 관계들을 표현하는 데 매우 효과적이다. 논문을 전개하는 데 필요한 분석의 틀이나 모형을 나타내는 개념도 등은 그림을 통해 쉽게 설명이 가능하다. 특히 독립변수, 매개변수, 조절변수와 종속변수 간의 관계를 설명할 때 많이 사용되고 있다. 현재 빅데이터 및 텍스트 분석을 활용한 연구에는 그림은 시각화라는 이름으로 워드클라우드, 에고 네트워크, 워드트리, 벤다이어그램, 동심원그래프 등의 형태로 표현하고 있다. 시각화(visualization) 단계는 나열되어 정보를 숨기고 있는 데이터를 한눈에 보이도록 변환시켜주는 과정이다(서유형, 2014). 데이터를 어떻게 표현하느냐에 따라 새로운 트렌드나 패턴을 찾아낼 수도 못할 수도 있기 때문이다

(유예림, 2017). 또한 데이터 시각화는 데이터에서 얻어 낸 정보로 타인과 의사소통에서 매우 효과적이다. 텍스트네트워크 분석 결과로부터 활용할 수 있는 spring map의 그림 예시는 다음의 [그림 8-1-2]와 같다.

[그림 8-1-2] 텍스트네트워크 스프링맵 예시

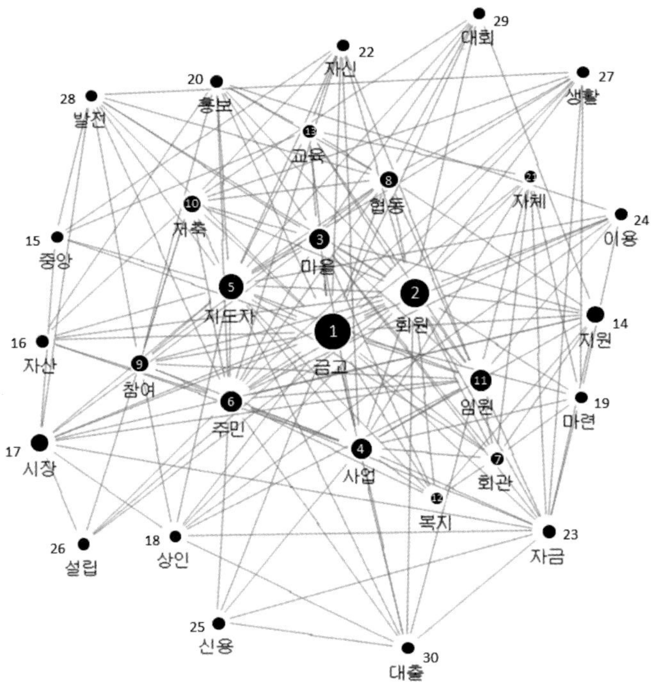

자료출처: 이호현(n.d.)

2 논문작성 과정과 방법

2.1 연구문제와 주제

연구는 의문을 제기하는 데에서 출발한다. 의문은 내가 아직 모르고 있지만 내가 알아야 하는 것에서 발생하는 것이 일반적이다. 그런데 보통의 경우 한 대상에 대해 무엇을 모르고 있는가 하는 것조차 모르기 때문에 그 대상에 대해 의문을 제기할 수 없다는 것이 문제다(정대현 외, 2007). 다양한 관점에서 사회문제를 바라보면 관점에 따라 문제해결의 과정과 결과가 달라진다. 이러한 관점은 유연하고 창의적인 사고가 바탕이 되었을 때 새로운 진리를 발견하고 이론을 생성할 수 있다.

사례연구 방법의 관점에서 접근하는 문제해결을 위한 방법으로 문제의 유형을 파악하는 것이 필요하다(신경식·서아영·송민채 역, 2016). 일반적으로 '무엇'의 문제는 탐색적 성격을 띠거나 현상이 얼마나 많이 나타나는가를 조사하는 것이다. '어떻게'와 '왜'의 문제는 좀 더 설명적인 성격을 가지며 사례연구, 실험, 혹은 역사연구가 적절하다. 연구문제를 정의하는 것은 연구를 진행하는 데에 가장 중요한 단계로 연구전략을 선택하는 기준이 되기도 한다.

연구주제는 연구자가 논문을 통해 표현하고자 하는 중심생각이라 할 수 있다. 즉 이것은 독자에게 표현 또는 전달하고자 하는 의도라 할 수도 있으며 주제를 잘 전달하기 위한 효율적인 방법을 모색하는 것이 논문의 작성방법이라 하겠다.

논문 작성의 시작점으로 문제제기를 위해 다음과 같은 관점이 필요하다. 무엇보다 사회현상을 바라보는 시각에는 다양한 관점이 존재할 수 있다는 것을 인식하는 것이 중요하다. 또한 기존의 일반화된 이론 또는 논리에도 시대나 환경의 변화에 따라 오류가 발생할 수 있으며, 특히 과학 기술의 발달로 인해 개발된 다양한 조사방법론을 적용하여 기존의 이론을 재검증할 수 있다. 그리고 연구자가 문제 해결의 과정을 지속적으로 진행하기 위해서 자신의 관심 영역 안에서 연구주제를 찾아야 한다. 관심과 호기심이 없으면 연구를 지속하는 열정과 의지를 가질 수 없다. 마지막으로 본인의 연구 역량을 통해서 해결할 수 있는 문제를 연구주제로 선택하여야 한다. 논문을 작성하기 위해 무엇보다 연구자는 연구자료를 분석할 수 있는 분석기법에 대한 이해와 능력을 갖춰야 한다.

정현욱(2012)은 다음의 다섯 가지 항목을 연구주제 선정의 원천으로 제시하고 있다.

① 연구자는 기존이론이나 지식체계에서 미진한 부분이나 부족한 부분을 발견하거나 기존 연구결과들이 상호모순을 보일 때, 혹은 기존 체계로는 어떤 새로운 사실을 설명할 수 없다고 느낄 때 이와 관련한 이슈를 모아 연구주제를 선정할 수 있다.

② 사회적으로 이슈가 되는 문제는 이의 해결을 위한 요청에 따라 연구주제가 될 수 있다. 특히 국가적 및 사회적으로 곤란한 사건들이 발생할 경우 정부나 각종 연구단체에서 특정한 연구문제에 대한 연구를 요청하는 경우가 많다.

③ 연구자들이 개인적으로 관심을 가지고 있는 분야나 일상생활에서 혹은 사회생활에서 겪은 개인적인 경험을 토대로 연구주제를 선정할 수 있다.

④ 연구자의 강한 탐구욕이나 호기심도 연구주제를 선정할 때 중요한 역할을 할 수 있다. 특정 대상이나 이슈에 대한 연구자의 강한 탐구심이나 호기심은 그 대상이나 주제에 관해 좀 더 알고 싶어 하고, 해결하고 싶어 하기 때문에 그것들과 관련된 문제를 연구주제로 발전시키게 된다.

⑤ 문헌연구는 선행연구의 귀중한 원천이 되기 때문에 연구자는 문헌연구를 통하여 연구주제를 선정하고 주제와 관련한 연구문제를 정교화할 수 있는 것이다.

종합하면 정현욱(2012)은 사회과학을 다루는 연구주제가 적어도 참신성과 시의 적절성, 연구 가능성, 이론적 의의 그리고 도덕적 배려를 갖춰야 한다고 요약하고 있다.

2.2 논문제목

논문제목은 연구하고자 하는 주제를 포함하고 있다. 논문제목은 간결해야 하며 논문의 전체 성격을 담아 독자에게 전달할 수 있어야 한다. 논문제목은 연구과정에서 나타나는 중요한 변인으로 구성되어 있으며, 필요한 경우를 제외하고 가급적 연구방법이나 목적 같은 의미는 포함하지 않는 것이 좋다. 논문의 제목에는 종속변인, 독립변인, 피험자와 응답자의 특성, 변인과 연구대상자의 관계성 등이 포함되어야 하나 가급적 간결하게 작성되는 것이 좋다. 즉 논문의 제목에 사용되는 단어의 수도 제한해서 신중하게 다루어야 하며 APA에서는 최대한 12-15개 단어를 넘지 않도록 권고하고 있다(홍성렬, 2010).

최근에는 일반적인 논문의 제목에서 나타나는 "~에 관한 연구", "~에 관한 조사연구"와 같이 '연구'라는 단어를 덧붙이지 않는 경향이 있다. 필요에 따라서는 부제목을 덧붙여 연구내용을 더욱 구체적으로 나타낼 수 있다. 따라서 논문의 제목은 가능한 한 최소의 단어로 연구의 핵심적인 내용을 나타낼 수 있어야 한다. 정성훈(2010)은 연구에서 가장 중요한 개념이 제목에 포함되어야 하며 다른 사람들이 제목만 보고도 연구의 목표를 짐작할 수 있어야 한다고 말한다. 그래서 제목에는 글의 내용을 분명히 나타낼 수 있는 핵심단어, 즉 키워드를 포함하고 있는 것이 일반적이다.

논문의 초록은 논문내용을 간단하게 이해할 수 있도록 축약해 놓은 요약본으로 대학원이나 학회에 따라 '논문요약' 또는 '국문요약'의 형태로 나타낸다. 대부분 연구자들은 논문의 초록에 기초하여 전체 본문에 대한 참고 여부를 판단하기 때문에 논문 전체 내용 중 골자를 잘 추려서 정리하여야 한다. 논문의 결과와 관련한 내용은 과거 시제로 작성하는 것이 바람직하며 연구목적과 연구결과 및 결론은 반드시 포함하여야 한다.

2.3 논문작성 절차

일반적으로 논문작성의 절차는 서론에서 연구의 필요성과 목적을 제시하고 이론적 논의 과정에서 연구문제를 도출하는 작업을 진행하게 된다. 그리고 조사방법을 위한 자료의 수집방법과 분석기법을 통해 연구방법을 제안한다. 다음 과정은 분석기법을 통해 자료를 분석하여 연구결과를 도출하며 논의 및 결론을 통해서 문제의 해결 또는 가설의 검증을 통해 이론을 생성하는 과정을 거친다. 이러한 과정은 대학원의 특성 또는 학술지의 성격, 논문의 분량, 그리고 연구주제 및 방법론 등에 따라 달라지는 경우가 많다. 그러나 연구자는 작성하려는 논문과 그것을 위해 요구되는 형식 등을 고려하여 작성할 필요가 있으며, 김규태 외(2016)에서 제안하는 구체적인 15가지 구성요인을 통해서 과학적 논문의 절차를 설명할 수 있다.

① 주제는 논문의 제목에 해당한다. 주제는 변수와의 관계, 연구방법, 연구대상을 제시하며 독자들은 이를 통해 논문의 핵심 내용과 방법을 파악한다.

② 연구의 필요성은 연구가 수행되는 배경은 무엇이고, 왜 이 연구를 해야 하는가, 그리고 기존 연구와 다른 점은 무엇인가 밝히는 부분이다.

③ 연구의 목적은 연구자가 연구를 통해서 밝히려고 하는 궁극적인 이유를 제시하는 것이다.

④ 연구내용 또는 연구문제는 연구에서 구체적으로 밝히려는 질문이나 내용을 말하는 것으로 연구내용은 평서문, 연구문제는 의문문으로 작성된다.

⑤ 제한점은 연구의 범위를 설정하는 것이다. 이것은 연구의 내용이나 방법상 고려하지 못했던 것을 의미하는 연구의 한계점과는 구분된다.

⑥ 용어의 정의는 연구자가 조사와 측정을 하기 위하여 설정한 조작적 정의를 제시하는 것이다.

⑦ 이론적 논의는 연구 주제어들에 대한 개념, 구성요인, 선행 연구결과 등을 소개한다.

⑧ 가설은 연구에서 밝히려는 잠정적인 결론이다. 가설은 의문문으로 되어있는 연구문제를 가정문 형식의 서술문으로 진술하는 것으로 볼 수 있다.

⑨ 연구방법은 연구를 위한 샘플링 대상, 조사 척도 및 설문지, 조사절차와 방법, 조사결과 분석 방법 등을 제시한다.

⑩ 결과는 연구에서 밝히려는 연구문제에 대해 조사한 데이터나 문헌을 분석하여 그 결과를 제시한다.

⑪ 논의는 연구자가 선행연구를 토대로 연구결과에 대해 타당하고 논리적으로 해석하며, 또한 연구결과를 통해서 이론적 및 실천적으로 공헌할 수 있는 시사점을 제시한다.

⑫ 요약은 연구목적, 내용, 방법과 결과에 대해서 간결하면서도 구체적으로 제시한다.

⑬ 결론은 연구에서 밝히려는 연구문제 또는 연구가설에 대해 연구자의 최종적인 주장이나 입장을 제시한다.

⑭ 한계는 연구내용, 방법 및 조사 분석에서 미처 고려하지 못하였거나 밝히지 못한 과제를 제시하는 것이다.

⑮ 제언은 수행한 연구 결과에 따라 후속적으로 고려되어야 하거나 이론적이고 실천적인 제안들을 제시하는 것이다.

과학적 연구의 첫 번째 단계는 연구자가 관심을 가지는 영역의 문제에 대한 관찰로부터 시작한다. 그리고 연구자는 문제의 영역을 더욱 세분화하여 문제와 관련한 요인들의 관계를 파악하는 과정이 필요하다. 또한 이 단계에서는 문제에 대한 잠정적인 해답 내지는 가설을 정립하게 된다. 이후 연구자는 이 가설을 검증하기 위해 자료를 수집하고 분석하여 가설의 수용 또는 기각 여부를 결정하게 된다.

이러한 측면에서 과학적인 과정에 의한 연구의 결과물을 논문으로 표현하는 데는 두 가지의 주요 목적이 있다. 그 하나는 연구 결과를 토대로 확장된 자신의 지식을 스스로 조직하는 데 도움을 받기 위한 것이고, 다른 하나는 연구의 결과를 타인과 공유하기 위한 것이다(정성훈, 2010).

2.4 논문구성 단계

논문은 연구주제를 설정하고 연구문제와 관련한 문헌조사 및 선행연구를 고찰하여 연구문제를 구체화시킨 연구가설을 설정하여 자료를 수집하고 분석하고 해석하는 과정이라 할 수 있다. 일반적으로 구성되는 논문의 절차는 서론, 이론적 논의, 연구방법, 분석결과, 결론의 다섯 단계로 구성된다. 단계별 핵심 내용(<표 8-2-1> 참조)과 상세내용을 살펴보면 다음과 같다.

<표 8-2-1> 논문의 단계별 핵심 내용

연구단계	핵심내용
서론	연구의 주제를 제시하고 연구의 필요성과 목적을 나열
이론적 논의	연구의 논리와 선행연구를 통한 연구문제를 도출
연구방법	조사대상, 자료수집, 분석방법의 연구절차를 제시
분석결과	분석결과 제시로 연구문제 해결 또는 가설에 대한 검증
논의	연구결과에 대한 해석과 논의(시사점 또는 연구이론 도출)
결론	연구결과 및 논의에 기초한 연구자의 주장 요약

1) 서론

연구의 목적과 필요성에 대한 세부적인 기술을 하는 단계로 연구의 전체적인 목적이 무엇인지 명확하게 제시하여야 한다. 연구의 목적을 서술하는 것은 구체적인 연구의 문제나 가설을 설정하는 과정을 포함하기도 하다.

연구의 목적은 개인적, 실제적, 학문적 목적으로 구분할 필요가 있다. 목적은 연구를 계획하고 수행하고 정당화를 이끌어오는 중요한 자원이다(이현욱, 2011). 연구를 통해 특정 사항을 이해하려는 연구문제는 연구설계의 핵심을 이루게 된다. 연구문제는 연구설계의 모든 구성요소와 직접적으로 연결되어 있다. 따라서 연구설계 과정에서 연구문제는 설계의 시발점이면서 중요한 결정요소이다.

문제의 해결은 주장을 통해서 이루어지며 주장에는 논증이 있어야 한다. 주장은 근거와 이유가 있어야 하며, 내 주장과 같은 것이 과거에도 있었는지 그리고 반대되는 주장은 없는지도 살펴보아야 하며 내 주장이 반박될 가능성은 없는지도 살펴보아야 한다(신형기 외, 2006). 논증은 문제 해결을 위한 연구방법에 해당하며 연구문제에는 주장을 해결하기 위한 방법이 내포되어 있다. 그리고 서론의 단계에서 연구의 범위를 제안하고 용어에 대한 정의를 포함하기도 한다.

2) 이론적 논의

연구논리(철학)와 선행연구 조사로 구성되며 연구의 배경에는 어떤 이론이 있는지를 분명하게 설명한다. 이러한 과정은 이론적 틀을 형성하게 되며 분석결과를 설명하는 논리적 근거가 되기도 한다.

이론은 사회현상을 이해하는 데 필요한 가장 기초적인 도구이다. 이론은 사회현상 개념을 활용하여 인과관계로 설명을 하기 때문에 이론을 개념과 개념으로 이루어진 인과의 진술이라고 정의한다(정현욱, 2012). 논문을 작성할 때 이론적 논의 과정에서 고찰하는 선행이론은 논문의 중요한 틀이 되기도 한다. 즉 관료제를 설명할 때 갈등이론과 기능이론을 통해 전혀 상반된 방식으로 설명할 수 있어 연구자가 채택하는 이론은 그만큼 논문에서 중요한 위치를 가진다. 따라서 연구자는 연구주제가 선정되면 어떠한 이론에 입각해서 원인과 결과를 규명하고 설명을 제시할 것인가를 결정해야 한다.

이론의 중요성은 연구가설의 구성단계에서 특히 부각된다. 그 이유는 연역적 연구방법이 이론에 입각해서 가설을 구성하고 자료에 근거해서 가설의 진위를 규명하기 때문이다. 보통 연역적 연구에서는 이론에서 원인으로 제시된 개념이 가설설정과정에서 독립변인이 되고, 결과로 제시된 개념이 종속변인이 된다. 이런 의미에서 보면 연구주제와 적합한 이론을 선정하는 것이 좋은 연구결과를 얻어내는 데 필요한 필수조건이다(정현욱, 2012). 따라서 연구자는 이론적 논의 과정에서 기존의 이론에 입각해 설정한 새로운 가설을 채택하여 이론의 확장을 꾀하고 일반화 과정을 통해 학문적 지식을 축적하게 된다.

정현욱(2012)에 따르면, 선행연구는 다음과 같은 목적을 두고 있다. 첫째, 선행연구의 고찰은 연구자가 지식의 실체와 친숙해지고 신빙성을 확보하기 위해서 이루어 진다. 둘째, 연구경향을 알기 위해서 뿐만 아니라 현재 연구자가 자신이 수행하는 프로젝트가 연구경향과 어떻게 연계되어 있는가를 알기 위해서 이루어진다. 셋째, 연구영역에서 축적되어 온 지식을 종합하고 요약할 목적으로 이루어진다. 넷째, 기존연구로부터 이론 및 연구기법에 대한 배움을 얻거나 새로운 아이디어를 찾기 위해 이루어진다.

선행연구는 문헌조사와 논문에 대한 조사로 구분되며 국내 또는 해외문헌조사로 구분할 수 있다. 선행연구를 통해서 연구의 필요성을 연계한다. 즉 기존 연구에서 해결되지 않은 문제점 또는 다루지 않은 논제를 발견하고 해당 연구가 이러한 문제점의 해결에 도움이 되는 것임을 강조한다. 문헌연구는 국내·외 논문을 중심으로 연구주제에 대한 동향을 파악하거나 연구사례를 비교하는 경우가 대부분이다.

선행연구의 경우, 저자에 의해 생산된 정보는 출판사 또는 학술단체에 의해 출판되어 배포된 정보로, 도서관이나 정보센터에 의해서 수집되고 축적되어 연구자들이 편리하게 이용할 수 있도록 관리 운영되고 있다. 단행본, 국내·외 학술잡지, 학술잡지의 발행 기관으로는 학회, 협회, 대학, 연구기관 등이 있으며, 대부분의 학회지나 간행물은 전문조직이거나 연구기관에서 발간하고 있다(유양근, 2007).

그리고 학위논문은 대학에서 석·박사학위를 취득하기 위하여 제출된 논문으로서 심사위원들의 엄정한 심사를 거쳐 통과된 논문을 말한다. 전 세계 학위논문은 프로퀘스트社의 Dissertations and Thesis 서비스(전 UMI[1] ProQuest Digital Dissertations)에서 제공하고 있으며, 한국의 첨단학술정보센터에서도 제공하고 있다. 국내는 국회도서관이나 국립중앙도서관에서 제공하고 있다(유양근, 2007). 기타 자료로는 인터넷을 통해 획득할 수 있는 데이터, 보고서, 뉴스, 통계자료, 기록물 등이 있다. 이와 같은 다양한 자료에서 연구자는 자신의 연구주제와 다른 견해를 가진 주

1) University Microfilms International의 약어로 논문 데이터베이스를 관리하고 제공하는 회사이며, 미국과 캐나다 대부분의 학위논문을 보유하고 있다. 그러나 ProQuest가 UMI를 인수한 후부터는 ProQuest사에서 그 역할과 기능을 담당하고 있다.

장들 그리고 지지하는 결과를 정리하여 논쟁적 주제를 도출하여야 한다. 이론적 논의에서 제시하는 선행연구에서 배경으로 하는 이론을 탐색하고, 연구절차와 접근방법을 찾아서 참고하여야 한다.

문헌조사를 끝내면서 다음의 사항에 관심을 가져야 한다. 첫째, 탐색된 문헌자료를 읽는 사람에게 연구문제에 대한 답을 주고 있는지 확인해야 한다. 둘째, 문헌조사가 가설을 이끌어내도록 잘 정리되었는지를 확인해야 한다. 왜냐하면 문헌조사의 결론이 바로 가설이기 때문이다(홍성렬, 2010). 연구자에 따라 이론적 논의 단계에서 가설과 연구모형이 같이 제시되기도 한다. 즉 문제의 제기, 연구의 목적, 주제에 대한 문헌조사와 주제와 관련한 논의 후 연구자가 증명하고자 하는 가정이 도출된다. 이와 같은 단계가 가설 설정의 단계이다.

가설이란 둘 이상의 변수 간의 관계를 검증 가능한 형태로 진술한 문장이다. 즉 '교육수준이 높을수록 봉사활동을 많이 할 것이다' 라는 가설은 교육수준과 봉사활동이라는 변수 사이의 관계를 진술하고 있다. 이때 전반부의 교육수준은 독립변수이며 봉사활동은 종속변수이다. 가설의 특성은 다음과 같다. ① 가설은 두 가지 혹은 그 이상의 현상들 간의 관계를 서술한다. ② 가설은 과학적 방법을 통해 검증되어, 사실 혹은 거짓 중 하나로 판명될 수 있다. ③ 가설은 명확한 진술의 형태로 기술된다. ④ 가설은 참이거나 거짓일 확률적 가능성을 갖게 된다.

이와 같이 가설은 연구문제의 잠정적인 답을 구하기 위해서 논문의 시작단계에서 제시되며 일반적으로 서론 또는 이론적 배경의 단계에서 설정되기도 한다. 또는 연구자에 따라 연구방법 단계에서 가설을 검증가능한 단계로 변수들과의 관계를 연구설계에서 나타내기도 한다.

3) 연구방법

이 단계에서는 연구과정을 요약하여 나타내거나 설계하여 설명하는 것으로 자료의 대상 및 수집방법 그리고 분석틀과 분석기법에 대한 설명을 주로 전개한다. 연구설계란 실증적으로 수집한 자료를 초기에 설정한 연구문제와 연결하고 궁극적으로 연구의 결론으로 연결하려는 논리적인 과정이다(신경식·서아영·송민채 역, 2016).

연구설계는 이러한 의미에서 전술적인 문제가 아니라 논리적인 절차라고 할 수 있다. 연구설계에 대한 또 다른 관점은 연구설계를 연구의 ‘청사진’으로 파악하고, 다음과 같은 네 가지 문제를 다루는 것이다(Philliber, Schwab & Samsloss, 1980).

① 무엇을 연구할 것인가?
② 무엇을 조사해야 하는가?
③ 구체적으로 무슨 자료를 수집해야 하는가?
④ 결과를 어떻게 분석할 것인가?

4) 분석결과

결과에서는 수집된 자료에 대한 분석결과를 설명하는 부분이다. 분석기법을 통해 나타난 결과를 제시하고 그에 대한 설명을 해야 한다. 연구자가 결과를 근거로 다른 해석과 예측을 하거나 평가를 하는 것을 주의하여야 한다. 결과는 자료 분석 결과에 대한 설명으로 충분하다고 할 수 있다. 또한 연구문제와 가설을 지지할 수 있는 결과를 찾아서 제시하고 설명하여야 한다. 일반적으로 이러한 과정을 분명하게 하기 위해 도표나 모형을 통해서 설명하기도 한다.

5) 결론

연구결과에 대한 해석 능력은 논문의 질을 결정하는 가장 중요한 요소라 할 수 있다. 연구자의 해석 능력은 자료의 수집과정에서부터 비롯된다고 할 수 있다. 결론단계는 자료 결과에 대한 평가와 추론을 서술하는 부분이다. 그리고 결론에서 논의 과정을 두기도 하며 논의 부분에서는 연구자가 논문을 통해서 정책적으로 기여할 수 있는 점은 무엇이며, 연구 문제해결에 얼마나 도움을 줄 것인지를 다룬다. 그리고 논의 과정에서 연구에 대한 유용성과 기대효과를 서술하기도 한다.

6) 참고문헌, 부록, 초록

연구자가 인용한 자료에 대해서 정확한 출처를 밝혀야 한다. 참고문헌을 표기하는 방법은 대학교별, 학술논문별로 다를 수 있으니 반드시 요구사항에 따라 제시되어야 한다.

참고문헌의 표기는 APA, MLA, Chicago 스타일 등이 있으며, APA 스타일이 일반적으로 많이 사용되며 학계에 따라 일부 혼용하여 사용하기도 한다. APA는 미국심리학과의 규정 지침으로 1929년 논문 원고 작성에 필요한 양식을 제안하여 2009년에 개정되어 사회과학 논문에 많이 사용되고 있다. 논문의 참고문헌 표기는 대학마다 학과마다 규정한 작성법이 우선 적용되어야 한다. APA를 포함한 참고문헌 표기법 스타일에 관한 내용은 다음 절에서 상세하게 설명하겠다.

이러한 과정을 종합하면 서론에서는 '문제 제기' 혹은 '연구의 필요성'을 통해 '연구 목적 및 연구 문제'를 확정하면서 연구자의 가설을 제시하고, 이론적 배경에서는 연구 문제에 등장한 각종 개념들 및 변수와 관련한 이론들을 소개한다. 그리고 연구방법에서는 해당 변수들을 다루는 방법론 및 측정도구 등을 확정하고, 연구결과에서는 해당 방법론에 맞는 방법으로 결과를 기술한다. 결론 및 제언에서는 가설에 대한 연구자의 연구 결과를 기술하고, 이를 현실에 적용하기 위한 제언을 제시한다(김희원, 2018).

2.5 논문활용 분석기법

논문에 주로 사용되는 통계분석은 차이 분석과 관계 분석으로 대분할 수 있다. 차이 분석은 두 변수의 관련성을 분석하는 것으로 범주형 변수일 경우 교차분석 비율척도 변수일 경우 상관분석을 활용한다. 그리고 집단 간 평균을 비교할 때 독립변수가 2개 범주일 때 t-검정을 사용하여 두 집단 간의 평균 차이가 있는지를 검증한다.

그리고 세 집단 이상에서 평균값에 차이가 있는지를 검증할 때는 일원배치분산분석(ANOVA)을 활용한다.

한 개의 종속변수와 여러 개의 독립변수 간의 관계의 경우에는 분산분석과 회귀분석을 사용한다. 특히 이 경우에 독립변수가 종속변수에 영향을 주는지 파악하는 것이 우선되어야 한다. 분산분석은 두 개 이상의 범주형 변수를 동시에 고려해서 집단을 나누는 경우 혹은 어떤 변수를 통제한 상황에서 평균의 차이가 있는지를 알아보는 분석이다. 그리고 회귀분석은 종속변수를 독립변수의 선형함수 형태로 표현하는 단순회귀분석과 여러 개의 독립변수들의 선형함수 형태로 종속변수에 대한 모형을 나타내고자 할 때 사용하는 다중회귀분석으로 구분할 수 있다. 그리고 이분형(예, 아니오) 종속변수에 대하여 한 개 이상의 독립변수들을 가지고 회귀모형을 만들 때는 로지스틱 회귀분석이 사용된다.

그리고 최근에 가장 많이 사용되는 구조방정식 모형은 다수의 종속변수와 독립변수의 인과 및 상관관계를 동시에 분석하는 것으로, 변수 간의 구조적 관계를 검증할 때는 AMOS를 활용한 구조방정식을 사용한다. 이러한 통계분석을 학자에 따라 차이검증, 관계검증 구분법을 사용해서 구분하기도 하며 기술통계, 추론통계의 영역에서 다양한 통계기법을 설명하기도 한다.

2.6 연구윤리

일반적으로 표본 추출에서 대표성의 문제는 표본을 통해 실제로 조사하여 얻은 자료의 지식으로 모집단을 추출한다는 것에서 비롯한다. 이러한 점은 질적 연구에서 단일 사례를 통해서 나타난 결과를 일반화한다는 것과 맥락을 같이 한다. 즉 표본으로부터 모집단의 추정 타당성은 표본의 대표성에 주어진 신뢰도의 문제이다. 따라서 표본은 모집단의 특성을 반영할 수 있을 정도로 대표성이 있어야 한다. 결국 표본의 대표성은 증명된 것이라기보다는 가정된 것이다. 과학적 연구는 사물의 현상을 정확히 기술하고 여러 가지 현상에서 나타난 규칙성을 이론과 법칙으로 일반화시키는 과정이다. 따라서 과학적 연구의 가장 중요한 조건은 객관성이라 할 수 있다. 이것은 과학적 연구는 연구과정이 같으면 동일한 결과를 얻어야 하는 것과 같은 맥락이다.

최근에는 연구자의 윤리성이 중요한 요건으로 제시되고 있다. 논문작성에 있어 인용과 재인용 부분을 정확히 밝히고 출처를 표기해야 한다. 연구윤리는 연구자가 자신의 연구과정에서 옳은 것과 그른 것, 적합한 것과 그렇지 못한 것을 구별하는 것이다(정현욱, 2012). 최근에는 선행연구 이외의 자료들이 다양한 경로를 통해 유입되어 논문에서 인용하는 사례가 늘어나고 있다. 따라서 이러한 다양한 자료에 대한 출처를 반드시 표기 형식에 맞게 인용하여야 한다.

일반적으로 제안되는 단계별 연구윤리는 다음과 같다.

① 자발적 참여와 사전 동의가 필요하다.

② 연구대상자는 연구에 참여하거나 중단하는 것을 스스로 결정할 수 있는 권리가 있다.

③ 자료수집과 분석과정에서 은폐와 속임수를 피해야 한다. 은폐란 특정한 정보를 대상자에게 감추는 것이며, 속임수는 의도적으로 허위정보를 제공하는 것이다.

④ 면담자나 질문에 응한 응답자의 사생활을 보호하여야 한다. 응답자 또는 참여자의 사생활을 보호하는 문제는 실험실 연구보다 현장관찰이나 서베이 조사연구에서 더 자주 발생한다. 사생활을 보장하기 위한 방법으로 익명성을 보장해주는 방법과 비밀성을 보장해주는 방법이 있다.

⑤ 연구자는 자료를 분석하고 보고하는 과정에서도 전문적 수준의 윤리를 준수해야 한다. 즉 자료를 오염하지 말아야 한다. 특히 연구자는 설문지 응답과 실험 및 관찰의 결과를 자의적으로 조작, 변경, 폐기해서는 안된다.

⑥ 연구자는 연구자가 소속한 단체 및 대학교가 규정하는 연구윤리를 준수하여야 한다.

이 책에서는 연구자가 논문을 작성하는 과정에서 가장 중요한 요소이자 역량으로 형식상의 요건과 내용상의 요건을 갖출 것을 강조한다. 형식상의 요건은 본인이 속한 대학원 또는 학술단체에서 요구하는 연구의 방법론을 수용하고 분석기법을 습득하는 것이라 할 수 있다. 그리고 내용상의 요건은 연구자가 선택한 논문의 주제가 학위논문 또는 학술논문으로써 타당한가 하는 것이다. 이것은 생산한 논문이 연구자가 속한 기관이나 학문분야에 이론적으로 기여할 수 있는 내용이어야 한다는 것이다.

3 참고문헌과 인용

3.1 참고문헌의 수집

연구자가 연구물의 타당성을 확보하고 자기주장에 대한 근거를 제시하기 위해서는 연구주제와 관련한 자료가 필요하다. 연구수행을 위한 목적으로 수집된 자료는 연구자의 주장을 합리적이고 객관적으로 뒷받침하는 입증자료의 역할을 하며, 신뢰할만한 자료여야 한다. 이같이 연구자가 조사 또는 연구수행을 위해 참고하는 문헌자료와 기록을 참고문헌이라 한다. 참고문헌은 연구자에게 어떤 일 또는 사물을 깊이 조사할 수 있는 기반을 마련해주며 특정 주제에 대한 깊은 이론과 진리를 탐구할 수 있도록 해준다. 또한 연구자의 주장을 뒤받쳐줄 수 있는 주요한 이론이 된다. 이러한 연유로 연구자는 연구주제에 대해 이론적으로 접근하고 고찰하기 위해 연구주제와 관련한 문헌 자료를 검색하고 수집할 수 있는 역량을 가져야 한다. 이러한 참고문헌은 대개 2차 자료에 해당하는 문헌 자료이며, 서적, 출판물, 간행물, 학술논문, 신문기사, 문서자료, 기록, 전기, 백과사전, 잡지, 편집물, 논평서 등 다양한 형태로 나타난다. 일반적으로 연구자가 많이 활용하는 주요 문헌 자료의 종류와 그 수집 방법은 다음과 같다.

1) 서적

연구자는 서점과 도서관을 이용하여 연구와 관련한 책, 신문 기사, 학술논문, 공공간행물 등 다양한 출판물을 열람하고 대출 혹은 구매할 수 있다. 또한 연구자는 정부 부처, 지자체 등 정부 기관에서 운영하는 도서관 열람실을 이용하여 필요 문헌을 수집할 수 있다. 이러한 오프라인 형태의 서점과 도서관은 이용 시간과 장소에 대한 제약이 있고, 인쇄 및 출판된 지류 형태의 자료(종이로 제본된 책)를 제공하고 있어 사용이 제한적이다. 특히 출판물은 타인에 의한 대출, 재고 소진, 인쇄/판매 중단 등의 이유로 상당히 제한적일 수 있어 연구자가 원하는 자료를 적시적기에 활용하지 못할 수도 있다.

그러나 오늘날 정보통신기술의 발전으로 종이책과 지류 형태의 다양한 자료는 디지털 파일(전자책, 오디오북 등)로 쉽게 확보할 수 있으며 디지털 검색 시스템을 이용하여 간편하게 찾을 수 있다. 디지털 형식으로 출판된 도서인 전자책(e-book)과 저자나 성우의 목소리로 읽은 책을 귀로 들을 수 있는 책인 오디오북(audio book)은 디지털도서관, 온라인 서점, 관련 애플리케이션 등의 플랫폼을 통해 이용할 수 있으며, 컴퓨터, 태블릿 PC, 모바일 등의 전자기기를 통해 열람할 수 있다. 전자책은 일반적으로 전자(디지털)도서관[2)]에서 쉽게 열람할 수 있다. 전자도서관은 대개 전자책뿐만 아니라, 오디오북, 이러닝(e-learning) 등의 부가 서비스도 제공하고 있으며, 이용자는 시간과 장소의 제약을 받지 않고 이용할 수 있다는 장점이 있다. 이러한 전자도서관은 정부, 지자체, 대학교, 민간기업 등 다양한 주체가 운영 및 제공하고 있다.

정부에서 운영하는 대표적인 전자도서관은 국가전자도서관이며, 이는 문화체육관광부가 운영·관리하고 있다. 연구자는 국가전자도서관을 통해 국립중앙도서관, 국방대학교 국방전자도서관, 농촌진흥청 농업과학도서관, 법원도서관, 질병관리본부 국립의과학지식센터, 한국과학기술원 도서관, 한국과학기술정보연구원 등의 보관자료를 검색하고 획득할 수 있다. 지방자치단체에서도 도민과 시민을 위해 자체 전자도서관을 운영하고 있다. 예를 들어 충청북도는 '충청북도교육청전자도서관', 서울특별시는 '서울특별시교육청 전자도서관', 부산광역시는 '부산광역시 전자도서관', 대구광역시는 '대구전자도서관', 대전광역시는 '대전사이버도서관'을 운영하고 있다.

---

2) 전자도서관은 인터넷 접속을 통해 종이책이 아닌 전자책을 대출하고 반납할 수 있는 온라인 도서관을 뜻한다.

또한 많은 대학에서도 대학 도서관 홈페이지를 통해 전자책 대출 서비스를 시행하고 있다. 그리고 교보 eBook, Yes24 북클럽, 구글 플레이 도서, 이담북스 등 민간기업에서도 전자책 서비스를 제공하고 있다. 이러한 전자책 서비스 제공업체는 일반적으로 오디오북도 함께 제공하고 있으나 네이버 오디오클립, 윌라 오디오북, 오디언소리의 오디언 등 오디오북만 전문적으로 제공하는 업체도 있다.

이러한 내용을 요약하면 다음의 <표 8-3-1>과 같다.

<표 8-3-1> 서적 검색 및 열람 사이트 목록 예시

구분	기관	특징	URL 주소
전자책 & 오디오북	정부, 지자체 등의 전자도서관	무료로 관련 학술자료를 수집할 수 있고 이용 접근성이 좋음.	각 전자도서관 웹 사이트
	books i&i	한국학술정보에서 출판 및 제공하는 국내 전자도서이며, PDF 파일로 다운로드 가능함.	http://ebook.kstudy.com/
	교보, Yes24 북클럽 등	도서 판매 온라인 전문점의 전자도서 서비스임.	http://digital.kyobobook.co.kr/
	구글 플레이 도서, 네이버 오디오클립 등	앱 스토어와 포털 사이트에서 제공하는 전자책 및 오디오북 서비스로 모바일 등의 기기를 통해 사용하기 편리하다는 장점이 있음.	http://audioclip.naver.com/

2) 학술지 논문

서적과 더불어 연구자가 가장 많이 활용하는 참고자료는 학술지 논문이다. 학술지 논문 또한 서적과 같이 오프라인과 온라인에서 열람하고 수집할 수 있다. 오프라인에서 학술지 논문을 열람하고 참고하기 위해서는 학회 구독 서비스를 통해 학회지 출판물을 실물(종이)로 받아보거나 그러한 학술지 논문을 소장한 도서관을 이용하면 된다. 온라인의 경우에는 특정 전자학회지(e-journal)에 접속하거나 학술논문 종합 검색 및 열람 플랫폼을 이용하여 전자학술논문(e-article)을 열람 또는 저장할 수 있다. 온라인에서는 연구주제, 저자, 학술지명, 연구 분야 등의 검색 옵션 서비스를 이용할 수 있어 특정 자료 혹은 관련 분야의 자료를 찾는 것이 오프라인보다 수월하다.

연구자가 참고하고자 하는 특정 논문의 제목, 저자, 학회지명 등의 정보를 숙지하고 있다면, 해당 학회지 사이트를 통해 쉽게 찾을 수 있다. 그러나 논문 제목, 저자, 학회지명 등의 정보가 부재하거나 불확실할 때는 전 분야 혹은 특정 분야의 학술논문을 제공하는 통합/종합 제공 서비스가 유용할 수 있다. 학술지 논문 종합 서비스는 다양한 저널과 제휴하여 학술자료를 데이터베이스(DB)화하여 보관하고 있으므로 연구자는 관련 분야의 논문을 다량 그리고 동시에 수집할 수 있다. 또한 이러한 서비스는 일반적으로 학술논문뿐만 아니라, 학술 관련 자료에 해당하는 학위논문, 세미나 자료 등도 수록하고 있어 연구자는 이러한 서비스를 통해 보다 광범위한 형태의 자료를 확보할 수 있다. 이러한 서비스는 다양한 분야의 학술자료를 쉽고 빠르게 검색하고 확보할 수 있다는 장점이 있으며 대표적인 서비스로는 학술연구정보서비스(RISS), 디비피아(DBpia), 한국학술정보(KISS) 등이 있다.

제공사별로 검색엔진 기능과 열람 가격 등의 차이가 있어 연구자는 서비스 접근용이성, 관련 주제 자료 제공 여부, 해외자료 제공 여부, 이용료, 학위논문 제공 여부 등을 고려하여 학술연구정보 서비스를 선택하여 이용하면 된다. 서비스는 대부분 유료로 제공된다. 따라서 연구자는 서비스를 유료로 이용하거나 서비스와 구독 계약을 맺은 대학 또는 기관을 통해 무료로 이용할 수 있다. 한국의 거의 모든 대학교에서는 학술정보 서비스 제공원(사)과 구독 계약을 맺어 학교 학생, 교직원 등 학교 소속원에게는 특정 서비스를 무료로 제공하고 있다. 이에 대학교 소속원은 대학교 도서관 홈페이지를 통해 학술연구정보 서비스를 이용하면 필요한 문헌을 무료로 열람하고 저장 및 보관할 수 있다.

위의 내용을 축약하면 다음의 <표 8-3-2>와 같다.

<표 8-3-2> 학술자료 검색 및 열람 사이트 목록 예시

구분	서비스(제공기관)	특징	URL 주소
학술논문	RISS (학술교육학술정보원)	한국교육학술정보원에서 운영하는 학술연구정보서비스로 학위논문, 학술논문, 단행본, 연구보고서 등 다양한 형태의 연구물을 제공함.	https://www.riss.kr/
	DBpia (㈜누리미디어)	국내 학술지와 학위논문을 검색하고 원문을 열람할 수 있는 학술정보 포털사이트임. 인용양식 설정, 논문 추천 등의 서비스도 제공함.	https://www.dbpia.co.kr/

구분	서비스(제공기관)	특징	URL 주소
학술논문	KISS (한국학술정보㈜)	전분야의 국내학술지 논문, 국가지식 및 공공저작물, 간행물 등을 제공함.	https://kiss.kstudy.com/

3) 기타 자료 (신문 기사, 보고서, 통계자료)

연구자는 특정 연구를 수행할 때 관련 지식을 습득하고 논문에 참고하기 위해 참고자료로 책과 학술지 논문을 가장 많이 활용한다. 그러나 이 외에도 웹 콘텐츠, 신문 기사, 보고서, 통계자료 등의 자료를 참고문헌으로 이용한다. 신문 기사의 경우, 참고문헌으로 활용될 수도 있으며, 분석자료로 활용될 수도 있다. 신문 기사는 종이 신문 또는 전자 신문(e-newspaper)으로 구분되는데 연구자는 전자 신문을 특정 신문사의 온라인 홈페이지를 통해서 무료 또는 유료로 열람할 수 있다. 특정 주제에 관한 신문 기사를 수집할 때는 구글, 네이버, daum 등 포털사이트의 검색엔진을 활용하여 다양한 신문사의 기사를 수집하는 것이 용이하다.

보고서의 경우, 보고서를 출간 또는 발간하는 기관의 홈페이지를 통해서 쉽게 이용할 수 있다. 대개 큰 기관들은 자체 홈페이지에서 '자료실' 메뉴를 통해 기관 문서와 보고서 등을 제공하고 있다. 가령 United Nations World Food Programme은 기관 홈페이지의 Media Centre 메뉴에서 기관과 관련한 보도자료(news releases), 보고서/출판물(publications), 영상 등을 제공하고 있다(UN World Food Programme, 2020).

연구자가 국가, 지방자치단체, 공공기관이 보유하고 있는 저작물을 수집하여 활용하고자 한다면 관련 기관의 홈페이지를 통해서 원하는 자료를 획득할 수 있다. 그러나 연구에 따라서는 필요정보와 자료를 통합적으로 보관하고 관리하는 국가기록원(행정안전부), 공공누리(문화체육관광부) 등을 이용하는 것이 유용할 수도 있다. 특히 공공누리[3)]는 저작물별로 적용된 유형별 이용조건에 따라 저작권 침해의 부담없이 무

3) 공공저작물에 대한 이용허락 절차의 부재, 저작권 권리처리 문제 등으로 인한 활용의 어려움을 없애고자, 표준화된 이용허락 표시제도인 공공누리를 도입하게 되었고, 누구나 자유롭게 이용할 수 있게 한다는 의미를 담고 있다(공공누리, 2021).

료로 자유롭게 이용 가능하고, 방대한 국가자료를 보관하고 있어 찾고자 하는 공공자료를 용이하게 이용할 수 있다(공공누리, 2021).

통계자료는 어떤 현상을 수치로 나타남에 따라 연구자가 주장하고자 하는 내용을 쉽게 표현하고 뒷받침해 줄 수 있다. 또한 연구의 분석자료(예; 시계열 자료 등)로 활용할 수 있어 통계자료를 수집할 수 있는 도구와 방법을 습득하는 것은 매우 중요하다. 연구수행을 위한 통계자료는 논문 주제와 관련한 기관 또는 신문 기사를 통해서 수집할 수 있다. 간단한 통계 수치는 신문 기사에서 획득할 수 있어 연구의 배경이나 필요 논의 부분에서 활용될 수 있으나, 연속적 혹은 다량의 통계자료를 통해 분석하거나 어떠한 흐름을 보고자 할 때는 관련 기관에서 제공하는 자료를 수집할 필요가 있다. 가령 2015년 행정구역별 총조사인구 통계자료를 수집하고자 할 때는 통계청의 국가통계포털, 2020년 3월 배합자료 생산 및 가격에 관한 통계를 수집하고자 할 때는 농림축산식품부 홈페이지를 이용하면 된다.

특히 국내 및 북한 관련 주요 통계를 제공하는 국가통계포털은 각종 국가승인통계를 수록함과 더불어 국제금융과 경제에 관한 최신 통계를 제공하고 있어(국가통계포털, 2020) 그 활용도가 높다. 해당 포털은 통계와 함께 통계를 획득하기 위한 과정, 조사대상, 조사방법, 조사 항목을 내포한 보고서도 제공하고 있어 상세내용을 파악할 수 있다. 이러한 서비스는 정부기관(통계청)이 제공하는 통계 서비스로 무료로 열람할 수 있다. 국외 통계의 경우, 국가통계포털과 같이 국내의 정부기관 또는 사립기관(연구원)에서도 국외의 원자료를 번역하여 제공하고 있으나, 원자료가 필요할 때는 원자료 제공기관의 홈페이지로 접속해야 한다. 예를 들어 세계은행(World Bank) 홈페이지를 통해 국가 빈곤 수치, 교육 수준, 부채 비율 등의 자료를 수집할 수 있다. 특히 World Bank를 포함한 국제통화기금(International Monetary Fund, IMF), 국제연합(United Nations, UN) 등의 국제기구 통계 제공 서비스는 국제 및 국가별 통계를 확보할 수 있는 유용한 자료수집 도구이다.

위의 내용을 요약하면 아래 <표 8-3-3>과 같다.

<표 8-3-3> 기타 참고자료 열람 사이트 목록

구분	기관	특징	URL 주소
전자 신문	조선일보, 중앙일보, 매일신문, The New York Times, HuffPost 등	뉴스포털 사이트를 통해 종이 신문이 아닌 전자 신문을 구독할 수 있음.	각 전자신문사의 웹페이지
보고서	국가기록원	정책, 다양한 국가 기록물 정보를 제공함.	https://www.archives.go.kr/
	공공누리	공공저작물을 무료로 제공함.	https://www.kogl.or.kr/
	농림축산식품부	농산·축산, 식량, 농촌개발 등에 관한 정책자료, 보고서, 제도, 추진현황 등의 정보를 제공함.	https://www.mafra.go.kr/
	한국국제협력단	국제개발협력(무상원조)에 관한 사업 보고서, 통계 등의 자료를 제공함.	https://www.koica.go.kr/
	NICE 평가정보(주)	기업, 신용, 평가 관련 보고서 등을 제공함.	https://www.kisreport.com/
통계 자료	국가통계포털 (통계청)	국내, 북한, 국제 주요 통계 자료를 제공함.	https://kosis.kr/
	e-나라지표	국가정책 수립, 국정운영상황 점검 및 정책 성과 측정 등 자료를 제공함.	https://www.index.go.kr/
	World Bank	국가의 경제, 사회, 환경 등의 주요 통계지표를 제공함.	https://www.worldbank.org/
	IMF	국제 및 국가의 경제, 금융 관련 보고서 및 지표를 제공함.	https://www.imf.org/en/Data

3.2 인용의 형태와 표기법

연구를 수행하기 위해서는 연구 문제와 관련한 이론적 논의와 선행연구를 고찰하고, 연구 논리 모형과 연구자의 주장을 뒷받쳐 줄 수 있는 과학적 근거가 필요하다. 아무리 흥미로운 연구 문제와 결과가 있더라도, 그것을 충분히 피력할 수 있는 논리와 근거가 부족하다면 신뢰할만한 논문이 되기 어렵다. 연구의 논리 근거가 충분히 축적되기 위해서는 이미 선행된 관련 연구에 대한 깊은 이해와 조사가 필요하며, 특정 내용을 지지하기 위한 적절한 인용[4)]이 필요하다. 이는 논문이 창작의 글이 아닌 관련 근거들을 기반으로 연구 문제를 체계적으로 분석하고 연구자의 주장을 피력하고 설득하는 학술적인 글이기 때문이다. 따라서 연구자는 자신의 논리를 형성하고 구축해야 하며, 자신의 주장을 피력하기 위해서는 타인의 말이나 글을 발췌하여 인용할 필요가 있다.

연구의 경우, 연구자가 얼마나 근거 있고 타당성과 신뢰성이 확보된 자료로 자신의 주장을 펼치냐에 따라 연구의 질이 달라진다. 그러므로 연구자는 연구수행에서 타연구의 결과 및 논의 내용을 인용하는 것이 불가피하다. 타인의 저작물 및 지식재산을 추출하여 나의 연구자료에 기재, 즉 인용하기 위해서는 출처를 표기해서 명확하게 밝혀야 한다. 따라서 인용할 때는 적절한 인용부호를 사용하여 인용 출처를 분명하게 표시해야 한다.

이와 같이 인용 문구에 대한 출처를 표기하는 것은 연구자가 간접적으로 연구물의 저자로부터 승인을 얻는 행위이다. 타인의 글은 무형지식의 산물로 재산적 가치를 가지고, 저작권법의 보호 대상이 되는 지식재산으로 간주한다. 이에 적절한 인용법을 무시하거나 저작물의 승인 없이 인용하는 것은 저작물을 도용하는 문학적 절도(literary theft)에 해당한다. 즉 논문을 작성할 때는 연구윤리를 지켜야 하는 것이 기본 원칙인데 출처 표기 없이 인용하는 행위는 연구윤리에 위배되며, 소유자의 승인 없이 저작물을 도용하는 '표절' 행위로 간주한다.

저작권법 제46조(저작물의 이용허락)에 의하면 타인의 저작물을 이용하기 위해서는 저작재산권자에게 이용허락을 받아야 하며, 허락을 받은 자는 허락받은 이용방법 및 조건의 범위 안에서 그 저작물을 이용할 수 있다(국가법령정보센터, 2021). 따라서 타인의 저작물을 나의 연구물에 인용하기 위해서는 해당 저작자로부터 허락을 받아야 한다. 이렇듯 특정 저작물을 사용할 때는 원작자에게 허락 받는 것이 원칙이나, 현실적으로 시간과 장소의 제약이 있어 적합한 인용 출처 표기로 이를 대체하는 경우도 있다. 이에 많은 경우에는 적절한 인용부호와 특정 정보 표기를 통해 간접적

4) 국어사전에 따르면, 인용(quotation 또는 citation)이란 '남의 말이나 글을 자신의 말이나 글 속에 끌어 씀'을 의미한다(국립국어원, 2020).

'허락'을 수용한다. 이러한 맥락에서 연구자는 인용 형태와 그 표기법을 잘 이해하고 사용하는 것이 중요하며, 이에 대한 상세 설명은 다음과 같다.

1) 인용 형태

연구자가 연구의 목적을 달성하기 위해서는 관련 분야에 대한 조사와 학습이 이루어져야 하며, 이를 논문에 활용하여 연구자의 주장에 근거로 활용하기 위해서는 적절한 인용이 필요하다. 이러한 인용의 형태는 크게 직접, 간접 그리고 부분 인용으로 구분된다.

(1) 직접 인용

직접 인용(direct quotation)은 원문을 그대로 표기하는 것을 의미한다. 이는 원문을 제시하는 것이 가장 적합할 때 사용한다. 다시 말해, 원문이 아닌 경우에는 전달에 오해의 소지가 있거나, 자신의 견해와 대조되는 원문 내용을 부각하고자 할 때 사용된다. 직접 인용은 원문 그대로 따오는 것이므로 논문을 작성할 때는 원문 내용에 큰따옴표("")의 인용부호를 사용해야 한다. 그러나 만약 문단 전체를 인용하거나 세 줄 이상의 문장을 인용할 때는, 행을 바꾸고 글자 크기, 글자 기울임, 여백 등의 변화를 주어 인용 문단임을 구분하여 표기해야 한다.

(2) 간접 인용

간접 인용(indirect quotation 또는 paraphrasing)이란 자신의 언어로 바꿔서 인용하는 것을 뜻한다. 즉 화자는 타인이 사용한 단어를 그대로 사용하지 않고 원문의 뜻은 살리되 다른 말로 바꾸어 표현하는 것을 의미한다. 연구자는 사실(fact)을 전달할 때, 다양한 직접문의 축약이 필요할 때, 원문이 길거나 헷갈릴 때, 요약 또는 명확히 전달할 때 간접 인용을 선택한다. 그러나 의미 변화 없이 문장의 형태를 바꾸어

의미를 전달하기는 쉽지 않다. 이에 연구자는 인용 문구와 그 의미를 정확히 이해하고, 단어와 문장 형태를 선택하는 것이 중요하며, 최대한 의미를 왜곡하지 않고 전달할 수 있도록 노력해야 한다. 간접 인용은 직접 인용과는 다르게 인용부호를 사용하지 않는다.

(3) 부분 인용

부분 인용(partial quotation)은 인용 문구 전체를 인용하지 않고, 문구에서 필요한 부분만 부분적으로 인용하는 것을 뜻한다. 연구자는 인용하고자 하는 인용문이 많이 길거나 연구 맥락 흐름을 흐리게 할 때, 그러나 저작자의 단어로 해당 부분을 강조하고 싶을 때는 부분 인용을 통해 의미를 전달한다. 부분 인용에서는 인용하고자 하는 단어, 문구 등을 큰따옴표("")의 인용부호로 표시한다.

이와 같이, 인용하고자 하는 단어, 문장, 문단 등 인용 유형에 따라 인용의 형태가 달라지며, 직접, 간접, 부분 인용을 적용한 예시는 다음의 <표 8-3-4>와 같다.

<표 8-3-4> 직접, 간접 그리고 부분 인용의 예시

구분	예시문
원문	저개발국가의 공통적인 특성은 건축 일정을 예상하기 어려운 변수가 많다는 점이다. 예를 들어 건기와 우기로 구분되는 환경 특성, 라마단과 같은 이슬람국가가 가지고 있는 종교적 특성, 도로망 부실로 인한 건축자재 공급지연과 같은 인프라 특성, 근로 시간과 급여체계에서 발생하는 근로환경 특성, 동네 주민과의 마찰 등과 같은 한국에서는 경험하기 어려운 변수들이 정상적인 일정 수립 및 사업추진에 어려움을 줄 수 있다.
직접인용	1) 한 줄의 문장을 인용하는 경우 "저개발국가의 공통적인 특성은 건축 일정을 예상하기 어려운 변수가 많다"고 하였다(이정락, 2019: 364). 2) 세 줄 이상의 문장을 인용하는 경우 *"저개발국가의 공통적인 특성은 건축 일정을 예상하기 어려운 변수가 많다는 점이다. 예를 들어 건기와 우기로 구분되는 환경 특성, 라마단과 같은 이슬람국가가 가지고 있는 종교적 특성, 도로망 부실로 인한 건축자재 공급지연과 같은 인프라 특성, 근로 시간과 급여체계에서 발생하는 근로환경 특성, 동네 주민과의 마찰 등과 같은 한국에서는 경험하기 어려운 변수들이 정상적인 일정 수립 및 사업추진에 어려움을 줄 수 있다(이정락, 2019: 364)."*

간접인용	이정락(2019)에 따르면, 개발도상국 간에는 건축 일정에 영향을 미치는 다양한 요인이 작용한다는 공통된 특성을 가진다.
부분인용	이정락(2019)의 견해를 정리하자면, 국제개발협력의 일환으로 개발도상국에서 건축사업을 수행할 때는 "예상하기 어려운 변수"가 다수 존재한다는 것이다.

주: 이정락(2019:364)을 참고하여 예시를 제시함.

2) 출처 표기법

(1) 인용 출처 표기

인용을 위해서는 반드시 인용 출처를 명확하게 표기하는 것이 중요하다. 그러나 모든 인용문에 대해서 출처를 밝힐 필요는 없으며, 일반적으로 일반 상식이 아닌 특수한 정보에 해당하는 경우에만 출처를 명확히 밝혀야 한다. 다시 말해, '필요한' 경우에만 출처를 밝힌다. 예를 들어 "한국은 일본 식민 지배를 받았으며, 1945년 8월 15일에 독립하였다"와 같은 문구는 일반 상식으로 간주할 수 있는 문구로 인용이 불필요하다. 그러나 김지인(2018)의 "글로벌새마을정신과 지역사회 참여 간의 관계에서 공동체의식의 매개효과는 유의하게 나타났으며, 세계시민의식의 매개효과 또한 유의하게 나타났다"의 문구는 연구와 분석을 통해 획득한 특수 정보이므로 인용 출처를 표기하는 것이 원칙이다.

인용 자료 출처는 인용문의 각주에 표기하거나 인용문과 이어서 표기한다. 출처를 표기할 때는 일반적으로 해당 연구물의 '저자명', '연구 발행연도' 그리고 인용어 또는 문구가 기재된 '페이지 수' 총 세 가지의 정보가 필요하다. 인용 표기법은 기관별로 정해진 규칙이 존재하며, 저자의 수, 인용 자료의 형태, 저자명이 표기되지 않은 자료를 인용할 때, 여러 문헌을 언급할 때 등에 따라 다르다. 이에 연구자는 투고하고자 하는 기관에서 제시한 참고문헌 표기법 및 인용 출처 표기법에 관한 규정을 숙지할 필요가 있다. 예시로 국제개발협력학회의 「국제개발협력연구」 인용 출처 표기법에 대해 살펴보면 다음과 같다.

1) 저자명이 본문에 나오는 경우, 그 저자명 바로 뒤에 괄호를 붙여 괄호 안에 출판 연도 혹은 출판 연도와 면수를 표기한다.
   예: "… 김철수(Kim 2008)는 …"
   예: "… 김철수(Kim 2008, 120)는 …"
   외국어 문헌의 경우는 괄호 밖에 외국어로 표기된 성과 괄호 안에 출판 연도 혹은 출판 연도와 면수를 표기한다.
   예: "… Brown(1975, 12-13) 은 …"

2) 저자명이 본문에 나오지 않은 경우, 괄호에 성(한국어로 표기된 한국 인명과 한자로 표기된 중국 및 일본 인명은 성명)과 출판 연도 혹은 출판 연도와 면수를 적고, 괄호를 문장이 마치는 구두점 앞에 둔다.
   예: "… 화인 인구는 인도인의 약 5분의 1에 불과했다(Bless 1990, 30-31)."
   예: "… 폭동으로 인한 혼란으로 미얀마-윈난 육로 무역은 쇠퇴하게 되었지만(Purcell 1965, 60-66), 미얀마와 중국 간 해로 무역은 여전히 번성했다."

3) 저자가 2명 이상인 경우, 한 저자의 이름만 표기하고 한 칸을 띄운 다음 "et al."을 붙인다.
   예: "(Kim et al. 2001, 35-38)"
   예: "(Reid et al. 1997, 18)"

4) 한 괄호에 여러 문헌을 언급하는 경우, 저자가 각기 다르면 세미콜론(;)으로 구분한다. 동일한 저자의 다른 문헌도 같은 방식으로 구분한다.
   예: "… (Kim, 1995, 18; Brown 1996, 88; Reid 2006, 53-61)"
   예: "… (和田久德 1965, 22; 1967, 33-34; 1970, 45)"

5) 신문, 주간지, 월간지 등의 무기명 기사를 언급하는 경우, 괄호에 지명, 발행년/월/일(월간지의 경우 발행년/월)을 적는다.
   예: "… (문화일보 08/04/17, 5)"
   예: "… (주간한국 99/12, 110)"

6) 간행 예정인 문헌은 한글 원고의 경우 "미간행", 영문 원고의 경우 "forthcoming"이라고 표시한다.
   미간행 문헌이라도 집필 연도가 확인될 수 있으면, 연도를 적어준다.
   예: "… Mead(미간행) …", "… (Mead 미간행, 211-212)."
   예: "… (Aldrich 미간행 2001, 76-79)."

7) 연도가 확인될 수 없는 문헌은 발행 연도의 자리에 "n.d."를 쓴다.
   예: "… (Kim, n.d., 98-99)."

8) 기관 저자일 경우 적절한 서지 정보를 제공한다.
   예: "… (UNESCO 2005, 233-235)."

인용문에 출처를 표기할 때의 예시는 다음과 같다. 독자는 아래의 인용문을 통해 인용문이 '2019년'에 '저자 이정락'이 작성한 연구자료 '364쪽'에서 발췌되었다는 것을 알 수 있다. 그러나 아래의 인용 출처 표기만으로는 자료 제목, 출판사 등의 정보는 알 수 없다. 상세 출처정보는 인용문의 '각주 또는 미주'에서 또는 일반적으로 자료의 마지막 장으로 생성된 '참고문헌' 장에서 확인할 수 있다.

예시) 직접인용 출처 표기법

인용문

"저개발국가의 공통적인 특성은 건축 일정을 예상하기 어려운 변수가 많다는 점이다 (이정락, 2019: 364)."

출처

연구자는 본문 또는 원문 외에도 필요에 따라 [그림], <표> 등을 인용하기도 한다. 인용문 출처 표기와 마찬가지로 저자, 발행연도, 그리고 페이지 수만 기재한다. 일반적으로 <표>와 [그림]의 출처는 인용내용 하단에 또는 제목에 각주를 삽입하여 표기한다.

예시) 인용한 그림 출처 표기법

<그림> '상황'워드와 연계한 동심원 그래프

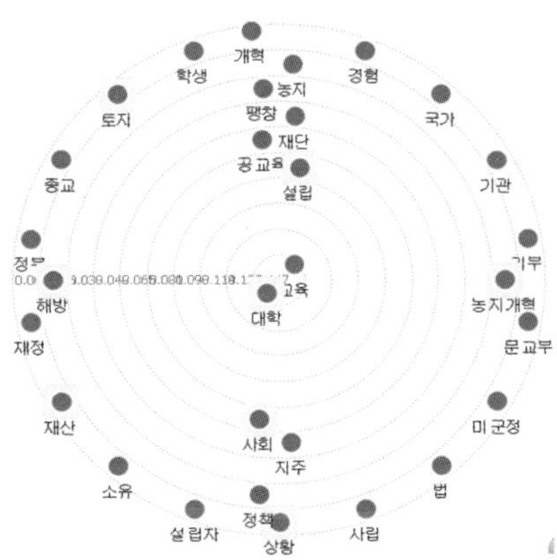

주: 동심원그래프 상위 30위 결과는 매개중심성 분석결과 40위와는 별도로 분류하여 분석하였기 때문에 일부 워드의 경우 중심지수가 차이가 날 수 있음

자료 출처: 이정락 외(2020)

(2) 2차 인용 출처 표기

2차 인용 또는 재인용이란 원문(original text)에서 인용하는 것이 아니라 원문을 인용한 다른 저자의 자료에서 해당 원문을 인용한다는 의미이다. 연구자는 원칙적으로 인용하고자 하는 인용문을 원문에서 가져와야 한다. 그러나 필요한 인용 자료가 절판 또는 쉽게 구할 수 없을 때와 같은 경우에는 2차 인용을 한다. 그러나 이러한 경우를 제외하고서는 2차 인용은 되도록 삼가는 것을 권고한다. 재인용의 출처는 다음과 같이 표기한다.

원자료

Dewey stated "all learning is experiential, but all experiences are not educational" (as cited in Roberts, 2006, pp. 17).

2차 문헌 출처

재인용의 경우, 연구자가 적용하는 출처 표기 스타일에 따라 1차 문헌(primary source)의 출처 표기 여부는 달라진다. 예를 들어 APA 스타일[5]의 경우에는 2차 문헌(secondary source)의 출처만 참고문헌 목록에 표시하면 된다. 따라서 위의 재인용 예시에서 Roberts(2006)의 출처만 아래와 같이 참고문헌 목록에 표기하면 된다.

References

Roberts, T. G. (2006). A Philisophical Examination of Experiential Learning Theory for Agricultural Educators, Journal of Agricultural Education, 47(1), 17-29.

5) 참고문헌 출처 표기 스타일은 뒷 절을 참고하도록 한다.

3.3 참고문헌 표기법

1) 참고문헌 출처 표기법

연구자는 인용 논문에 대한 출처를 하나의 장으로 생성하여 나열 및 제시해야 한다. 참고문헌 출처는 특정 양식과 스타일을 적용해 표기해야 하며, 양식의 일관성을 가지는 것이 중요하다. 참고문헌 간의 일관성을 확보하기 위해 각 대학, 학술지 등은 문헌 인용 방식, 참고문헌 출처 표기 스타일, 작성 양식 등을 포함한 게재 편집 기준을 제시하고 있다.

대학과 학회에서는 문헌 인용 방식과 참고문헌 출처 표기 스타일을 자체 개발하거나 다른 기관으로부터 개발된 방식과 스타일을 가져와 활용한다. 즉 하버드대학교, 시카고대학교, 미국심리학회, 현대언어학회 등은 인용 문헌 출처 표기 방식을 개발하여 제시하고 있고, 자체 스타일을 개발하지 않은 대학 및 학회는 타 기관에서 개발한 스타일에 의거한 출처를 나열하도록 규정하고 있다. 따라서, 학술논문 게재를 신청하고자 할 때는 제출 기관의 논문작성 안내와 편집 규정을 정확하게 숙지하여 따라야 한다. 참고문헌 출처 표기법은 표기법을 개발한 학회의 특성과 연구 분야에 따라 다르며, 대개 연구 분야에 따라 다른 양식을 사용한다.

주요 출처 표기 스타일을 살펴보면 다음의 <표 8-3-5>와 같다.

<표 8-3-5> 주요 스타일 목록

스타일 종류	개발기관	활용분야	참고 사이트
MLA Style	현대언어학회	언어학, 영문학, 인류학, 인문학 등	https://www.style.mla.org/
APA Style	미국심리학회	사회과학 등	https://www.apastyle.apa.org/
Chicago Style	시카고대학교	역사학, 경영학, 문학, 자연과학 등	https://www.chicagomanualofstyle.org/
IEEE Style	전기전자공학회	전기전자공학, 컴퓨터과학 등	https://www.ieeeauthorcenter.ieee.org/
NLM Style	국립의학도서관	의학 등	https://www.nlm.nih.gov/

스타일 종류	개발기관	활용분야	참고 사이트
ACS Style	미국화학학회	화학, 공학 등	https://pubs.acs.org/
AMA Style	미국의사협회	의학, 과학 등	https://www.amamanualofstyle.com/

위 표의 출처 표기 스타일에서 분야와 학문(인문사회, 공학, 언어학 등)별로 많이 사용하는 스타일에 대해 상세히 살펴보면 다음과 같다.

(1) APA Style

APA 스타일은 미국심리학회(American Psychological Association, APA)에서 개발한 학술자료 작성 양식 표준이다. APA는 사회과학 분야에서 많이 사용하는 논문작성 양식 중 하나이며, 표지 및 본문 양식, 인용 및 참고문헌 표기 방식 등에 대한 표준을 규정화하고 있다. APA 스타일은 본문 인용과 참고문헌 방식(author/date style) 규정을 제시하고 있어, 본문에서는 인용문과 출처를 같이 표기하고, 출처에 대한 상세한 내용은 참고문헌 목록 장에 표기하도록 규정하고 있다. 미국심리학회는 'APA Publication Manual' 책자를 발간하고 있으며, www.apastyle.apa.org 웹 사이트(URL)를 통해 관련 정보를 제공하고 있다. 한국어판은 「APA 논문작성법」으로 번역되어 발간되고 있다.

(2) Chicago Style

APA와 함께 미국에서 많이 사용하는 글쓰기 양식은 시카고대학교 출판부에서 개발한 Chicago 스타일이다. 출처 표기 양식은 크게 1) 각주와 참고문헌 방식(notes and bibliography style), 2) 본문 인용과 참고문헌 방식(author/date style), 두 가지 형태로 구분된다. 전자는 본문에서 인용문과 출처를 함께 표기하는 것이 아니라, 인용문에 각주(footnote)를 삽입하여 각주에 출처를 표기하는 방식이다. 일반적으로 author/date 스타일에 적합하지 않을 때 이러한 방식을 사용하며, 문학, 역사학, 예술학 등 인류학에 해당하는 연구분야에서 많이 사용하는 방식이다. 후자는 본문에서 인용문과 출처(in-text citation)를 함께 표기하는 방식을 의미한다. 대개 사회과학과 과학 분야에서 많이 사용하며, 본문에서의 출처는 인용문 뒤에 괄호를 삽입하여 괄호 안에 저자의 이름과 연구 발행연도를 기입하는 방식이다. 시카고대학교 출판부는 'The Chicago Manual of Style' 가이드라인 책자를 출간하여 시카고 스타일에 대한 소개와 방식을 안내하고 있으며, 종이책과 전자책으로 발간하고 있다.

(3) MLA Style

MLA 스타일은 현대언어학회(Modern Language Association, MLA)에 의해 개발된 글쓰기 작성 방식 규정으로 인용 표기 방법, 글쓰기 개선 방법 등의 내용을 담고 있다. 본 스타일은 인류학, 언어학, 영문학 등 인문·사회학 분야에서 많이 사용하는 글쓰기 표준 방식이다. MLA 스타일은 1) 글쓰기 양식, 2) 본문 인용 및 출처 표기법, 그리고 3) 참고문헌 출처 표기법, 세 가지 영역에 초점을 두고 있다. MLA 스타일의 상세내용은 현대언어학회에서 출간하는 'MLA Style Manual' 종이책 혹은 'MLA handbook' 전자책에서 확인할 수 있다.

(4) 기타

공학과 의학에서 많이 사용하는 글쓰기 양식에는 IEEE, NLM, AMA, ACS 등의 스타일이 있다. IEEE 스타일은 전기전자공학회(The Institute of Electrical and Electronics Engineers, IEEE)에 의해 개발된 참고문헌 출처 표기 방식이며, 전기 및 전자 공학, 컴퓨터 공학 등의 연구분야에서 많이 사용된다. IEEE 스타일은 시카고 스타일을 기반으로 개발되었으며, 'IEEE Reference Guide'를 통해 문헌 출처 표기 방식을 안내하고 있다.

NLM 스타일는 미국의학도서관(The National Library of Medicine, NLM)이 개발한 글쓰기 양식으로 주로 의학 학술저널과 논문에 많이 사용된다. NLM 양식은 국제의학학술지편집인위원회(The International Committee of Medical Journal Editors, ICMJE)에 의해 작성되었으며, NLM 스타일에 대한 상세내용은 'Citing Medicine: The NLM Style Guide for Authors, Editors, and Publishers' 책자에서 확인할 수 있다. 또 다른 의학 관련 스타일로는 AMA 스타일이 있다. AMA 스타일의 AMA은 미국의사협회(American Medicine Association, AMA)의 약자로, 미국의사협회학술지(The Journal of the AMA, JAMA)에 의해 개발되었다. 본 스타일은 의학과 과학 분야에서 사용되며, 연구자는 'AMA Manual of Style' 책자를 통해 학습이 가능하다.

ACS 스타일은 미국화학학회(American Chemical Society, ACS)에서 개발한 화학 관련 글쓰기에 대한 표준 양식이다. 상세 가이드라인은 'The ACS Style Guide' 종이책 혹은 전자책에서 제시하고 있다.

아래 예시와 같이 적용 스타일에 따라, 글쓰기 양식, 인용 방식, 참고문헌 목록 생성 방식 등이 다르다. 또한 특정 스타일 내에서도 서적, 학술논문, 신문기사, 웹 콘텐츠, 지도, 출판되지 않은 자료, 전자문서 등 각각의 자료 특성에 따라 출처 표기법이 상이하다. 이에 연구자는 논문 제출 기관에서 따르는 양식 스타일이 무엇인지를 정확하게 파악하여 적절한 양식을 적용하면 된다.

예시 1) APA 스타일 적용 서적 출처 표기 예시

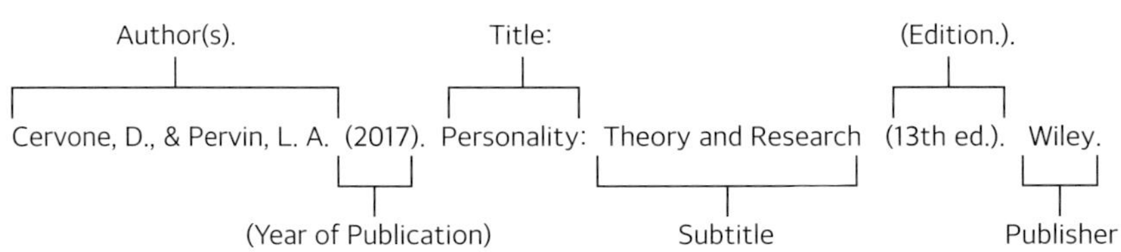

예시 2) NLM 스타일 적용 학술논문 출처 표기 예시

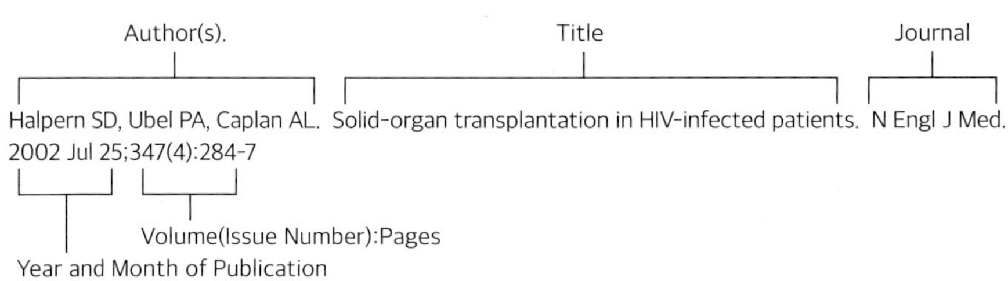

연구자는 특정 스타일 규칙을 준수하여 연구 본문에 출처를 표기하고, 참고문헌을 나열하면 된다. 연구자는 특정 스타일에 의거한 출처를 제시하기 위해서 각각의 출처를 수정해야 한다. 이러한 작업을 수동으로 수행할 수도 있지만 전문적이고 자동으로 적용해주는 전문 소프트웨어를 통해 수행할 수 있다. 이러한 소프트웨어는 참고문헌의 출처가 누락되는 것을 방지해줄 뿐만 아니라, 자동으로 스타일에 맞는 출처를 표기해준다. 이러한 기능을 제공하는 소프트웨어는 '출처 표기 생성기(citation generator/machine)'이다. 이러한 소프트웨어 프로그램은 연구자가 원하는 출처 표기 스타일(예; APA, MLA, Vancouver 등)을 설정하면 자동으로 문헌 출처를 해당 양식에 맞게 수정 표기해준다. 출처 표기 생성 기능은 서지 관리 프로그램에도 탑재된 경우가 있으며, 그러한 프로그램 종류와 소개는 뒤에서 자세히 설명하도록 하겠다.

인용문구에 대한 출처를 본문에서 그리고 참고문헌 목록에서 표기하는 방법에 대한 예시는 다음과 같다.

예시) APA 스타일을 적용한 인용 & 참고문헌 출처 표기법

- 본문 출처 표기법(references in-text): "저개발국가의 공통적인 특성은 건축 일정을 예상하기 어려운 변수가 많다"(이정락, 2019: 364).
- 참고문헌 출처 표기법(references in references): 이정락(2019). ODA 사업론. 대구: 새마을개발아카데미.

2) 참고문헌 목록

연구자는 연구에서 사용한 인용문에 대한 출처 또는 연구를 위해 참고한 모든 논문에 대한 출처를 밝히고 관련 정보를 제공하기 위해 '참고문헌 목록'을 생성하여 출처를 나열해야 한다. 일반적으로 참고문헌 출처 목록을 나열한 장의 이름은 '참고문헌'이며, 영문으로는 Bibliography, Works Cited 또는 References로 표기한다. 이러한 참고문헌 목록은 독자가 특정 출처를 찾을 수 있도록 도와준다. 참고문헌 목록은 일반적으로 연구 제일 마지막 장으로 생성되며, 특정 규칙에 따라 구축된다. 해당 장은 참고문헌에 대한 정보를 쉽게 찾을 수 있도록 구축하는 것이 중요하며, 가나다

(ABC) 순으로 정렬된다. 참고문헌 출처에 필요한 정보는 저자명, 제목, 저널 호, 학술지(발행자), 발행연도, 위치 등이다. 그러나 각 스타일에 따라 기호(따옴표, 쉼표, 마침표, 괄호, 콜론 등)의 여부와 위치가 다르며, 글꼴의 기울임, 굵은 글씨 등의 규정도 다르다. 예시로, 국제개발협력학회의 학술지인 「국제개발협력연구」가 규정한 참고문헌 작성 요령은 아래와 같다.

참고문헌

1) 저서

(1) 저자가 1인인 경우

Brown, David. 1994. The State and Ethnic Politics in Southeast Asia. London: Routledge.

(2) 저자가 2인 이상 4인 이하의 경우 (단 책 표지에 "… 외" 혹은 "… et.al." 이라고 되어 있는 경우는 그대로 표기함)

Kim,B. and Min, H. Household Lending, Interest Rates and Housing Price Bubbles in Korea. Korea: Journal of Korea Economy

(3) 저자가 5인 이상인 경우

Wenk, Paul et.al. 1995. Islam and Revolution. Hamburg: Hamburg University Press.

(4) 편집된 저서인 경우

Hutchinson, John and Anthony D. Smith. eds. 1994. Nationalism. Oxford: Oxford University Press.

2) 학위논문

Ingram, Charles. 1975. "Education and Assimilation." Ph.D. Dissertation. Bangkok: ABC University.

3) 학술지, 월간지, 계간지 등에 게재된 논문이나 기사

Sally, Razeen. 2008. "After Doha: Protectionism Creep." Far Eastern Economic Review 171(7): 31-35.

4) 편집된 책이나 다수 저자가 집필한 책 속의 논문

(1) 편집자의 성명이나 편집 기관의 이름 혹은 집필자들의 성명이 명시되어 있는 경우

Wade, Geoff. (2000). "The Southern Chinese Borders in History." Grant Evans, Christopher Hutton and Kuah Khun Eng. eds. Where China Meets Southeast Asia: Social & Cultural Change in the Border Regions. pp. 28-50. Bangkok: White Lotus.

5) 일간지나 주간지의 기명 기사 및 칼럼

Hall, William. 1966. "Poverty in Asia." East Asian Newspaper September 15.

6) 인터넷 검색 자료일 경우 필자, 작성 연도, 제목, 웹주소, 검색일자의 순으로 한다. 검색일자는 괄호 안에 표기한다.

Clark, John. 2006. "China threat." http://atimes.com/atimes/printN.html(Searching date: 2006.02.02.)

7) 무기명 일간지, 주간지의 기사 및 칼럼

Business Times. (2006). "Post-doctoral students needed to boost R&D" (18 January).

IEEE 스타일을 적용한 참고문헌 목록 예시는 다음과 같다.

References

A. Brahms, "Representation error for real numbers in binary computer arithmetic," IEEE Computer Group Repository, Paper R-67-85.

Argosy University Online. (2012). Information literacy and communication. [Online]. Available: http://www.myeclassonline.com

B. Klaus and P. Horn, Robot Vision. Cambridge, MA, USA: MIT Press, 1986.

G. O. Young, "Synthetic structure of industrial plastics," in Plastics, vol. 3, Polymers of Hexadromicon, J.

J. O. Williams, "Narrow-band analyzer," Ph.D. dissertation, Dept. Elect. Eng., Harvard Univ., Cambridge, MA, USA, 1993.

J. Smith and J. Doe. "Obama inaugurated as President." CNN.com. http://www.cnn.com/POLITICS/01/21/obama_inaugurated/index.html (accessed Feb. 1, 2009).

M. A. Brusberg and E. N. Clark, "Installation, operation, and data evaluation of an oblique-incidence ionosphere sounder system," in "Radio Propagation Characteristics of the Washington-Honolulu Path,"

Motorola Semiconductor Data Manual, Motorola Semiconductor Products Inc., Phoenix, AZ, USA,1989.

P. Kopyt et al., "Electric properties of graphene-based conductive layers from DC up to terahertz range," IEEE THz Sci. Technol., to be published, doi: 10.1109/TTHZ.2016.2544142.

Peters, Ed., 2nd ed. New York, NY, USA: McGraw-Hill, 1964, pp. 15-64. [Online]. Available: http://www.bookref.com.

Stanford Res. Inst., Stanford, CA, USA, Contract NOBSR-87615, Final Rep., Feb. 1995, vol. 1.

Ye. V. Lavrova, "Geographic distribution of ionospheric disturbances in the F2 layer," Tr. IZMIRAN, vol.19, no. 29, pp. 31-43, 1961 (Transl.: E. R. Hope, Directorate of Scientific Information Services, Defence Research Board of Canada, Rep. T384R, Apr. 1963).

3.4 서지 관리 프로그램

위와 같이 연구자는 연구를 수행할 때, 자신의 기존 연구물 혹은 다른 저자의 출판물을 참고하고 필요에 따라 특정 문구 또는 문단을 인용한다. 인용 또는 참고된 논문에 대한 출처는 명확히 밝히는 것이 원칙이다. 이에 일반적으로 연구물 마지막 장에 '참고문헌' 장을 생성하여 연구자가 참고한 또는 인용한 논문의 출처를 나열한다. 경우에 따라, 연구수행을 위해 참고한 모든 논문에 대한 출처를 표기(bibliography)하거나 인용된 논문만 출처를 표기(reference 또는 works cited)한다.

저자, 발행연도, 연구제목, 학술지, 페이지 등의 출처 정보는 특정 참고문헌 작성법, 즉 규칙과 양식에 따라 나열 순, 글꼴(이탤릭 체 사용 여부 등), 부호 사용 등이 변한다. 이처럼 학술지마다 요구하는 참고문헌 작성법이 다르고, 또 본문의 인용 문헌이 누락되는 것을 방지하기 위해서는 저자가 참고한 문헌과 인용문을 기록하여 쉽게 찾고 사용할 수 있도록 기록하고 관리하는 노력이 필요하다.

그러나 오늘날 정보기술 과학의 발달로 연구자들은 엑셀과 같은 온라인 소프트웨어 프로그램을 통해 출처를 효율적으로 기록하고 관리할 수 있게 되었다. 더 나아가 인용문과 참고문헌을 전문적으로 관리해주는 소프트웨어인 '서지(書誌) 관리 소프트웨어(reference software package)'가 있다. 이러한 프로그램은 본문 내의 인용, 각주, 참고문헌 등을 자동으로 생성하여 연구자가 수동적으로 인용 및 참고문헌을 기록하고 관리하는 일, 그리고 나아가 논문을 투고할 때마다 해당 학술지 참고문헌 표기법(스타일)에 따라 스타일을 변환하는 일의 수고로움을 덜어준다. 또한 개인만의 연구정보 DB로 기록 및 저장하고 관리해주기 때문에 관련 분야에 대해 지속해서 연구를 수행하는 연구원, 교수, 학자 등에게는 매우 유용하다. 특히 이러한 프로그램은 자동으로 참고문헌의 번호를 매기며, 각주 목록을 생성하며, 인용 요소와의 연결(링크)이 가능하다는 장점이 존재한다.

주요 서지 관리 도구로는 엔드노트(EndNote), 레프웍스(RefWorks), 멘데레이(Mendeley), 조테로(Zotero) 등의 프로그램이 존재하며, 각 프로그램의 특징은 <표 8-3-6>과 같다. 일반적으로 대학교 도서관은 학교 소속원의 연구 활동 지원을 위해 무료로 서지 관리 도구를 제공한다. 서울대, 연세대, 고려대, 경북대 등은 엔드노트와 멘데레이, 서강대, 부산대, 한국외대, 영남대 등은 레프웍스 프로그램을 제공한다. 예시로 조테로 소프트웨어의 화면은 [그림 8-3-1]과 같으며, 논문 파일을 소프트웨어에 업로드하면 소프트웨어가 자동으로 각 논문에 대한 정보를 한눈에 볼 수 있도록 항목별(item type, author, abstract, publication, volume, issue, page 등)로 정리해준다.

<표 8-3-6> 서지 관리 소프트웨어 종류

종류	비용	특징
엔드노트	유료	가장 보편적이고, 가장 많은 인용 스타일을 확보하고 있음.
레프웍스	유료	박사급이 아닌 대학생 등이 쉽게 사용할 수 있는 프로그램임. 30일 무료 시용 가능함.
멘데레이	무료	웹에서 라이브러리 확인이 가능하고, iOS와 안드로이드 공식 앱(모바일 기기, 태블릿 PC에서 사용)이 존재함.
조테로	무료	리서치 노트 작성을 위한 별도의 윈도우를 제공함.

[그림 8-3-1] 조테로 서지 관리 프로그램 화면

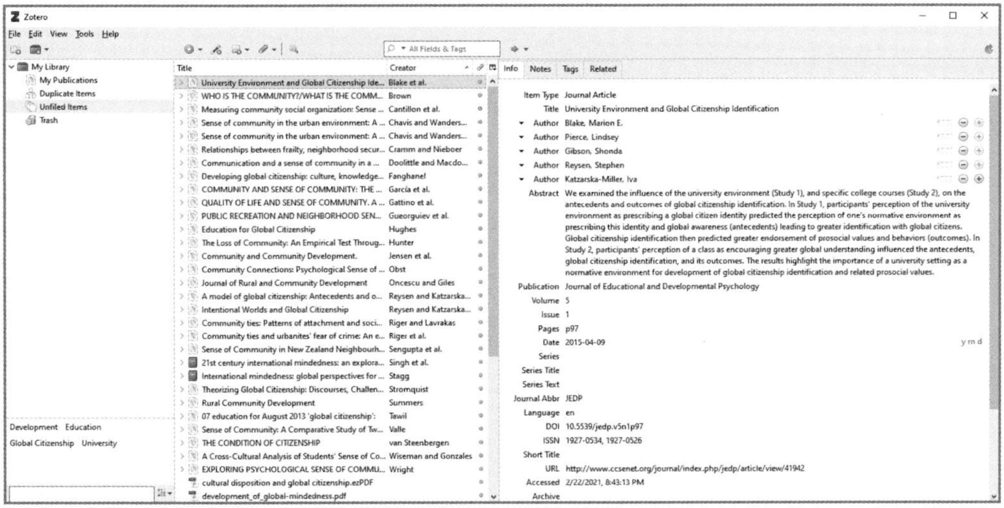

4

학위논문 발표와 심사

학위논문은 이론적 근거, 관련 데이터의 수집, 분석방법, 분석결과 그리고 분석의 함의와 결론을 체계적으로 연결하여 서술한 보고서이며, 전공분야에서 관찰되거나 조사되어 선택된 연구문제를 논리적인 체계와 순서에 따라 해결하기 위한 연습의 목적을 지니고 있다(한성대학교 대학원, 2013). 학위논문은 의사전달의 명료성뿐만 아니라 자료출처의 신빙성, 논의 전개의 타당성, 분석의 객관성 등을 높이기 위하여 일정한 순서와 체제상의 형상을 따를 필요가 있다. 특히 체제상의 형식에 관하여는 출판상의 규약이나 관행의 일관성을 보장하기 위하여 학문 분야별 또는 전문학술지의 편집자가 논문작성자들에게 어떤 일정한 체제를 따르도록 요구하는 경우가 많다(조인숙 외, 2013).

전공 분야의 학위청구논문이 심사에 통과되어 학위를 취득하기까지의 과정은 학술연구인을 희망하는 사람을 비롯하여 유관 직업군에 진출하고자 하는 사람들에게도 매우 중요한 과정이라 할 수 있다. 그것은 학위논문 작성을 통하여 논리적 사고와 과학적 글쓰기의 훈련을 경험하는 일이 진출하고자 하는 분야에서의 원활한 업무수행에 매우 필수적이기 때문이다. 이와 같은 학위논문이 작성되어 심사에 통과되기 위해서는 소속 대학의 학칙이 정하는 바에 따른 절차과정을 통과해야한다.

먼저, 학위청구논문을 신청하고 심사받기 위해서는 학칙에 따른 자격요건을 갖추어야 한다. 학위를 취득하고자 하는 자는 학점 이수, 연구계획서 제출, 연구지도 교과목 이수, 자격시험 합격, 학위과정 수료, 연구윤리교육 이수 등을 완료해야 학위청구논문에 대한 발표와 심사의 자격을 갖추게 된다. 이러한 과정은 학위를 취득하고자 하는 자가 논문을 작성하고 발표할 정도의 학업능력을 갖추고, 관련분야 학식을 갖추었는지에 대한 여부를 종합적으로 평가하기 위함에 있다.

학위논문 제출 자격을 갖춘자는 아래 [그림 8-4-1]과 같이 학위청구논문의 제출과정을 거치게 된다. 학위논문 제출과정은 대학, 대학원, 학위과정별로 상이하므로 상세사항은 소속 대학원과 학과사무실로부터 확인해야 한다. 또한 본 장은 석·박사 학위논문을 중점적으로 살펴보는 관계로 학사 학위논문 심사 절차 과정과는 상이할 수 있다.

[그림 8-4-1] 대학원(석·박사과정) 학위논문 일정

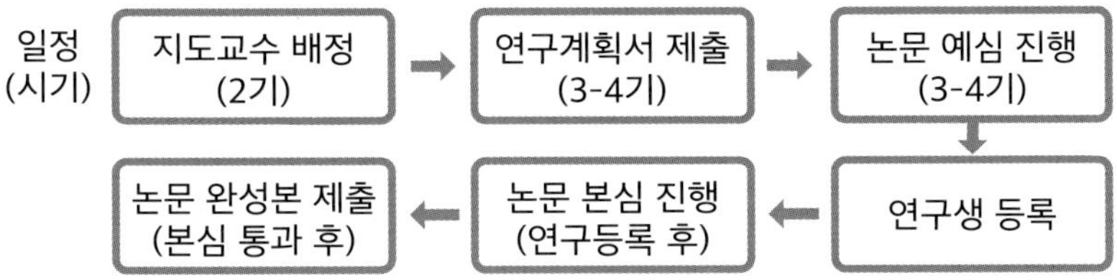

4.1 지도교수 배정

석·박사학위 논문을 작성하고 심사를 받기 위해서는 논문지도교수의 지도를 받아야 하며, 논문지도교수는 논문심사 시 당연직 심사위원이 된다(성균관대학교 대학원, 2021)[6]. 학교마다 조금씩의 차이는 있겠으나 대부분 지도교수 배정 신청은 전기에 입학한 대학원 학생의 경우 2월 초, 후기에 입학한 학생의 경우 8월 초에 접수하고 있다.

지도교수는 소속대학의 전임교원 1인으로 배정되며, 논문 지도상 필요한 경우에는 소속학교 전임교수, 명예교수, 객원교원, 겸임교원, 타 대학의 교원, 교외연구소의 연구원 등 추가 1인이 배정될 수도 있다.

성균관대학교 대학원(2021)[7]에 따르면, 학위청구논문 지도교수 선정은 소속학과

6) https://www.skku.edu/skku/edu/bachelor/ca_de_schedule01.do
7) https://www.skku.edu/skku/edu/bachelor/ca_de_schedule01.do

전임교원 중에서 학생의 의사, 전공 및 교수의 수업분담을 참작하여 학과장 또는 주임 교수가 정하게 된다고 한다. 다만, 해당 전공교수가 없을 경우에는 학과장이 명예교원, 교내 타 학과 전임교원 또는 타 대학교 전임교원을 지도교수로 정할 수 있다고 한다.

지도교수의 배정은 논문 완성의 반이라고 할 만큼 매우 중요한 부분이며 논문 작성의 시작이라고 할 수 있다. 학생들은 신중히 고려하고 여러 가지 전후 상황을 살피는 것이 필요하며, 특히 논문의 작성을 비롯한 향후 진로까지도 모두 고려해야하는 사항이라고 할 수 있다. 상황에 따라 지도교수의 변경 신청이 가능하며, 변경 신청은 매 학기 초에 대학원장의 승인을 통해 이루어진다.

4.2 연구계획서 제출

대학원생들이 학위논문을 작성하기 위해 핵심 연구문제를 발굴하고 연구주제를 선정하며, 그에 적합한 연구방법을 설계하는 일은 고난도의 사고력과 많은 시간을 요구하는 일이다. 전공분야에 대한 깊이 있는 통찰과 이해, 그리고 다년간의 연구에 기반하지 않고는 좋은 연구주제와 연구방법이 나올 수 없다. 따라서 논리성과 시의성을 갖춘 연구계획서를 작성하기 위해서는 전공분야에 대한 깊은 공부와 연구 트렌드 파악이 이뤄져야 한다.

또한 어떤 연구주제를 다루는 것이 향후 개인의 진로와 관련하여 가장 적합한지를 판단하고 나서, 일정한 시간 제약 속에서 가장 효율적으로 논문을 완성할 수 있는 연구방법을 선택하는 것이 중요하다. 이 부분에 있어서는 지도교수의 역할이 매우 중요하다. 지도교수와 관심주제에 대하여 심도 깊게 상의하고 또한 그로부터 지도와 조언을 받음으로써 선택한 연구주제가 학위논문으로 기술하기에 타당한지 숙고할 수 있다.

지도교수와의 상의와 지도를 거쳐 연구주제가 설정된 후에는 연구문제를 해결하기 위해 사용될 연구방법을 선택하고 연구계획서에 구체적인 연구방법의 틀을 제시해야 한다. 논문은 이론, 방법, 자료, 논의 중에서 어느 하나만이라도 새로운 것이면 창의성을 인정받을 수 있으므로 유사한 연구주제를 다루는 기존의 논문이나 문헌에서 활용한 연구방법들을 잘 숙지하고 이들을 연구자의 창의적인 방식으로 원용하는 것이 필요하다(조인숙 외, 2013).

일반적으로 연구계획서에 들어가는 부분은 다음의 <표 8-4-1>과 같다.

<표 8-4-1> 연구계획서 목차

구분	내용
연구제목	• 연구의 내용을 명확하게 표현함 • 연구내용을 정확하게 대변해야 함
연구목적	• 연구의 차별성이 무엇인지 설명함 • 연구를 통해 어떤 연구문제를 해결하고자 하는지 설명함
연구계획의 근거	• 연구수행의 논리적 근거와 사유를 밝힘 • 연구의 필요성과 중요성에 대해 밝힘 • 연구범위와 연구 대상에 대하여 설명함
연구자료 및 방법	• 연구절차와 연구방법론에 대해서 설명함 • 연구 대상과 변수를 선택한 이유, 이를 처리하거나 관찰한 방법, 데이터를 수집한 방법과 얻은 정보를 분석한 방법을 포함함 • 자료수집과 분석방법에 대하여 설명함
연구 진행예정 개요	• 연구 목적을 달성하고자 하는 분석의 틀과 분석절차에 대하여 설명함 • 연구주제에 다다르는 과정에서 발생할 수 있는 논란들(신뢰성, 객관성 등의 이슈)을 어떻게 해결할수 있는지에 대해 설명함
기대성과	• 연구 목적을 달성하고 연구문제를 해결함으로써 얻을 수 있는 성과를 설명함
참고문헌	• 인용한 참고문헌을 형식에 맞게 정리함

연구계획서는 지도교수 배정 후, 대학원 학사일정의 기간에 따라 제출하면 된다. 연구계획서를 제출한 학기 그리고 휴학 또는 제적 학기에는 논문심사가 불가하다. 그리고 연구계획서를 제출한 이후에는 '연구지도' 교과목을 이수해야 하는데, 석사학위과정의 경우에는 1학기 이상, 박사학위과정의 경우에는 2학기 이상 이수해야 한다.

4.3 논문 예비발표 및 심사(예심)

연구등록을 신청한 학생은 자격시험(어학, 종합시험)에 응시할 수 있으며, 학위논문 연구지도를 받을 수 있다. 학위청구논문 심사(예심, 본심)를 받고자 하는 학생은 학위청구논문 심사 당해 학기에 연구등록을 진행하면된다. 학위청구논문 심사는 예비심사와 본심사로 구분되는데, 본격적인 학위논문 심사에 앞서 논문 예비발표와 예비심사가 진행된다. 학과와 전공의 특성에 따라 예비발표를 생략하고 논문계획서 발표로 갈음하는 경우도 있다.[8)]

논문 예비발표에서는 연구문제, 연구의의, 이론적 배경, 연구방법, 분석의 틀, 그리고 분석결과와 함의를 지도교수를 포함한 심사위원들에게 발표하게 된다. 이 시점에서는 논문이 어느 정도의 완결성은 갖추었으나 학위논문으로서의 완성단계에는 접어들지 못한 상태이기 때문에 심사위원들의 검토의견에 따라 연구방법, 논문의 주제 등이 바뀌기도 하며, 경우에 따라서는 다음 학기로 심사가 미뤄질 때도 있다. 대개의 경우, 대학원 입학 후 3학기 차에 논문 작성을 시작하기 때문에 예비발표는 3학기 또는 마지막 학기에 진행하게 된다.

연구계획서를 제출한 연구자는 예비발표를 위해 지도교수의 연구지도를 바탕으로 본격적인 연구에 착수하게 되며, 자료수집과 1차적인 분석결과에 따라 연구주제나 분석절차, 그리고 분석의 틀에 조금씩의 변화가 발생하기도 한다. 이러한 변화가 모두 부정적인 것만은 아니며, 연구의 신뢰성을 확보하고 학위논문으로서 갖추어야 하는 엄격한 형식성을 구비한다는 차원에서 필요한 과정이라고 볼 수 있다.

일반적으로 논문 예비발표에서는 연구주제와 분석방법의 정합성, 분석절차의 논리적 전개, 학위논문으로서의 형식성, 선행연구의 깊이, 지도교수의 연구지도 이행 여부 등이 점검되며, 이렇게 지적되는 부분들은 본심사에 들어가기에 앞서 반드시 보완되어야 하고 보완된 부분에 대해서는 지도교수와 충분하게 공유하도록 해야 한다. 학교나 전공학과에 따라 국내·외 학회지에 학술논문을 게재한 실적을 예비발표 참가

8) 논문계획서 발표만 하는 학생은 연구생 등록을 하지 않아도 된다.

자격으로 지정하는 경우가 있으므로, 예비발표를 준비하기 전에 관련 학칙을 자세히 살펴보는 것이 필요하다.

예비심사를 신청한 자는 동일한 학기에 본심사를 신청할 수 없다. 예비심사에 합격한 신청자는 다음 학기부터 본심사를 신청할 수 있다.

4.4 논문 발표 및 심사(본심)

논문심사를 받고자 하는 학생은 학위논문 심사를 위한 자격요건을 갖추어야 하며, 심사과정 진행을 위한 구비서류 제출, 종합시험 합격, 심사료 납부, 공개발표 등을 완료해야 한다. 먼저, 자격요건으로는 일정한 학점을 이수한 당해 학기 수료예정자 또는 수료자, 논문지도 교과목을 이수한 자, 그리고 연구등록자이어야 하며, 학칙에 따른 외국어시험[9]과 종합시험을 통과한 자여야 한다.

학위청구논문 심사 신청자는 심사용 논문 초고(석사과정 3부, 박사과정 5부)와 함께 학위청구논문 제출신청서, 학위청구논문 추천서, 심사위원제청서, 연구윤리준수 확인서(서약서), 지도교수추천서, 학술지 게재실적 등의 구비서류를 해당 학과 또는 대학원에 제출해야 한다. 또한 대학에서 정한 소정의 학위논문 심사료를 납부해야 한다. 심사료는 학위에 따라 다르며, 석사과정의 경우 약 10~30만 원, 박사과정의 경우, 약 30~60만 원으로 책정된다.

심사위원은 학위청구논문 심사 신청자가 아닌 지도교수에 의해 정해진다. 고등교육법 시행령(2020) 제44조(학위논문의 제출 및 심사)에 따르면, 학위논문의 심사는 교원 또는 학계의 권위자 중에서 제24조의 규정에 의한 대학원위원회의 심의를 거쳐 선정된 심사위원(석사학위의 경우에는 3인이상, 박사학위의 경우에는 5인이상)이

9) 외국어시험 응시자격이 있는 자는 신청일 기준 2년 이내에 실시한 공인 외국어시험에서 면제기준을 충족하면 외국어시험에서 면제된다. 또는 정기적으로 시행하는 외국어시험(예; TEPS, TOEFL, TOEIC 등)으로 대체되는 경우도 있다.

행한다고 한다. 논문 심사위원에는 지도교수가 포함되며 외부교원 2인이 포함될 수 있다.

학위논문 공개발표는 학위청구논문의 심사위원회가 구성되면, 대학원 또는 학과(부)장이 정한 기간과 방법에 따라 실시된다. 구체적인 일정은 각급 학교의 학사일정을 고려하여 논문심사위원회 위원장이 별도로 정하는 것이 대부분이다. 논문심사의 횟수는 논문심사위원회에서 정하며, 석사학위논문 심사의 경우는 1회 이상, 박사학위논문은 3회 이상 심사를 진행한다. 심사위원들의 일정, 학위청구논문의 상태, 학사 일정 등에 따라 심사 회차 간 간격이 다르며, 대략 2주~3주 정도의 간격을 둔다.

아울러 학위청구논문의 심사위원회가 결정되면 학위청구논문 심사 신청자는 본격적인 심사가 진행되기 전에 심사위원들이 논문 내용의 타당성과 적격성을 검토할 수 있도록 심사용 논문 인쇄본을 제출해야 한다. 여기서 제출자는 심사위원이 청구논문에 대하여 면밀히 검토할 수 있도록 충분한 시간을 확보하여 심사본 및 수정보완 내역 정리표 등을 제출하여야 한다. 심사 회차가 거듭되면서 수정된 부분이 발생할 때도 역시 수정된 논문 인쇄본을 사전에 심사위원들에게 보내도록 한다.

심사에서 나온 심사위원들의 피드백과 피드백에 대한 수정사항은 아래 <표 8-4-2>와 같이 일목요연하게 표로 만들어 정리하고 다음 심사에서 활용하는 것이 효율적이다.

<표 8-4-2> 심사위원 피드백 정리 예시

페이지번호	심사내용	반영내용	심사위원
p. 15	1장 연구문제와 4장 분석내용의 순서 불일치. 연구문제에 맞도록 4장 내용을 재배치하거나 분석내용에 맞도록 연구문제 수정 요망	4장의 연구내용을 재배치하여 순서를 일치시켰음	홍길동
p. 107	연구의 함의 부분 논리 구조가 빈약함. 분석결과와 결론을 자연스럽게 연계할 수 있도록 논리를 보강하여 논의 부분 재작성 요망	분석결과가 결론으로 이어질 수 있도록 함의의 논리적 구조를 보강하였음	홍이동

학위청구논문의 최종 심사(종심)에서 유의해야 할 것은 심사용 논문 제출 마감

일을 넘겨 논문을 제출하거나 제출 후 수정하는 행위는 일절 허용되지 않는다는 것이다. 최종심사가 종료되면 심사위원들은 학위청구논문의 합격여부를 판정하게 된다. 심사결과는 '합격', '불합격' 그리고 '판정유보'로 구분된다.

대체적으로 석사학위 청구논문의 경우 심사위원 2/3이상이, 박사학위 청구논문은 4/5이상이 찬성하고 평균 80점(100점 만점)이상일 경우, 학위청구는 '합격'으로 처리되며, 그 미만일 경우 '불합격'으로 처리된다. 판정유보는 논문심사위원회에서 논문 심사기간 내에 수정보완이 완료될 수 없다고 판단될 때이며, 대학원장이 승인하면 심사 연기신청을 할 수 있어 다음 학기까지 심사기간이 연장된다.

심사가 종료되고 학위논문 심사에 통과한 자는 각 대학의 내규와 학위논문 완성본 지침에 따라 논문을 완성하고 심사위원의 서명날인 인준을 득하여 전자파일과 인쇄본을 관련부서에 제출해야 한다. 완성본은 기한 내에 제출하는 것이 중요하며, 기한을 넘길 시에는 학위수여가 유예될 수 있다.

4.5 논문 완성본 제출

논문은 제출하고자 하는 기관에서 요구하는 논문 형식과 체제에 따라 작성되어야 한다. 학위논문 완성본은 소속 대학에서 규정한 「논문작성법」과 규격에 따라 작성하고, 인쇄 및 제본 방법을 준용하여 제본 및 제출해야 한다. 각 대학에서는 학위논문에 대한 상세규정과 논문 완성본에 대한 본보기 양식을 웹페이지를 통해서 제공하고 있다. 따라서 심사를 받고자 하는 학생은 논문 초고 작성 전 혹은 학위청구논문 심사용 인쇄본을 제출하기 전에 대학에서 제시한 형식을 자세히 확인하여 적용할 필요가 있다.

학위논문의 규격에는 논문의 등표지, 용지여백, 줄간격, 글씨체, 글씨크기 등의 내용을 다루고 있다. 학위청구논문 규격 예시는 다음의 [그림 8-4-2]와 같다.

[그림 8-4-2] 학위청구논문 작성 규격 예시[10)]

심사완료 검인 양식

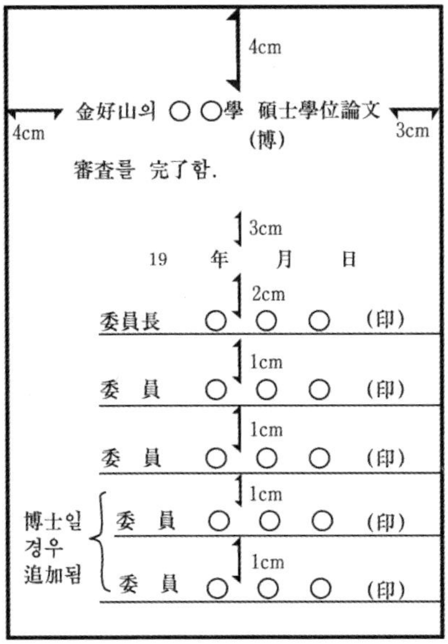

본문 양식

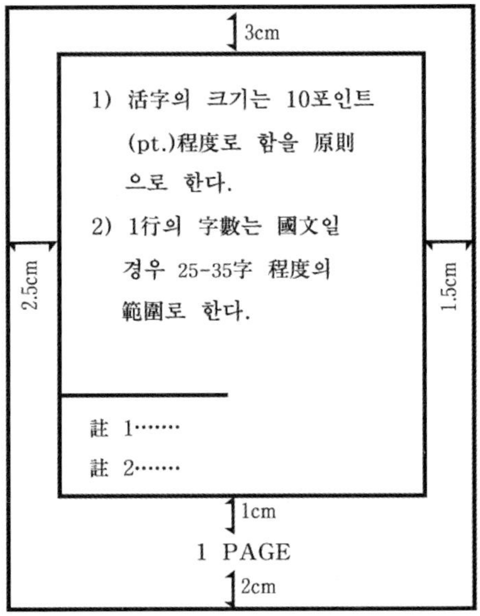

겉표지(국문) 양식

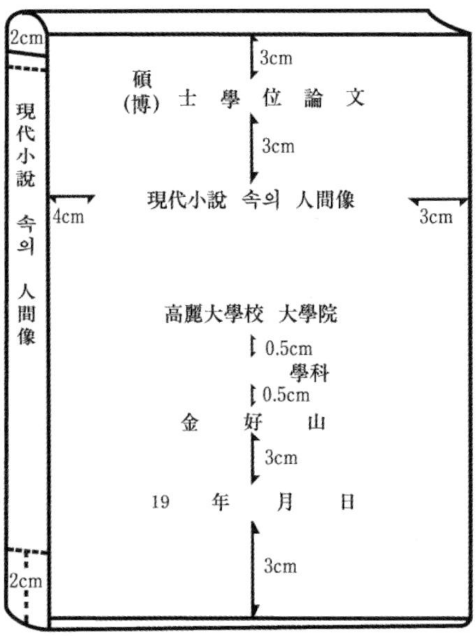

속표지(국문) 양식

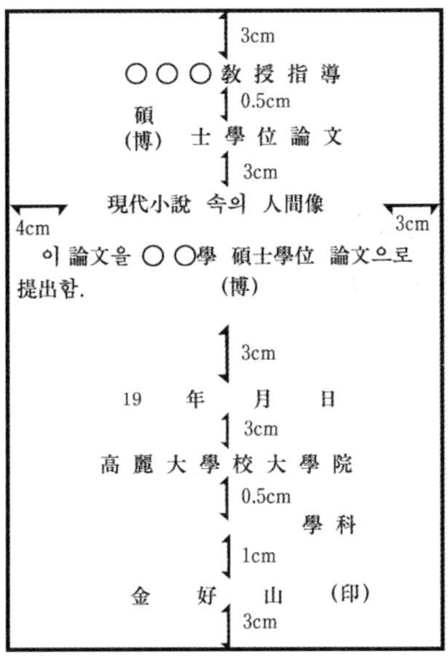

10) 고려대학교 대학원(2020)

학위논문 심사가 통과되어 학위논문 인쇄본을 제출할 때는 해당 대학의 학위논문 제본 방법의 형식을 따라야 한다. 제본 방법에는 용지의 질, 인쇄 순서, 커버 종류 등의 내용을 다루고 있다. 학위논문 완성본은 각 대학에 따른 인쇄 순서원칙이 있어 그 순서는 상이할 수 있지만 대체로 아래의 [그림 8-4-3]과 같은 순서로 제본된다.

[그림 8-4-3] 논문 완성본 제본 순서

아울러 학위논문 인쇄본은 소속 대학에서 규정한 판종(4·6배판 또는 A4), 지질(백색 모조지), 색깔(흑색 또는 백색) 등에 따라 인쇄되어야 한다. 학위논문 겉표지의 경우, 금박 글씨의 흑색 하드커버(양장본)와 백색 소프트커버(페이퍼백)로 구분된다. 논문 완성본은 양면인쇄와 단면인쇄 둘 다 선택 가능하며, 대개 본문 분량이 적을 때 단면인쇄를 한다. 그러나 경북대학교 대학원과 같이 얇은 논문이 단면인쇄가 불가한 경우도 있다.[11]

완성 논문의 규격과 인쇄형식을 갖춘 학위논문을 소속 대학에서 요구하는 부수를 제본하여 공지된 기간에 대학원 또는 학과사무실에 제출해야 한다. 그리고 인쇄본 제출과 동시에 학위논문 원본 파일(한글 또는 pdf 파일)을 온라인으로 제출해야 한다.

4.6 박사학위논문의 공표

고등교육법 시행령 제51조(박사학위논문의 공표)에 의하면, 박사학위를 받은 자는 그 받은 날부터 1년 이내에 교육부 장관이 정하는 바에 따라 박사학위논문을 공표하여야 한다. 다만, 교육부 장관이 그 공표가 적당하지 아니하다고 인정하는 때에는

11) 경북대학교 대학원(2020)

그러하지 아니하다고 한다.

이에 박사학위 취득자는 박사학위논문 합격일로부터 1년 이내에 관련분야 학회지나 정기 간행물에 게재하거나 단행본으로 발간 또는 학술 세미나에서 발표하는 등의 방법으로 논문 내용을 공표하여야 한다. 이러한 방법으로 박사학위논문을 공표하는 일은 학위논문의 학문적 연구결과와 연구성과를 학계와 연구종사자들과 공유하기 위함이다.

제9장

연구윤리

1. 연구윤리의 이해
2. 연구윤리의 원칙
3. 연구자의 책임과 의무
4. 유사도 검증

1 연구윤리의 이해

1.1 연구윤리의 개념

연구윤리의 문제는 '나'와 '나 아닌 타자'의 관계 문제에서 비롯된다(곽영순, 2009). 연구윤리란 연구자가 연구를 수행하면서 준수해야 할 원칙과 행동 양식을 말한다. 연구윤리는 연구자가 정확하고 정직하며, 성실한 태도로 객관적이고 책임성 있는 연구를 수행하기 위해 준수해야 할 윤리 원칙 또는 행동 규범이다(이인재, 2010). 그러므로 연구윤리의 실천은 객관적이고 책임성 있는 연구를 수행하기 위해 연구자가 연구절차 상의 투명성과 연구 내용의 정직성을 확보하는 것을 의미한다. 즉 연구 수행 및 연구결과 도출에서 위조, 변조, 그리고 표절 등 의도적인 연구 부정행위를 규율하고 연구 진실성을 확보하는 것이다. 연구 수행은 학문 분야, 연구 목적, 그리고 연구방법에 따라 그 범주가 다양하고 특수한 측면이 있지만, 모든 학문 분야에서 연구자들이 객관적이고 책임성 있는 연구수행을 위해 연구윤리에 대해 인식하고 실천해야 한다는 점은 공통적이라고 할 수 있다(국가과학기술인력개발원, 2015).

미국 연방연구윤리국(The Office of Research Integrity, ORI)에서 펴낸「연구윤리의 소개」에서는 연구윤리의 출발점을 정직성, 정확성, 효율성, 그리고 객관성으로 꼽고 있다. 여기에서 정직성은 정보를 정직하게 전달하고 약속을 지키는 것을 의미하고, 정확성은 연구의 결과를 정확하게 보고하고 오류를 줄이는 것을 의미한다. 효율성은 연구 자원을 최소한으로 투입하여 기대하는 효과를 얻는 것이며, 객관성은 사실을 명확하게 밝히고 부당한 편견을 피하는 것이라고 할 수 있다(경제인문사회연구회, 2014). 연구자는 연구자가 마땅히 인식하고 준수해야 할 가치와 윤리를 고려하면서 연구를 수행할 때 연구 부정행위를 피할 수 있으며, 연구의 진실성을 확보할 수 있다(이인재, 2012).

연구윤리는 연구자가 연구의 전 과정에 걸쳐 객관성과 책임감을 가지고 연구를 수행할 수 있도록 안내 역할을 한다. 책임 있는 연구수행이란 연구자에게 정직성, 정확성, 효율성, 객관성의 가치가 내재되었을 때 가능하다. 이것은 연구수행의 과정에서 발생할 수 있는 왜곡, 편향, 과장, 자기원칙 훼손, 부주의, 태만, 이해충돌 등을 확고하게 방지함으로써 성취될 수 있다. 연구자는 무의식적으로나 고의적으로 연구부정행위 또는 연구부적절 행위를 할 수 있다. 이것은 연구자가 극복해야할 왜곡, 편향, 과장, 자기원칙 훼손 등을 피하지 못하게 될 때 발생한다. 이로 인해 연구자가 실천해야 할 정직성, 정확성, 효율성, 객관성을 확보할 수 없게 되어, 궁극적으로 연구자의 책임 있는 연구수행을 불가능하게 만든다(이인재, 2012).

우리나라 교육부의 「연구윤리 확보를 위한 지침」[1] 제5조 연구자의 역할과 책임에서는 연구자가 연구수행 시 준수해야할 사항을 다음과 같이 적시하고 있다.

① 1항: 연구대상자의 인격 존중과 공정한 대우
② 2항: 연구대상자의 개인 정보 및 사생활 보호
③ 3항: 사실에 기초한 정직하고 투명한 연구 진행
④ 4항: 전문 지식을 사회에 환원할 경우에 전문가로서의 학문적 양심 견지
⑤ 5항: 새로운 학술적 결과를 공표하여 학문 발전에 기여
⑥ 6항: 자신 및 타인의 저작물을 활용할 때, 적절한 방법으로 출처를 밝히는 등 선행 연구자의 업적을 인정하고 존중
⑦ 7항: 연구계약의 체결, 연구비의 수주 및 집행 과정의 윤리적 책임 견지
⑧ 8항: 연구비 지원기관의 이해관계에 영향을 받지 않고, 연구결과물에 연구와 관련된 모든 이해관계를 명시

1) 교육부훈령 제263호, 2018. 7. 17., 일부개정

⑨ 9항: 연구결과물을 발표할 경우, 연구자의 소속, 직위(저자 정보)를 정확하게 밝혀 연구의 신뢰성 제고

⑩ 10항: 지속적인 연구윤리교육의 참여

연구수행 전 과정에서는 최소한의 데이터라도 위조나 변조, 표절 등의 행위를 해서는 안 되며, 인간이나 동물 대상의 연구일 경우, 연구대상을 존중하고 피해를 입히지 않도록 하는 것은 연구자들의 의무이자 도리이다. 그러나 일부 연구자들은 연구자들이 준수해야 할 규칙과 윤리적 도리를 어기면서 연구를 수행하는 경우가 있는데, 연구자들이 알아두어야 할 것은 개인의 연구 부정행위 문제가 단지 연구윤리를 위반한 개인에게만 국한되지 않는다는 것이다.

연구윤리는 연구자가 올바른 연구 방향인지에 대해 혼동되거나 혼란스러울 때 연구자로 하여금 명확하고 원칙적인 방향을 안내해 주고, 연구부정행위와 연구부적절 행위를 하지 않고 진실한 태도와 윤리적 책임을 가지고 연구를 수행할 수 있도록 도움을 준다. 이러한 연구윤리를 바탕으로 책임 있는 연구를 수행할 때 연구자는 다른 연구자의 연구결과를 신뢰하고 이에 보태어 본인의 연구를 발전시켜나갈 수 있으며, 나아가 학문 분야의 발전에 기여할 수 있다(국가과학기술인력개발원, 2015).

1.2 연구윤리의 배경

연구자의 연구활동은 오늘날 삶의 방식이나 질 향상에 지대한 영향을 미치고 있으며, 긍정적으로든 부정적으로든 우리의 삶과 밀접한 관련을 맺고 있다. 최근 학문 발달의 산물과 관련된 이슈들, 이를테면 환경 경제성 평가, 아동심리, 저널리즘 등은 인류 삶의 질 향상과 관련되기도 하지만 다른 한편으로는 인간을 위협하는 부정적인 측면도 많아 이에 대한 주의 깊은 성찰이 요구되고 있다. 연구 형태의 변화도 연구윤리를 대두시킨 배경이 된다. 과거에는 주로 개별적인 형태로 연구가 수행되었다면, 현대에 와서는 주로 여러 연구 집단들이 공동연구를 하는 방식으로 이루어지고 있다.

또한 종전에는 연구자들에게 연구에 필요한 지원이 수월하게 주어졌으나 현대에는 일부의 특정 연구과제만이 선별적으로 외부 지원을 받을 수 있게 되었다. 이러한 연구환경의 변화에 따라 연구 활동 전반에서 연구자의 책임과 연구자가 준수해야 하는 윤리적 원칙에 대해 많은 고려가 필요하게 되었다(국가과학기술인력개발원, 2015).

미국국립보건원(National Institutes of Health, NIH)에서 연구비 지원을 받은 연구자 3,247명을 대상으로 실시한 조사에 따르면, 연구자의 연구부정 행위 발생 비율은 1% 이하인데 반해, 연구부정이 의심스러운 연구수행은 10~50% 발생하고 있다(Wadman, 2005). 연구부정이 의심스러운 연구수행은 연구부정행위에 비하면 위해성이 적다고 할 수도 있겠지만, 발생 빈도가 훨씬 높다는 측면에서 연구자들이 의심스러운 연구수행에 대한 윤리적 원칙이 모호하거나 그러한 연구수행 행태를 관행적인 시각에서 바라보는 경향이 있을 수 있다. 연구자들이 연구수행에서 사소하거나, 지속된 관행의 차원에서 의심스러운 연구 또는 부적절한 연구를 무뎌진 윤리원칙으로 수행하게 되면 부지불식간에 습관적으로 연구부정행위를 하게 된다는 사실을 주의해야 한다.

현대적인 연구는 전문가의 활동으로 인식되고 있는데, 이것은 연구활동이 전문적인 훈련을 받은 사람에 의해 수행되거나 그 사람으로부터 부분적인 안내를 제공 받는다는 의미가 있기 때문이다. 따라서 전문가로서 연구자들은 연구라는 전문활동과 관련한 규범, 규정, 지침을 따르고, 대학·기업·연구기관·공공부분에서 요구하는 관련 정책과 규정들을 반드시 준수하는 연구수행을 요구받고 있다. 그러므로 책임 있는 연구수행이란 연구자가 활동하는 기관과 단체, 공공부문, 민간부분의 기준에 맞추어 전문가적 책임성을 확보할 수 있는 방법으로 연구를 수행하는 것이 책임있는 연구수행이라고 할 수 있다(Steneck, 2006; 이인재, 2012에서 재인용).

2

연구윤리의[2] 원칙

연구윤리는 연구활동에서 연구자가 사회적 책임에 따라 공익을 추구하는 방향으로 행동할 것을 요구하고 있다. 물론 학문분야나 연구기관에 따라 윤리기준이 다를 수 있지만 추구하는 방향은 동일하다. 미국의 연구윤리학자 레스닉(Resnik, 1998)은 많은 영향력 있는 연구기관에서 추구하는 윤리적 지향점을 조사하여 도출한 연구윤리 원칙을 다음과 같이 정리하였다.

① 정직함: 연구자는 데이터나 연구결과, 방법과 절차, 출판상황, 참여자의 기여도, 이해충돌의 가능성 등에 대해 정직하게 보고해야 한다. 논문, 보고서, 연구비 신청서들에서 데이터를 날조, 변조하거나 왜곡하여 제시해서는 안 된다. 연구자는 연구과정의 모든 측면에서 객관적이고 비편향적이며 정직해야 한다.

② 객관적 타당성: 실험계획, 데이터 분석과 해석은 물론 논문심사, 연구비 신청, 전문가 진술 등이 요구되는 상황에서 객관적 타당성을 얻기 위해 애써야 한다.

③ 개방과 수용: 연구자는 데이터, 결과, 방법, 아이디어, 기법, 도구, 재료 등을 공유해야 한다. 다른 연구자들의 비판을 수용하는 한편, 새로운 아이디어에 대해 열려 있어야 한다.

④ 비밀 준수: 논문심사와 연구비 제안서 등은 물론 기업과 군사의 기밀사항 그리고 연구대상자(피실험자)의 개인기록에 대한 보안을 확보해야 한다.

⑤ 신중한 주의: 연구자는 본인뿐 아니라 동료의 연구수행 과정이나 결과 제시

2) 경제인문사회연구회(2013)을 요약 정리하였음.

과정에서 오류가 발생하지 않도록 주의를 기해야 한다. 데이터 수집, 실험 디자인, 피험자 동의 확보, 논문투고 후 교신 등의 연구활동에서 철저히 기록을 남겨야 한다.

⑥ 동료에 대한 존중: 동료, 학생 그리고 부하 연구원을 존중해야 한다. 동료에게 해를 가하지 말고 공정히 대우해야 한다. 성, 인종, 종교 등 과학적 소양과는 무관한 이유로 동료를 차별해서는 안 된다. 차세대 연구자들을 교육하고 보육하며 도와야 한다.

⑦ 지식재산에 대한 존중: 특허, 저작권 등 지식재산을 존중해야 한다. 타인의 발표되지 않은 데이터, 방법 또는 결과를 허가 없이 사용해서는 안 된다. 인용을 한 경우 출처를 밝혀야 하며, 표절해서는 안 된다.

⑧ 법에 대한 존중: 과학자는 자신의 연구 활동에 적용되는 법규 및 기관의 규정을 준수해야 한다.

⑨ 실험대상의 존중: 실험대상에 대해서 적절한 존엄성을 가지고 조심해서 다루어야 한다. 필요하지 않거나 제대로 계획되지 않은 실험을 해서는 안 된다. 인간을 대상으로 한 실험에서 인간의 존엄성을 존중하고 혜택을 최대화해야 한다. 인권, 사생활, 자유의지를 존중해야 한다.

⑩ 자원의 관리: 인권, 경제적, 기술적 자원을 잘 활용해야 한다. 자원, 도구, 샘플, 연구현장을 잘 관리해야 한다.

⑪ 사회적 책임: 연구, 컨설팅, 전문가 증언, 대중교육과 적극적 지지를 통해서 사회적으로 좋은 결실이 유발되도록 애써야 한다.

⑫ 자유: 과학자의 사고와 탐구에의 자유는 연구기관과 정부에 의해서 간섭을 받아서는 안 된다.

이렇게 윤리원칙을 두는 것은 윤리적 딜레마 상황에서 정확한 행동방향을 찾기 위해서이다. 연구활동의 모든 상황을 규범적 문서로 표현할 수 없는 것이다. 만약, 규범에 명시되지 않은 상황에 봉착한다면 다시 기본으로 돌아가 윤리원칙을 되새겨 봐야 한다.

3 연구자의 책임과 의무[3)]

3.1 연구 부정의 개념

연구윤리의 수행정도를 긴 스펙트럼으로 나열했을 때 한쪽 끝에는 바람직한 연구행위가 있다. 바람직한 연수 행위를 일컫는 말은 미국에서는 책임 있는 연구수행(Responsible Conduct of Research, RCR)이라 하고 유럽에서는 건전한 연구 활동이라 한다.

연구부정행위(research misconducts)에 대하여 체계적인 대응을 시작한 미국의 경우, 연구자의 연구 활동에 대한 진실성 확보와 더불어, 이를 통해 다른 연구자들의 연구 활동에 피해를 주거나 방해하지 않는 책임있는 연구수행을 강조하고 있다. 책임있는 연구수행은 전문적인 영역에서 발현되는 좋은 시민 정신이라고 요약할 수 있다.

이것은 자신의 연구를 객관적이고 정확하고 효율적이고 정직하게 보고하는 것을 말한다. 무책임한 연구 활동으로 인하여 문제가 발생하는 경우 연구 내용과 결과의 진실성과 직접적인 관련이 있는 날조, 변조, 표절만을 연구 부정행위로 정의하고 있다. 이는 명확한 책임성 구분이 필요할 때 사법체계를 통해 문제를 해결하는 미국의 공판중심주의의 산물인 측면도 있다.

유럽의 경우는 연구부정행위를 적발하고 처벌함과 더불어 정직하고 합리적이

3) 김수영(2017)에서 발췌, 요약 정리하였음.

며 자율적인 연구수행의 풍토 조성을 목표로 바람직한 과학적 연구의 실천을 강조한다. 바람직한 연구 활동에 대한 시각과 기준이 다양할 수 있기 때문에 연구부정 행위에 저작자 표시나 다른 연구자들과의 공동연구 관련 문제들이 포함되는 등 미국과 비교하여 연구부정행위에 대한 범위가 보다 포괄적이다.

건전한 연구 활동 혹은 책임 있는 연구의 수행에서 벗어나면 연구윤리 혹은 연구 진실성의 문제가 발생한다. 이러한 영역을 의심스러운 연구 행위(Questionable Research Practice, QRP)로 부르기도 한다. 이러한 행위에는 편견에 사로잡힌 연구, 통계실험 장비의 오작동, 빈약한 연구 설계, 데이터 관리의 소홀 및 부주의, 학생 지도에 대한 무관심 등이 있다. 이러한 영역은 강도면에서 약하고 대부분의 연구자들이 유혹을 느꼈을 정도로 사소한 문제일 수 있다. 반면 상식적 수준의 사소한 문제를 초월한 정도가 심각하고 의도적일 때, 이것을 연구 부정이라고 한다.

위와 같이 책임 있는 연구수행, 의심스러운 연구수행, 그리고 연구부정행위를 개념화하면 다음의 <표 9-3-1>로 축약할 수 있다.

<표 9-3-1> 연구부정행위의 개념

<table>
<tr><th>구분</th><th>내용</th><th colspan="2">실제적용</th></tr>
<tr><td>책임있는 연구수행</td><td>연구자나 연구기관이 실현하기 위해 노력해야 할 이상적인 기준</td><td colspan="2">정직성, 정확성, 효율성, 객관성의 가치들을 실천하는 것</td></tr>
<tr><td>의심스런 연구수행</td><td>연구부정 행위와 같이 심각하거나 의도적인 행위는 아니지만, 바람직하거나 올바른 연구수행도 아닌 행동. 결과적으로 책임 있는 연구수행을 방해하거나 위해하는 행위</td><td colspan="2">편견에 따른 연구나 데이터 관리의 소홀과 부주의, 부실한 연구 설계, 데이터의 부적절한 보존과 기록, 연구에 중요한 기여 없는 저자의 연구진 포함 등</td></tr>
<tr><td rowspan="2">연구 부정행위</td><td rowspan="2">연구자가 거짓, 윤리원칙 훼손 등으로 인하여 연구자 자신과 소속 연구조직, 그리고 사회에 심각한 해로움을 유발하는 것</td><td>협의</td><td>위조(Fabrication) 행위
변조(Falsification) 행위
표절(Plagiarism) 행위</td></tr>
<tr><td>광의</td><td>FFP, 부당한 저자 표기, 다른 심각한 위반사항, 출판부정행위, 데이터의 부적절한 처리보관, 연구주제상 부정행위, 연구관리 부정행위, 개인적 부정행위 등</td></tr>
</table>

자료: 이인재(2012)에서 참고하여 재구성함.

3.2 연구부정행위의 범주

연구부정의 범위는 단체에 따라서 협의 또는 광의로 구분한다. 연구부정행위를 위조, 변조, 표절만으로 국한하는 협의의 정의를 사용하는 경우가 있는데, 대표적인 단체는 미국과학학회(National Academy of Sciences), 의학연구소(Institution of Medicine) 등이다. 미국 연방정부도 이러한 협의의 정의를 선호한다.

반면에 연구부정에 이들 세 가지 이외에 다른 심각한 위반을 포함하는 광의의 정의를 가진 단체는 국립과학재단(National Science Foundation), 공공보건국(Public Health Service) 등이 있다. 일부 국가에서는 연구 부정과 연구 부정직을 구분하지 않고 사용하기도 한다. 이 경우 연구진실성 저해, 이중 출판 같은 출판부정 행위, 데이터의 부적절한 처리보관, 연구주제상 부정행위, 연구관리 부정행위, 개인적 부정행위를 모두 포함한다.

우리나라의 경우 바람직한 연구활동 및 연구윤리에 대한 논의는 점점 발전되어 가고 있으나 서구 선진국의 글로벌 기준에는 아직 부합하지 못한 측면이 있다고 할 수 있다. 국제기준에 부합하지 않는 연구부정 행위를 사전에 방지하고 바람직한 연구활동과 연구윤리에 대한 학계의 논의가 활발하게 이루어질 수 있도록 한다는 차원에서 제정한 「연구윤리 확보를 위한 지침」에서 규정한 연구부정 행위는 다음과 같다.

① 위조: 존재하지 않는 연구 원자료 또는 연구자료, 연구결과 등을 허위로 만들거나 기록 또는 보고하는 행위
② 변조: 연구 재료·장비·과정 등을 인위적으로 조작하거나 연구의 원자료 또는 연구자료 등을 임의적으로 변형·삭제함으로써 연구 내용 또는 결과를 왜곡하는 행위
③ 표절: 다음 각 항목과 같이 일반적 지식이 아닌 다른 사람의 독창적인 아이디어 또는 창작물을 출처 표시 없이 활용함으로써 제삼자에게 자신의 창작물인 것처럼 인식하게 하는 행위

가. 타인의 연구내용 전부 또는 일부를 출처 표시없이 그대로 활용하는 경우

나. 타인의 저작물의 단어·문장구조를 일부 변형하여 사용하면서 출처표시를 하지 않는 경우

다. 타인의 독창적인 생각 등을 활용하면서 출처를 표시하지 않는 경우

라. 타인의 저작물을 번역하여 활용하면서 출처를 표시하지 않을 경우

④ 부당한 저자 표시: 다음 각 목과 같이 연구내용 또는 결과에 대하여 공헌 또는 기여를 한 사람에게 정당한 이유 없이 저자 자격을 부여하지 않거나, 공헌 또는 기여를 하지 않은 사람에게 감사의 표시 또는 예우 등을 이유로 저자 자격을 부여하는 행위

가. 연구내용 또는 결과에 대한 공헌 또는 기여가 없음에도 저자 자격을 부여하는 경우

나. 연구내용 또는 결과에 대한 공헌 또는 기여가 있음에도 저자 자격을 부여하지 않는 경우

다. 지도학생의 학위논문을 학술지 등에 지도교수의 단독 명의로 게재·발표하는 경우

⑤ 부당한 중복게재: 연구자가 자신의 이전 연구결과와 동일 또는 실질적으로 유사한 저작물을 출처 표시 없이 게재한 후, 연구비를 수령하거나 별도의 연구업적으로 인정받는 경우 등 부당한 이익을 얻는 행위

⑥ 연구부정행위에 대한 조사 방해 행위: 본인 또는 타인의 부정행위에 대한 조사를 고의로 방해하거나 제보자에게 위해를 가하는 행위

⑦ 그 밖에 각 학문분야에서 통상적으로 용인되는 범위를 심각하게 벗어나는 행위

이와 같이 한국이 일반적으로 개념화하는 연구부정행위 범주와 타국가가 규정하는 범주를 비교 요약하면 아래 <표 9-3-2>와 같다.

<표 9-3-2> 연구부정행위 유형 정리

유형	주요내용	미국, 일본	유럽	한국
연구진실성 저해	위조, 변조, 표절(FFP)	◎	◎	◎
출판부정행위	부당한 논문저자 표시, 중복출판, 분할 출판 등		◎	부당한 논문저자 표시, 부당한 중복 게재
데이터의 부적절한 처리 및 보관	기록 미비, 보관 부실, 중요 데이터 파기, 부주의로 인한 오류, 데이터의 비공개		◎	
연구주제상 부정행위	생명연구 윤리위반, 빈약하거나 위험성이 있는 실험 기획 등		◎	
연구관리 부정행위	연구비 착복, 논문 심사자 지위 남용, 허위정보 기재 등		◎	
개인적 부정행위	부적절한 처신, 부실한 학생지도, 타인의 연구방행, 부정행위 관여 및 방조, 위조된 논문의 공동저자		◎	제보자에게 해를 가함, 조사를 방해

자료: 국가과학기술인력개발원(2015)에서 재정리함.

연구부정행위의 협의 개념인 위조, 변조, 표절에 대한 상세내용은 다음과 같다.

1) 위조

과학적 연구자료의 위조(fabrication)는 실재하지 않는 기록을 의도적으로 생성하는 것으로서, 근거가 없고 연구에 대한 판단을 잘못되게 하고 속이기 위한 것이 목적이다. 위조는 대단히 비윤리적인 것으로 고려되며 불법으로 판결된다. 일반적으로 위조는 연구부정행위 중에서 가장 심각한 것으로 고려되며 연구에 참여한 연구자나 위조에 참여한 연구자 모두 연구경력이 중단될 수 있는 행위로 간주된다. 연구 위조의 유형은 다음과 같다.

① 사회과학 분야에서 면담을 수행하지 않고 연구주제에 대한 질적 면담자료의

분석결과를 도출하는 것

② 생명과학 분야에서 한 번도 시행되지 않은 과학실험의 연구자료를 부정하게 만드는 것

③ 실제 시행했던 과학적 실험을 통해 얻은 연구자료에 추가적인 통계적 유효성을 얻기 위하여 허구의 연구자료를 첨가하는 것 등

2) 변조

연구를 수행하여 얻은 연구자료를 선택적으로 변경하거나, 불확실한 통계분석 결과를 올바르지 않게 설명하는 것을 변조(falsification)라고 한다. 또한 과학적, 통계적 검증 없이 일관성이 결여된 연구자료를 선택적으로 생략하거나 삭제 또는 은폐하는 것도 포함된다. 변조의 유형은 다음과 같다.

① 연구자료를 변형하여 자료의 상이함을 보완하는 것

② 연구 기록에서 연구를 수행한 날짜나 실험 과정을 바꾸는 것

③ 연구대상자 수를 부풀리거나 축소하여 기재하는 것

④ 동일한 연구결과를 여러 저널에 논문으로 게재하는 것

⑤ 연구과제 연구비를 신청하기 위해 연구자료를 변조하는 것

⑥ 발표 논문에 연구대상이나 방법을 의도적으로 변경하여 설명하는 것 등

3) 표절

표절(plagiarism)은 다른 사람의 아이디어나 연구 과정(방법), 결과물, 문장표현 등을 적절한 인용 표시나 원작자의 승인 없이 도용하는 행위를 말한다. 표절은 연구계획, 연구수행 과정, 결과물 출판 등 연구의 모든 단계에서 발생할 수 있으며, 표절의 대상은 아이디어와 본문으로 구분될 수 있다. 표절은 비교적으로 경미한 사인으로 인식되어 윤리적인 문제로만 취급되는 경우가 있지만, 사안에 따라 연구 부정으로 구분

되어 처벌을 받기도 한다. 예를 들어 다른 연구자의 아이디어나 자료를 인용할 때, 출처를 표시하지 않고 도용하는 것은 명백한 연구부정행위라고 할 수 있지만, 인용 표시 오류, 참고문헌 기입 오류, 참고문헌 누락 등은 연구부정행위로 구분할 정도는 아니라고 볼 수 있다.

다른 연구자가 작성한 내용을 그대로 인용하여 사용하는 것은 'verbatim(타인 저작물의 일정 부분을 그대로 쓰기)'이라고 한다. 이 경우 인용하는 부분을 명확하게 하려면 따옴표를 사용하는 것이 적절하다. 다른 연구자가 작성한 문서 일부를 활용하면서 의미가 변화하지 않는 범위 내에서 몇몇 단어를 바꾸거나 글의 순서를 바꾸어서 표현하는 경우를 'paraphrasing(바꿔 쓰기)'라고 한다. 바꿔쓰기를 할 경우 참고한 문헌에 대한 인용표시를 반드시 하여야 하며, 원래 문장의 의미가 그대로 전달될 수 있도록 해야 한다. 다른 사람이 작성한 문서의 일부만 사용하면서 그 내용을 줄여서 표현하는 것을 'summarizing(요약)'이라고 한다. 요약도 바꿔쓰기와 거의 비슷한 원칙이 적용되기 때문에, 적절한 인용표시를 하여야 하며, 원래 내용의 아이디어와 용어, 문장표현의 의미 등을 완전히 이해한 후 연구자 자신만의 언어로 표현해야 한다.

3.3 이해충돌

이해충돌이란 한 개인이나 집단이 두 가지 상충하는 이해를 동시에 충족해야 하는 상황에 놓이게 되어 한 가지 이해를 위해 다른 이해를 포기하거나 무시해야 하는 상황을 가리킨다. 연구윤리에서의 이해충돌은 수행하는 연구가 다른 이해관계에 의해 영향을 받거나 받을 수 있는 조건에 놓이는 경우를 말한다. 예를 들어 아파트 건설회사에서 주는 연구비를 받아 층간소음이 심리적 불안에 미치는 영향에 대해 연구하거나, 통신회사의 지원을 받아 통화품질 만족도 조사를 하는 상황을 들 수 있다.

금전적 이익과 같은 구체적인 이해관계나 그러한 이해관계를 악용할 의사가 없

4) 국가과학기술인력개발원(2015)에서 발췌, 요약 정리하였음.

는 경우에도 이해충돌 상황에서 일정한 편향성이 드러나는 경우도 있다. 예를 들어 특정한 입장을 대변하는 정치적 신념 또는 종교성 때문에 실증과학의 연구에서 객관적인 관찰이 이루어지지 못하는 경우가 있다. 이때 이해충돌은 올바르고 객관적인 연구결과 산출을 저해하는 요소로 작용하는 것이다.

이해충돌이 연구윤리에서 중요하게 다루어져야 하는 이유는 무엇보다 연구의 진실성에 대한 의문으로 이어질 수 있기 때문이다. 연구자 자신이 목표로 하는 객관적이고 철저한 연구를 수행하기 위해서는 연구에 영향을 미칠만한 어떠한 다른 이해관계로부터도 자신을 지킬 필요가 있다. 조사나 실험에 있어서 특정한 이해관계가 편견이나 편향성을 불러일으킬 수 있기 때문이다.

특정한 이해관계가 실제로 연구에 영향을 미치지 않았어도 이해충돌의 상황에 처해 있다는 사실 자체가 연구결과에 대한 신뢰도를 떨어뜨리는 요인이 될 수 있다. 따라서 양심에 거리끼는 일이 없다는 확신이 있을 때도 이해충돌의 상황을 해소할 대처 방안이 필요하다.

이해충돌은 여러 가지로 구분할 수 있는데, 큰틀에서 금전적인 이해충돌과 비금전적인 이해충돌로 구분할 수 있다. 이해상충은 다음의 어느 하나의 사유로 인하여 공정한 전문가적 판단 또는 연구수행에 부정적인 역할을 미칠 수 있는 경우를 의미한다.

① 금전적 이해상충: 연구와 관련한 연구자의 금전적 이익으로 인하여 유발되는 경우

② 인간 관계적 이해상충: 개인적인 친분이나 소속기관의 영향, 또는 개인적인 갈등이나 연구 경쟁 등 사적인 인간관계로 인하여 유발되는 경우

③ 지적인 이해상충: 특정한 연구 종류나 분야에 관한 종교적 신념이나 세계관적 내지 도덕적 소신 또는 이론적 확신으로 인하여 유발되는 경우

④ 역할 충돌에 의한 이해상충: 교육, 봉사, 외부 활동 등 소속기관 구성원으로서의 역할이 연구 활동과 충돌함으로써 유발되는 경우

⑤ 기타의 이해상충: 위의 요인에 준하는 사유로 인하여 유발되는 경우

4 유사도 검증

4.1 유사도 검증의 필요성

오늘날 논문의 표절 여부는 고위공직자 인선 과정에서 인선의 적절성에 대한 지표로 활용되는 등 사회의 주요 관심사가 되었다. 또한 최근에는 연예인의 학위논문 표절 의혹이 주요 논쟁거리가 되면서 사회적 파문을 일으키기도 하였다. 논문표절은 원작자의 아이디어와 연구물의 지식재산권을 절도하는 행위로 연구윤리를 위반하는 부정행위이다. 따라서 적절한 인용법과 연구윤리를 무시한 논문은 표절 의혹을 받을 수 있으며, 연구자는 연구윤리 위반에 따른 조치 또는 처벌을 받을 수 있다.[5]

이에 논문표절 논란과 관련하여, 교육인적자원부(현 교육부)와 한국학술진흥재단은 2008년 2월 대학, 학회 등 표절 판정 및 징계 기준으로 활용하기 위해 '인문·사회과학 분야 표절 가이드라인' 모형을 개발하였다. 모형에 따르면 ① 여섯 단어 이상의 연쇄 표현이 일치하는 경우, ② 생각의 단위가 되는 명제 또는 데이터가 동일하거나 본질적으로 유사한 경우, ③ 타인의 창작물을 자신의 것처럼 이용하는 경우에 표절로 판정한다(최창봉, 2008). 또한 표절을 남의 표현이나 아이디어를 출처 표시 없이 쓰거나 창작성이 인정되지 않는 짜깁기, 연구 결과 조작, 저작권 침해 가능성이 큰 저작물의 경우에는 '중대한 표절', 공유영역에 속한 저작물을 부당하게 이용하거나 주요 내용의 자기 표절, 과거 저작물과 새로운 저작물을 구분하지 않은 중복게재 등

5) 표절은 학술 연구자가 이를 사전에 인지하였는지 여부와 상관없이 성립한다(류동춘 외, 2013).

은 '경미한 표절'로 분류한다고 한다(최창봉, 2008).

이처럼 표절 관련 문제를 방지하고 원작의 지식재산권을 보호하기 위해서는 표절 예방 수단인 '유사도 검증'이 필요하다. 유사도 검증은 특정 저자의 글(원문)이 데이터베이스에 저장된 과제, 출판물, 연구물 등 타인에 의해 작성된 글과 비교하여 얼마나 유사한지를 점검해주는 작업을 의미한다. 이러한 검증을 통해서 연구자는 올바른 인용법과 출처 적용 및 표시를 재확인 및 검토할 수 있으며, 발생 가능한 표절 문제와 의도치 않은 부정행위 그리고 표절 의혹을 미리 예방할 수 있다. 이러한 맥락에서 일반적으로 대학에서는 논문 제출자에게 표절 검사 결과지 제출을 권고 또는 의무화하고 있다.

4.2 유사도 검증 방법 및 프로그램

오늘과 같은 정보화 시대에서는 수많은 연구물을 관리하고 저장하는 것이 가능하다. 이에 유사도 검증을 위해 필요한 수천, 수만, 수억 개의 출판물, 웹페이지, 학술논문 등은 유사도 검증 제공사의 데이터베이스(DB)에 저장되어 있다. 유사도 검증은 연구자가 작성한 논문을 특정 프로그램의 DB에 저장 및 등록 또는 크롤링(crawling)된 무수한 저작물[6)]과 비교하여 유사성(similarity) 일치 여부를 식별한다. 이에 유사도 검증을 시행하고자 하는 연구물은 DB에 저장된 무수한 연구 및 저작물과 실시간 비교하여 표절을 예방할 수 있다. 이러한 유사도 검증 기능을 제공하는 소프트웨어를 유사도 검증 또는 표절 검사 프로그램(plagiarism detection 또는 checker software)이라 한다.

유사도 검증 프로그램은 유사도를 확인하려는 연구물과 유사도 검증 프로그램 DB에 저장된 자료와 비교하여 유사도 결과를 출력한다. 일반적으로 표절 검사 프로

---

6) 예로, 턴잇인 DB에는 전 세계 학술 자료 1억 6천 5백만 건 (약 80%), ProQuest DB 627억 인터넷 웹 페이지가 비교 대상 콘텐츠로 포함되어 있고, 이 자료는 실시간으로 업데이트되고 있어 최근에 발행된 자료도 함께 포함하고 있다(턴잇인코리아, 2020).

그램 제공사는 해외와 국내 주요 출판사 및 학회와 제휴하여 학술 관련 DB를 구축하고 있으며, DB 축적 저작물 수는 프로그램마다 다르다. 이에 연구물의 유사도 결과는 사용하는 프로그램에 따라 다르게 나타날 수 있다.

유사도 검증 서비스를 제공하는 프로그램으로는 turnitin, grammerly, plagscan, plagiarism checker x, Unicheck, Copyscape, noplag 등이 있다. 한국에서 많이 사용하는 유사도 검증 프로그램은 턴잇인, 카피킬러, 아이텐티케이트 그리고 KCI 문헌 유사도 검사 서비스이며, 각 특징은 아래 <표 9-4-1>과 같다.

대학교에서는 일반적으로 특정 프로그램 서비스(예; 턴잇인, 카피킬러 등)에 해당하는 결과지를 요구할 수 있으므로 연구자는 해당 대학의 지침을 우선적으로 확인하는 것이 필요하다. 대개의 대학에서는 소속원(교직원과 학생)에게 학교와 제휴한 프로그램社의 프로그램을 무료로 배포 및 제공하고 있으며, 소속원은 소속 대학교의 도서관 홈페이지를 통해서 이용할 수 있다. 반면 학회에서는 투고 신청자에게 학술논문투고 시 논문 원고와 함께 표절 검사 결과지를 필수 제출서류로 제출하도록 요구하거나 연구자로부터 제출된 논문 원고를 자체적으로 표절 검증을 진행할 수 있다.

<표 9-4-1> 표절 검사 프로그램의 종류와 특징

서비스명	제공기관	특징	URL 주소
턴잇인	turnitin, LLC	한국 대학에서 가장 많이 사용하는 프로그램으로 대학생들이 쉽게 접근하여 사용할 수 있음.	www.turnitin.com
카피킬러	(주)무하유	한국에서 개발한 프로그램으로 턴잇인과 같이 대학에서 가장 많이 사용하는 프로그램임.	www.copykiller.com
아이텐티케이트	turnitin, LLC	턴잇인의 상위 버전이라 할 수 있는 프로그램으로, 박사 이상의 학력자에게 적합한 프로그램임.	www.ithenticate.com
KCI 문헌 유사도 검사 서비스	한국연구재단	국내 발행 논문과 2004년 이후 발행된 논문과만 비교 가능함.	www.check.kci.go.kr

① 턴잇인

턴잇인(turnitin)은 2000년 미국에서 개발한 표절 검사 소프트웨어로 표절 검사뿐만 아니라 채점, 피드백, 올바른 글쓰기 등을 포함한 다양한 서비스를 제공한다. 턴잇인 프로그램은 B2B(business to business) 서비스 모델을 채택하여 기관계약을 통해 서비스를 제공하고 있어 개인 사용자에게는 프로그램 이용이 제한된다. 본 프로그램은 서울대, 연세대, 고려대, 서강대, 경북대 등 한국 대학에서 가장 많이 사용하는 표절 검사 프로그램으로 대학 소속원은 대학교 도서관 홈페이지를 통해서 이용할 수 있다.

② 카피킬러

카피킬러(CopyKiller)는 한국에서 개발한 프로그램으로 KCI 보유 문서를 포함한 60억 건 이상의 웹 콘텐츠와 2억 이상의 문서 데이터를 대상으로 검사를 진행한다. 해당 프로그램은 개인과 기관을 대상으로 표절 검사 서비스를 제공하며, 개인에게는 무료와 유료 서비스로 제공한다. 무료 버전인 '카피킬러 라이트'[7]는 시행 건수(1일 3건)와 문서 크기(1회 100KB) 제한이 있으며, 기본형 표절 검사 결과확인서가 발급된다. 반면 유료 버전인 '카피킬러 채널'은 이용건별로 결제가 되며, 페이지 수가 무제한이며, 상세 및 종합적 표절검사 결과확인서를 발급해 준다.

기관의 경우, 기관의 특성에 따른 서비스를 제공한다. 학교에는 '카피킬러 캠퍼스' 프로그램, 학술기관에는 '카피킬러 저널' 프로그램, 중·고등학교에는 '카피킬러 스쿨' 프로그램을 제공한다. 이러한 표절 검색 프로그램 외에도 카피킬러는 채용 서류 자동 검토 및 분석, 연구윤리 관련 교육포털 등 다양한 서비스를 제공하고 있다. 카피킬러를 사용하는 대학은 연세대, 이화여대, 부경대 등이며, 이 대학들은 턴잇인도 함께 제공하고 있다. 카피킬러를 단독으로 제공하는 대학(예; 숙명여대)은 많지 않다.

③ 아이텐티케이트

아이텐티케이트(iThenticate)는 턴잇인 회사가 개발한 또 다른 표절 검사 프로그램이다. 본 프로그램은 학생과 강사 등을 주타겟으로 하는 턴잇인과는 달리 박사학

---

7) 카피킬러 라이트의 사용매뉴얼은 온라인 웹페이지에서 제공하고 있다(카피킬러 라이트, 2020).

위 이상의 학력자, 연구자, 교수 등을 대상으로 설계한 표절 검사 프로그램으로, 턴잇인과는 이용고객에서 차별화를 두었다. 아이텐티케이트[8]는 학술 전문 표절 감지 및 방지 시스템으로 Springer, Elsevier, IEEE 등과 같은 전 세계의 주요 출판사 및 학회와 제휴를 맺고 있다. 한국에서 아이텐티케이트 프로그램과 제휴하여 무료로 제공하는 대학은 부산대 등이며 그 수가 적다. 개인이 본 프로그램을 사용하기 위해서는 유료 서비스 또는 제휴기관을 통해서 이용할 수 있다.

④ 한국학술지인용색인 문헌 유사도 검사 서비스

한국학술지인용색인(Korea Citation Index, KCI) 문헌 유사도 검증 서비스는 한국연구재단에서 운용하는 프로그램이며 무료로 제공하고 있다. 본 프로그램은 국내학술지 논문을 대상으로 검사를 시행하므로 주로 국내학술논문을 투고할 때 활용된다. 본 프로그램은 KCI에 수록된 국내 학술지 논문 내에서만 검사를 수행하므로 외국 논문은 비교 대상이 아니다. 또한 약 100만여 건의 논문이 비교분석 대상으로 등록되어 있으나, 2004년 이전 발행 논문과의 비교는 제한된다는 단점이 있다. 그리고 검사할 문서가 KCI에 이미 수록된 논문인 경우에는 서로 비교분석 되어 유사율이 높게 나올 수 있다. 그러나 본 프로그램은 1:1(문서 대 문서) 유사도 검사가 가능하며, 누구에게나 무료로 제공되어 접근 가능성이 크다는 장점을 가지고 있다.

4.3 검사 결과 해석

연구자는 유사도 검증 프로그램을 통해 타 연구와의 유사성 일치 여부 및 정도를 파악할 수 있다. 프로그램은 표절률 또는 유사도(similarity score)를 비율(%)로 출력하여 전반적 유사성 정도를 알려준다. 아울러 프로그램에 따라 상이하지만, 단어

8) 아이텐티케이트의 이용방법은 'iThenticate User Guide'에서 안내하고 있으며, 관련 내용은 웹페이지에서 무료로 제공한다(Turnitin, 2020).

수, 표절 및 인용 문구, 비교 대상과의 일치 단어, 출처, 서지정보 등 자세한 비교 결과도 함께 제시해 준다. 표절 여부를 확인할 수 있는 유사도(%)에 대한 절대적 기준은 없으며, 각 기관 및 학회가 채택하는 연구윤리와 표절에 관한 표준과 지침이 상이하다. 이에 일부 학회에서는 자체 연구 부정행위 관리지침에 따라 확장유사도 검사 다섯 어절 이상, 한 문장 이상 일치하는 것을 기준으로 표절률이 5%를 상회하는 논문은 연구 부정행위로 간주하는 경우도 있다.

사회과학 분야에서는 표절률 기준과 관련하여 별도의 지침이 마련되어 있지는 않으나 일반적으로 사회과학 관련 학회가 적용하는 표절률 기준은 10% 정도로 알려져 있다. 그러나 표절률이 10% 정도라도 원문과 일치하는 부분이 연속적인 문장일 경우에는 연구윤리의 문제 소지가 있는 표절로 간주할 수 있다. 반면, 높은 표절률이 일반 용어의 반복적인 사용이나 연구의 방법론 부문에서 언급된 연구의 세부 사항을 재언급한 것이라면 심각한 연구윤리 문제는 없다고 여겨진다.

따라서 유사도 검증 프로그램은 자동 프로그래밍을 통해서 유사성을 알려주는 것이므로 연구자는 반드시 결과지에 나타나는 유사도 결과값 뿐만 아니라 유사성이 나타나는 상세내용을 확인해야 한다. 이러한 절차는 연구자로 하여금 해당 연구물의 표절 의심 문구 또는 누락사항을 재확인하고 올바른 인용법 및 출처 표기를 검토할 수 있도록 해주어 궁극적으로 표절을 방지하는 역할을 담당한다. 특히 결과지에 나타나는 상세내역에는 학과명 등과 같은 인용이 불필요한 부분도 유사도 검증 결과에 포함될 수가 있기 때문에 더욱이 세심하게 살펴볼 필요가 있다. 이러한 맥락에서 연구자는 필요에 따라 프로그램 '설정'을 통해서 인용문(quotes), 참고문헌(bibliography), 구절(phrases) 등을 제외한 유사성 검증 결과를 출력할 수 있다. 예를 들어 카피킬러의 경우에는 출처 표기한 문장, 성경, 법령 등의 포함 여부를 선택할 수 있으며, KCI 문헌 유사도 검증 서비스의 경우에는 목차/참고문헌, 인용 문장, 출처 표시문장 등 특정 부분을 제외하여 검사할 수 있는 기능이 있다.

4.4 프로그램 활용 예시

다양한 유사도 검증 프로그램이 존재하지만, 프로그램별 사용 방법에는 큰 차이가 없다. 유사도 검증 프로그램의 검사과정은 아래 [그림 9-4-1]과 같이 유사도를 확인하고자 하는 문서 파일을 업로드하면 표절 검사 결과값인 유사도(%)를 출력해주는 간단한 과정이다.

[그림 9-4-1] 유사도 검사과정

로그인 → 문서업로드 → 검사설정 → 표절검사 → 검사결과

유사도 검사를 시행하기 위해서는 업로드할 문서 형태와 크기를 확인할 필요가 있다. 먼저, 업로드 가능한 문서 형태는 텍스트 파일과 이미지 파일로 구분해서 볼 수 있다. 텍스트 파일은 한글 파일(hwp), MS Word 파일(doc), pdf 파일, txt 파일, html, powerpoint, excel 파일 등의 파일형태가 있고, 이미지 파일은 jpg 파일과 스캔파일 등의 형태가 있다.

프로그램마다 유사도 검증 가능 파일형태가 다르므로 해당 프로그램 홈페이지에서 확인할 필요가 있다. 예를 들어 카피킬러는 이미지 파일과 스캔 파일을 허용하나, KCI 논문 유사도 검증 서비스는 이미지 파일로 검사를 진행하려면 원문파일 변화요청을 신청한 다음 검사가 가능하다. 아울러 검사 실시 전 주의할 점은 파일 용량 크기이다. 카피킬러 라이트(무료버전)의 경우 업로드 가능 최대 파일크기는 100KB이며, KCI 논문 유사도 검증 서비스는 200MB이다.

앞서 언급한 바와 같이 주요 유사도 검증 프로그램은 턴잇인, 카피킬러, 아이텐티케이트, KCI 논문 유사도 검증 서비스이다. 본 절에서는 카피킬러와 KCI 논문 유사도 검증 프로그램에 대한 사용방법을 예시로 설명하겠다.

1) 카피킬러 표절검사 프로그램 사용방법

① 회원가입 및 로그인

먼저 카피킬러 표절 검사를 시행하기 위해 카피킬러 홈페이지(https://www.copykiller.com/)에 접속한 다음 로그인(이메일 인증 과정)을 해야한다. 비회원은 카피킬러 서비스 이용이 제한되므로 반드시 회원가입을 진행한다.

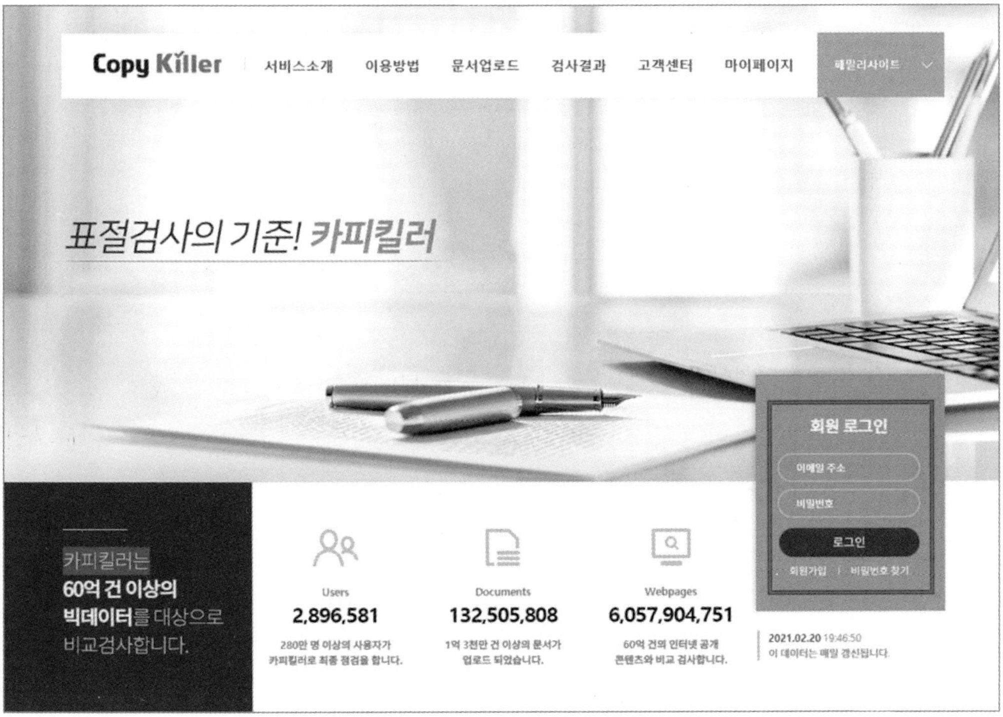

② 검사설정 방법

로그인 후, 메인화면 상단에 위치한 '문서업로드'를 선택한다. 문서 업로드 페이지가 나타나면 유사도 검증을 시행하고자 하는 파일의 문서유형(보기: 과제물, 자기소개서, 학위논문, 학술논문, 연구/정책보고서 등)을 선택한다. 그리고 비교범위(선택가능), 검사설정(고정값), 표절기준(고정값)은 기본 설정값으로 유지한다.

③ 문서 등록 및 표절검사 시행

검사 설정 완료 후에는 유사도 검증을 시행하고자 하는 내용을 문서목록에 파일로 첨부(문서 끌어오기 가능)하거나 직접 입력한다. 첨부가능 파일 형태는 hwp, doc, ppt, xls, pdf 이고, 카피킬러 라이트의 경우에는 파일 크기가 100KB, 직접입력은 3,000자로 제한된다.

검사할 문서를 등록하면 페이지의 검사상태가 '전송중→확인중→가능'으로 변경된다. 등록한 문서의 검사상태가 [가능]으로 변경되면 페이지 하단의 표절검사를 클릭하여 검사를 진행하도록 한다.

④ 검사결과 확인

여기까지의 입력과정을 마치게 되면 '검사결과' 페이지로 자동 이동되어 검사 상태(표절률바)가 [검사대기]에서 [검사중] 상태로 변경된다. 파일크기에 따라 차이는 있지만 대개 검사 소요시간은 5분 이내이며, 검사가 완료되는 동시에 표절률바 하단에 표절 결과값인 표절률(%)이 표시된다. 표절률 확인 후, '검사 파일' 또는 '표절률(%)'을 클릭하면 표절 검사 상세결과 화면으로 이동하게 된다.

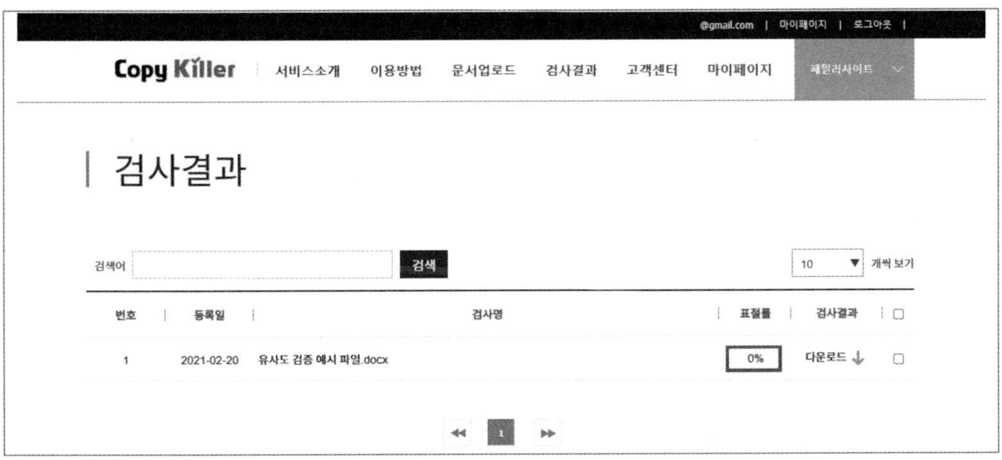

⑤ 검사결과 상세보기

검사결과 상세보기에서는 각 문장에 대한 표절률, 표절영역, 비교된 문장의 정보를 확인할 수 있다. 검사결과는 pdf 형태로 검사결과확인서를 저장하거나 인쇄할 수 있으며, 확인서를 통해 표절률, 검사자의 기본정보, 검사한 문서의 표절인식 문장 및 인용/출처, 법령/성격으로 인식된 문장을 확인할 수 있다.

2) KCI 논문 유사도 검사 프로그램 사용방법

① 회원가입 및 로그인

한국학술지인용색인(KCI) 논문 유사도 검사는 해당 사이트(https://check.kci.go.kr/)에서 로그인 후 이용이 가능하다. 회원가입 및 로그인 후, 홈페이지 상단에 위치한 '논문유사도검사' 메뉴를 클릭한다.

② 파일 업로드

KCI 문헌 유사도 검사 서비스 페이지로 이동하면 화면 상단의 '파일 업로드'를 선택한다. 검사할 문서의 '검사명'을 입력하고 업로드한 파일과 비교할 대상 문서의 범위(KCI 논문, 현재 업로드 파일, 기존 업로드 파일)를 선택한다. 이때 문서 대 문서(1:1) 검사를 원할 시에는 중간에 위치한 '현재 업로드 파일'을 선택한다.

다음으로 '검사설정'에서 인용/출처표시문장 및 논문양식을 검사대상에서 포함/제외할 것인지에 대한 여부와 유사도 처리 기준을 설정한다. 마지막으로 검사할 파일을 첨부하여 유사도 검사 버튼을 클릭한다.

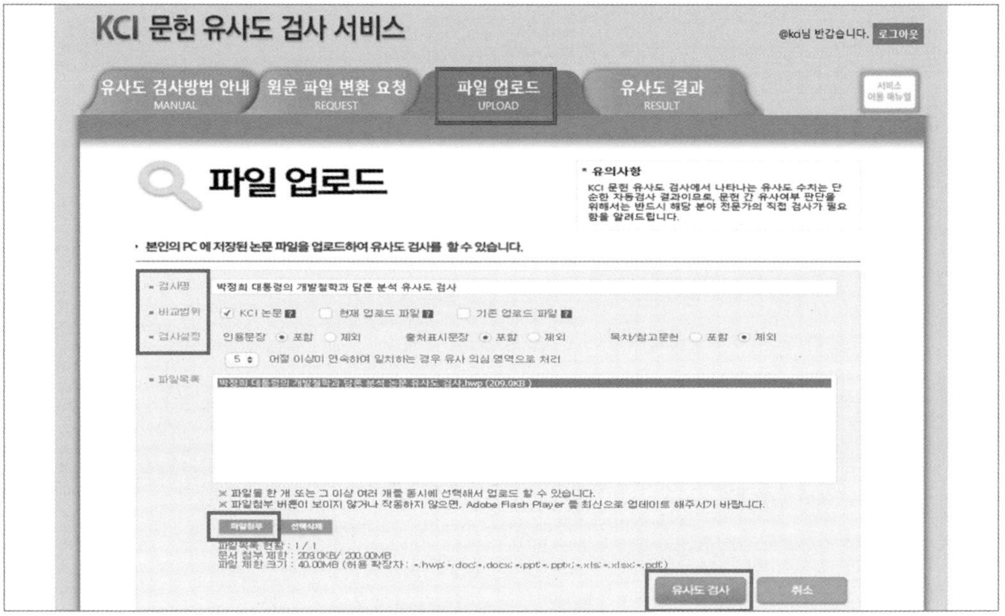

③ 검사 결과 확인

검사 문서 등록이 완료되면 유사도 검사 상태는 [검사중]으로 표시된다. 검사가 완료되면 [검사중]인 검사상태가 자동으로 [검사완료]로 변경되며 유사도 결과값(%)을 제공한다.

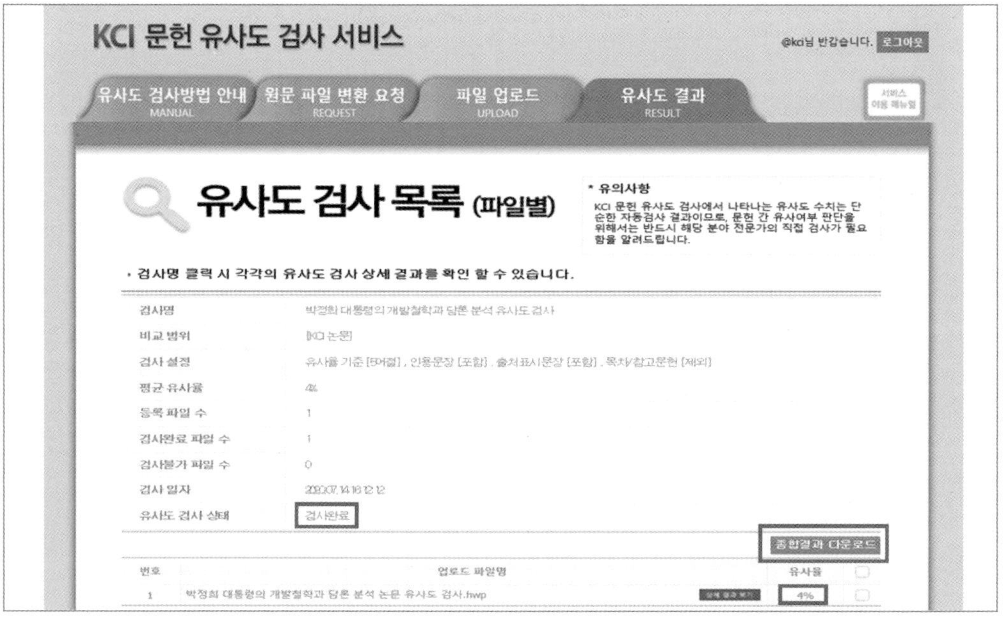

④ 종합 결과 확인서 발급

유사도 검사 결과 페이지에서 유사율(%)이 표시된 상단에 '종합결과 다운로드' 메뉴를 클릭 시, 유사도 검사 종합결과확인서를 발급받을 수 있다.

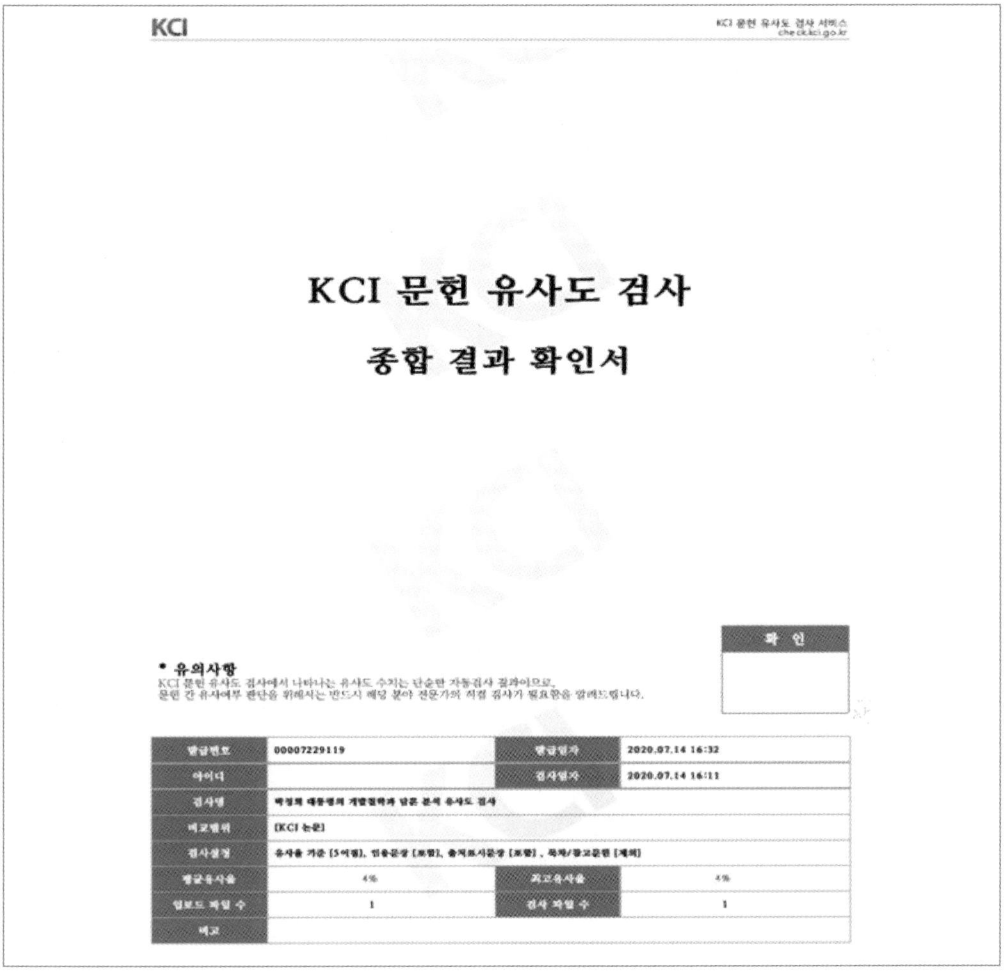

KCI　　KCI 문헌 유사도 검사 서비스 check.kci.go.kr

KCI 문헌 유사도 검사

종합 결과 확인서

확 인

* 유의사항
KCI 문헌 유사도 검사에서 나타나는 유사도 수치는 단순한 자동검사 결과이므로,
문헌 간 유사여부 판단을 위해서는 반드시 해당 분야 전문가의 직접 검사가 필요함을 알려드립니다.

발급번호	00007229119	발급일자	2020.07.14 16:32
아이디		검사일자	2020.07.14 16:11
검사명	[illegible]		
비교범위	[KCI 논문]		
검사설정	유사율 기준 [5어절], 인용문장 [포함], 출처표시문장 [포함], 목차/참고문헌 [제외]		
평균유사율	4%	최고유사율	4%
업로드 파일 수	1	검사 파일 수	1
비고			

⑤ 상세결과 확인

오른쪽 상단에서 '상세보기'를 클릭 시, 동일 문장, 유사의심문장, 인용문장, 출처표시문장 별로 분석결과의 확인이 가능하며, 이의 결과를 다운받을 수 있다.

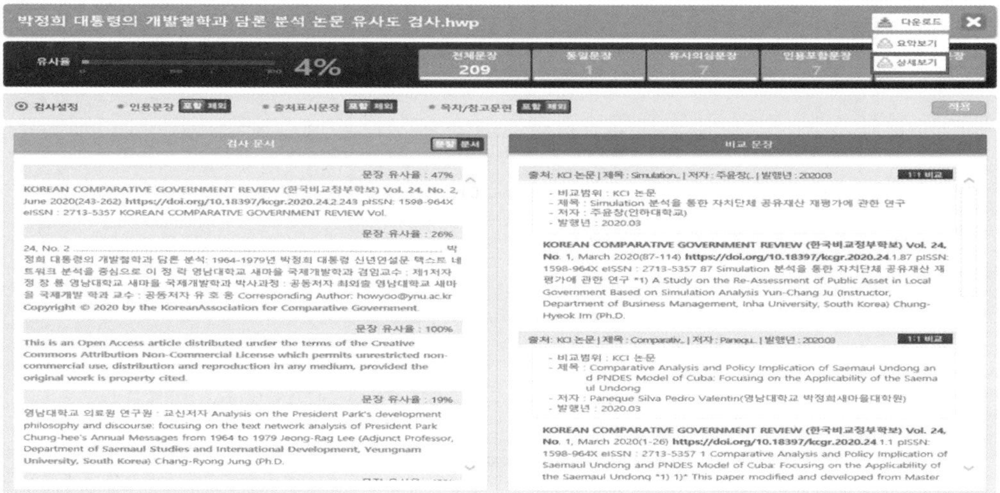

박정희 대통령의 개발철학과 담론 분석 논문 유사도 검사.hwp
다운로드
요약보기
상세보기
유사율
4%
전체문장
209
동일문장
1
유사의심문장
7
인용포함문장
7
검사설정
인용문장 포함 제외
출처표시문장 포함 제외
목차/참고문헌 포함 제외
검사 문서
비교 문장
문장 유사율 : 47%
KOREAN COMPARATIVE GOVERNMENT REVIEW (한국비교정부학보) Vol. 24, No. 2, June 2020(243-262) https://doi.org/10.18397/kcgr.2020.24.2.243 pISSN: 1598-964X eISSN : 2713-5357 KOREAN COMPARATIVE GOVERNMENT REVIEW Vol.
문장 유사율 : 26%
24, No. 2 .... 박정희 대통령의 개발철학과 담론 분석: 1964-1979년 박정희 대통령 신년연설문 텍스트 네트워크 분석을 중심으로 이 정 락 영남대학교 새마을 국제개발학과 겸임교수 : 제1저자 정 창 룡 영남대학교 새마을 국제개발학과 박사과정 : 공동저자 최외출 영남대학교 새마을 국제개발 학과 교수 : 공동저자 유 호 용 Corresponding Author: howyoo@ynu.ac.kr Copyright © 2020 by the KoreanAssociation for Comparative Government.
문장 유사율 : 100%
This is an Open Access article distributed under the terms of the Creative Commons Attribution Non-Commercial License which permits unrestricted non-commercial use, distribution and reproduction in any medium, provided the original work is property cited.
문장 유사율 : 19%
영남대학교 의료원 연구원 : 교신저자 Analysis on the President Park's development philosophy and discourse: focusing on the text network analysis of President Park Chung-hee's Annual Messages from 1964 to 1979 Jeong-Rag Lee (Adjunct Professor, Department of Saemaul Studies and International Development, Yeungnam University, South Korea) Chang-Ryong Jung (Ph.D.
출처: KCI 논문 | 제목 : Simulation... | 저자 : 주윤창(... | 발행년 : 2020.03
1:1 비교
- 비교범위 : KCI 논문
- 제목 : Simulation 분석을 통한 자치단체 공유재산 재평가에 관한 연구
- 저자 : 주윤창(인하대학교)
- 발행년 : 2020.03
KOREAN COMPARATIVE GOVERNMENT REVIEW (한국비교정부학보) Vol. 24, No. 1, March 2020(87-114) https://doi.org/10.18397/kcgr.2020.24.1.87 pISSN: 1598-964X eISSN : 2713-5357 87 Simulation 분석을 통한 자치단체 공유재산 재평가에 관한 연구 *1) A Study on the Re-Assessment of Public Asset in Local Government Based on Simulation Analysis Yun-Chang Ju (Instructor, Department of Business Management, Inha University, South Korea) Chung-Hyeok Im (Ph.D.
출처: KCI 논문 | 제목 : Comparativ... | 저자 : Panequ... | 발행년 : 2020.03
1:1 비교
- 비교범위 : KCI 논문
- 제목 : Comparative Analysis and Policy Implication of Saemaul Undong and PNDES Model of Cuba: Focusing on the Applicability of the Saemaul Undong
- 저자 : Paneque Silva Pedro Valentin(영남대학교 박정희새마을대학원)
- 발행년 : 2020.03
KOREAN COMPARATIVE GOVERNMENT REVIEW (한국비교정부학보) Vol. 24, No. 1, March 2020(1-26) https://doi.org/10.18397/kcgr.2020.24.1.1 pISSN: 1598-964X eISSN : 2713-5357 1 Comparative Analysis and Policy Implication of Saemaul Undong and PNDES Model of Cuba: Focusing on the Applicability of the Saemaul Undong *1) 1)* This paper modified and developed from Master

참고문헌

국내문헌

강윤수·김민수·홍창환·김성백·권상철(2018). 빅데이터 분석도구 R언어를 이용한 교육자료시각화.

강은영(2010). 자발적 비혼 여성에 대한 자전적 생애사 연구. 서울대학교 박사학위논문.

경민수·김상단·김보경·김형수(2007). 군집분석을 통한 수문학적 가뭄의 가뭄심도-가뭄면적-가뭄지속기간 곡선의 작성. 대한토목학회논문집 B, 27(3), 267-276.

경북대학교 대학원(2020). “학위논문 작성법.” https://grad.knu.ac.kr/bbs/content.php?co_id=05_thesiswrite(검색일: 2020.12.20.)

경제인문사회연구회(2013). 연구윤리교육교재: 연구윤리 평가규정 및 사례.

경제인문사회연구회(2014). 연구윤리교육교재: 연구윤리란 무엇인가?

고려대학교 대학원(2020). “논문 안내.” http://graduate.korea.ac.kr/grad/department/info03.do(검색일: 2020.12.26.)

고성호 외 역(2002). 「사회조사방법론」, Babbie, E. R. (2015). The practice of social research. Nelson Education. 서울: 도서 출판그린.

고영복(2000). 「사회학사전」.

공공누리(2021). “공공누리란?” https://www.kogl.or.kr/info/introduce.do(검색일: 2021. 02. 21.).

곽기영(2017). 「소셜네트워크분석」. 청람.

곽영순(2009). 「질적연구: 철학과 예술 그리고 교육」. 경기: 교육과학사.

교육부(2018). 「연구윤리 확보를 위한 지침」.

교육부훈령 제263호, 2018. 7. 17., 일부개정.

국가과학기술인력개발원(2015). 「대학생을 위한 연구윤리」.

국가법령정보센터(2021). “저작권법[시행 2020. 12. 08]”. https://www.law.go.kr/LSW/lsInfoP.do?efYd=20201208&lsiSeq=223517#0000(검색일: 2021. 03. 08).국가통계포털(2020). “국가통계포털이란?.”https://kosis.kr/index/index.do(검색일: 2020. 11. 14)

국립국어원. “인용”(표준국어대사전) https://opendict.korean.go.kr/dictionary/view?sense_no=250239(검색일: 2020. 10. 09)

국제개발협력학회(2020). “국제개발협력연구 원고 집필 원칙.” https://www.kaidec.kr/contents/kr/journals.htm?ch=3(검색일: 2020. 12. 26.)

권기은(2019). 보건의료에서 빅데이터의 윤리적 활용에 관한 연구.

권정운(2012). 한 테니스 코치의 생애사. 안동대학교 석사학위논문.

권향원·최도림(2011). “근거이론적 방법의 이론화 논리에 대한 이해: 한국행정학의 비맥락성과 방법론적 편향성 문제를 중심으로". 「한국행정학보」, 45(1), pp. 275-302.

귀퉁이서재. "NLP-9 토픽모델링: 잠재의미분석(LSA)." https://bkshin.tistory.com/entry/NLP-9-%EC%BD%94%EC%82%AC%EC%9D%B8-%EC%9C%A0%EC%82%AC%EB%8F%84%EB%A5%BC-%ED%99%9C%EC%9A%A9%ED%95%9C-%EC%98%81%ED%99%94-%EC%B6%94%EC%B2%9C-%EC%8B%9C%EC%8A%A4%ED%85%9C(검색일: 2021.02.05.).

김경동·이온죽(1998). 「사회과학조사방법연구」. 서울: 박영사.

김광웅 외(1983). 「사회과학방법론」. 서울: 박영사.

김광웅(1996). 「방법론강의」. 서울: 박영사.

김광웅(2006). 「방법론 강의」. 서울: 박영사.

김구(2008). 「사회과학 연구조사방법론의 이해: 양적연구와 질적연구의 접근」. 서울: 비엔엠북스.

김규태·권민석·최경민(2016). 「학위논문과 통계분석」. 서울: 양성원.

김남규·이동훈·최호창(2017). "텍스트분석 기술 및 활동동향". 「한국통신학회논문지」, 42(2), pp. 471-492.

김동렬 역(2017). 「알기쉬운 혼합연구방법」, Creswell, J. W.(2015). A concise introduction to mixed methods research. 서울: 학지사.

김동일 외(1983). 「사회과학 방법론 비판」. 서울: 청람.

김동일(1990). 「사회과학 방법론 비판」. 청람논단.

김동현(2020). 「인공지능 코딩개발, 우리는 무엇을 개발할 수 있고 어떻게 시작해야하나」. 오션팩토리.

김두섭 역(2004). 「질적연구방법론」. Mason, J. (2006). Mixing methods in a qualitatively driven way. Qualitative research, 6(1), pp. 9-25.

김렬(2009). 「연구조사방법론」. 박영사.

김미영·이광석 역(2015). 「해석현상학적 분석 이론, 방법, 연구」. Smith, J. A., & Shinebourne, P. (2012). Interpretative phenomenological analysis. American Psychological Association.

김미영·정승은·차지영 역(2012). 「혼합방법설계」, Greene, J. C. (2007). Mixed methods in social inquiry (Vol. 9). John Wiley & Sons, 서울: 한누리.

김병섭(2008). 「편견과 오류를 줄이기: 조사연구의 논리와 기법」. 파주: 법문사.

김상락·김만모·박상무(2014). "빅데이터의분석과 활용". 「한국정보과학회지」, 30(6), pp. 25-32.

김석용(2010). 「INTRO 조사 연구방법론」. 서울: 탑북스.

김선영(2020). "행정학을 중심으로 본 빅데이터와 경험적 현상학적 접근을 통한 빅데이터 활용제고". 「지방행정연구」, 24(1), pp. 215-240.

김성재 외 역(2007). 「질적 연구로서의 포커스 그룹」, 서울: 군자출판사. Morgan, D. L. (1996). Focus groups as qualitative research (Vol. 16). Sage publications..

김세용·권혁진·최민우(2020). "국방분야 인공지능과 블록체인 융합방안 연구". 「한국인터넷정보학회」, 21(2), pp. 81-90.

김소선(2003). “근거이론 연구방법의 이론과 실제”. 「간호학탐구」, 12(1), pp. 69-81.

김수영(2017). 의학학술지 편집인 아카데미 발표자료. 대한의학학술지편집인협의회.

김영정(1997). 「언어, 논리, 존재: 언어철학 논리철학 입문」. 철학과현실사.

김영지(1994). 가출청소년의 삶과 문화에 대한 생애사적 연구. 숙명여자대학교 석사학위논문.

김영천·김진희(2008). “질적 연구에서의 자료분석: 소프트웨어 접근의 이해”. 「교육인류학연구」, 11(1), pp. 1-35.

김영천·이현철(2017). 「질적연구, 열다섯 가지 접근」. 서울: 아카데미프레스.

김용겸(2013). “빅데이터와 통계학”. 「한국데이터정보과학회지」, 24(5), pp. 959-974.

김용겸(2016). “빅데이터의 주요 활용사례”. 「동중앙아시아연구」, 27(1), pp. 27-71.

김용학·김영진(2016). 「사회연결망분석」. 박영사.

김유신(2015). “융합 연구와 교육에서 ‘융합’의 의미”. 「한국교양교육학회 학술대회 자료집」, pp. 381-396.

김은정(2017). “한국의 사회학 연구영역에서의 근거이론의 활용 방법과 전개, 그리고 향후 방향의 모색”. 「한국사회학」, 51(3), pp. 37-70.

김응렬(2009). 「사회조사방법론의 이해」. 고려대학교출판부.

김준현(2015). “네트워크 텍스트 분석결과 해석에 관한 소고: 행정학 분야 연구를 중심으로”. 「인문사회과학연구」, 16(4), pp. 247-280.

김지은(2017). 빅데이터를 활용한 대학구조개혁 평가의 키워드 및 토픽 분석. 서울대학교 박사학위 논문.

김지인·이호현(2018). “지역주민의 지역사회참여에 미치는 영향요인에 관한 실증연구: 글로벌새마을정신과 공동체의식 그리고 세계시민의식을 중심으로”. 「사회적경제와 정책연구」, 8(1), pp. 143-164.

김진우(2012). “질적연구 자료수집방법에 대한 이해”. 「취약계층 아동·청소년 종단 조사 Ⅲ 제1차 콜로키움 자료집」, 한국청소년정책연구원.

김진희·김영순·김지영(2015). 「질적 연구 여행」. 북코리아.

김철희(2011). 「연구조사방법론」. 서울: 두남.

김한미(2009). 도제식 교수: 학습의 방법과 구조에 관한 질적 연구. 서울대학교 박사학위논문.

김해동(1991). 「조사방법론」. 법문사

김형효(2008). 「구조주의 사유체계와 사상」. 인간사랑.

김희원(2018). “방법론적 맹신에 대한 도전: 사회과학 연구방법론의 규격성에 대한 현상학적 비판”. 「인문과학」, 71, pp. 337-369.

나영·박상규(2009). 「사회과학분야 통계적 연구방법론의 이해」. 서울: 신영사.

남궁근(1998).「행정조사방법론」. 서울: 법문사.

남춘호(2016). “일기자료 연구에서 토픽모델링 기법의 활용가능성 검토”. 「비교문화연구」, 22(1), pp. 89-135.

노경섭(2014). 「제대로 알고 쓰는 논문 통계분석: SPSS&AMOS」. 한빛아카데미.

노영희·김태연·정대근·이광희(2019). “소셜 빅데이터 기반 융합연구동향 분석”. 「한국콘텐츠학회 논문지」, 19(2), pp. 135-146.

도승이(2015). “질적자료수집법”.「한국심리학회 학술대회 자료집」, 한국심리학회.

Ratsgo’s blog (2017). “SVD와 PCA 그리고 잠재의미분석(LSA).”. https://ratsgo.github.io/from%20frequency%20to%20semantics/2017/04/06/pcasvdlsa/(검색일: 2021.02.05.)

류동춘·정원섭·이승희·김영훈·김영심(2013). “인문사회분야 연구윤리 매뉴얼”. 한국인문총연학회·한국연구재단.

매일경제IoT혁명프로젝트팀,「사물인터넷」, 매일경제신문사, 2014.

민병호·조대현 역(2014).「포커스그룹:응용조사 실행방법」. Krueger, R. A. (2014). Focus groups: A practical guide for applied research. Sage publications.

박기우(2013).「사회연구조사방법론-질적연구와 양적연구방법」. 서울: 이앤비.

박기우·이정우·유희숙·문성균·박혜상 역(2013).「사회연구조사방법론: 질적연구와 양적연구방법」. 이앤비., W. Lawrence Neuman(2011). Social Research Methods: Qualitative and Quantitative Approaches, 7th Edition. Pearson Education, Edinburgh Gate, Harlow, Essex.

박승민(2018). “상담심리 분야 질적 연구에서의 자료 수집 및 분석”.「한국질적 탐구학회」. 2018(1), pp. 91-116.

박용순·배극수·강창교·박준섭·이영주·이영희·장우심(2012).「사회복지조사론」. 퍼시픽북스.

박인근·홍지후·강남규·김성호·정구범(2020).「빅데이터 분석과 활용」. 제이펍.

박종원(2015).「Nvivo 10 Foundations」. 서울:형설출판사.

박종원(2016).「NVivo 11 Applications (Handing Qualitative Data)」. 서울: 글로벌콘텐츠.

박종원(2018).「NVivo 12」. 글로벌컨텐츠.

박준석·김창식·곽기영(2016). “텍스트마이닝과 소셜네트워크분석 기법을 활용한 호텔분야 연구동향 분석”.「관광레저연구」, 28(9), pp. 209-226.

박치성·정지원(2013). “텍스트 네트워크 분석-사회적 인식 네트워크 분석을 통한 정책이해관계자 간 공유된 의미 파악 사례”.「정부학연구」, 19(2), pp. 73-108.

박한우·Leydesdorff, L.(2004). “한국어의 내용분석을 위한 Krwick 프로그램의 이해와 적용: Daum.net에서 제공된 지역혁신에 관한 뉴스를 대상으로”.「Journal of the Korea Data Analysis Society」, 6(5), pp. 1377-1387.

박형준(1992).「빅데이터전쟁」. 세종서적.

배병렬(2014).「AMOS21 구조방정식모델링: 원리와 실제」. 청람.

배성환·김동환·곽인호·송용근(2012).「빅데이터와 SNS 시대의 소셜경험전략」. 에이콘.

백승훈·오지연·이지수·홍준기·홍성찬(2019). “빅데이터 분석을 이용한 기온 변화에 대한 판매량 예측모델”.「한국빅데이터학회 학회지」, 4(1), pp. 29-38.

백영민(2016).「R을 이용한 사회과학 데이터 분석」. 서울: 커뮤니케이션북스.

서상욱(2018). “텍스트마이닝 기반의 재난현장 응급의료시설 대상지선정 프로세스 연구”.「의료· 복지 건축 (구 한국의료복지시설학회지)」, 24(2), pp. 27-36.

서울대학교 교육연구소(1995). “교육학용어사전”.

서유형(2014). R을 이용한 빅데이터 분석. 이화여자대학교 대학원 논문.

서호준(2019). "텍스트 네트워크 분석을 활용한 우리나라 과학기술정책 50년의 중요 의제 분석: 과학기술 50년사를 중심으로". 「과학기술정책」, 2(2), pp. 177-202.

성균관대학교 교육대학원(2021). "논문". https://goe.skku.edu/goe/degree/thesis.do(검색일: 2021.01.05.)

송민경·장훈(2010). "군집분석을 이용한 수도권 도시의 유형화에 관한 연구". 「한국지형공간 정보학회지」, 18(1), pp. 83-88.

송효섭(2019). "구조주의는 텍스트의 의미를 어떻게 기술하는가? 해석학적 물음에 대한 구조주의의 응답". 「숭실어문」, 20, pp. 33-49.

순천향 인문과학논총(2021). "연구 윤리 규정".

신경림 역(2001). 「근거이론의 단계」. Strauss, A. & Corbin, J. 의 Basics of Qualitative Research: Grounded Theory Procedures and Techniques. 서울: 현문사.

신경림·조명옥·양진향·김경선·김은하·노영희·노승옥·김미영·공병혜·고명숙(2005). 「질적연구방법론」. 이화여자대학교출판부.

신경식·서아영·송민채 역(2016). 「사례연구방법」, Yin, R의 Case Study Research. 서울: 한경사.

신동희·김용문(2015). "국내 재난관리 분야의 빅 데이터 활용 정책방안". 「한국콘텐츠학회논문지」, 15(2), pp. 377-392.

신옥순(2005). "교육 연구를 위한 심층면접법의 의의와 활용". 「교육논총」, 25, pp. 121-139.

신제한·권민석(2016). 「초급에서 고급까지 사회과학통계의 이론과 실제」. 서울: 교육과학사.

안효선(2017). 빅데이터를 활용한 패션디자인 감성분석연구: 텍스트마이닝과 의미연결망 분석을 중심으로. 이화여자대학교 박사학위논문.

양관식(2018). 인공지능의 빅데이터 활용을 위한 법적 연구. 단국대학교 박사학위논문.

염동현(2020). 빅데이터 분석을 통한 모바일 RPG의 개선안 연구. 가천대학교 박사학위논문.

염시창(2001). 「통합연구방법론: 질적 양적 접근방법의 통합」, C. Teddile & A. Tashakkori(1998). "Mixed methodology", Sage Publication, Inc.

우상수·정수정 역(2012). 「전문가 인터뷰와 질적 내용분석」. Jochen Glaser & Grit Laudel. (2009). Experteninterviews und qualitative Inhaltsanalyse. 3th edition. GWV Fachverlage GmbH, Wiesbaden.

우순규·조성인·윤수연(2018). "금융산업에서 빅데이터 기반의 개인정보 비식별화 사용에 영향을 미치는 요인에 관한 연구: TOE 프레임워크를 중심으로". 「인터넷전자상거래연구」, 18(3), pp. 71-90.

우종필(2012). 「우종필 교수의 구조방정식모델 개념과 이해」. 한나래.

원진영·김대곤(2014). "텍스트마이닝을 활용한 사회위험 이슈 도출". 「위기관리 이론과 실천」, 10(7), pp. 33-52.

유예림(2017). 빅데이터 분석 기법을 활용한 2015 개정 교육과정 정책에 대한 언론보도 분석. 서울대학교 박사학위논문.

유정아(2019). “대학원 인공지능교육의 방향 탐색: IPA를 활용하여”. 「정보교육학회논문지」, 23(6), pp. 675-687.

유호웅(2018). 경험학습 관점에서 분석한 1970년대 새마을 교육 특성에 관한 연구. 영남대학교 박사학위논문.

유호웅·이정주·최외출(2018). “근거이론에 기반한 새마을교육 특성 분석”. 「사회적경제와 정책연구」, 8(3), pp. 183-213.

이경서(2004). 「사회조사방법론」. 올인.

이관우(1986). 「신조사방법론」. 서울: 형설출판사.

이광석(2019). 「행정언어론」. 경기: 대영문화사.

이광석(2020). 「행정언어론」. 대영문화사.

이광석·이정락(2017). “행정학에서의 구조주의 접근방법 연구: 1970년대 새마을운동 지도자의 의식변화 및 그 구조와 관련하여”. 「한국행정사학지」, 41, pp. 261-291.

이남원·이윤복(2004). 「언어와 논리」. 정림사.

이남인(2004). 「현상학과 해석학」. 서울대학교 출판문화원.

이병식 외 역(2001). 「근거이론의 발견」. Strauss, A. & Glaser, B. 의 Basics The Discovery of Grounded Theory: Strategies for Qualitative Research. 서울:학지사.

이부미(2000). “공동육아 문화의 교육적 해석”. 「유아교육학논집」, 4(1). pp. 131-150.

이성용·고성호·김광기·김상욱·문용갑·민수홍·이정환·장준오·정기선·정태인 역 (2013). 「사회조사방법론」. Earl Babbie·유홍준(2013). “The Practice of Social Science”. Cengage Learning. 센게이지러닝코리아.

이오준·박승보·정다울·유은순(2014). “소셜 빅데이터를 이용한 영화 흥행 요인 분석”. 「한국콘텐츠학회논문지」, 14(10), pp. 527-538.

이원욱(2011). 「연구조사방법의 이해와 적용: 질적연구와 사례연구 방법」. 형설출판사.

이윤경(2018). 한국 새마을부녀회의 성공사례 특성 분석: 1970년대 새마을부녀회 수기를 중심으로. 영남대학교 박사학위논문.

이인재(2010). “연구진실성과 연구윤리”. 「윤리교육연구」, 21, pp. 269-290.

이인재(2012). “연재 1. 연구윤리, 왜 필요한가?”. 「대한피부미용학회지」, 10(2), pp. 195-204.

이정락(2017). 새마을운동 관련 대통령 연설문에 대한 텍스트 분석 및 함의: 1972년-2012년. 영남대학교 박사학위논문.

이정락(2019). 「ODA 사업론」. 새마을개발아카데미.

이정락·이정주·박준호·정재훈(2019). “새마을사업의 유형구분 및 변화과정에 관한 연구: 1970-2009년 새마을 사업을 대상으로”. 「사회적경제와 정책연구」, 8(2), pp. 121-148.

이정락·정재훈·김지인·이호현(2020). “텍스트네트워크 분석을 활용한 국내 ODA 연구경향과 사업유형 분석”. 「국제개발협력」, 15(2), pp. 3-30.

이정락·정재훈·이윤경·유호웅(2020). “농지개혁 실시에 따른 사립대학 팽창에 관한 심층 분석”. 「사회적경제와 정책연구」. 10(4), pp. 205-231.

이정락·최외출(2019). “인터뷰 연구에서 텍스트네트워크 분석방법의 적용사례: 새마을지도자 인터뷰 분석을 중심으로”.「사회적 경제와 정책연구」, 9(2), pp. 145-172.

이지훈 외 역(1988).「사회과학 연구의 기초」, Labovitz, S., & Hagedorn, R.(1977). “An introduction to sociological concepts”. Wiley. 서울: 대영문화사.

이진희·이병호·윤은주 역(2011).「사회과학 혼합연구방법의 이론과 실제」, Greene, J. C. (2007). Mixed methods in social inquiry (Vol. 9). John Wiley & Sons, 서울: 시그마프레스.

이학식·임지훈(2015).「SPSS 22 매뉴얼」. 집현재.

이혜선(2014). 미술치료문가의 윤리 딜레마와 실천행동 연구: 근거이론을 중심으로. 영남대학교 박사학위 논문

이혜정(1989). 노는 애들의 세계: 중학생 또래 집단의 학교 밖 생활에 관한 문화기술적 분석. 서울대학교 석사학위논문.

이호현(2018). 새마을금고 수범사례 특성 분석: 1970년대 새마을금고 수범사례를 중심으로. 영남대학교 박사학위논문.

이호현(n.d.). 1970년대 새마을금고의 특성과 지역사회에 미친 영향. 미간행

이훈영(2012).「이훈영교수의 연구조사방법론」. 청람.

장청윤·장정환·김석주·이현근·이창호(2013). “빅데이터 분석도구 R을 활용한 효율적인 특허 검색에 관한 연구”.「대한안전경영과학회지」, 15(4), pp. 289-294.

전수진(2020). “블록체인 관련 빅데이터를 활용한 토픽분석: 신문기사를 중심으로”.「산업융합연구」, 18(1), pp. 73-78.

전지영(2019). “인공지능 시대의 무형유산 ‘전승’논의”.「한국음악사학보」, 62, pp. 295-316.

전진(2017). 텍스트마이닝 기반 특허 군집분석의 유효성 검증. 성균관대학교 석사학위논문.

전희주(2015). “소셜 네트워크분석을 활용한 통계학회 논문집과 응용통계 연구공저자 네트워크 비교”.「한국데이터정보과학학회지」, 26(2), pp. 335-346.

정덕호·유대영(2013) “사회연결망법을 이용한 과학영재들의 의사소통 구조 분석”.「한국지구과학회지」, 34(1), pp. 81-92.

정성훈(2010).「과학도를 위한 논문작성 첫걸음」. 서울: 하니커뮤니케이션즈.

정예은(2021). 지방자치단체 ODA조례 실태분석과 개선방안에 관한 연구. 영남대학교 석사학윈논문.

정윤준(2019). 빅데이터 환경에서 개인정보 이용에 관한 법적 고찰. 고려대학교 박사학위논문.

정재훈(2018). 마을총회회의록에 나타난 새마을사업의 특성에 관한 연구: 1970년대 경상북도를 중심으로. 영남대학교 박사학위논문.

정준석(2018). 사회과학의 텍스트로서 빅데이터. 경기대학교 석사학위논문.

정지선(2012). 성공적인 빅데이터 활용을 위한 3 대요소: 자원, 기술, 인력. IT & Future Strategy, 3.

정충영·최이규(2009).「SPSS WIN을 이용한 통계분석」. 무역경영사.

정현욱(2012).「사회과학연구방법론」. 서울: 시간의 물래.

조경호·이석환·이정욱·조윤직·주효진·최상옥·최성욱(2014). 「공공조직 행태론」. 대영문화사.

조규락·김찬희(2016). “국내 교육공학 학문공동체의 지식 구조의 모습과 특성 탐색: 네트워크 분석을 통한 교육공학연구와 교육정보미디어연구의 비교를 중심으로”. 「교육공학연구」, 32(3), pp. 571-609.

조영달(2005). 「질적연구 방법론」. 교육과학사.

조용환(2009). 고등학생의 학업생활과 문화 연구. 한국교육개발원. https://www.nkis.re.kr:4445/researchReport_view.do?otpId=KEDI00004388#none

조인숙·서은경·최석두(2013). 「학위논문 작성 매뉴얼」. 서울: 한성대학교 출판부.

채서일(2004). 「사회과학조사방법론」. 학현사.

채서일·김주영(2016). 「사회과학조사방법론」. 비앤엠북스.

최영출·박수정(2011). “한국 행정학의 연구경향 분석: 네트워크 텍스트 분석방법의 적용”. 「한국행정학보」, 45(1), pp. 123-139.

최영희(1993). “기질과 환경 간의 조화로운 합치모델 검증 연구 Ⅰ”. 「한국심리학회」, 6(2), pp. 217-226.

최윤영·조경철(2019). 「행동과학 연구를 위한 기초통계학」. 서울: 신정.

최인락(2012). 「연구조사방법론」. 북스홀릭.

최재천(2017). 「통섭」. 사이언스클래식.

최정호(2014). 근거이론을 통한 노인장기요양 실천현장의 사례관리 수행과정 경험에 관한 연구. 영남대학교 박사학위논문.

최종혁(2011). 「질적연구방법론」. 서울: 신정.

최창봉. 여섯 단어 이상 무단 인용땐 표절. 「동아일보」. 2008년, 2월 22일, https://www.donga.com/news/article/all/20080222/8547106/1(검색일: 2020년 11월 15일)

최현철(2013). 「사회과학 통계분석 SPSS/PC+ Windows 20.0」. 나남.

카피킬러 라이트(2020). “카피킬러 라이트 사용매뉴얼”. ㈜무하유.

카피킬러(2020). “카피킬러 유사도 검증 서비스.”https://www.copykiller.com/(검색일: 2020. 10. 21.)

턴잇인코리아(2020). “Turnitin iThenticate 자주 묻는 질문”. (https://blog.naver.com/turnitinkorea/221172147189).(검색일: 2020. 10. 20.)

한국리서치(2004). 「설문지 작성 점검 지침」. 서울: 한국리서치교육팀.

한국사회과학협의회(2013). 「융합연구 이론과 실제」. 법문사.

한국전자통신연구원(2020). 2020년 인공지능 7대 트랜드.

한국지역정보개발원(2020). “AI기술이 만드는 인류의 미래: 인공지능 권고안 제시”. 「지역정보화」, 121, pp. 84-89.

한국학술지인용색인(2020). “논문유사도검사”. https://www.kci.go.kr/(검색일: 2020. 10. 25.)

한림학사(2007). 「개념어 사전」. 서울: 청서.

한성대학교 대학원(2013). 「학위논문 작성 지침」. 한성대학교.

함유근·채승병(2012). 「빅데이터, 경영을 바꾸다」. INITIAL COMMUNICATIONS Corp.

홍민석(2016). 빅데이터를 활용한 사용자 경험디자인 요소 추출 방법에 관한 연구. 한양대학교 박사학위논문.

홍성열(2010). 「사회과학도를 위한 연구방법론」. 서울: 시그마프레스.

국외문헌

Asuncion, H. U., Asuncion, A. U., and Taylor, R. N. (2010). "Software traceability with topic modeling." Proceedings of the 32nd ACM/IEEE International Conference on Software Engineering, 95-104. ACM.

Bailey, K. (1982). Methods of Social Research. N.Y.: The Free Press.

Blei, D. M. (2012). Probabilistic topic models.Communications of the ACM,55(4), 77-84.

Blei, D. M., & Lafferty, J. D. (2009). Topic Models, In Srivastava, A N., & Sahami, M. (eds.). Text Mining: Classfication, Clustering, and Application, 71-94. Boca Raton: CRC Press.

Blei, D. M., Ng, A. Y., & Jordan, M. I. (2003). "Latent dirichlet allocation." Journal of machine Learning research, 3(Jan), 993-1022.

Blumer, H. (1986). Symbolic interactionism: Perspective and method. Univ. of California Press.

Bonacich, P. (2007). Some Unique Properties of Eigenvector Centrality, Social Networs (29): 555-564.

Brown, S. (2014). Trends in Homework Assignments. Journal of Secondary Studies, 12(3), 29-38. Retrieved from http://doi.org/fsfsbit

Carley, K. M. (1997). "Extracting team mental models through textual analysis". The International Journal of Industrial, 18(S1), pp.533-558.

Columbia College Library(2021). "APA Citation Guide (7th edition): Works Cited in Another Source." Retrieved from https://columbiacollege-ca.libguides.com/apa/othersource

Cook, T. D., & Reichardt, C. S. (1979). Qualitative and quantitative methods in evaluation.

Creswell, J. W. (2014). A concise introduction to mixed methods research. SAGE publications

Creswell, J. W., & Poth, C. N. (2016). Qualitative inquiry and research design: Choosing among five approaches. Sage publications.

Cyram (2017). NetMiner4.3. Seoul: Cyram Inc.

Eisenhardt, K. M. (1989). Building theories from case study research. Academy of management review, 14(4), 532-550.

Fay, B. (1987). Critical social science: Liberation and its limits.

Gamble, M., & Goble, C. (2011). Quality, trust, and utility of scientific data on the web: Towards a joint model. In Proceedings of the 3rd international web science conference. 2011 June.

Gartner(2011). Gartner says solving 'Big Data' challenge involves more than just managing volumes of data. STAMFORD, Con.

George, G., Haas, M. R., & Pentland, A. (2014). Big data and management.

Gittell, J. H., Weinberg, D., Pfefferle, S., & Bishop, C. (2008). Impact of relational coordination on job satisfaction and quality outcomes: a study of nursing homes. Human Resource Management Journal, 18(2), 154-170.

Glaser, B., & Strauss, A. (1967). The Discovery of Grounded Theory: Strategies for Qualitative Research. Mill Valley, CA: Sociology Press.

Greene, J. C. (2007). Mixed methods in social inquiry (Vol. 9). John Wiley &Sons.

IEEE (2020). "IEEE Reference Guide." Retrieved from https://ieeeauthorcenter.ieee.org/wp-content/uploads/IEEE-Reference-Guide.pdf(Searching: 2020. 12. 27.)

Jennifer Ho, L. C., & Taylor, M. E. (2007). An empirical analysis of triple bottom-line reporting and its determinants: evidence from the United States and Japan. Journal of International Financial Management & Accounting, 18(2), 123-150.

Johnson, R. B., & Onwuegbuzie, A. J. (2004). Mixed methods research: A research paradigm whose time has come. Educational researcher, 33(7), 14-26.

Landauer, T. K., & Dumais, S. T. (1997). A solution to Plato's problem: The latent semantic analysis theory of acquisition, induction, and representation of knowledge. Psychological review,104(2), 211.

Manyika, J., Chui, M., Brown, B., Bughin, J., Dobbs, R., Roxburgh, C., & Byers, A. H. (2011). Big data: The next frontier for innovation, competition (Vol. 5, No. 6). and productivity. Technical report, McKinsey Global Institute.

Manyika, J., Chui, M., Brown, B., Bughin, J., Dobbs, R., Roxburgh, C., & Hung Byers, A. (2011). Big data: The next frontier for innovation, competition, and productivity. McKinsey Global Institute.

Mayring, P. (2007). "Mixed methodology in psychological research", Sense Publishers.

McKinsey, G. I. (2011). Big data: The next frontier for innovation, competition, and productivity. McKinsey Global Institute, 1-6.

Moody, J. and White, D. (2003). Structural Cohesion and Embeddedness: A Hierarchical Concept of Social Groups, American Sociological Review, Vol.68, 103-127.

Newman, I., Ridenour, C. S., Newman, C., & DeMarco, G. M. (2003). A typology of research purposes and its relationship to mixed methods. Handbook of mixed methods in social and behavioral research, 167-188.

Provan, K. G. and Milward, H. B. (1995). A Preliminary Theory of Interoranizational Network Effectiveness: A Comparative Study of Four Community Mental Health Systems, Administrative

Science Quarterly, 40(1), 1-33.

Resnik, David B. (1998). The Ethics of Science: an Introduction. New York: Routledge,

Roberts, T. G. (2006). A Philisophical examination of experiential learning theory for agricultural educators, Journal of Agricultural Education, 47(1), 17-29.

Schreiber, R. S., & Stern, P. N. (Eds.). (2001). Using grounded theory in nursing. Springer Publishing Company.

Schuman, H., Presser, S., & Ludwig, J. (1981). Context effects on survey responses to questions about abortion. Public Opinion Quarterly, 45(2), 216-223.

Schutz, A. (1967). The Phenomenology of the Social. World.Cook, T. D., & Reichardt, C. S. (Eds.). (1979). Qualitative and quantitative methods in evaluation research (Vol. 1). Beverly Hills, CA: Sage publications.

Seidman, I. (2006). Interviewing as qualitative research: A guide for researchers in education and the social sciences. Teachers college press.

Sowa, J. F. (1984). Conceptual structures in mind and machines.

Steneck, Nicholas H. (2006). "Fostering integrity in Research: Definitions, current Knowledge, and Future Directions," Science and Engineering Ethics, Vol. 12, 2006.

Stern, P. N. (1980). Grounded theory methodology: Its uses and processes. Image, 12(1), 20-23.

Steyvers, M., & Griffiths, Th. L. (2007). Probabilistic topic models. In Landauer, T. K., McNamara, D. S., Dennis, S., & Kintsch, W.(eds.). Handbook of Latent Semantic Analysis: A Road to Meaning, 424-440. NY: Routledge Taylor & Francis.

Strauss, A., & Corbin, J. (1998). Basics of qualitative research techniques. Sage publications.

Tashakkori, A., & Teddlie, C. (2003). Issues and dilemmas in teaching research methods courses in social and behavioural sciences: US perspective. International journal of social research methodology, 6(1), 61-77.

Tashakkori, A., & Teddlie, C. (Eds.). (2010). Sage handbook of mixed methods in social & behavioral research. sage.

The Chicago Maunal of Style Online (2020). "The Chicago Manual of Style Contents." Retrieved from https://www.chicagomanualofstyle.org/home.html

Tryon, R. C. (1939). Cluster Analysis: Correlation Profile and Orthometric (factor) Analysis for the Isolation of Unities in Mind and Personlity. MI: Edwards brother, Inc.

Turnitin (2020). "iThenticate User Guide". https://www.ithenticate.com/hs-fs/hub/92785/file-1384442395-pdf/iTh_documentation/iThenticate_Manual.pdf.

UN World Food Programme(2020). "Media Center." https://www.wfp.org/media-centre(Searching:

2020. 11. 06.)

University of Pittsburgh (2021). https://pitt.libguides.com/academicintegrity/researchethics

Van Manen, M. (1990). Beyond assumptions: Shifting the limits of action research. Theory into practice, 29(3), 152-157.

Wadman, M. (2005). One in three scientists confesses to having sinned. Nature 435, 718–719. https://doi.org/10.1038/435718b.

저자약력

이정락

영남대학교에서 국제개발학 박사학위를 받고 현재 영남대학교 새마을국제개발학과 겸임교수로 재직하고 있으며 새마을국제개발아카데미 회장과 국제개발협력실천시민연합의 공동대표를 맡고 있다. 관심분야는 새마을개발학, ODA사업론, 국제개발협력, 텍스트네트워크 분석 등이다. 최근 연구물로는 「새마을사업의 유형구분 및 변화과정에 관한 연구」(공저), 「인터뷰 연구에서의 텍스트네트워크분석방법의 적용사례」(공저), 「박정희 대통령의 정치철학과 담론 분석」(공저), 「텍스트네트워크 분석을 활용한 국내 ODA 연구경향과 사업유형 분석」(공저) 등이 있다.

정재훈

영남대학교 새마을국제개발학과에서 텍스트네트워크 분석기법을 활용하여 1970년대 마을총회 회의록에 나타난 새마을사업의 특성분석을 연구하여 박사학위를 받았다. 현재 동대학에서 겸임교수로 재직중이며 국제개발협력실천시민연합의 공동대표를 맡고 있다. 주요 논문으로는 「1970년대 공장새마을운동에 관한 기초연구」(공저), 「농지개혁 실시에 따른 사립대학 팽창에 관한 심층연구」(공저), 「텍스트네트워크 분석을 활용한 국내 ODA 연구경향과 사업유형 분석」(공저) 등이 있다.

유호웅

한국외국어대학교 경제학과를 졸업하고 KDI국제정책대학원에서 발전경험연구팀장 및 성과평가팀장으로 재직하였다. 뒤늦게 새마을운동 공부를 시작, 영남대학교 지역및복지행정학과에서 행정학 박사학위를 받고, 현재 영남대학교의료원 연구원, 영남대학교 새마을국제개발학과 객원교수, 국제개발협력실천시민연합 이사로 일하고 있다. 주요 논문으로는 「경험학습 논리 기반 새마을교육 특성 비교분석」(공저), 「농지개혁 실시에 따른 사립대학 팽창에 관한 심층연구」(공저), 「근거이론에 기반한 새마을교육 특성 분석」(공저) 등이 있다.

이윤경

영남대학교 지역및복지행정학과에서 행정학 박사학위를 받았으며 현재 국제개발협력실천시민연합 이사를 맡고 있다. 주요 관심 연구분야는 국제개발협력, 글로벌 산학협력, 텍스트네트워크 분석이다. 수행 프로젝트로는 베트남 미래지도자 역량강화사업-새마을 한국·베트남 공동 정책연구, 대구광역시 새마을공적개발원조(ODA) 미얀마 사업 등이 있으며, 연구물로 「베트남의 새농촌개발 프로그램과 새마을운동의 비교연구에 관한 한국·베트남 공동 정책연구」(공저), 「미얀마 농촌 마을의 새마을개발: 개도국 새마을 ODA의 사례 연구」(공저), 「1970년대 여성 새마을 리더 주도 새마을사업의 분석과 함의: 새마을사업의 단계별, 사업별 분류를 중심으로」(공저)가 있다.

김지인

영남대학교 경영학과를 졸업하고, 동대학 대학원에서 국제개발학 박사 학위를 받았다. 이후 영남대 국제개발협력원에서 새마을국제개발, 공동체의식, 세계시민의식을 탐구하였고, 각종 국제개발협력 관련 연구와 활동을 수행하였다. 또한 굿네이버스에서 국제개발협력 사업을 운영 및 관리하는 일을 수행했고, UN World Food Programme에서 Strategic Partnerships Division 컨설턴트로 활동한 바 있다. 현재 국제개발협력실천시민연합에서 사무국장으로 활동하고 있다.